现代经济与管理类系列教材

服务营销管理：
服务价值视角

主编　左莉

清华大学出版社
北京交通大学出版社
·北京·

内 容 简 介

本书针对中国服务市场特色,进行了服务营销管理内容的设计,并将重要的思政元素有机融入服务营销管理的主要知识单元中。在知识传授、能力培养的过程中,弘扬社会主义核心价值观,培养科学精神。

本书整合了目前国内外有代表性的服务营销流派的观点,同时也借鉴了服务质量管理的相关思想和理论,从服务价值感知、服务价值创造、服务价值传递、服务价值传播以及服务价值维护与提升五个维度对服务营销管理进行了全面介绍,其中的主线就是服务价值的创造与感知。

本书提供大量案例和企业实践,非常适合高等院校 EMBA、MBA 以及商学院的本科生、研究生作为教材使用,也适合服务企业管理者和制造型企业服务化转型的管理者作为参考手册。

本书封面贴有清华大学出版社防伪标签,无标签者不得销售。
版权所有,侵权必究。侵权举报电话: 010-62782989 13501256678 13801310933

图书在版编目(CIP)数据

服务营销管理:服务价值视角 / 左莉主编. —北京:北京交通大学出版社:清华大学出版社,2021.9

ISBN 978-7-5121-4523-8

Ⅰ. ①服… Ⅱ. ①左… Ⅲ. ①服务营销-营销管理 Ⅳ. ①F719.0

中国版本图书馆 CIP 数据核字(2021)第 145732 号

服务营销管理:服务价值视角
FUWU YINGXIAO GUANLI:FUWU JIAZHI SHIJIAO

责任编辑:	郭东青				
出版发行:	清华大学出版社	邮编:100084	电话:010-62776969	http://www.tup.com.cn
	北京交通大学出版社	邮编:100044	电话:010-51686414	http://www.bjtup.com.cn
印 刷 者:	艺堂印刷(天津)有限公司				
经 销:	全国新华书店				
开 本:	185 mm×260 mm 印张:19.75 字数:493 千字				
版 印 次:	2021 年 9 月第 1 版 2021 年 9 月第 1 次印刷				
印 数:	1~2 000 册 定价:59.00 元				

本书如有质量问题,请向北京交通大学出版社质监组反映。对您的意见和批评,我们表示欢迎和感谢。
投诉电话: 010-51686043,51686008;传真: 010-62225406;E-mail: press@bjtu.edu.cn。

前言

　　服务营销的两个支柱是"服务"和"营销"。首先，要对服务产品的特殊性有深刻的认知，本书在谈营销之前，先站在服务管理、服务质量的基础上对服务管理的相关理论进行了梳理。然后，回归到服务营销本质，服务营销的核心还是营销，营销的目标就是要为顾客创造价值。因此，本书围绕服务价值这一主线，从服务价值感知、服务价值创造、服务价值传递、服务价值传播和服务价值维护与提升五个维度，对服务营销管理进行了梳理和设计。本书融合了北美学派、北欧学派的经典理论与国内外最新研究成果和案例，体系上更加完整，内容上融合了理论与实践。本书的主要特点是：紧扣时代主题，服务中国特色，科学理论支撑，聚焦服务价值。

　　本书在传统服务营销管理的内容中考虑了数字经济带来的变革。近几年，我国数字经济发展迅猛，其对服务业的影响尤其明显，数字经济与服务经济的深度融合成为未来的主要趋势。数字经济对服务营销从技术上进行赋能，实现了营销的"精"和"准"，提升了服务效率和效果。因此，本书在数字经济快速发展的大背景下，对服务营销管理进行了优化，设计出更适合数字经济的服务营销策略。

　　本书的编写是在新冠肺炎疫情肆虐的时候进行的，历时一年。在这段时间里，网购、外卖、快递、网课、在线会议……成了日常工作与生活，这些都得益于数字经济和服务业的快速发展，这使本书的编写更具动力，也为本书的编写提供了丰富的工具和素材。

　　本书的编写得到了何沁雪、陈雨婷、童晓莉、何刚几位研究生同学的大力支持和帮助，他们承担了查阅资料、收集文献、编写案例、校稿等烦琐的工作。在此，我对几位同学的辛苦付出表示感谢。此外，感谢北京交通大学出版社对本书的认可，尤其是吴嫦娥老师在本书的选题、内容设计和格式编排上给予了热心的指导和专业的付出。

编者

2021.8

目 录

第1篇　绪　论

第1章　服务与服务经济 ············ 1
学习目标 ······························· 1
开章案例　安迪的一个早上 ········ 1
1.1　服务经济 ··························· 2
1.2　服务业 ······························· 7
1.3　什么是服务 ······················ 10
课后思考 ······························ 17
讨论案例　陕鼓的服务化转型之路 ··· 17

第2章　服务营销管理 ············ 20
学习目标 ······························ 20
开章案例　海底捞的"变态"服务 ···· 20
2.1　服务营销与产品营销 ········ 21
2.2　服务营销组合策略 ··········· 26
2.3　服务营销战略框架 ··········· 31
课后思考 ······························ 39
讨论案例　尚品宅配的价值共创 ····· 39

第2篇　服务价值感知

第3章　服务中的消费者行为 ······ 41
学习目标 ······························ 41
开章案例　贝壳找房"技术的背后是对服务的重新定义" ···· 41
3.1　洞察服务消费者行为 ········ 42
3.2　服务中消费者行为的三阶段模型 ··· 48
3.3　服务消费者行为的相关理论 ··· 55
课后思考 ······························ 59
讨论案例　中华老字号"松鹤楼"冻龄发展秘诀 ···················· 60

第4章　顾客服务期望与感知 ······ 62
学习目标 ······························ 62
开章案例　中国移动打造以顾客感知为中心的服务提升体系 ·· 62
4.1　顾客对服务的期望 ··········· 63
4.2　顾客对服务的感知 ··········· 74

4.3　服务质量差距模型与服务质量管理 ······························ 79
课后思考 ······························ 86
讨论案例　SNOW 51的服务让滑雪成为运动习惯 ················ 86

第5章　服务需求与生产能力平衡 ····· 88
学习目标 ······························ 88
开章案例　太舞滑雪小镇的四季运营之道 ···························· 88
5.1　服务生产能力受限 ··········· 89
5.2　管理服务需求 ·················· 93
5.3　通过排队和预约调节服务需求与生产能力 ··················· 98
课后思考 ···························· 107
讨论案例　基于智慧医疗优化挂号服务系统 ····················· 108

第3篇　服务价值创造

第6章　基于竞争优势的服务定位 ···· 110
学习目标 ···························· 110

开章案例　汉庭酒店的品牌重新定位 ···························· 110

I

6.1 获得竞争优势的基础 …………… 111
6.2 服务差异化的基础 ……………… 115
6.3 服务定位——创造服务价值 …… 117
课后思考 ……………………………… 120
讨论案例 孩子王的"智"
胜策略 ………………………… 120

第 7 章 服务产品 ……………………… 122
学习目标 ……………………………… 122
开章案例 民宿打造住宿新体验 …… 122
7.1 服务产品概述 …………………… 123
7.2 服务产品创新 …………………… 125
7.3 服务品牌管理 …………………… 126
课后思考 ……………………………… 129

讨论案例 链家把中介门店改得
面目全非了 …………………… 129

第 8 章 服务定价 ……………………… 132
学习目标 ……………………………… 132
开章案例 上海徐汇区中心医院实行
明码标价 ……………………… 132
8.1 服务定价的特殊性 ……………… 132
8.2 服务定价目标 …………………… 135
8.3 服务定价的方法 ………………… 137
8.4 服务定价的策略 ………………… 141
8.5 服务收益管理 …………………… 145
课后思考 ……………………………… 149
讨论案例 航空公司"随心飞"的价格
策略 …………………………… 149

第 4 篇 服务价值传递

第 9 章 服务分销 ……………………… 152
学习目标 ……………………………… 152
开章案例 永辉超市渠道变革 ……… 152
9.1 服务分销概述 …………………… 153
9.2 服务分销的模式 ………………… 155
9.3 服务特许经营 …………………… 159
9.4 电子渠道 ………………………… 160
课后思考 ……………………………… 162
讨论案例 盒马鲜生的 O2O 模式 …… 162

第 10 章 服务流程管理 ……………… 164
学习目标 ……………………………… 164
开章案例 图书馆扁平化服务流程
再造 …………………………… 164
10.1 服务流程及其特点 …………… 165
10.2 服务蓝图 ……………………… 166

10.3 服务流程设计与再造 ………… 173
10.4 自助服务技术 ………………… 176
课后思考 ……………………………… 180
讨论案例 人工智能重塑政务服务
流程 …………………………… 180

第 11 章 服务传递中的人员管理 …… 182
学习目标 ……………………………… 182
开章案例 换工服居然能降低
离职率 ………………………… 182
11.1 服务利润链理论 ……………… 183
11.2 服务传递中的员工管理 ……… 189
11.3 服务传递中的顾客管理 ……… 199
课后思考 ……………………………… 207
讨论案例 海底捞:员工满意成就
顾客满意 ……………………… 207

第 5 篇 服务价值传播

第 12 章 有形展示与服务场景 ……… 210
学习目标 ……………………………… 210
开章案例 百世家居营造"家"的
氛围 …………………………… 210

12.1 有形展示 ……………………… 211
12.2 服务场景 ……………………… 214
12.3 从整体上设计服务场景 ……… 220
课后思考 ……………………………… 221

讨论案例　北京地铁：修复老壁画
打造"人文型地铁"……………222

第13章　服务营销沟通……………223
学习目标……………223
开章案例　爱奇艺引领营销新
趋势……………223

13.1　服务营销沟通组合……………224
13.2　服务营销沟通工具……………229
13.3　顾客教育……………239
13.4　服务营销沟通的整合……………240
课后思考……………248
讨论案例　快手的整合服务营销
沟通……………248

第6篇　服务价值维护与提升

第14章　服务失误与服务补救……………251
学习目标……………251
开章案例　亟待完善的酒店服务补救
体系……………251
14.1　服务承诺与服务失误……………252
14.2　顾客投诉行为……………257
14.3　服务补救……………264
14.4　从顾客反馈中学习……………268
课后思考……………270
讨论案例　航班取消，谁之过？……271

第15章　顾客关系管理与建立顾客
忠诚……………273
学习目标……………273
开章案例　一汽大众打造客户俱乐部
重塑客户新体验……………273
15.1　关系营销……………274
15.2　建立顾客忠诚……………280

15.3　减少顾客流失……………288
课后思考……………290
讨论案例　网易云音乐创造顾客忠诚
之道……………290

第16章　服务创新……………294
学习目标……………294
开章案例　"一部手机游云南"打造
"互联网+旅游"示范样板……………294
16.1　服务创新的界定……………295
16.2　影响服务创新的驱动力……………297
16.3　服务创新绩效评价……………299
课后思考……………304
讨论案例　苏宁6·18"服务战"
升级：999元以下小家电支持免
签订退换货……………304

参考文献……………306

第1篇 绪　　论

第1章

服务与服务经济

学习目标

1. 服务经济的发展及趋势；
2. 服务业的构成及其在国民经济中的重要意义；
3. 服务的定义及相关要素；
4. 服务转型的相关问题。

开章案例

安迪的一个早上

清晨6:30，安迪被床头柜上的天猫智能音响中传出来的一阵悠扬的钢琴曲 *summer* 叫醒，这是安迪昨晚临睡前设的闹钟。"天猫精灵，关闭闹钟。""好的，主人。"随着这声回答，音响停止了音乐播放。"天猫精灵，今天天气如何？"安迪一边起床一边问。"主人，今天9℃到18℃，天气晴朗，适合穿夹克，没有雨，适合锻炼身体哦。""好的，继续播放音乐。"在音乐声中，安迪打开手机的"饿了么"App下单点了一份早餐，并通过支付宝支付了餐费。然后打开平板电脑上的"Keep"App，选了一个已经坚持了三个月的晨练计划，跟着教练开始了每天早上的半小时锻炼。锻炼完洗完澡，门铃响了，原来是"饿了么"的送餐员送来了刚才点的早餐。安迪打开了手机的"喜马拉雅"App，准备一边吃早餐，一边听新闻节目。一打开"喜马拉雅"，"吴晓波频道"就出现在"猜你喜欢"里第一位，这正是安迪喜欢的类型。安迪一边吃着早餐，一边听着吴晓波畅谈中国的服务经济发展。吃完早餐，正好一期节目也听完了，安迪用手机微信"滴滴出行"小程序预约了从家出发去公司的专车，然后一边等车一边打开衣柜拿出了昨天晚上"e袋洗"刚送回来洗好的大衣。8点整，穿戴整齐的安迪走出家门，预约的专车正等候在小区门口。打开车门，专车司机确认了订车信息便启动了汽车朝着公司开去。安迪系好安全带，打开手机连上 WiFi，先打开"高德地图"App 看了一下路况，二环稍微有点堵，到公司大约需要 35 分钟。随后，安迪打开了"携程"App 预订明天去上海出差的机票和酒店……

这是安迪一个普通的早晨，也代表了很多中国人现在的生活方式。从早上睁眼开始，我们就被各种各样的服务包围着，健身、送餐、洗衣、打车、广播、社交、信息查询、知识等服务深入渗透到人们的生活之中，尤其随着互联网技术的快速进步，不仅现代服务业蓬勃发展，新的服务层出不穷；传统服务也在移动互联网和 5G 技术的助力下变得更加方便、快捷和个性化；制造型企业也在进行服务转型，着力用服务让消费者获得更好的产品使用体验。可以说，现在"每个企业都是服务型企业"。

1.1 服务经济

服务经济是指服务经济产值在 GDP 中的相对比重超过 60%的一种经济状态，或者说，服务经济是指服务经济中的就业人数在整个国民经济就业人数中的相对比重超过60%的一种经济态势。现代服务经济产生于工业化高度发展的阶段，是依托信息技术和现代管理理念而发展起来的，现代服务经济的发达程度已经成为衡量区域现代化和竞争力的重要标志之一，是区域经济新的极具潜力的增长点。

服务经济是近五十年来崛起的新的经济形式，它在国民经济构成中占有极其重要的地位，它涵盖了服务业乃至对外服务贸易广阔的市场经济门类与形式。在国外，服务经济已基本形成相对成熟的体系，并有其自身的运作方式。在我国，随着市场经济的发展，服务经济开始得到政府主管部门的高度重视，并在国民经济中逐渐加大其比重。

1.1.1 全球服务经济的发展

18 世纪工业革命以来，世界服务业发展大致经历了两次转型。第一次转型是从传统服务业向现代服务业的转变，发达国家完成转型的时间大致是 20 世纪六七十年代。第二次转型是从现代服务业向知识型服务业的转变，大致时间是 1970 年以来，与信息革命紧密相关。根据发达国家的经验，第二次转型可以细分为两个阶段。第一阶段是从工业经济向服务经济的转型，第二个阶段是从服务经济向知识经济转型。20 世纪 70 年代以来，世界服务经济和知识经济的发展突飞猛进。2013 年世界大约有 70 多个国家进入服务经济时代；部分发达国家如德国，处于向知识经济的转型期；还有许多发达国家如美国，已经进入知识经济时代。

自 20 世纪 50 年代以来，全球经济经历着一场结构性的变革，对于这一变革，美国经济学家维克托·福克斯在 1968 年称之为"服务经济"。福克斯认为美国在西方国家中率先进入了服务经济社会。福克斯的宣言预示着始于美国的服务经济在全球范围的来临。伴随信息革命和技术的飞速发展，服务经济也随之表现出新的发展趋势。从全球经济结构的演进规律来看，服务业主导的经济结构转型和变革正在成为一种新的趋势。从世界范围内来看，农业、工业和制造业增加值在 GDP 中的占比下降和服务业增加值在 GDP 中的占比上升，正在成为一种不可逆转的潮流和趋势。具体见图 1-1。

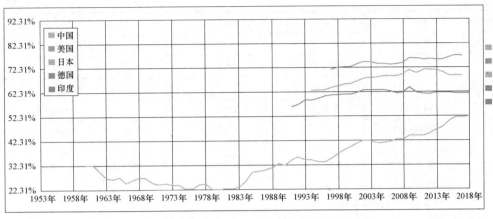

图 1-1　服务业增加值占 GDP 比重部分国家历年数据走势图（1953—2018 年）

总体来看，在全球范围内，工业增加值占比的下降和服务业增加值占比的上升趋势非常明显。服务化正在成为世界经济的发展方向，如表 1-1 所示。事实证明，服务产业具有更高的效率，所有发达国家都历史性转向了服务经济，世界经济总量的 2/3 是服务经济。名义 GDP 超过 17 万亿美元的美国经济占全球经济总量的近四分之一。为美国经济产出做出最大贡献的是服务业，所占比重为 79.9%（全球平均水平为 63.6%），农业和工业所占比重分别为 1.12% 和 19.1%（全球平均水平分别为 5.9% 和 30.5%）。中国的服务业和工业在经济中的占比更趋平衡，农业所占比重相对较小。考虑到服务业对其他大型经济体的贡献远超工业和农业，随着中国经济继续增长，服务业将会继续扩张。

表 1-1　2018 年世界各地服务业增加值占 GDP 比重

排名	国家/地区	所在洲	年份	服务业增加值占 GDP 比重
1	中国（澳门）	亚洲	2018	94.20%
2	中国（香港）	亚洲	2018	88.53%
3	英属马恩岛	欧洲	2017	87.59%
4	英属开曼群岛	北美洲	2017	87.02%
5	摩纳哥	欧洲	2018	86.92%
6	荷属圣马丁	北美洲	2017	81.18%
7	安道尔	欧洲	2017	79.29%
8	吉布提	非洲	2018	79.13%
9	帕劳	大洋洲	2018	78.95%
10	卢森堡	欧洲	2018	78.55%
11	美国	北美洲	2017	77.37%
12	马耳他	欧洲	2018	75.15%
13	萨摩亚	大洋洲	2018	75.09%
14	黎巴嫩	亚洲	2018	74.69%

续表

排名	国家/地区	所在洲	年份	服务业增加值占 GDP 比重
15	英属特克斯和凯科斯群岛	北美洲	2018	74.39%
16	巴哈马	北美洲	2018	74.20%
17	圣卢西亚	北美洲	2018	73.78%
18	荷属库拉索	北美洲	2018	73.46%
19	塞浦路斯	欧洲	2018	72.18%
20	圣多美和普林西比	非洲	2018	71.76%

1.1.2 中国服务经济的发展

国家统计局数据显示，1952—1978 年，我国服务业增加值从 195 亿元增长到 905 亿元，年均增长 5.4%，比 GDP 年均增速低 0.8 个百分点，比第二产业低 5.6 个百分点。1978 年年末，我国服务业增加值占国内生产总值比重只有 24.6%，排在三次产业最末位，比第一产业、第二产业分别低 3.1 和 23.1 个百分点。改革开放以来，服务业进入快速发展期，1978—2012 年，我国服务业增加值从 905 亿元增长到 244 852 亿元，年均增长 10.8%，比 1952—1978 年均增速快 1 倍，比 GDP 年均增速高 0.9 个百分点，比第二产业低 0.5 个百分点。1985 年服务业增加值占 GDP 的比重超过第一产业，2012 年超过第二产业，上升至 45.5%。党的十八大以来，服务业发展进入新阶段，推出了一系列改革举措来培育和促进服务业新经济、新动能不断发展壮大。数据显示，2012—2018 年，我国服务业增加值从 244 852 亿元增长到 469 575 亿元，年均增长 7.9%，高出 GDP 年均增速 0.9 个百分点，高出第二产业 1.3 个百分点。服务业在国内生产总值中的比重进一步上升，6 年提高了 6.7 个百分点，2015 年超过 50%，到 2020 年，中国服务业增加值占 GDP 比重达到 54.5%。

1. 中国迈入服务经济时代的主要驱动因素

一是居民收入水平不断提高，中等收入群体迅速崛起改变了需求结构，文化精神等服务需求快速提升。

收入水平的高低决定着消费能力的高低，并直接影响着居民的消费信心、消费欲望和消费潜能。根据国家统计局有关数据：我国居民人均可支配收入自 2003 年到 2020 年呈直线上升趋势。2020 年全国居民人均可支配收入 32 189 元，比上年增长 4.77%。城镇居民人均可支配收入 43 834 元，比上年增长 3.8%。农村居民人均可支配收入 17 131 元，比上年增长 6.9%。中产阶层是发达国家经济持续发展的重要支撑，对人均 GDP 向更高阶段跨越发挥了重要作用。随着居民收入水平的稳定增长，中等收入群体正在迅速崛起。中等收入群体拥有稳定的收入和相对宽裕的经济生活条件，对追求高品质生活有着强烈欲望，也愿意为优质有形产品和服务产品支付溢价。因此，中等收入群体表现出的消费能力、文化精神领域的消费欲望以及日益增大的群体规模，将成为消费升级的重要驱动力。中国居民的消费需求已经从最初的基本物质需要转为更高层次的需要，目前，消费者用于自身发展、休闲享受型服务消费的比重、内容方式不断增多，居民消费质量不断提高。2020 年全国居民人均消费支出 21 210 元，其中人均服务性消费支出 9 037 元，占居民人均消费支出的 42.6%。进入服务消费阶段，顾客的购物习惯日益呈现碎片化、个性化和体验化趋势。顾客越来越注重生活品质及消费体验，体现在消费支出上就是用于医疗美容、文化旅游、休闲娱乐和体育健身领域的支出逐渐增加。

二是制造业强国建设拉动了生产性服务业大发展。2017年，国家发展和改革委员会印发了《服务业创新发展大纲（2017—2025年）》，这个文件中提出的"推动中国服务与中国制造互促共进"，为中国服务业发展特别是生产性服务业发展指明了方向，也为中国制造业实现由大变强找到了新思路、新路径，更是抓住了产业融合和产业升级的"牛鼻子"。制造业和服务业融合是全球产业发展的重要趋势，生产性服务业成为制造业转型升级的重要支撑。从发达国家产业演变历史看，从20世纪70年代制造业柔性化生产模式取代福特制生产模式以来，生产性服务业对制造业的作用日趋凸显，生产性服务业的产业地位开始不断提升，制造业外购从制造业内部分化的或从市场内生发展来的生产性服务，作为中间投入要素，并且在产品消费中还要消费大量的互补性服务，以提升自身效率和竞争力，更好地满足市场需求，争取更大的价值。发达国家普遍存在两个70%的现象，即服务业产值占国内生产总值的70%，生产性服务业产值占整个服务业产值的70%。世界500强企业中，56%的企业从事服务业。改革开放以来，中国凭借劳动力成本优势迅速成长为"世界制造工厂"，稳居世界制造业大国之首，但在国际分工体系中偏重于组装和制造环节，长期处于价值链的低端环节，而价值链上游（如研发设计）和下游（如市场营销、品牌管理）等高端环节仍被发达国家控制，在全球价值链分工中面临被"低端锁定"的风险。大力发展生产性服务业，以嵌入知识密集型服务要素提升制造业附加值并向生产价值链中高端迈进，符合中国的实际情况和发展要求。面向制造业的生产性服务业是制造业和服务业深度融合发展的重要表现形式，是制造业转型升级的重要支撑。

三是新型城镇化拓展了服务业发展的广阔空间。1978年，我国城镇化率仅为17.9%，2021年达到63.89%，城镇数量和规模不断扩大，成为最主要的空间形态。在现代社会，城市是服务业发展的主要平台，服务业的规模和结构在很大程度上取决于城市化水平和城市规模。随着农业转移人口市民化进程加快，由此引发的城镇服务需求空间巨大，无论是在规模上，还是品质上，新型城镇化将对服务业的规模迅速扩张和高质量发展产生积极影响。

四是农业现代化为服务业发展注入新动能。促进传统农业向现代化农业转变，符合我国当前构建现代化经济体系的根本要求，对于践行扶贫减贫、绿色发展、提质增效等新时代重要战略有着重要的现实意义。现代农业是一个大农业的概念，要实现农业现代化、不能仅仅局限于"种植业"的发展，还需要特别关注农业的产前、产后问题，关注拓展产业链条之后的附加值和综合效益问题。关注拓展产业链条之后的附加值和综合效益问题。针对农业的生产性服务业，建立社会化的农业产业化服务体系，是实现农业现代化、低碳化和可持续发展的有效手段。要建立起强大、高效、高附加值的现代化农业，就必须加快构建和完善现代农业综合服务体系，通过发展包括农村金融、农业科技、涉农物流、动植物疫病防控、农产品质量安全监管、农村劳动力培训、农机租赁等为农服务产业，以现代服务业促进农业现代化。显然，农业和服务业的深度融合发展，为拓展服务业发展空间和延伸服务产业链条创造了新动能，提供了新机遇。

五是技术创新催生服务供给新内容。新一轮科技革命将成为包括服务业在内的整个经济转型升级的驱动力量。新技术替代旧技术、智能型技术替代劳动密集型技术的趋势明显，特别是移动互联网、云计算、大数据、物联网等信息技术的广泛普及和深度应用，将成为推动经济社会发展的基础架构和标配。这些新技术以近乎零边际成本的方式生产并共享着商品和服务，不仅前所未有地重塑消费模式，还将颠覆传统产业的发展方式。新一轮科技革命将使服务业分工继续深化，激发服务领域的持续创新。在服务内容、服务供给主体及提供方式等方面赋予新的内涵，将促使产业价值链分解出更多新的服务业态，商业模式、运作方式、管理方式上的更新迭代也将成为常态；与此同时，还会促进一大批新兴服务业的崛起和发展，带动服务业生产效率和竞争力的提升。

2. 中国迈向服务经济时代的具体表现

一是服务业规模持续扩大，对 GDP 贡献率明显提高。伴随着工业化、城镇化、信息化的快速推进，企业、居民、政府对服务业需求日益旺盛，拉动了服务业增长；技术进步则极大地改善了服务供给质量和效率，增强了服务流动或交易的可能性。在多重因素推动下，服务业对经济增长的贡献率不断提升。1980 年至 2020 年，中国服务业增加值占 GDP 的比重从 22.3%上升到 54.5%，提升了 32.2 个百分点。

二是服务业就业增长显著，成为吸纳劳动就业的主渠道。劳动就业是最真实反映一个国家（地区）经济结构变化的指标，代表性产业变化的规律和趋势。伴随着服务业的快速扩张，服务业已成为我国吸纳就业最多的产业，为缓解就业压力做出了重要贡献。2011 年，我国服务业就业比重首次超过第一产业，成为吸纳劳动就业最大的部门，此后的年份不断拉大与第二产业和第一产业的差距，服务业劳动就业的占比显著提升。1980 年至 2020 年间，我国服务业就业占全社会就业的比重从 13.1%上升到 47.7%，提升了 34.6 个百分点。

三是利用外资也进入了名副其实的"服务经济时代"。2001 年以前，外商投资基本聚焦在制造业；随着我国服务业对外资的限制进一步放开，以及外资对我国服务业市场前景的看好，外资投资于服务业的比例迅速攀升。国家统计局的数据显示，2005 年外商直接投资额中，服务业只占 24.7%，2011 年这一比例首次超过 50%，2020 年则攀升到 78.2%，服务业已经成为外商投资最为"青睐"的选择。

1.1.3 向服务经济转变的驱动因素

服务市场受到政府政策、社会变迁、商业趋势、信息技术的进步和国际化的影响，这些力量重新塑造了需求、供给和市场竞争的格局乃至顾客的决策方式。

（1）一些新的政策法规的出台、顾客对体验和个性化的关注、移动互联网和 5G 技术的迅猛发展、制造业的服务化转型、战略联盟的出现以及全球化的发展都促使新的市场和产品的出现，并为现有市场创造了更多服务需求，也进一步加剧了竞争。

（2）竞争正在促进创新的发展，尤其是通过新技术和改良技术的应用。竞争不仅仅在同一行业的各企业间产生，还在其他行业的企业之间产生，因为这些行业为顾客提供了新的解决方案，通过替代的方式满足了顾客的需求。比如若干年前手机只是用来打电话，但今天手机取代了相机、电子词典、MP3 等，人们之间的沟通已经不只是通过打电话了，各种社交工具的出现让人们的沟通变得更便捷、更有趣。

（3）互联网将权力由供应商手中转到了顾客手中，尤其是在顾客市场上，顾客主权日益增加，顾客更方便地获取信息、有了更多的选择，也可以更方便地发表对产品和品牌的态度。

（4）在现在的市场上，企业要想获得成功就必须更精准地了解顾客和竞争对手、设计有竞争力的商业模式，还要为顾客和企业创造价值，并对服务营销和管理更加重视。

1.2 服务业

1.2.1 服务业的界定

产业划分，世界各国不完全一致，但基本均划分为三大类：第一产业、第二产业和第三产业。按照联合国使用的分类方法：第一产业包括农业、林业、牧业和渔业；第二产业包括制造业、采掘业、建筑业和公共工程、水电油气、医药制造；第三产业包括商业、金融、交通运输、通信、教育、服务业及其他非物质生产部门。三大产业之间形成了相互依赖、相互制约的关系，第一产业为第二、三产业奠定基础；第二产业是三大产业的核心，对第一产业有带动作用；第一、二产业为第三产业创造条件，第三产业发展促进第一、二产业的进步。

服务业是随着商品生产和商品交换的发展，继商业之后产生的一个行业。商品的生产和交换扩大了人们的经济交往。为解决由此而产生的关于人的食宿、货物的运输和存放等问题，出现了餐馆、旅店等，社会化大生产创造的较高的生产率和发达的社会分工，促使生产企业中的某些为生产服务的劳动从生产过程中逐渐分离出来（如工厂的维修车间逐渐变成修理公司）。所谓服务业是指农业、工业和建筑业以外的其他各行业，即国际通行的产业划分标准的第三产业，其发展水平是衡量生产社会化和经济市场化程度的重要标志。根据《国民经济行业分类》（GB/T 4754—2017），我国的服务业主要包括17个门类，见表1-2。

表1-2 国民经济行业（第三产业）分类

	门类	名称
第三产业（服务业）	A	农、林、牧、渔专业及辅助性活动
	B	开采专业及辅助性活动
	C	金属制品、机械和设备修理业
	F	批发和零售业
	G	交通运输、仓储和邮政业
	H	住宿和餐饮业
	I	信息传输、软件和信息技术服务业
	J	金融业
	K	房地产业
	L	租赁和商务服务业
	M	科学研究和技术服务业

续表

门类		名称
第三产业（服务业）	N	水利、环境和公共设施管理业
	O	居民服务、修理和其他服务业
	P	教育
	Q	卫生和社会工作
	R	文化、体育和娱乐业
	S	公共管理、社会保障和社会组织

各行业在我国服务业的比重见图1-2。

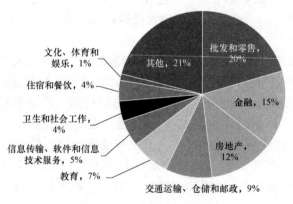

图1-2 中国服务业构成

1.2.2 服务业的分类

根据服务的对象，服务业的类型界定为生产性和生活性服务业。在生产性和生活性服务业中，对于使用公共权力和公共资源提供的服务，产生出了公共服务业。随着信息技术的发展，服务业中又衍生出了一种新型的服务业——现代服务业。

1. 生产性服务业

生产性服务业是指交通运输、批发、信息传输、金融、租赁和商务服务、科研等，具有较高的人力资本和技术知识含量的服务业。生产性服务业对经济增长发挥着积极的驱动作用，包括为生产活动提供的研发设计与其他技术服务，货物运输、通用航空生产、仓储和邮政快递服务，信息技术服务，金融服务，节能与环保服务，生产性租赁和商务服务，人力资源管理与职业教育培训服务，批发与贸易经纪代理服务，生产性支持服务。

从产业属性、产出属性、经济地理属性和产业演进属性四个维度可以对生产性服务业进行分类，具体见表1-3。

表 1-3 生产性服务业的分类

维度	特征	具体产业
产业属性	产出以知识为主；主要提供科技含量高的专业性产品和服务	金融保险、商务和租赁、交通运输仓储业（物流）、科学研究和综合技术服务（研发）、信息服务业（包括信息传输、信息技术服务和软件业）
产出属性	以向其他生产部门提供中间服务为主；服务业中间需求率超过百分之五十的行业	交通运输仓储及邮政通信服务、批发零售服务、金融保险、计算机服务、租赁和商务服务、地质勘查和水利管理服务
经济地理属性	高集聚性；人力资本要素和知识技术要素越来越密集	交通运输业，信息传输、信息技术服务和软件业，金融业，房地产，仓储和邮政业，租赁和商务服务业，科学研究和技术服务业，地质勘查业和居民服务和其他服务、教育
产业演进属性	由"非市场化"向"市场化"演进	批发和零售业，住宿和餐饮业，交通运输、仓储和邮政业，金融保险业，租赁和商务服务业，计算机及其相关活动，研究与开发，教育，公共管理及国防，社会安全，卫生及社会服务业，其他团体、社会和私人服务等

2. 生活性服务业

生活性服务业也被称为消费者服务业、消费性服务业或民生服务业，是指满足居民最终消费需求的服务活动，是直接向居民提供物质和精神生活消费品及服务的行业集合，包括零售、住餐、房地产、文体娱乐、居民服务等与劳动密集型与居民生活相关的服务业。

生活性服务业提供的产品和服务主要用于满足顾客生活中而非生产中的各种需求，属于最终需求性服务业，其服务对象为顾客，包括居民个人和政府；是市场分工不断深化的产物，其发展程度和水平与其他产业及城镇化水平高低有关。

根据国家统计局《生活性服务业统计分类（2019）》，生活性服务业包括十二大领域：居民和家庭服务，健康服务，养老服务，旅游游览和娱乐服务，体育服务，文化服务，居民零售和互联网销售服务，居民出行服务，住宿餐饮服务，教育培训服务，居民住房服务，其他生活性服务等。

3. 公共服务业

公共服务业，主要是卫生、教育、水利和公共管理组织等，具有非营利性、非排他性和非竞争性等特点。所谓公共服务就是指使用公共权力和公共资源向公民（及其被监护的未成年子女等）所提供的各项服务，主要包括政府公共服务、基础教育和公共卫生。

教育服务本身只是特定的专业性服务，使用了公共权力或公共资源所提供的教育服务才是公共服务，而为了个人牟利使用私人资源所提供的教育服务或私立教育是营利性的私人服务，而非营利社会组织使用来自捐赠等渠道的社会资源所提供的教育服务或所办的公益性学校则是非营利性的社会公益性服务。

所以，不应将教育等专业性服务本身笼统地看作公共服务或非营利的社会公益性服务。虽同是教育服务，但这三种不同类型服务的性质是不同的：公共服务体现的是公民权利与国家责任之间的公共关系；私人服务体现的是以货币可支付能力为前提的私人牟利追求与顾客之间的市场关系；而社会公益性服务则体现的是部分社会成员的善意与志愿精神同特定社会群体之间的社会关系。

4. 现代服务业

伴随着信息技术和知识经济的发展产生，服务业中逐渐出现了一种新的服务业，就是用现代化的新技术、新业态和新服务方式改造传统服务业，创造需求，引导消费，向社会提供高附加值、高层次、知识型的生产服务和生活服务的服务业。所谓现代服务业是指以现代科学技术特别是信息网络技术为主要支撑，建立在新的商业模式、服务方式和管理方法基础上的服务产业。它既包括随着技术发展而产生的新兴服务业态，也包括运用现代技术对传统服务业的提升。

现代服务业的发展本质上来自社会进步、经济发展、社会分工的专业化等需求。具有智力要素密集度高、产出附加值高、资源消耗少、环境污染少等特点。现代服务业既包括新兴服务业，也包括对传统服务业的技术改造和升级，其本质是实现服务业的现代化。

现代服务业是相对于传统服务业而言，适应现代人和现代城市发展的需求，而产生和发展起来的具有高技术含量和高文化含量的服务业。主要包括以下四大类：基础服务、生产和市场服务、个人消费服务和公共服务。具体见图1-3。

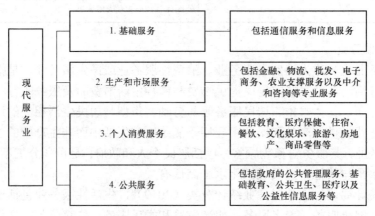

图1-3 现代服务业的构成

1.3 什么是服务

1.3.1 关于服务的历史观点与新观点

1. 历史观点：非生产性劳动

对服务的描述和界定可以追溯到两个多世纪前，在18世纪晚期和19世纪初，古典经济学家专注于财富的创造和占有，他们认为，物品（最初称为"商品"），是价值的对象，其所有权可以通过价值来确定和交换。所有权是指从生产者和原所有者处通过购买、以物易物或馈赠，而对某一物品产生的有形占有，并从法律上确认为当前所有者的财产。

亚当·斯密于1776年在其著作《国富论》中区分了两种不同劳动的产物，一种来自"生产性"劳动，另一种来自"非生产性"劳动。他认为，生产性劳动的产物可以在制造出来后储存起来，并用来换取金钱或其他价值物；但非生产性劳动（无论是多么受人尊敬、有用或者必要）创造出来的服务，都在其产生之时就消亡了，因此不会创造财富。在这种论调的基础上，法国经济学家让·巴蒂斯特·萨伊提出，生产和消费在服务上是不可分割的，并创立了术语"非物质产品"来描述服务。

对于许多服务来说，生产和消费的确是不可分割的，比如理发、航空飞行、酒店住宿等，但并非所有的服务行为都是可消亡的。想想你听过的讲座，看过的演唱会，接受的医疗服务。而且非常重要的是，许多服务的设计本质上就是为了给服务接受者创造持久的价值，比如你从小到大接受的教育。但不可否认，所有权和非所有权的区别在服务中是非常明显的。

2. 新观点：无所有权的收益

回忆一下你最近接受的服务，你上周末住了酒店，但你没有酒店客房的所有权；你去理发店理发，但你对理发师没有所有权；你乘坐出租车去了火车站，但你同样对出租车没有所有权……你购买了许多服务，但却没有获得所有权的转移，那么你到底购买的是什么？你付出的金钱、耗费的精力和时间得到了什么？你获得了什么收益？或者说服务的价值到底在哪里？

关于服务的新观点认为，服务涉及某种形式的租借。顾客通过租借实物可获得使用实物的权利、雇用服务人员的劳动和技能，付费使用设施和网络而获得收益。许多服务涉及所有这三个要素。当消费者因得到了想要的经历和解决了问题而获益时，服务的价值就产生了。租金就是指使用或接触某物时所支付的金钱。这笔钱是为了在特定时期内使用或接触某物，而不是将某物买下来。人们不能购买提供服务的人员，但可以雇用他们的劳动和技能。

为临时使用某物品或为了进入某个实体设施而付费，是消费者享受使用权的一种方式，因为他们要么是买不起，要么是没必要买，要么是用完以后没必要储存起来，供下次再用。比如，酒店的住宿，你不可能仅仅是为了几个晚上的住宿而买一个房间。此外许多网络系统是个人和大多数企业都无法自行购买并运营的，租借通过支付进入或使用费用，为消费者提供了参与这些网络系统的方式。比如你使用的高速公路网络、互联网等。

可以将无所有权的范畴分为五个方面。

第一，租借实物服务。这些服务可以让顾客在不愿购买的情况下，拥有对某实物的临时使用权。比如租借电动工具、自行车、婚礼上的礼服等。

第二，租借限定的空间和场所。在这里，顾客可以在不同私密等级下，与其他顾客共同获得对某楼房、车辆或其他区域的较大空间中特定部分的使用权。座位是个人最为独立的租借单位。这类租借包括酒店客房、飞机的座位，写字楼的套间，饭店桌椅以及仓库中的储存容器。这种空间一般根据位置来制定，但其目的则是多种多样，有的是开展商业活动，有的是享受。也就是说租借空间本身可能是目的，也可能是达到目的的手段。有些空间在实体上完全相同，但因为位置不同其价值会不同。比如酒店中的海景房、演唱会中靠近舞台的座位。

第三，租借劳动和技能。顾客因为自己不愿意亲自做，或因为缺乏必要的技能、工具或技艺而无法完成某项工作，所以雇用他人来完成该工作。比如打扫卫生、照顾孩子、维修电脑。在许多情况中，顾客可能会有效地租借整个团队的服务。比如外科手术、管理咨询。

第四，进入共享的实体环境。这些环境可能是户外，也可能是室内，或是两者的结合。比如主题公园、健身馆、博物馆，以及收费道路。

第五，进入和使用系统和网络。顾客推荐参与某一特定网络的使用权。比如通信、公共设施、银行、保险或专业化信息技术服务。服务提供者经常根据不同的顾客的需求和支付能力，制定进入和使用网络的条款菜单，以便顾客选择。

在很多情况下，可能会有两个或两个以上的范畴结合在一起。比如当你乘坐出租车时，你既雇用了司机，也租借了车辆。当你接受手术时，你实际上是雇用了一支由外科医生领衔的技艺高超的医疗团队，也临时租借了医院里的专用手术环境和专业设备的使用权。

3. 无所有权的营销启示

消费者在购买无所有权的服务时与购买拥有所有权的物品时面临不同的选择和购买行为，因此，从营销的角度来看，租借市场具有许多特殊性。

（1）围绕着物品可以产生多种服务需求。要解决临时需要而进行的租借通常比拥有物品在经济上更划算。租借最多的产品包括车辆、帐篷、派对设施、动力灯具、家具、礼服和运动器械。营销人员可以通过快递和上门取件、清洁、保险和维护等服务进一步增加价值。他们甚至可以为操作租借的设备提供经过培训的人员或提供操作培训。因此，这是一个租借而非销售耐用物品的市场。

（2）租借某一较大实体的一部分可以产生服务。某些类型的服务设施可以被分割成各种组成部分，顾客租借其中一部分。比如租借电影院或飞机的座椅、酒店的客房、写字楼套间等一段时间。租借"我的房间"或"我们的办公套房"代表了独家但临时使用大型楼房中某一单元的权利。顾客通过与众多顾客共享一个较大的设施，而获得规模经济的好处，同时享受了不同程度的分割，乃至私密。

（3）顾客需要与服务提供者更加紧密地联系在一起。通常来说，购买物品可以获得使用权，物品就归购买者所有，物品所有者可以随意地使用物品。但对于服务而言，对顾客如何使用设施和设备、如何与服务人员进行交流、如何使用系统和网络，供应商需要进行一定的控制。许多服务涉及供应商和顾客之间的劳动分工，顾客需要了解并遵守规定，大多数租借的物品也必须在指定的时间和地点按照正规的流程归还。

（4）在大多数服务中，时间起到了核心作用。对于物品的购买者而言，只要物品尚未损坏，或者只要拥有者不把它扔掉，所有权就依然存在。但是，在租借中对于物品的使用，最通常的做法是根据一定的期限来确定的。定价往往也与时间长短相关。服务提供者在营销中的一大挑战是如何确保他们提供的物品、设施和劳动，以最赚钱的价格尽可能充分地全部租出，这就是通过更高收入和利润创造价值的方法。这个目标激励着营销人员去制定战略来实现供需平衡。顾客们对时间也很关注，为了使所提供的服务更加方便、更具吸引力，营销人员必须理解时间在顾客生活方式中的作用，以及不同的人如何看待时间、估价并编制预算。

（5）顾客的选择标准可能会随着是租还是买而有所不同。顾客对于在旅游胜地租一辆汽车使用几天和在家附近的经销商那里购买一辆汽车是两种不同的选择标准。租车一般在意的是车的档次和类型，买车时比较关注车的实体特征，比如颜色、装饰和杯托的数量，而租车时更关注租借的地点、期限、保险范围、车辆清洁和保养状况、订车系统是否易用、客服人员的服务质量以及奖励活动比如里程等。

（6）服务为共享经济提供了机遇。世界上许多资源都是有限的，无论是在新兴国家还是在发达国家，都需要整合这些稀缺的资源，共享产品，避免浪费，因此以租代买也许是最好的办法。共享经济是指拥有闲置资源的机构或个人有偿让渡资源使用权给他人，让渡者获取回报，分享者利用分享自己的闲置资源创造价值。共享经济是一种优化资源配置、高效社会治理的新经济模式，是基于互联网等现代信息技术支撑，由资源供给方通过技术平台将暂时闲置的资源（或技能服务），有偿提供给资源的需求方使用，需求方获得资源的使用权（或享受服务），而供给方则获得相应报酬的市场化模式。通过技术平台的整合，达到了资源的有效配置、城市的有效治理、市民更方便地获得城市社会服务的目标。

1.3.2 服务的定义

关于服务，有两个比较具有代表性的定义。

菲利普·科特勒认为：" 服务是一方能够向另一方提供的基本上是无形的任何行为或绩效，并且不导致任何所有权的产生。它的生产可能与某种物质产品相联系，也可能毫无联系。"

克里斯托夫·洛夫洛克认为：" 服务是由一方向另一方提供的经济活动，大多数是基于时间的行为，旨在对接受者本身或对象或购买方负有责任的其他资产产生期望中的结果。服务顾客用他们的金钱、时间和精力作为交换条件，希望通过使用物品、劳动、专业技能、设备、网络和系统获得价值，但他们通常并不取得所涉及的任何实体因素的所有权。"

结合以上定义，需要对服务有以下几个认识。

（1）服务是两方之间的经济活动，这意味着在市场上的买卖双方之间存在价值交换。

（2）服务通常是基于时间的行为，因此在服务设计和价格制定时需要考虑时间要素。

（3）购买方购买服务是为了所期望的结果，许多企业将他们提供的服务称为满足顾客需求的"解决方案"。因此，需要准确理解顾客的需求和期望，并设计和传递有效的服务以满足顾客的期望。

（4）服务顾客用他们的金钱、时间和精力作为交换条件以获得价值，这意味着服务定价和服务价值创造时不仅要考虑顾客付出的金钱成本，还要考虑时间、精力等成本的付出。

（5）服务购买者并不取得所涉及的任何实体因素的所有权，所以服务的价值不是占有和获得所有权，而是更注重问题的解决和需求的满足。

1.3.3 服务转型

随着服务经济的发展，制造业也开始重视对产品增加增值服务，服务化转型成为制造业企业的一项重要的战略目标，服务业和制造业的界限变得越来越模糊。

世界知名的营销专家希奥多·莱维特早就提出："根本就没有服务业这回事，只不过是某些行业中服务部分与其他行业相比所占比重更大或更小而已。大家都是在从事服务。"许多制造业企业转型为服务型企业。"制造业服务化"是指在经济全球化、顾客需求个性化和现代科学技术与信息化快速发展条件下，出现的一种全新的商业模式和生产组织方式，是制造与服务相融合的新的产业形式。这种产业形式使企业实现了从单纯产品或者服务提供者，向"综合性解决方案"供应商的转变。需要注意的是，制造业服务化不是"去制造业"，从价值链角度看，是服务在制造业价值链中所占比重不断提高，产品附加值和品牌效益不断提高的变化过程。

制造业服务化包括两种类型：一个是制造业投入服务化，包括新技术研发、市场调研和广告、物流、技术支持、零部件供应、信息咨询等方面；另一个是制造业产出服务化，包括销售服务、维修保养、金融租赁和保险等方面。比如卡特彼勒作为国际装备制造巨头，也在进行服务化转型。卡特彼勒2018年为中国顾客定制了"卡特360全程安心服务"，包括两小时快速响应的服务承诺。这套涵盖购机、用机、养护的一站式专业服务不仅为顾客提供了更加灵活的金融方案，还帮助顾客在后续维护保养方面更加省心。在持续履行现有服务承诺的同时，卡特彼勒还与代理商共同为顾客推出新的售后顾客协议，售后顾客协议的宗旨就是通过售后服务为顾客带来差异化价值的承诺和保障。

许多制造业企业正在进行服务转型，从简单地将有形产品和附加服务加以捆绑到重新制定和改良某些元素使其可以作为独立的服务项目进行销售，从而为新的目标顾客创造价值，这些顾客甚至以前从未购买过企业生产的产品。随着企业的经验不断丰富，就可以提供新的服务产品。比如，IBM 最早被大家熟知的是计算机和商用机器的制造商，而今天 IBM 成为全球一流的人工智能解决方案和云平台企业，主要提供四类服务：战略外包、商业咨询、集成技术服务和维修。飞机制造商劳斯莱斯为空客 A380 提供引擎，全球运营的空客 A380 半数以上搭载的是劳斯莱斯的 T900 引擎，劳斯莱斯的全方位呵护"TotalCare"计划就是为 A380 提供"飞机引擎＋零部件＋服务"的打包服务，其收费标准按引擎运转时数收取，劳斯莱斯从服务和销售零部件获取到的利润是单纯卖飞机的 7 倍！

1.3.4　服务产品与顾客服务和售后服务的区别

无论是制造业还是服务业，将"服务产品"与常见的名称"顾客服务"和"售后服务"区分开来是非常重要的，每家企业都应当设有顾客服务和售后服务部门，但并不是每家企业都提供服务产品。

企业提供的产品无论是有形产品还是无形的服务产品，都是由核心产品和附加服务两部分构成的，其中核心产品是顾客购买的产品的核心利益，而附加服务是增加核心产品外延的服务。因此服务营销与通过服务进行营销是有本质区别的。

在服务营销中，服务本身就是核心产品，不发生任何有形产品的所有权转移，服务是营销重要的组成部分。服务是每个行业、每个人员、每个岗位的事。服务不是成本，而是战略层面的问题；服务型企业要整合战略、战术和服务给企业带来丰厚的利润。

而售后服务和顾客服务都是为了辅助产品的销售而设计的附加服务，也就是通过服务加强营销。顾客服务和售后服务都属于成本部分，不能为企业创造利润。

顾客服务，主要体现了一种以顾客满意为导向的价值观，它整合及管理在预先设定的最优成本——服务组合中的顾客界面的所有要素。广义而言，任何能提高顾客满意度的内容都属于顾客服务的范畴。顾客服务是销售人员和客服代表的事，发生于产品销售之前、销售过程中以及销售之后。客服人员要向顾客露出八颗牙齿的微笑，他们需要处理顾客的抱怨和异议。

售后服务，就是在商品出售以后所提供的各种服务活动。从推销工作来看，售后服务本身同时也是一种促销手段。在追踪跟进阶段，销售人员要采取各种形式的配合步骤，通过售后服务来提高企业的信誉，扩大产品的市场占有率，提高推销工作的效率及收益。售后服务是客服人员的工作，发生于成功销售之后，目的是帮助顾客获得更好的产品使用体验。

优秀的服务通常会促进有形产品的销售，甚至有时顾客会认为服务更有用、更有价值。因此，许多制造型企业为核心产品增加附加服务，并用心为顾客提供服务作为核心营销策略。但是，只要营销的目标是销售产品、转移所有权，这种核心产品就依然是有形产品。附加服务可能是咨询、金融、运输、安装、维修、升级以及以旧换新等，这些服务可能是免费的，也可能是收费的。

比如汽车的 4S 店既承担了顾客服务、售后服务，也需要进行服务营销。4S 店全称为汽车销售服务 4S 店（automobile sales service shop 4S），是一种集整车销售（sale）、汽车零配件（spare part）、售后服务（service）、信息反馈（survey）四位于一身的汽车销售企业。在进行汽车销售时，需要良好的顾客服务和售后服务以提升汽车销售的竞争力，这时顾客服务和售后服务是为了销售汽车而提供的附加服务，是汽车销售的成本。但汽车成功销售之后，4S 店可以提供围绕汽车使用过程中的各种服务，它涵盖了消费者买车后所需要的一切服务。也就是说，汽车从售出到报废的过程中，围绕汽车售后使用环节中各种后继需要和服务而产生的一系列交易活动，包括汽车保险、汽车金融、汽车养护、汽车维修保养、二手车及汽车租赁等。这些服务就是营销的核心，是为 4S 店创造新利润的来源。

延伸阅读

中国"汽车后市场"新机遇

来自中国汽车工业协会的信息显示，2019 年前 11 个月，中国汽车产销量达 2 303.8 万辆和 2 311 万辆，分别比 2018 年同期下降 9% 和 9.1%，产销降幅虽小幅收窄，但仍延续了 2018 年以来的汽车产销下滑之势。

业界人士惊呼"汽车市场正迎来百年一遇变革"。实际上，汽车行业的变革并不仅在汽车产销领域，在更为庞大的"汽车后市场"，变革也正带来诸多发展新可能和新机遇。

1. 海外企业看好

目前，对于"汽车后市场"有不同的定义，归纳起来主要有三种：一是汽车产业链的组成部分，它包括汽车销售领域的金融服务、汽车租赁、二手车等；二是整车落地销售后，车主所需要的一切服务，比如汽车保险等；三是消费者在使用汽车过程中所发生的与汽车相关的服务，比如维修、保养、零配件以及车辆改装等。

在上海举行的第十五届上海国际汽车零配件、维修检测诊断设备及服务用品展览会（简称"上海汽配展"）显示，海外企业仍然看好中国"汽车后市场"发展。

作为全球规模最大的汽配展，上海汽配展被视作中国乃至亚洲汽配市场的"风向标"。来自主办方的统计数据显示，本届展会展览面积达 36 万 m^2，规模比上一届扩大 3%；共吸引 6 590 家海内外企业参展，数量比上一届增长 5%。其中，汽车修理及维护领域的海外参展企业比上一届增长 21%，汽车用品及改装领域的海外参展企业比上一届增长 19%，仅汽车改装板块就占据了国家会展中心两个馆，展览面积达 4.4 万 m^2。

除了积极参展，来自 24 个国家和地区的外商还组成了 160 个专业采购团，为第十五届上海汽配展带来滚滚"人气"。为期 4 天的展会累计吸引近 16 万名专业观众，比上一届增长 6%。

法兰克福展览（上海）有限公司副总经理周劭阑认为，海外企业看好中国汽车后市场，参展与采购热情持续高涨，主要原因在于随着新技术、新能源、新材料在汽车制造中的推广应用，中国汽车产业经过转型升级，正在迎来第二个增长期，"汽车后市场"的相关内容不断更新与丰富，新的发展机遇不断涌现。

据专业机构统计，2018 年，中国"汽车后市场"规模已超过 1.3 万亿元人民币，占全球

"汽车后市场"比例超过两成。如今,中国汽车保有量达1.3亿辆,车龄介于4~9年的车辆占比超过50%,维修和保养将迎来高峰期。

2018年,中国仅汽车改装市场规模就超过1 600亿元人民币,且以每年30%左右的速度增长。预计到2025年,中国"汽车后市场"占全国汽车行业市场规模的比例有望达到55%左右,增长潜力巨大。

2. 产业链重塑与洗牌

随着消费理念和模式的改变,今天中国消费者的个性化、智能化与便捷性和舒适性需求日益凸显,环保与安全理念日益增强,在"汽车后市场"也不例外,汽车生活文化正在被重新定义。

在第十五届上海汽配展上,汽车改装板块的汽车内外饰分工更加精细,高性能定制能力成为企业转型升级的新追求;维修及保养板块不仅展示了维修及检测诊断设备、工具、车身及喷涂、汽车清洗相关的产品及服务,还首次展示全新的车身及喷涂产品类别,聚焦碰撞修复、环保喷漆和防腐保护,显示出汽车消费用户对高品质服务日益增长的需求;众多金融和保险企业的参展,也说明"汽车后市场"与新车销售一样,同样可以供金融保险企业开拓潜能。

在不断壮大的新能源汽车"后市场",除了传统的汽车保养、美容、维修等服务外,充电、充氢、电池回收处理等新能源汽车特有的"后市场"服务需求也在快速增长,相关领域有望成为企业抢占的市场新空间。

尤其值得关注的是,与传统汽车相比,新能源汽车涉及的电子元器件和电池部件较多。随着最早一批新能源汽车的使用年限逐渐临近,相关"后市场"将面临新课题。报废的动力电池如果处置不当,一方面不利于资源循环利用,另一方面也可能会对环境带来不良影响和安全隐患。

2018年7月,工业和信息化部发布《新能源汽车动力蓄电池回收利用溯源管理暂行规定》,要求建立"新能源汽车国家监测与动力蓄电池回收利用溯源综合管理平台",对蓄电池生产、销售、使用、报废、回收、利用等全过程进行信息采集,对各环节主体履行回收利用责任实施监测。

有业内人士认为,在国家层面上对新能源汽车关键零部件的回收利用,一方面可保证报废电池的安全无害化处理,另一方面动力电池的梯次利用有利于资源循环利用,一定程度上降低了电池的使用成本。但相关操作实施仍需企业探索,新市场、新机遇就在其中。

3. 零部件产业需"再发力"

汽车零部件也是"汽车后市场"的重要组成部分。在第十五届上海汽配展上发布的《2019上海及长三角汽车零部件贸易发展报告》显示,中国现有汽车零部件企业超过10万家,其中规模以上企业1.3万家,基本实现汽车零部件供应链全覆盖。汽车零部件行业年营业规模超过3.8万亿元。

引人注目的是,面对汽车行业"电动化、智能化、网联化、共享化"变革潮流,中国目前专门为新能源汽车生产汽车零部件的企业已超过1 000家,市场竞争力逐步提升,正在成为中国乃至全球新能源汽车产业崛起的有力支撑。落户上海的特斯拉超级工厂项目,除了在新能源汽车行业发挥"鲶鱼效应"外,未来有望带动更多海内外供应商形成新的供应链,进而提升中国新能源汽车产业的国际竞争力。

在当前中国汽车零部件版图中,长三角地区集中了全国六成以上的汽车零部件企业,代表了中国汽车零部件产业的国际竞争水平。以2017年为例,当年长三角汽车零部件出口164亿美元,进口近72亿美元。上海汽车整车厂商借助长三角配套体系,整车生产所需90%的零部件可得以满足。

有业内人士建议,面对全新的汽车及零部件未来发展格局,中国企业需要"再发力"。除了企业加快转型升级,政府部门也需发挥宏观调节作用,综合考虑车辆使用情况、节能减排、新旧产能转移以及供给侧结构性改革等因素,科学规划和布局汽车零部件产业,建立健全产业创新体系,搭建跨国技术合作平台,谋求在全球汽车零部件核心产业占据一席之地甚至制高点,拓展产业新空间。

有专家指出,汽车零部件产业未来有三大领域值得重点开拓:一是新能源汽车零部件,二是无人驾驶汽车零部件,三是智能网联技术的研发和市场布局。

课后思考

1. 中国迈入服务经济时代的驱动因素和表现是什么?
2. 什么是服务业?服务业具体由哪些形式的服务业构成?
3. 什么是服务?按照无所有权的框架,服务可分为具体哪几种服务范畴?
4. 无所有权的转移对营销有什么启示?
5. 服务营销与顾客服务和售后服务有什么不同?

讨论案例

陕鼓的服务化转型之路

陕鼓是以陕西鼓风机(集团)有限公司为依托设立的股份制企业,是为石油、化工、冶金、空分、环保和国防等国民经济支柱产业提供透平装置和综合服务的骨干企业。近年来,陕鼓按照"221"发展模式,即实施"两个转变"发展战略(从单一产品制造商向能量转换领域系统解决方案商和系统服务提供者转变,从产品经营向品牌经营、资本运营转变),按照"两个路径"(内部流程再造和外部资源整合),实现一个同心圆的放大,走出了一条创新发展、转型发展之路。

1. 服务化战略转型的初级阶段——单产品导向的服务化

陕鼓在服务化转型之前,以销售产品为主;由于同类产品的厂商众多,陕鼓也曾一度陷入价格竞争之中,利润空间越来越小。管理层认识到,单纯卖产品难以实现企业绩效的持续增长。相关研究也显示,由于鼓风机需求量受到国际市场和国民经济波动的影响,1998年陕鼓生产的离心鼓风机和叶式鼓风机销量分别下降了24.2%和63.3%。在严酷的产品市场竞争面前,陕鼓决定另辟蹊径,其发现比起有限的产品市场其服务市场的空间巨大。于是,陕鼓基于其积累的产品制造知识和技术人才,针对其用户主要是流程性企业、功能需求系统性强的特点,开发了对已售设备进行更新和改造的服务业务,向产品服务化迈出了第一步。这也表明，制造业企业选择走产品服务化转型的道路，是企业利用存量资源和能力求生存、图发展的内在要求。

从2000年开始，陕鼓利用其长期积累的顾客关系，以及对顾客需求的深刻理解，通过编写项目管理手册、制定现场服务标准、对服务人员进行专业技能培训等活动，构建企业的产品服务能力；打造一支专业化的维修和改造团队。在向用户提供售出设备的检修和改造升级服务的同时，兼营咨询、培训以及废旧产品的回收再利用等服务项目。2001—2004年，陕鼓仅维修、检修业务产值增长43%。2001—2005年，公司产值由4亿增长到25亿元。对于已采用陕鼓产品构建了自己正常运行的功能系统的用户来说，之所以购买陕鼓的各种专业化产品服务，是因为陕鼓在降低设备运行成本以及提高运行效率方面有更好的解决方案。在这个时期，陕鼓能够成功实施服务化的基础，是其优于用户的专业化的维修团队、充足的备品备件、高效的远程网络监测诊断系统，以及相对顾客来说更充裕的资金和可靠的信誉。

2. 服务化战略实施的高级阶段——产品组合服务化

在针对售出产品提供相关服务获得明显成效之后，2005年陕鼓开始向"出售整体方案和系统服务"的高级阶段转型。按照陕鼓集团董事长印建安形象的说法，陕鼓不做"民工"了，改做"包工头"。此后，陕鼓经过与西仪集团有限责任公司、西安锅炉总厂的重组以及与上海复星、联想控股等企业的合作，设立了包含陕鼓备件、陕鼓能源与动力自动化工程研究院以及出售气体的多个子公司，形成了较强的装置配套和工程配套潜力。2006年，陕鼓的旋转机械远程监测及故障诊断中心成立，进一步强化了产品的运维服务，也为装置配套系统的运营服务奠定了坚实的基础。2009年，陕鼓第一套BOT项目陕西龙门钢铁有限公司共用型TRT装置正式投运。2010年，陕鼓动力牵手河南煤化集团签约承建二期40万吨/年醋酸项目用6万空分装置配套机组。与此同时，陕鼓利用自身的资金和信贷优势同多家银行建立起了长期合作的关系，向其用户提供多种金融服务方案。陕鼓还通过全托式服务将设备维修工作做到零距离。2011年，陕鼓动力与宝钢宁波钢铁公司签署了TRT鼓风机专业维修保养合同，2012年初又与四川石化公司签订了100万吨炼油装置备件零库存及全托式专业化维保服务框架协议等。在这个阶段，陕鼓以其对用户需求以及相关产业技术发展的深刻理解，不仅深度开发了多种产品的运维服务——远程监测及故障诊断，以及全托式维护等，还整合其他公司、包括金融机构的产品和服务能力，为其用户提供整体解决方案和系统服务，使其服务成为远远超过产品销售的利润中心。

陕鼓自2003年起就开始着手建立与包括西门子、GE等诸多知名企业在内的"陕鼓成套技术暨设备协作网"，用来支持自身设备及其系统服务。在这个阶段，正是由于陕鼓技术、管理和市场运作等能力在长期积累基础上的全面提升，使其具备了从实施服务化战略初期主要为用户提供设备运维、改造等单产品服务项目，转向为用户提供工程承包和装置配套等整体解决方案。以陕鼓与河南煤化的合作为例，在深刻理解用户在技术、服务、管理方面的需求后，2011年陕鼓集团投资承建了河南煤化的空分装置配套气体项目。在该项目中，陕鼓不但提供了压缩机、空压机、增压机、氮压机和汽轮机等多厂家产品构成的空分装置配套设备；而且，还要负责安装调试、土建工程以及未来20年的设备运营管理。从这个项目可以看出，在产品服务化的高级阶段，陕鼓能够成功实施系统服务的基础，不仅是其优于用户的专业化的运维团队、充足的备品备件、高效的远程网络监测诊断系统，以及相对用户充裕的资金和可靠的信誉；而且，还有其强大的系统集成能力、工程配套能力，以及整合行业优质资源的"陕鼓成套技术暨设备协作网"作为有力的支撑。

2005—2012年间，陕鼓产值由25亿增长到71.4亿元。从2002年起，陕鼓主要经济指标居于国内同行业首位，2012年陕鼓产值占全国风机行业总产值的17.4%，利润占行业利润的33.8%。人均利润22.15万元，是行业人均利润5.31万元的4.2倍。这些数据显示，陕鼓的经营效益明显快于经营规模的增长，通过产品服务化战略，其经营质量实现了快速提升。

综上所述，陕鼓产品服务化经历的两个阶段的价值焦点明显不同。在产品服务化的初级阶段，陕鼓通过相关服务来降低用户的运行成本、提升其运行效率。在产品服务化的高级阶段，陕鼓重点关注的是用户整体的功能体系及其产出绩效。

在服务型制造战略的指导下，公司开始从需求管理、能力管理、企业网络、风险管理等方面展开企业的服务化历程。陕鼓通过需求管理明确顾客的需求，进而设计出不同的产品服务系统来满足顾客需求，提高顾客效用；通过能力管理，提升自身核心能力，将非核心的业务外包，实现最优化；通过构建公司网络，整合网络中各公司的优势，从而为满足顾客需求提供保障；最后，通过风险管理降低公司风险，保证服务型制造网络的稳定性。

陕鼓通过做"减法"，抛弃了设备维修、铸造、铆焊等十余项低附加值的业务；通过做"加法"，攀升到了价值链的高端——研发、营销等，并掌握了"无法轻易获得的能力"；通过流程再造，公司的组织结构发生了很大的变化，相继组建了产品服务中心、自动化中心、气体事业部、污水处理事业部等部门，全力开拓新的市场和领域。通过实践，陕鼓的组织结构都是站在顾客的角度考量搭建的，而不是为了方便自己。

资料来源：方润生，郭朋飞，李婷. 基于陕鼓集团案例的制造业企业服务化转型过程与特征分析 [J]. 管理学报，2014，11（6）：889-897.

案例思考题

1. 请结合陕鼓的案例分析制造业企业为什么要进行服务化转型。
2. 陕鼓服务化转型成功的关键是什么？

第 2 章

服务营销管理

学习目标

1. 服务的特性；
2. 服务包的构成；
3. 服务营销组合策略的内涵；
4. 服务营销三角形的构成及内涵；
5. 两个服务营销战略基本理论。

开章案例

海底捞的"变态"服务

说起"海底捞"，就算是不吃火锅的人都知道。因为太出名了，它的地位一直是没能被超越的。而被人说得最多的，并不是火锅的味道，而是海底捞的"变态"服务。网友都在网上说：失恋了要去吃海底捞，伤心了要去吃海底捞，饿了要去吃海底捞，不饿的时候也要去海底捞，看来大家对于海底捞的"变态"服务还是挺认可的。

一进门，就有服务员笑脸相迎，吃火锅前给你递上热毛巾擦手，排队时给你做指甲、贴手机膜、免费打印照片；遇到戴眼镜的顾客，服务员会拿来眼镜布；遇见长头发的顾客，服务员不仅会拿来皮筋，甚至还会帮忙把头发扎起来，而且一看就是专业的；服务员还会很贴心地给每个顾客准备装手机的密封袋以防手机弄脏。如果刚好碰上有人过生日，海底捞还会送长寿面，很多人一起唱生日快乐歌；有一位美女去吃海底捞的时候，不小心把丝袜刮烂了，她没在意，但没想到服务员竟然送来了丝袜；还有一位网友分享说，自己有一次去吃海底捞的时候，只是顺嘴说了句西瓜好甜，她吃完饭打算走的时候，服务员把她叫住了，服务员抱来了一个大西瓜让她抱走。原来刚才她说的话刚好被服务员听到了……

海底捞火锅因其"变态"服务而红遍大江南北，并带动了餐饮业的服务得以上升一个层次，但这种"把顾客当皇帝惯着"的效仿，也被诟病"依葫芦画瓢，不能深得其精髓"，以至于大家几乎都惯性地把"海底捞你学不会"这句话挂在嘴边。为什么说海底捞你学不会？因为你可以学到免费做指甲、免费擦皮鞋等皮毛服务，却永远学不到海底捞员工脸上发自内心真诚的笑容。这是因为海底捞有句话"员工比顾客重要"！

在不依赖厨师也能有好味道且容易标准化的火锅生意里，"极致服务与体验"让海底捞找到了差异化。高品质的食材、标准化的锅底、人性化的服务、便捷的地理位置、优秀的公关与传播、热情好客的服务员以及强大的供应链体系共同传递了"极致服务与体验",形成了你学不会的海底捞。

2.1　服务营销与产品营销

服务与有形产品相比有许多差异,顾客对服务的选择和评价也因服务的特性而产生了新的需求和标准,从而对传统针对有形产品的营销提出了许多挑战。

2.1.1　服务视角的产品分类

虽然在定义服务时,强调"无形性"和"非所有权的转移",但在服务中,有些有形要素是不可或缺的,比如教室里的座椅、饭店里的菜肴、管理咨询的报告等。界定服务与有形产品可以从无形的服务创造的价值所占的比重来区分。林恩·肖斯塔克提出,区分服务和有形产品的最好方法不是用单一指标来衡量,而是将各类企业所生产的所有提供物置于一个连续序列中,进而观察到底是无形要素还是有形要素占主导地位,如果是前者,则其更趋近服务;如果是后者,则其更趋近于有形产品(图2-1)。

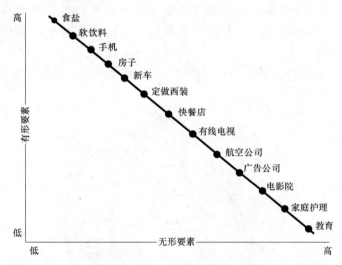

图2-1　服务和有形产品中无形要素或有形要素增加的价值

无形要素是服务产品创造价值的决定性因素,比如教室里创造价值的是教师的授课,管理咨询中创造价值的是咨询报告的内容,也就是员工所付出的技能和劳动,而不是那些座椅和报告。

产品要素的构成维度可以是精神的,也可以是物质的,精神的无形性不好具象化,也不好理解;但物质的有形性通过人的感官是可以触摸和感知的。因此,从这个角度上说,所有的产品都是由有形的物质和无形的精神构成的。只是某些产品物质的有形性创造的价值更大,比如食盐;而有些产品的精神的无形性创造的价值更大,比如教育和咨询。

有些产品处于中间状态，物质的有形性和精神的无形性似乎不分伯仲，比如餐厅。那么，看一个提供物是产品还是服务，基本的方法就是看价值来自有形产品还是服务。如果50%以上的价值都来自服务，那么这个提供物就是服务，反之亦然。比如在餐饮业，食品自身所占的比例不超过20%~30%，其他都是服务。更多的附加值来自食物的准备和烹饪、餐桌服务和餐厅环境等。服务是无法打包带走的，这源于服务的"非所有权"属性。当顾客购买服务时，不会索取真正创造了价值的那些要素（即服务）的所有权，这是与有形产品的最大区别。

2.1.2 服务包

通常，服务提供者很难准确地描述他们所提供的产品。这一方面是由服务的无形性造成的，另一方面是由于顾客对整个服务体验的关注。比如，对于餐厅而言，餐厅的气氛和食物的味道同样重要；对于地铁而言，售票人员的态度和车厢的舒适性都会影响乘客的体验。

因此，随着服务市场的发展，凯洛格于1995年提出了"服务包"的概念，认为服务包（service package）是由有形和无形两方面组成，是用有形和无形要素满足顾客的程度来描述。美国的桑杰夫·波多洛伊，詹姆斯·A.菲茨西蒙斯等于1998年提出服务包是关于服务的性质，甚至某一行业的具体服务也是由支持性设施在内的辅助物品实现的显性和隐性利益构成的"包"。所谓"服务包"是指带有某些环境中提供的信息的一组商品和服务。

通常"服务包"由五部分共同构成（图2-2），就像洋葱一样，由外到内层层包裹，其核心为服务体验。

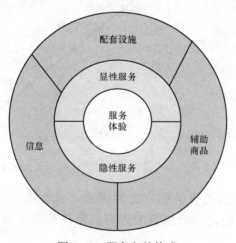

图2-2 服务包的构成

（1）配套设施。提供服务前必须到位的物质资源，比如地铁车厢、滑雪缆车、学校的教室。

（2）辅助商品。顾客购买和消费的有形产品，比如滑雪板、食品、书籍、医疗用品等。

（3）信息。为了支持高效和定制的服务，可以从顾客或服务提供者处获得的数据。比如地铁的行车时刻表、电子病历、航空公司的航班信息、顾客打车的 GPS 网站位置以及酒店网站上的地图链接。

（4）显性服务。可以用感官觉察得到的、由服务的本质或内在特征组成的服务。比如地铁的准时到达、牙齿修复时没有疼痛感、汽车救援时的反应时间。

（5）隐性服务。顾客能模糊地感受到服务所带来的精神上的收获，或服务的非本质特征。比如春节期间乘坐地铁时欢乐的氛围、名牌大学的社会认同感、对医院的信任。

所有这些要素都是顾客体验到的，并形成了他对服务的整体感知的基础。所以，值得注意的是，服务管理者要为顾客提供与其所需服务包一致的整体体验。以经济型酒店为例，配套设施是一栋朴素的建筑和简单的家具；辅助商品很少，只有毛巾、卫生纸和塑料拖鞋；可以在预订网站上查到酒店的相关信息，包括可预订的房间及价格、交通信息、地理位置；显性服务是干净的房间、舒服的床；隐性服务可能包括一个友好的前台服务员和安全的周边环境。如果偏离了这个服务包，比如提供了免费洗衣服务，就会让顾客对其服务形象产生混淆。

根据服务包中辅助商品的重要性可以对服务进行分类，从纯服务到纯有形产品，中间有不同程度的混合服务（图 2-3）。例如，没有辅助商品的心理咨询被认为是一种"纯服务"；牙膏、食盐是纯有形产品，通常不需要更多的附加服务；汽车维修、美发虽然以无形的服务为主，但通常也需要一些辅助商品；空调、洗衣机以有形产品为主，附带一些诸如安装、保养等少量附加服务；对于饭店而言，顾客对于菜品和服务具有同样的需求。

图 2-3　服务组合的分类

2.1.3　服务特性及其对营销的启示

服务虽然多种多样，但与有形产品相比，服务一般都有一系列独特的基本特性，正是这些特性为服务营销提供了启示。现有的市场营销理论和实践都建立在制造业基础之上，这些理论很难直接嫁接到没有所有权转移的服务业上。

1. 服务的特性

无形的服务和有形产品相比，主要有以下几个方面的特性。

（1）无形性。有形产品在购买前，顾客可以通过看、听、闻、尝和触摸感受到产品，可以通过一些标准对产品进行评价和比较，无论这个标准是专业的评价指标还是个人的偏好。

服务是无形的，在购买服务之前，顾客看不见、摸不着服务，无法通过各种感觉直观地感受到即将要购买到的服务，也无法用一些客观的量化指标进行评价和比较，甚至顾客都很难表达出对服务的个人偏好。接受服务之后，顾客也无法对服务质量进行客观评价，甚至服务的价值也难以察觉到，或者在一段时间后顾客才能感知到服务带来的价值。

比如，在理发前，顾客由于不知道理发的效果如何，所以很难选择去哪家理发馆、选哪个理发师。理完发，顾客很难评价这次理发的效果，更无法比较如果在其他理发馆理发会是什么样的效果。

（2）同步性。同步性也可以称为不可分割性，是指服务的生产和消费是同步进行的、不可分割的，一边生产的同时一边消费。不像有形产品，产品在工厂里生产，经过层层质量检查，合格了才能拿到市场上进行销售；顾客买了产品后在家里或其他地方进行消费，生产和消费是分开的。顾客购买产品之后，如果不满意可以退货和换货。

服务的同步性，造成服务质量的可控性较差，个性化要素较多；不仅服务人员提供了服务，顾客在某种程度上也成为服务的生产者。顾客的协同生产让服务提供者与顾客之间的互动成为服务营销的一个重要特征。

服务的同步性还意味着顾客之间会彼此影响对服务的体验和评价，比如看电影时小孩的哭闹或者旁边观众的剧透都会影响你观影的体验。

服务的同步性还意味着如果顾客对服务不满意，无法退货或者换货。比如，理发的时候，理发师一边理发，顾客就同时进行了消费，理发结束的时候，生产和服务同步结束，如果顾客对这次理的发型不满意，就很麻烦了，无法退也不能换。

（3）异质性。异质性也可称为"可变性"。由于服务的无形性和同步性，服务通常是个性化的，甚至是顾客定制的。因此，不同的服务提供者提供的服务结果会不一样，甚至是同一个服务提供者在不同的时间、不同的地点、不同的心情，以及面对不同的顾客，也会提供不同质量的服务。服务质量受到服务提供者的能力、素质、责任心甚至心情的影响，也受到顾客的参与程度以及服务提供者与顾客的沟通和互动程度的影响。不同的理发师理出来的发型不一样，即使同一个理发师的服务质量也是不稳定的。

（4）易逝性。易逝性也被称为不可存储性。服务不可以被存储以备将来销售和使用。比如酒店的房间、飞机上的座位、医生的出诊时间都是固定的，虽然有时会有些弹性，但是不可以被存储。淡季时飞机上的空座位不可能留到旺季时进行销售和使用。

另外，顾客对服务的需求通常在短时间内表现出高度重复的行为，在高峰和低谷之间有很大的差异。而且一次消费后，不久就会产生下一次消费的需求。比如，通常来说理发的频率为一个月一次，周末和晚上去理发的可能性大于工作日的白天，因此，可能白天理发店都空着，而晚上和周末却需要排队。

2. 服务的差异性及对营销的启示

具体而言，服务与有形产品在以下8个方面具有明显的差异性并对营销提出了新的要求和启示。表2-1为基于服务的8个典型特性给予的营销启示，可以看出，服务营销与传统的有形产品的营销在很多方面存在巨大的差异。

表2-1 服务8个典型特性的营销启示

服务的特性	营销启示	相关营销建议
无形要素经常主导价值创造	● 顾客在购买前无法通过品尝、闻味、看到、听到或者触摸服务构成要素而感受到服务； ● 服务的度量相对比较困难，很难评价服务并与竞争对手区分开	● 通过强调一些有形要素，促使无形服务有形化； ● 在广告和品牌塑造过程中，利用具体的象征和生动的形象推广服务

续表

服务的特性	营销启示	相关营销建议
常常难以被形象化和理解	顾客感知到更大的风险和不确定性	• 教育顾客做出正确的选择，寻找恰当的服务； • 实现表现文档化，并提供担保等
顾客可能会参与服务的共同生产	• 顾客和服务提供者的设备、工具和系统会发生互动； • 顾客的参与度低会影响服务生产率和顾客的服务体验，从而减少顾客得到的利益	• 发展用户友好的设备、工具和系统； • 训练顾客更好地参与服务，并为顾客参与提供支持
大部分服务产品不能被存储	顾客可能会被拒之门外或者不得不等待	• 通过促销、动态定价和预约来调整需求； • 与运营部门合作调节产能
人员是服务体验的一部分	服务人员和顾客的外表、态度、行为可以影响服务体验和满意度	• 招聘、培训和奖励员工来强化服务理念、服务流程和服务操作； • 在合适的时间选择合适的顾客，按照服务特性塑造顾客行为
时间因素具有重要意义	顾客将时间看成稀缺资源，不喜欢等待，希望服务的提供及时、便利	• 进行服务时间方面的创新，提高交付速度，最小化等待时间； • 提供延伸服务时间等方面的方法
运营的投入和产出不可控性更大	• 难以保持服务质量的一致性、可靠性； • 很难通过提高生产率降低成本； • 服务失误不可避免	• 根据顾客的期望设定服务标准； • 按照简约和预防失败的原则对产品要素再设计； • 建立良好的服务补救流程； • 当顾客不参与服务生产过程时，激发顾客与服务提供者的互动
可能通过非实体渠道进行分销	基于信息的服务可以通过电子渠道传递，如互联网或语音通信	• 创造用户友好、安全的网站和免费电话； • 确保所有基于信息的服务要素可以从网站上下载

3. 服务营销人员面临的挑战和困难

由于服务的这些差异性，服务营销人员面临一系列实际而又独特的挑战。

（1）当产品是无形且非标准化的时候，如何定义服务质量？如何改进服务质量？

（2）当服务是一个无形的过程并且经常需要与顾客和供应商合作时，如何有效地设计服务并进行创新？

（3）当生产能力固定且服务本身易逝时，如何应对需求的波动？

（4）当顾客的服务体验是由一系列的活动和要素形成的时候，如何保证服务形象一致性？

（5）由于服务的同步性，服务的生产是即时性的，因而员工成为服务本身关键的部分，如何更好地激励和管理服务人员？

（6）当难以确定服务的生产成本，而价格又左右了顾客对服务质量的判断时，如何合理地定价？

（7）服务形象的建立是由多个部门共同参与的，运营、人力资源、营销这些职能部门之间互相影响，企业组织应如何设计以便更好地进行战略和战术决策？

（8）当服务过程不能依法申请专利时，如何保护新服务的创意以防竞争对手模仿？

（9）当服务是无形的且无法展示、试货和退货时，如何向顾客传递质量和价值信息？

（10）当员工和顾客都会影响服务产出时，如何保证能提供稳定的服务质量？

2.2 服务营销组合策略

有形产品的营销策略主要包括产品（product）、价格（price）、渠道（place）和促销（promotion）4个要素，这4个要素合在一起被称之为营销组合4P。服务所具有的特殊性对传统的营销理论提出了挑战，服务营销不仅需要提供合适的服务产品、制定合理的价格、选择合适的渠道、进行有效的传播，还需要考虑人员的参与性、时间的重要性、有形化展示、服务流程的控制以及生产与需求的平衡。因此，服务营销策略，不仅要对传统的服务营销组合4P进行调整，还需要整合更多的要素，涉及更多的部门共同参与。

2.2.1 拓展的服务营销组合——7P

针对服务的特性，服务营销组合策略由7个要素共同构成，即产品要素（product elements）、地点和时间（place and time）、价格和其他消费者成本（price and other user outlays）、促销和教育（promotion and education）、流程（process）、有形展示（physical evidence）、人员（people）。"7P"代表着在一个竞争的市场环境里为了满足顾客需求制定可盈利的持续性战略所必备的要素。

1. 产品要素

服务营销组合中，产品要素依然还是处于核心地位。如果服务产品设计得很糟糕，即使其他要素设计得非常好，企业也无法为顾客创造价值。服务营销组合的逻辑起点是服务的创意，它决定了企业能否为顾客创造价值，能否比竞争对手更好地满足顾客的需求。将概念创意转化为服务产品，需要更多的要素相互支撑。从理论上来讲，服务产品的核心应该是顾客的核心利益，为了能让顾客获取核心利益，需要一系列的附加服务要素辅助核心产品的使用或增强核心产品的价值。

2. 地点和时间

服务的分销包括实体渠道和电子渠道，企业选择哪种渠道主要取决于服务的特性。随着互联网的迅猛发展，如今大多数服务都融合了线上、线下渠道来提供服务。比如，如今顾客可以去电影院看电影，也可以在手机、平板电脑、笔记本电脑上通过一些线上视频平台看电影，还可以通过有线电视收看；即使是去电影院看电影，电影票可以去电影院的售票窗口现场购票，也可以在各种售票平台上进行网上购买。通过互联网，企业可以将很多基于信息的服务实时地传送到世界上的各个地方，也使很多行业的销售渠道有了更宽泛的选择。

服务生产企业可以进行直销，也可以通过分销来完成与销售、服务和顾客接触等方面相关的任务。比如加盟连锁就是一种主要的分销方式，可以更好地覆盖市场。

服务速度和服务地点的便利性是决定服务传递和分销效率的重要因素。很多服务需要顾客前往服务场所，因此服务场所的选址和服务时间的安排都是分销渠道中的重要决策问题。服务提供者提供的服务应当主动去适应顾客对位置和时间的需求，现在很多服务通过越来越多的分销渠道，包括零售商、ATM、自助服务机器、互联网、送货上门以及呼叫中心等无限延长了服务时间和服务地点，实现了不间断服务。

3. 价格和其他顾客成本

从顾客角度来看，价格是他们获取他们想要的利益所必须付出成本的重要组成部分。但看一项服务到底"值"还是"不值",顾客考虑的不仅仅是价格,还会将付出的时间、精力和体力等考虑在内。因此,服务型企业在制定价格时,不能单纯地看目标顾客是否有支付能力,是否愿意支付,还要考虑如何将顾客在获取服务时支付的其他成本予以最小化。这些成本支出包括额外货币支出(比如到服务场所的交通费用)、时间支出(包括等待的时间、服务过程的时间)、顾客不情愿支出的经历和体力成本,以及对感官的负面刺激(比如嘈杂的噪声、不好的气味等)。

与有形产品一样,顾客在购买服务的过程中对价值的感知也会受到价格的影响,由于服务的无形性,顾客往往通过价格来判断所获取的价值。服务提供者通过实施价格战略来弥补服务提供所产生的成本并获取利润,但服务的成本较有形产品来说更难以测量。而且,对于服务产品来说,价格的动态性更加明显,对于不同的顾客,服务传递的不同时间、渠道,不同的需求水平以及企业的服务产能的不同,都可以动态地调整价格,以进行收益管理,形成收益最大化。

4. 促销和教育

由于服务的无形性,决定服务价值大小的主要是一些无形要素,如服务过程、服务人员的服务技能和态度、服务设备的便捷性和易操作性等。由于顾客无法提前体验这些无形要素,在接受服务的过程中也难以判断哪些服务特性是重要的,服务结束后也难以对服务质量进行度量和比较。因此,对于服务来说,服务型企业和顾客之间的沟通就尤为重要。

在服务营销中,沟通可以起到三个重要的作用:第一,提供产品或服务的必要信息和建议;第二,让顾客相信特定产品或品牌的优势;第三,说服顾客在特定时间内购买产品或服务。在服务营销中,新顾客尤其需要更多的沟通工作。服务提供者要告诉顾客怎样从服务中受益,在什么时间和什么地点可以接收到服务,以及在服务过程中应该如何参与服务从而可以得到最佳的服务效果。与顾客的沟通可以是一对一、面对面的,比如销售人员或服务人员与顾客的沟通;顾客也可以通过企业网站、公众号、自助服务设备的显示屏以及广告来了解企业及其提供的服务。在服务淡季,企业可以通过促销活动来刺激顾客的购买和消费。

服务型企业与顾客之间的沟通最重要的就是通过强调企业的经历、资质和员工专业技能,使顾客建立起对企业服务能力的信心。在此过程中,受过良好训练的一线员工起到至关重要的作用,因为这些员工可以利用良好的沟通技巧和专业技能帮助顾客做出最好的决策。这时的沟通更侧重于顾客教育,通过顾客教育,让顾客建立合理的预期,明确在服务传递过程中和服务传递结束自己所应承担的责任,帮助顾客顺利地完成所有的服务流程,这些顾客教育工作有助于降低顾客感知风险,并感受到服务的价值。

通过顾客教育,企业可以更有竞争力,降低服务成本,生产效率也会得到提升。比如引导和培训顾客更有效地利用不同的服务传递渠道,如银行顾客使用手机银行和ATM,地铁乘客使用自助售票机都会减少排队,提升服务效率。

5. 流程

因为服务的同步性和异质性,服务流程与服务结果同样重要。创造和传递服务产品要素需要对有效的服务流程进行设计和实施。如果服务流程设计得很糟糕,服务传递就会缓慢、僵硬和低效,顾客会付出更多的时间,而得到的是糟糕的服务体验。这也会给服务人员带来麻烦,增加他们的工作难度,导致生产效率低下和服务失误的频繁出现。

服务流程指的是服务交付、顾客创造的实际程序、机制和作业流,即服务的提供和运作系统。顾客对服务质量的评价通常是来自对服务流程的评价,包括服务的任务流程、服务时间进度、服务的标准化和定制化等因素。服务流程的设计要考虑不同顾客的需求、顾客的参与程度以及服务提供和交付的能力。不同定位的企业,在服务流程的设计上也会呈现较大的差异。比如强调标准化服务的企业比强调个性化服务的企业在服务流程上包含更多的自助服务设计。另外,服务流程的管理实际上就是服务需求与服务产能平衡的管理,比如排队系统的设计就是对顾客等待心理的管理。

6. 有形展示

由于服务的无形性,因此服务型企业需要特别重视服务的有形化展示,包括服务场景(如装潢、音乐、气味、温度和员工服饰等),服务流程中的设施设备以及其他有助于服务的生产、消费和沟通的有形要素。这些有形展示对企业提供的服务质量起到佐证的作用,并能引导顾客顺利完成服务流程。因此,有形展示的设计一定要使服务变得更加便利或提高服务的质量和生产效率。比如地铁里醒目的标识能够很好地引导乘客出行,舒适的座椅和合适的温度都会让乘客的乘坐体验更好,提升乘客的满意度。

7. 人员

即使科学技术的进步使很多服务都可以自助完成,但服务营销的设计依然离不开对人员的管理。这里的人员指的是参与到服务流程中并对服务结构产生影响的所有人员,包括服务型企业的一线员工、接受服务的顾客和其他处于服务环境中的人员。企业员工的着装、态度、技能等因素都会影响顾客对服务的感知和评价;同时,接受服务的顾客在服务传递中的参与程度也会影响服务的效果与他们对服务的感知。不仅如此,顾客之间也会互相影响对服务的感知。比如其他顾客对服务的评价会影响顾客对服务的选择和感知。

因此服务营销中,人力资源管理部门需要与营销部门配合共同设计对服务人员的招聘、选择、管理、培训和激励,建立与所提供的服务相匹配的员工队伍。同时,还要加强对顾客的管理,充分调动顾客的积极参与,并形成良性的顾客关系。

以上7个要素形成了服务营销组合——7P,这7个要素围绕着企业的战略目标和定位,以目标顾客的需求为指引,彼此协调形成合力共同为顾客创造价值、传播价值和传递价值,如图2-4所示。

图2-4 服务营销组合——7P

2.2.2 服务营销管理职能

服务营销组合策略是在传统营销策略组合四要素（产品、价格、渠道、促销）的基础上结合服务的特性增加了三个要素：流程、有形展示和人员。这7个要素之间互相依赖，相互配合，才能取得预期的服务结果。在所有的管理职能中，营销、人力资源管理和运营三个部门尤其重要，这三个部门必须以顾客需求为中心，相互依存、相互配合，如图2-5所示。服务型企业高层管理者的重要职责之一就是确保这三个部门之间的协作，尽可能打破这三个部门之间的障碍。所有管理者和员工协同工作，才能保证营销的效率和效果。

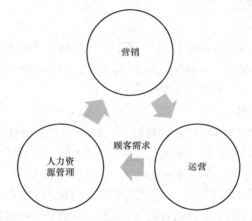

图2-5 营销、运营和人力资源管理三个部门协同

在服务型企业中，运营管理的职责是通过设施、设备、系统和一线员工完成服务传递的工作。通常，运营经理也会参与到服务产品和流程的设计、有形环境的设计以及生产效率和质量改进的工作中。

人力资源管理的基本职责是对员工的管理，包括界定员工的工作职责、招聘、培训、激励员工，以及保障员工的工作和生活品质，所有的这一切都是与人有关的。在服务型企业中，因为员工尤其是提供服务的一线员工直接参与了服务流程，与顾客密切接触，成为顾客获取服务体验和评判服务质量至关重要的因素，因此，人力资源管理必须融入服务的具体流程和细节中，包括以下三方面的重要工作：第一，参与服务传递过程的设计和监控；第二，与营销人员协调工作，对员工进行企业文化、服务技能和销售技巧的培训以确保员工具备良好的技能和态度，从而有效地传递服务、促销信息和教育顾客；第三，参与有形环境的设计，确保作为有形环境中最重要的构成要素之一的员工在有形环境中起到重要的作用，比如着装、个人仪容仪表以及在服务传递中的恰当行为。

虽然服务营销的本质依然是营销，但服务的特殊性决定了服务营销不可能是营销部门独自完成的，需要运营和人力资源的密切配合，共同协作完成。比如在一家教育机构，营销经理最关注的问题是如何让学生满意，从而吸引更多的新学生的加入。虽然营销人员可以通过大量的宣传和促销去吸引新的学生，但学生的满意来自授课教师的专业水平、授课质量、态度等，也来自行政人员的服务态度和服务水平，还来自教室的环境、教学设备的质量，等等。这些是学生直接感受到的服务体验，比宣传、促销更能影响学生的选择。而这些要素更多的是由人力资源部门和运营部门来完成的。人力资源部门是否能招聘并留住合适的教师，并对教师进行专业技能、教学方法和态度的培训至关重要;运营部门是否能设计合适的服务流程、合适的课程、先进且质量稳定的教学设备、舒适安全的教学环境等都影响了学生的体验和满意。

因此,这三个管理职能之间会相互影响,如果一个执行得不好,整个顾客服务质量感知就会不好,顾客体验就会很差,顾客满意度也会降低。埃弗特·古默森认为,不管是直接为顾客提供服务,还是设计服务流程和服务策略的员工或者管理者,都是企业的兼职营销人员。因此,很多在服务业从事管理工作的人可能并没有在营销岗位上工作,但这并不意味着他们没有进行营销。

2.2.3 服务营销三角形

服务营销与有形产品的营销存在较大的差异性,菲利普·科特勒曾经利用营销三角形分析工具对这个问题进行了说明,并对北欧学派服务营销的一些观点进行了分析。三角形的三条边分别代表做出承诺、遵守承诺和实现承诺。

1. 有形产品营销三角形

按照传统的观点,顾客在市场上购买的有形产品是生产企业在工厂里对人力资源、技术、原材料、知识和信息等各种要素合成而得到的结果。所以,有形产品的生产过程是封闭的,顾客并不直接参与生产过程。企业将制造好的产品投放到市场上供顾客选择,营销的职责就是通过市场调研了解顾客对产品的需求,然后通过市场沟通活动,包括广告、促销、公共关系等,对目标市场的顾客做出承诺,并将产品投放到目标顾客需要的地方去;如果这些产品的特性正好满足目标顾客的需求,企业就遵守了先前对顾客做出的承诺。如图2-6所示。

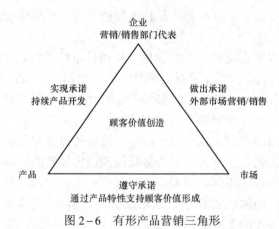

图2-6 有形产品营销三角形

图2-6中表明了有形产品营销中三个最重要的支柱,即企业(由营销/销售部门代表)、市场和产品。企业通过大量的营销和销售活动向顾客做出承诺,通过提供满足顾客需求特性的产品为顾客创造价值从而遵守承诺,并根据顾客的需求变化和技术创新持续进行产品开发,维持有价值的顾客,从而实现承诺。

2. 服务营销三角形

服务型企业的营销从内涵和外延上都比有形产品复杂得多。服务产品是服务型企业与顾客共同生产出来的,服务过程不仅多样化还包含更多隐性服务,顾客关系包含的内容也比有形产品的更广泛。因此,服务营销的三角形虽然从外形上与有形产品的营销三角形是一样的,但其中包含的要素完全不一样,位于三角形中央的顾客价值创造说明了顾客购买意愿和满意度取决于服务对其价值产生的支撑程度,如图2-7所示。

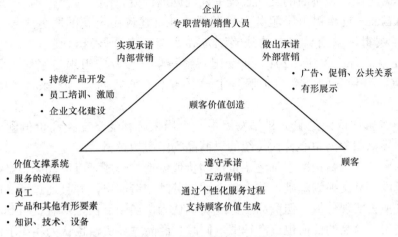

图2-7 服务营销三角形

服务型企业的专职营销/销售人员通过市场调研了解目标顾客的需求,并通过各种营销活动,包括广告、促销、公共关系,对外部市场顾客做出承诺。由于服务的无形性,此时有形展示也发挥了营销的职能,让顾客对无形的产品及能获得的价值产生了期望。这些被称之为"外部营销",对于服务来说,这只是营销的一部分。

服务型企业为顾客创造的价值不是仅仅通过产品来体现的,而是由一个价值支撑系统来传递的,这个价值支撑系统包括服务的流程、提供服务的员工、产品和其他有形要素以及提供服务所需要的知识、技术和设备。因为服务是一个过程性产品,是顾客对所有营销要素的体验。在这个过程中,企业通过个性化的服务过程支持顾客价值的生成,顾客对价值的感知不是被动地接受,还要积极地参与,所以这个过程被称之为"互动营销"。顾客如果对服务体验和服务价值有较好的感知,就说明企业遵守了承诺。

服务型企业能否遵守承诺取决于其能否根据目标顾客的需求进行产品和服务的持续改进,能否对产品的开发提供足够的支持;由于服务质量主要取决于员工的技能和态度,所以企业需要持续地对员工进行培训和激励,并运用优秀的企业文化来影响员工,这称为"内部营销"。

2.3 服务营销战略框架

构建有效的服务营销战略,首先需要理解指导服务营销战略的几个基本理论,包括服务主导逻辑、服务价值共创和服务营销价值链。基于这些基础理论,在这里提出了本书所遵循的服务营销战略构建的基本框架。

2.3.1 服务营销战略基本理论

1. 服务主导逻辑

服务主导逻辑是基于综合视角下的一种理论，是指注重生产者和顾客之间、其他供应商和价值链协作者之间，在不断的互动过程中共同创造价值。

Vargo 和 Lusch 首次提出了服务主导逻辑，并且建议用全新的服务主导逻辑来取代传统的产品主导逻辑，以指导企业的战略制定和实施工作。该概念刚一提出，就引起了管理学界和企业界的普遍关注。2010 年美国营销科学学会专门组织专家对服务主导逻辑进行了研讨，美国营销科学学会也把服务主导逻辑下价值共创列为未来几年的优先研究方向之一。

服务主导逻辑被认为是服务科学发展中一个用来解释经济交换和价值创造更合适的哲学基础，其倡导以服务为中心替代传统的以商品为中心的逻辑。

亚当·斯密的《国富论》中阐述了价值与价值创造，形成了以商品为中心的交换规则。商品主导逻辑以商品交换为基础，认为价值通过劳动创造而出，并且通过商品的形式出现，通过商品的交换去实现价值。但商品主导逻辑也认为，当商品由生产者交付到顾客手上后，随着顾客的使用，商品的价值也逐渐销毁。同时，商品主导逻辑也认为相比于商品，服务对经济的贡献小得多，商品占据了经济的主导地位，服务只是商品的附属品或者补充。此时，商品和服务是分开的，生产者与顾客也是分开的。

而服务主导逻辑的出现彻底颠覆了商品主导逻辑。Vargo 和 Lusch 在 2004 年提出服务主导逻辑 8 个基本命题，之后于 2006 年、2008 年、2016 年经过三次补充和修订，形成现有形式，如表 2-2 所示。服务主导逻辑的中心思想是，当服务被定义为通过交换为他人获取利益的能力的应用时，服务是价值创造的基本依据。作为服务的一部分，商品可能涉及交换，但是使用中的价值（由顾客认可和决定的价值）是重要的特性。

表 2-2 就包含了服务主导逻辑的 10 个基本前提（FP）和每个基本前提的简要说明/解释。

表 2-2 服务主导逻辑的基本假设及解释

	基本前提	说明/解释
FP1	服务是交换的根本基础	服务被视为一种活动或过程，而不是一种无形的产出单位。服务来源于为另一方利益的应用能力（知识和技能）
FP2	间接交换掩盖了交换的本质	后工业社会的价值创造过程是复杂的，有很多中介系统（如互联网）促进了交换过程
FP3	货物是提供服务的分配机制	商品（包括耐用品和非耐用品）通过使用体现它们的价值（即它们提供的服务）
FP4	运营资源是竞争优势的根本来源	竞争优势体现在服务型企业的智力资本、技能和知识中，这些知识可用于为顾客创造价值
FP5	所有经济体都是服务经济体	如果服务是应用于他人获得利益的能力，那么所有的经济活动本质上都是服务。随着专业化和外包的增加，服务现在变得越来越明显
FP6	顾客总是价值的共同创作者	价值由多个参与者共同创造，服务活动与顾客的某些能力（比如心理、身体、财产、信息）存在交互关系

续表

	基本前提	说明/解释
FP7	企业不能提供价值，而只能提供价值主张	企业可以提供其应用资源并与顾客协同（交互）创造价值，但不能单独创造/交付价值
FP8	服务中心观点必然是顾客导向的和与顾客相关的	服务是由顾客决定和共同创造的，因此，它本质上是面向顾客和与顾客相关的
FP9	一切社会和经济参与者都是资源整合者	当顾客将服务提供者与其他资源集成商的资源进行整合应用以实现交换时，就创造了价值
FP10	价值总是由受益人决定的，是独特的	每个顾客根据个人需求在特定的时间和特定的环境决定服务体验的价值或质量

1）服务主导逻辑重新定义了服务的含义以及其在交易中的地位

服务的特性有别于商品，它具有无形性、同步性、异质性和易逝性的特点。在服务主导逻辑中，将服务定义为："一个行动者为了自身或其他行动者的利益使用资源的过程。"使用资源的解释将商品和服务的界限消除，更好地将商品与服务相融合。随着信息技术与网络技术的发展，产业融合加剧、产业边界模糊，顾客开始追求商品和服务融合的服务体验或解决方案。服务主导逻辑很好地诠释了这一变化，认为服务不再是商品的附属品或补充，而是交易的基础，商品是服务提供的分销机制。传统营销中以商品逻辑为导向已经不能适应现代环境，而服务主导逻辑的出现更能解释现代营销中的问题。

2）服务主导逻辑诠释了资源与竞争的关系，强调了操作性资源的作用

Constantin 和 Lusch 把资源分为两类，静态的有形资源称为"对象性资源"，能够作用于对象性资源的无形的资源（如知识、技能等）称为"操作性资源"。服务主导逻辑沿用了这种资源的分类法，并认为操作性资源是产生企业竞争优势的来源。操作性资源作用于对象性资源的时候，可以激发组织或个人的资源整合能力，帮助企业获得竞争优势。

3）服务主导逻辑指出行动者价值共创的模式

服务主导逻辑用"使用价值"替代了"交换价值"，认为价值不是由生产者产生，由顾客毁灭，而是在使用过程中产生。所有参与者不能单独创造价值，不能传递价值，价值是由多个参与者共同创造，参与者还可以传递价值主张。行动者依靠提出价值主张吸引其他行动者参与，提供自己的资源进行资源整合，以实现价值共创。

4）服务主导逻辑认为服务生态系统是实现价值共创的场所

早期的服务主导逻辑认为服务是一切交换的基础，在交换的过程中，顾客和企业通过资源整合共同完成价值共创，研究更为关注顾客和企业之间的二元关系。随着经济的发展，越来越多的行动者参与到价值共创中，研究也由二元关系转到了网络关系，强调服务系统概念，Vargo 和 Lucsh 提出了服务生态系统来定义这一系统："自发感知和响应的松散耦合时空结构，在系统中不同社会和经济行动者依据自己的价值主张，通过制度、技术和语言进行互动，实现服务共同生产、相互提供和价值共创。"不同的行动者在服务生态系统中进行互动，提出自己的价值主张或者接受并传递他人的价值主张，从而完成服务交换，进行资源整合，形成了一个自治的系统。

服务主导逻辑必须基于充满活力、全新的观念模式。这种崭新观念模式的转变可以概括为 6 个方面：① 从商品生产向提供服务的转变；② 从有形向无形的转变；③ 从静态的对

象性资源消费和消耗转化为动态的操作性资源的创造和使用；④ 从继续认可不对称信息向认知对称信息的策略优势转变；⑤ 由单向宣传向交流对话转变；⑥ 关注焦点从单纯成交向注重顾客关系转变。

2. 价值生成过程与价值共创

1）价值生成过程

诺曼和莱米雷斯在1993年提出，顾客价值来自几个方面，包括供应商、供应商的分包商、金融机构以及顾客本身，它们都对顾客价值生成起到重要作用。2004年，Vargo和Lusch在《价值创造的服务主导逻辑》中也认为是顾客和企业共同创造了价值。克里斯汀·格罗鲁斯认为，从管理者的角度看，在顾客价值创造的整个过程中清晰界定企业和顾客各自的作用是非常重要的，这个过程就是价值生成过程。

价值生成过程可以分为三个区域，即顾客区域、服务提供者区域和共同区域。如图2-8所示。对于管理者而言，区分这三个区域非常重要，因为服务提供者和顾客在不同区域的作用和目标不同。顾客使用价值的创造发生在顾客区域和共同区域，在顾客区域，有两种价值创造方式：顾客独立于服务提供者独立创造使用价值和顾客与生态系统成员共同创造社会价值（这种生态系统包括家庭、朋友、企业协会以及社交媒体等）。

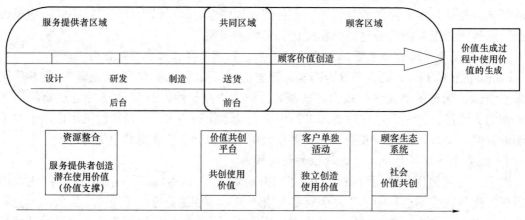

图2-8 价值生成过程：基于服务逻辑的价值创造和价值共创

独立创造使用价值是指顾客利用获取的资源，包括货物、服务或两者结合，以及其他资源，将它们与已有和使用过程中需要的资源进行整合，从而创造出价值。此时，顾客只通过产品和非互动性系统与企业进行间接互动。

社会价值共创意味着顾客与其所处的社会系统中的人进行互动，并在这种互动过程中创造出价值。

共同区域是指顾客在接受服务的过程中，与服务提供者有直接接触的服务过程。在这个直接互动中，服务提供者和顾客各自的服务生产过程不一定是同时进行的，但一定会慢慢合并成一个具有互动、合作和对话性的服务生产过程。在这个合并的过程中，双方会以对话的方式，互相依赖，共同工作。一方会积极参与到另一方的服务生产过程之中。因此，通过沟通、活动、相互反应等直接互动，他们会影响对方的感知价值。在这个合并的互动过程中，双方共同构建了一个价值共创平台。

只有上述平台构建起来，并且双方存在直接互动时，服务提供者与顾客之间的价值共创才有可能实现。这里需要注意的是，共创价值过程的驱动力来自顾客，而不是企业。在这个平台上，企业以价值共同创造者的身份进入，但如果顾客不愿意倾听、不愿意与服务提供者互动或共同工作，那么共创价值就不会实现，这完全取决于顾客。例如，顾客在理发前如果能够与理发师进行充分沟通，详细说明自己想要的发型，那么理发师就会根据顾客的需求设计发型，这就是顾客邀请服务提供者与之共同创造价值；但如果顾客不愿意与理发师进行沟通，那么服务体验就有可能很糟糕，也就是顾客不想与服务提供者共同创造价值。

在服务提供者区域，服务提供者为顾客提供各种创造价值的资源，包括产品、服务、信息等一系列资源。这些企业整合的资源包括潜在的使用价值生成要素。服务提供者的目标就是通过提供价值支撑性资源来促进顾客使用价值的生成，顾客将这些资源在自己的区域转化成可实现的使用价值。只有直接互动的共创价值平台存在，企业才能够摆脱简单的价值支撑要素提供者的角色，进而与顾客共同创造价值。

基于服务逻辑的价值生成过程可以总结如下：

① 在顾客区域和共同区域，顾客是价值创造者；

② 在服务提供者区域，服务型企业为顾客提供有可能实现顾客使用价值的整合性服务资源，是重要的价值支撑者；

③ 如果企业和顾客之间能够直接互动，那么企业就可以构建起价值共创平台，通过平台，企业可以参与顾客价值生成过程，并在共同区域与顾客共同创造价值；

④ 在顾客区域，如果顾客与其所处的生态系统的人产生互动，就会产生社会价值共创。

2）服务价值共创

在服务主导逻辑中，价值是由参与者共同创造。价值共创现象无处不在，每个环节、每项活动都需要价值共创。价值共创最早来源于21世纪初管理大师Prahalad等人提出的企业未来的竞争将依赖于一种新的价值创造方法——以个体为中心，由顾客与企业共同创造价值的理论。传统的价值创造观点认为，价值是由企业创造通过交换传递给大众顾客，顾客不是价值的创造者，而是价值的使用者或顾客。随着环境的变化，顾客的角色发生了很大转变，顾客不再是消极的购买者，而已经转变为积极的参与者。顾客积极参与企业的研发、设计和生产，以及在消费领域贡献自己的知识技能创造更好的消费体验，这些都说明价值不仅仅来源于生产者，而是建立在顾客参与的基础上，即来源于顾客与企业或其他相关利益者的共同创造，且价值最终是由顾客来决定的。

价值共创对企业和顾客都具有重要的意义。通过让顾客参与价值共创，帮助企业提高服务质量、降低成本、提高效率、发现市场机会、发明新产品、改进现有产品、提高品牌知名度、提升品牌价值等，这些构建了企业区别于其他竞争对手的竞争优势。顾客通过参与价值共创，可以获得自己满意的产品，获得成就感、荣誉感或奖励，通过整个价值共创的交互获得独特的体验等；顾客的这些收获又进一步对企业产生影响，如提高顾客的满意度、忠诚度、购买意愿等。

根据服务逻辑观点，价值共创需要构建企业与顾客之间直接接触的价值共创平台。价值共创是一个双向的过程，企业会影响顾客的价值创造，反之亦然。顾客对企业的贡献除了购买服务，还可以对价值生成过程形成支撑。比如，对服务的传递过程提供反馈和建议，以帮助企业更好地提供服务以进一步提升竞争力。因此，共创的价值包括两个方面，一个是为顾客创造价值，另一个是为企业创造价值。针对这两方面的价值，可以形成两种价值共创模型。

图2-9为针对顾客价值的价值共创模型。这个模型的行进路径是从左到右。

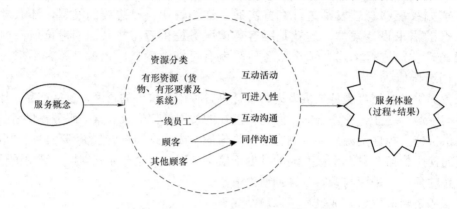

注：虚线圆圈为价值共创平台。双方努力程度不同，共创价值效果也不同。

图2-9 针对顾客价值的价值共创模型

首先要对服务概念进行界定，也就是服务提供者要向顾客提供什么服务。

服务的资源包括4类：有形资源，比如货物、其他有形要素、系统和基于IT的技术；与顾客进行服务接触的一线员工；接受服务的顾客和其他顾客。

在价值共创的平台上，不同资源之间的互动会分为三种服务活动。第一，有形资源与一线员工的互动活动，对服务过程的可进入性产生影响，可能是使服务更容易或更复杂进入或使用，从而影响顾客对服务质量的感知。这种影响可能是实体的，也可能是精神层面的，甚至可能是虚拟的。第二，一线员工与接受服务的顾客的互动，包括语言沟通、眼神交流、服务接触等，这些被称之为互动沟通，这也会影响顾客对服务质量的感知。第三，接受服务的顾客与其他顾客之间进行的互动活动，可以称之为同伴沟通，这也会影响顾客对服务质量的感知。

上述三种互动活动都会对接受服务的顾客的服务体验（包括服务结果和服务过程）产生影响，这些影响可能是持续但各自独立的，也可能是综合性的。接受服务的顾客共创价值感知基于自我体验，随着后续独立价值创造和社会价值共创过程的展开，这种体验会延续下去。

以餐馆为例。服务员（一线员工）和各类有形资源及系统产生互动，比如餐桌、餐具、食物、菜谱、预约系统、下单系统、付款系统等其他要素，一起影响了餐馆服务的可进入性。如果没有这些要素，员工无法提供服务，顾客也无法接受服务。服务员与顾客之间的互动活动，包括顾客通过菜谱点菜，服务员做出回应并提供建议。有时，顾客会在就餐之前征求其他顾客的建议，也有可能在餐馆与其他顾客之间进行互动，包括直接询问菜品的好坏，或者其他顾客的吵闹影响了就餐而产生的负面沟通，这些都是同伴沟通。所有的这些活动都会影响顾客的服务体验，进而影响到顾客感知到的服务价值。也就是所有这些要素和这些活动都共同创造了顾客价值。

另外价值共创是针对服务提供者的，图2-10为针对服务提供者价值的价值共创模型，这是一个服务提供者的价值共创模型。

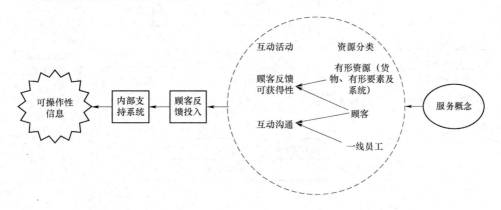

注：虚线圆圈为价值共创平台，顾客反馈投入的水平取决于企业如何利用这一平台。

图 2-10　针对服务提供者价值的价值共创模型

这个模型的行进路径是从右到左。

起点是顾客在服务传递过程中的参与。

服务资源有 4 类：有形资源和系统、顾客、一线员工。

价值共创的活动主要有两种：一是顾客反馈的可获得性，二是互动沟通。

模型的产出是可操作性的信息，就是企业可以利用这些信息构建服务资源、系统和过程，乃至服务概念。企业需要内部支持系统支持顾客信息在内部的流动，如记录顾客的信息，进行信息的分析，并将其转化为操作性信息知识。

仍以餐馆为例。当顾客与服务员或各种有形资源互动时，互动沟通就产生了。这种沟通可能包括顾客的投诉与抱怨或对服务改进的建议。如果管理者能够激发员工尽可能地收集这类信息，或者建立良好的信息反馈机制鼓励顾客提供信息，并且对这些信息进行分析和反馈以及根据这些信息进行服务改进，从而能够产生科学的服务概念，那么这样的互动就能提升服务型企业的服务效率和服务质量，从而产生共创价值。

3. 服务价值链

显然，在当今的顾客中心时代，服务营销活动的目标就是不断地增加价值，而这就要实现更多积极的顾客感知与评价，促使他们采取更多积极的顾客行为，从而获得更高的顾客价值。因此，企业的服务营销活动必须以服务利润链为主导逻辑（有关服务利润链的内容，将会在后面的章节中重点介绍），设计并实现服务价值链，并把主要精力集中在一系列影响顾客感知与评价顾客行为和最终创造与交付价值的营销活动上，如图 2-11 所示。实际上，该图也概括出本书的主要篇章结构，从理解服务中的消费者行为、发掘顾客的期望与需求以及跟踪顾客的感知等一系列旨在感知价值的营销活动入手，进而通过服务导向的确立、服务市场的细分和服务定位来锁定顾客价值，然后据此有针对性地实施一系列旨在创造与交付价值的营销活动（服务营销组合）——服务产品管理活动、服务定价管理活动、服务渠道管理活动、服务沟通管理活动、服务展示管理活动、服务流程管理活动和服务员工管理活动，从而在为顾客提供优异价值的同时，确保企业取得卓越的经营绩效水平。在此过程中，有效的顾客关系在管理活动和服务补救管理活动中则成为进一步提升价值的两大支柱。

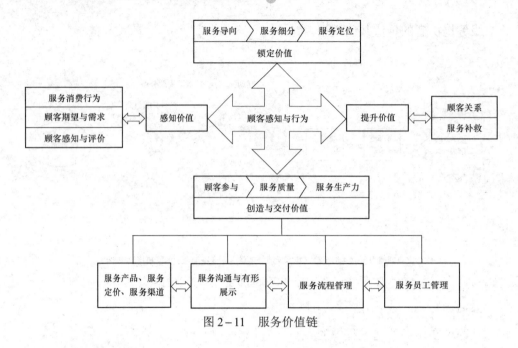

图 2-11　服务价值链

2.3.2　服务营销战略的基本框架

这里将 7P 组合有机地整合到本书的框架之中，图 2-12 展示了本书的组织框架。

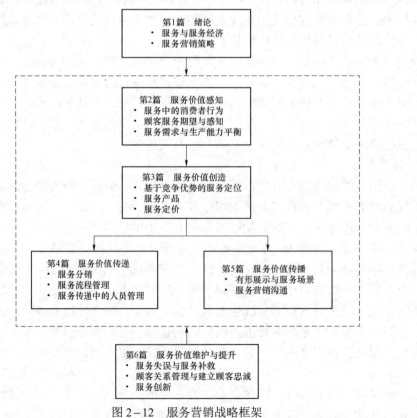

图 2-12　服务营销战略框架

课后思考

1. 服务特性包含哪些？
2. 拓展的服务营销组合包含哪些维度，每个维度在现实生活中有哪些体现？
3. 什么是服务营销三角形？
4. 请阐述服务营销战略的基本框架。

讨论案例

尚品宅配的价值共创

尚品宅配成立于 2004 年，由最初的广州圆方软件公司跨界转型而来，是一家主营全屋板式家具的定制生产及销售，以及向家居行业企业提供设计软件及信息化整体解决方案的企业。尚品宅配以圆方软件的信息化技术、云计算、大数据应用为驱动，依托"新居网"的 O2O 互联网营销服务平台，以及佛山维尚大规模定制的柔性化生产工艺，创造了全屋板式家具个性化定制、规模化生产的"C2B+O2O"商业模式，在国内家具行业一直处于领先地位。

尚品宅配通过顾客参与体验实现价值共创。企业发展的四个阶段，也是各主体间价值共创的不同阶段。

第 1 阶段：线下前端价值共创

此阶段主要是设计师与顾客之间个体层面的"点互动"。设计师在门店里为上门的顾客免费设计图纸，根据顾客房型在圆方公司软件上输入尺寸，通过设计系统迅速生成橱柜的二维彩色图纸。顾客如果对这个效果不满意，设计师可以立即进行调试和修改。顾客参与到设计环节中，使顾客的个性化需求在产品中得以实现。

依靠这种免费的设计体验，尚品宅配迅速俘获了一批忠实顾客，并逐渐积累了庞大的顾客偏好数据，挖掘并储存了大量顾客的个性化需求信息，设计方案库也逐步完善，从而为最终全面实现设计个性化奠定了坚实的基础。同时设计软件不断升级，设计师技能水平也不断完善，企业的软件设计能力得以形成。

第 2 阶段：线下后端价值共创

在此阶段，除了顾客和企业员工之间的"点互动"，在后端的生产环节，高层领导与技术团队通过多次研讨、协作等形式构成了"线互动"。经过开发团队的共同合作和不懈努力，尚品宅配顺利突破了生产瓶颈，于 2006 年建成国内首个数字化家具生产基地，实现了定制产品自主生产，顾客想要的产品功能基本都可满足。

在这一阶段，尚品宅配可定制的产品种类延伸到衣柜板式家具，规模上也较前一阶段有所扩大。通过高层、技术团队以及其他员工在后端生产环节的价值共创，尚品宅配基本完成了制造流程的信息化改造，整合了供应链资源与流程，使快速响应顾客需求和低成本交付成为可能，大规模定制的后端制造个性化得以实现。同时，智能排产设备的使用，多次技术攻关的成功，使企业的柔性生产能力逐步形成。

第 3 阶段：线上线下价值共创

在此阶段，除了企业内部员工之间的"线互动"外，顾客与顾客之间的互动随着线上渠道的扩展也变得频繁，构成公司整体与顾客之间的"面互动"。

新居网成立后，顾客可直接在网上享受设计服务，设计师与顾客无须见面便可交流设计构想。顾客相互之间也可以在新居网这一平台上探讨装修心得，实时互动，找到自己满意的设计方案。同时尚品宅配的数据库也随之丰富和完善，双方实现共赢。

同时，跨职能部门之间也实现了价值共创。在设计师与顾客沟通出一个满意方案后，销售人员就免费上门量尺寸。订单签约成功后，组装工人在顾客家里进行组装，客服部负责售后服务。这样，设计部、销售部、客服部等职能部门间实现了有效合作，共同为顾客提供快捷、便利、优质的一条龙服务。

在这一阶段，尚品宅配已经实现全屋板式家具的大规模定制，产品系列丰富。通过顾客与设计师之间、顾客与顾客之间、设计师与销售部之间、线上与线下的互动合作达成价值共创，为顾客提供了更便捷的互动与体验平台，对顾客需求的把握也更加精准，实现了营销个性化。尚品宅配做到了对渠道、信息、人员等各方面的有效整合，企业的高效协同能力在此阶段形成。

第4阶段：全面协同的价值共创

这一阶段是全面协同的价值共创，企业作为一个有机整体与其他组织及顾客群体进行"体互动"，互动范围和主体进一步扩大，企业与顾客之间建立起强连接，消费体验全面优化。

在这一阶段，尚品宅配与其他公司之间组织层面的互动开始出现，体现在经销商和供应商之间、加盟商和公司之间、同行与尚品宅配之间的互动。2012年，尚品宅配与德国瑞好、标卓沙发等品牌联手，为顾客提供板式家具定制的同时，也满足了榻榻米、沙发、床垫等配套家居产品的定制需求。目前，尚品宅配的平台战略还将整合上下游企业共同发展，利益相关方的价值共创将达到新高度。

通过这一阶段个人、团队与组织层面互动的价值共创，前端实现了精准把握顾客需求，后端实现了大规模低成本柔性生产，整条价值链实现了个性化，企业的大规模定制能力就此逐步形成。

案例思考题

1. 尚品宅配提供的是商品还是服务？与传统的家具制造企业相比，尚品宅配的营销人员会面临什么挑战？
2. 尚品宅配如何实现价值共创？参与价值共创的主体都有哪些？
3. 请用服务营销三角形来解析尚品宅配是如何创造顾客价值的。

第2篇 服务价值感知

第3章

服务中的消费者行为

学习目标

1. 服务过程中消费者行为特征;
2. 服务中消费者行为的三阶段模型;
3. 服务中消费者行为的相关理论。

开章案例

贝壳找房"技术的背后是对服务的重新定义"

"虚假房源信息""信息不对称""房产中介服务乱象丛生"甚至"从南走到北、看房跑断腿",这是消费者对房产经纪行业长期以来的印象。随着房地产进入存量时代,人们对居住服务的要求越来越多,也越来越高,消费者的需求升级以及线上化,迫使房产相关各行业需借助数字化力量解决新的市场环境带来的挑战以及价值创造,所以房产经纪行业变革势在必行。

贝壳找房看到了行业痛点,同时也看到了房产数字化趋势所带来的行业前景,所以它重新定义"服务"。贝壳找房通过科技赋能产业发展,打造新居住品质服务平台,继续夯实交易服务的线上化闭环,为贝壳找房成为行业新标杆奠定基础。其一,科技。通过楼盘字典和VR看房、AI讲房等技术,将数字空间与物理空间实现连接和重塑,实现房屋数字三维复刻,让用户可在画面中720°自由行走,获得房屋真实空间的尺寸、朝向、远近、房屋周围配套等多维信息,提升用户体验的同时有效地提高交易效率和信息透明度。其二,服务者。贝壳找房构建了服务者信用体系,搭建了更为完善的合作竞优机制。贝壳找房最具代表特性的服务者是房产经纪人,他们是平台连接交易场景的关键角色。平台不断提出 ACN（经纪人合作网络）和经纪人培养计划等，同时借助技术，为经纪人开发升级营销、培训等工具，比如小贝助手2.0等。贝壳找房为服务者提供包括营销、系统、经营、人才、供应链、资本、交易、品牌在内的八大赋能，帮助服务者提高服务品质、提升服务效率的同时也重塑了房产经纪行业的规则。其三，顾客。贝壳找房坚持"生产者也是消费者，消费者也是生产者"。只有真正回到顾客价值创造上，才有机会让发展变得更加明确。

贝壳找房根据顾客需求匹配房源，顾客可通过"楼盘字典"查看房源信息，具体包括房源历史成交数据、"透明房价""户型图""被咨询""被VR浏览""被线下带看"等多维度信息，若发现虚假房源，顾客举报即可获得假一赔百的赔偿。顾客锁定意向房源，通过VR，720°侵入式浏览房屋各个角落，通过线上讲房等即时了解房屋详细情况，有效提高了顾客看房效率和购买意向，提升用户体验并增强信任感。贝壳找房打破陈规，跳出传统房产经纪行业的"围墙"，优化购买流程，提升效率，推出线上贷签，即使二手房交易需要面签等复杂交易程序，贝壳找房也将银行、公证等相关资源整合打造规范化、体系化流程，简化购房复杂程序，顾客不用东奔西走即可完成购房交易。同时贝壳找房不定期收集顾客关于买房的疑难问题，并推出品牌日针对顾客疑虑进行解决难题式的营销，让顾客改变以往房产中介的印象，对它产生信赖。

贝壳找房随着行业数字化程度的加深和服务者价值的凸显，精准连接供需两端，重塑交易各方的互动，实现用户所有和"住"相关的需求，推出被窝家装和社区生活小程序，深化居住服务，打造全新新居住平台。

3.1　洞察服务消费者行为

3.1.1　不同服务类型对消费者行为的影响

克里斯廷·格罗鲁斯指出服务是指或多或少具有无形特征的一种或一系列活动，通常（但并非一定）发生在消费者与服务的提供者及其有形的资源、产品或系统相互作用的过程中，以便解决消费者的有关问题。随着科技驱动、新商业模式的应用，服务业的发展活力与日俱增，服务性消费占据国民消费的主要部分。服务业的发展具有广阔的市场空间，但同时也面临更加激烈的竞争环境。然而合理的服务分类，不仅能够让企业在经营过程中理解和掌握服务的要领，更能为服务型企业实施营销活动提供理论性的方案指导，推进企业取得长足发展。根据服务营销的适用性可以将服务分成4个主要类型：人体服务、所有物服务、精神服务和信息服务，如图3-1所示。

1. 人体服务

人体服务是指服务型企业为使人在生理上更舒适、更健康、而针对人的身体开展的系列行为、活动和过程，如：旅客运输、医疗保健、酒店住宿等。在具备服务的基本特性的基础上，人体服务的突出特点表现为：① 消费者必须在有形场所（服务场所）出现；② 在服务交付过程中必须有消费者（即顾客）接触，并需要消费者积极参与，良好的顾客互动是服务品质保障的关键；③ 购买服务时，消费者不仅需要考虑支付的财务成本，还要考虑时间、脑力和体力，甚至恐惧和痛苦在内的非财务成本。服务流程和服务结果在人体服务中对于消费者来说至关重要，服务提供者需要从消费者的视角来考虑服务流程设计和预期结果。

服务行为的本质是什么?	服务的直接接受对象	
	人	实物
有形行为	人体服务（针对人的身体的服务） 旅客运输 医疗保健 度假旅行 酒店住宿 美容美发 康复中心 健身中心 线下餐饮店 ……	所有物服务（针对实体的服务） 货物运输 仓储 设备维修 家政保洁 衣物洗护中心 加油站 景观/园艺 再生资源回收 ……
无形行为	精神服务（针对人的头脑和心） 广告/公关 文体和娱乐 专业咨询 教育培训 心理治疗 宗教活动 音频、视频等内容传播 ……	信息服务（针对无形资产的服务） 会计事务 银行事务 数据分析 数字广告 法律服务 软件开发 证券投资服务 保险 ……

图3-1 4种服务类型

2. 所有物服务

所有物服务是指针对顾客所属财产展开的服务，如：货物运输、仓储、设备维修等。所有物服务的突出特点表现为以下5个方面。① 被处理的所有物对象必须在场，顾客不需要亲自前往服务场地。② 顾客接触程度和顾客参与水平有限。③ 顾客参与仅限于有形财产的委托交付和收取、提出服务要求和解释问题。④ 如果被处理的物品难以移动，比如景观、沉重的设备或建筑物的某个部分，那么这个"服务工厂"就必须搬到顾客那里，同时，服务人员需要带着必要的工具和材料到现场完成工作。⑤ 服务的结果是对顾客所提出的问题的满意解答或对有问题的物品做出的实质性的改善。

3. 精神服务

精神服务是指针对人的思想、心理、意识等精神要素提供的服务，如教育培训、广告/公关、专业咨询、心理治疗、文体娱乐等。任何触动人的思想的东西都有能力改变人的态度，影响人的行为。所以，当顾客处于依附状态或存在影响他们的可能性时，就需要服务提供者保持坚定的道德伦理标准和密切的关注。精神服务的突出特点表现如下。① 顾客的意识必须在场，但顾客本人不一定要出现在服务场地，只需要他们的大脑在接收传递给他们的信息就可以。这与人体服务相比，有一个非常有趣却截然相反的区别。在飞行途中乘客可以睡觉，而他们依然能够到达目的地，获得服务的好处；但是如果学生在课堂上睡觉，他们在课时结束时却将一无所获。诸如娱乐和教育之类的服务内容通常可以在某个地方录制，然后通过电视或网络等渠道传递给顾客。当然，这类服务提供者也可以在剧院或演播厅以现场及真人表演的方式将服务传递给顾客群体。② 服务的核心内容是以信息为基础（比如音乐、视频内容、声音和可视图像等），这种服务可以通过电子渠道或者制造成产品（早期的磁盘和录像带，现在的音频或视频等电子产品等）转化为数字模式存储并传播给消费者。因此，这些服务是可以像有形产品一样进行"储存"并反复销售的，虽然效果不同，但都达到了"接收信息"的目的。

4. 信息服务

信息服务是指服务型企业针对组织或个人的特定事件或问题所提供的资讯服务。随着知识经济和信息时代的来临，企业面临新的机遇和挑战，消费者衍生出更多新的需求，供需双方对信息的需求程度日益增强，因此涌现了大量提供信息服务的组织或个人，如金融投资、市场调查、法律咨询等。

信息服务高度依赖对信息进行采集和分析的专业设备和技术，如远程数据系统、信息管理系统、数据分析软件、大数据采集系统等。当然，不是所有的信息服务都需要机器来完成。在很多专业服务领域，专家利用智力和知识储备提供信息服务，如律师在法庭辩论中就扮演着关键角色。信息处理服务同脑刺激处理服务之间的界限有时非常模糊。

信息服务产出结果的无形性表现得最为明显，值得注意的是，这些服务产出结果也可以转化为有形形式，如信件、报告、视音频等。在所有信息服务中，金融服务、专业咨询服务，包括会计账务处理、法律咨询、市场调研、企业管理咨询和医疗诊断等，它们对信息采集和加工的专业性和有效性要求非常高，如果信息采集和加工的专业性或有效性出现问题，服务就有可能失败。信息服务的突出特点表现为：① 顾客几乎完全可以远距离同服务提供者进行交易；② 信息服务往往可以被转化为持久和有形的服务形式。

3.1.2 服务中消费者行为的特点

在移动互联网和数字技术发展的推动下，消费需求个性化和商品社交化等常态告诉人们"新消费时代"已经来临，这也意味着企业需要认识到市场将以消费者为中心需重新构建生产、销售和服务的逻辑和链路。掌握消费者心理和行为，则能为满足其需求多一份依据，也为更好地服务消费者打好基础。

服务中消费者行为是指消费者为有效满足自身服务需求而展开的一系列脑力与体力活动，主要体现为服务需求确认、服务信息的收集与决策、服务产品的消费，以及服务效用的评价和反馈等若干环节。在消费者行为研究的早期，人们通常认为，它是指购买者行为，强调的是在购买时消费者和生产者之间的相互影响。在现代市场经济条件下，企业已经认识到消费者行为是一种持续的过程，不断洞悉消费者的需求，注重与消费者保持舒适的距离，能为企业发展带来市场机会。服务提供者研究消费者行为，围绕消费者进行分析和经营，着眼于与消费者建立和发展长期的交换关系，可使企业实现高质量发展。

由于消费者直接参与服务过程，并在服务生产或者传递过程中通过对服务质量的感知逐渐形成自己的消费者价值，所以对服务市场的消费者行为的分析有助于服务型企业了解消费者的内在价值生成过程，从而真正做到基于顾客价值实现对服务品牌接触点的管理。与有形产品消费者行为的特征相比，服务市场消费者行为的独特性主要表现在以下几个方面。

1. 搜寻、体验与信任特征

（1）搜寻属性。搜寻属性是指在购买之前顾客能够评价的、有形的产品特点。例如，产品的风格、颜色、质感、味道和外观设计，意向顾客在购买决策前可以通过试用、品尝或体验来了解产品属性。这些有形的产品属性所呈现的信息可以帮助顾客在做选购决策时提供依据，减少顾客的不确定性感知和购买风险。在制造业产品中，家具、汽车、电子设备和食品都是具有明显搜寻属性的产品。许多服务也具有搜寻属性，例如，在准备拍摄个人写真前就可以对摄影工作室的许多属性进行搜寻，包括摄影工作室个人写真的意向风格、摄影工作室的地点、摄影工作室擅长拍摄的类型（是婚纱、古风、时尚还是综合型）以及拍摄的价位；还可以在假期旅行之前对各个平台进行线路规划和价格比较。

（2）经验属性。经验属性是指顾客在购买服务之前无法进行评价的产品属性。顾客在对诸如可靠性、实用性和用户支持等服务属性进行评价之前，必须对服务进行实际的"体验"。例如，高端旅行定制服务，你只有在旅行结束后，才能知道是否满意服务提供者的旅行安排，旅行顾问提供的服务是否符合预期，旅途中安排的景点是否契合你的心意，住宿餐饮是否让你称心如意，整个旅行过程是否愉悦。餐饮、娱乐活动、话剧甚至许多医疗过程，都具有非常显著的经验属性。虽然人们可以通过浏览旅游景点的网站，观看旅行纪录片，查阅资深旅行博主的线路推荐。收集某个旅游项目的信息，并对其做出初步评价，但是只有亲自体验过徒步攀登雪山、跨越沙漠河流，才能实际感受到旅行带来的愉悦和激动人心之美。顾客在评估以上服务以及类似服务时，亲朋好友和其他的人际信息来源只能作为简单参考，因为每个人的体验都将带来不同的感受和答案。

（3）信任属性。某些服务产品的特性即便在实际消费以后，顾客也很难对其进行评价，这就是服务产品的信任属性。顾客只能暗示自己相信服务提供者的某些工作流程是按照其服务承诺有序开展的，并且达到了承诺的质量水平。例如，现在较为流行的医美服务的信任性包括医美机构的医疗和卫生条件，以及医美药品的安全性。对于顾客来说，很难评价应用系统是否好用；通常顾客也很难判断汽车维修保养服务的好坏；之所以对这些服务信息进行精确的搜索，是希望能得到更多的信息支撑最后的购买决策，这主要是因为顾客本身可能没有相关服务的专业知识。例如，咨询服务、外科手术、软件开发等，顾客对这些服务的评价更多的是依赖于对服务提供者技能和专业性的信任。

产品或服务的搜寻属性、经验属性、信任属性决定了产品或服务的评价难易程度，主要显著区别体现在"评价容易"—"评价困难"的连续谱上（图3-2）。通过连续谱上的展现，可以看到由于大多数有形产品都有显著的搜寻属性，所以它们大都位于连续谱的左侧区域。同时，具有较高的经验属性和信任属性的多数服务则基本位于连续谱的中间至右侧区域。

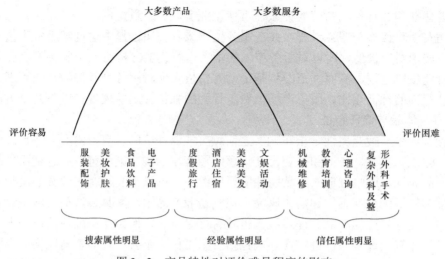

图3-2 产品特性对评价难易程度的影响

2. 依赖个人信息来源

数字科技推动媒体的多样化发展，可谓是万物皆媒，消费者获取信息的渠道也越来越丰富，其中主要信息来源基本上可分为个人来源（亲朋好友、同事、使用经验）、商业来源（广告、展览等）与公共来源（大众媒体、社会组织机构等）三类。其中，第一个属于信息的非正式来源，而后两者则是消费者信息的正式来源。在消费不断升级的背景下，服务的需求和价值是影响消费者决策的重要因素，但同时又由于服务是一种体验过程，大众媒介很难传播体验性属性的信息。所以，从服务的特性、信息获取来源与消费者的个人关联来看，个人信息来源成为消费者做出购买决策前较为依赖的信息获取渠道。消费者认为它具有更高的可信任度和可参考性。作为理性的消费者，面对服务产品日趋高度同质化、不断丰富的品牌内涵、非客观性的评价标准以及较为局限的服务地域等众多因素，为回避风险，消费者在很大程度上依赖个人信息来源来加快购买决策进程。特别对于像形象设计和医疗这类的服务，表现更为明显。

3. 购买服务的风险性更大

在产品过剩和新服务模式层出不穷的背景下，市场瞬息万变，消费者需求随时发生变化。为满足消费者的新需求以及迎合市场潮流，企业不断推陈出新，不断升级和丰富产品或服务。然而，消费者购买有形产品或服务时，依然可能会面临承担一定的有形风险，相比之下，消费者购买服务所承担的风险更大，消费者对其风险的认知更少，其原因如下。

（1）服务具有不可感知性和体验性特征，决定消费者在购买服务之前所获得的有关信息有限，可参考信息不多，伴随的风险会越大。

（2）消费者需求不断变化，服务产品不容易标准化，服务质量很难有统一性标准可以衡量，消费者在购买服务过程中的不确定性增强，决策流程较长，因而风险更大。

（3）通常情况下，消费者参与服务生产过程，形成销售、生产和消费同步进行的局面，加之服务的无形性、异质性、消费结果的无担保性等特点，即使消费者在接受服务过程中或服务后感到不满意，也会因为享受过服务而无法重新更改或退换。

（4）许多服务都具有很强或较强的技术性或专业性，很多时候，消费者即使在享用过服务之后，因为缺乏足够的知识或经验，也很难对其进行评价，例如软件开发服务。

综合上述情况，就造成消费者在购买服务产品时比购买有形产品风险更大。

4. 品牌忠诚度更高

品牌忠诚度是指消费者对品牌偏爱的心理反应，反映其对该品牌的信任和依赖程度。消费者在购买决策中，多次表现出对某个品牌有偏向性的（而非随意的）行为反应。它是一种行为过程，也是一种心理（决策和评估）过程。

由于购买服务具有更大的风险，服务提供者为消费者提供潜在的、深化的参与感，从而提升了消费者对服务的体验感以及满意度，消费者为了避免更换服务提供者所带来的风险，因而一旦服务提供者从情感和价值层面抢占消费者的心智，消费者对服务提供者便会有更高的忠诚。特别是像美发这类服务，因为消费者参与服务生产过程，而且发型对个人的形象又极为重要，所以在没有他人特别推荐或介绍的情况下，消费者轻易不会更换他（她）自己认为还算可以的发型师。

正因为如此，服务业的营销就比较难一些。消费者一般不会因为一个暂时的优惠活动而转向其他的不熟悉的服务提供者。所以，对服务业来说，与已有的消费者建立情感连接，增加黏性，使消费者对其保持信赖感和忠诚是可能的，但吸引新的消费者相对来说就更难一些。在注意力稀缺时代，服务业吸引新的消费者不仅需要完善服务的各个环节，打造具有差异化的服务体验，还要以独特的品牌形象和价值观根植消费者心智，在消费者头脑中形成独特的服务提供者品牌印记，与竞争对手有明显的区隔。消费者忠诚于某一服务品牌的程度依赖于许多因素，其中主要包括以下三个方面。

（1）转换成本。相对于有形产品，服务品牌的转换需要更高的搜寻费用和转换成本。如果能让消费者不选择竞争对手的服务，那么它就拥有自己的转换成本，转换成本包括经济成本、时间成本、机会成本等，还包括：深度服务、技术等无形资产、独特的资源禀赋、前瞻性的规模优势等多方综合成本。比如重新更换一家医疗机构往往会被要求重新做一次相关检查，就诊费用增加的同时还可能面临是否有合适的专业医生就诊的风险。

（2）与购买相关的感知风险。消费者所感知的服务购买风险要大于有形产品。消费者通常购买的不仅仅是服务本身，更多的是他们所希望通过这项服务带来的满足需求的期望价值，但有时期望却伴随着会失望的风险，就比如参加职业资格的考生更换培训机构想要快速提升的期望，最后也可能是一次失败的尝试。服务提供者应该提高消费者可感知服务价值同时降低消费者可感知的选择风险，来提升企业的品牌忠诚度。

（3）对现有服务提供者的满意程度。企业更加了解老顾客的需求偏好，能提供更好的服务。消费者为了获得更多的价格优惠、个性化服务和特殊优待而一再惠顾，和服务提供者建立起双方互利共赢的关系。

5. 顾客参与服务的生产

格罗鲁斯认为服务营销就是促使顾客参与服务的生产和传递过程，并在这一过程中使顾客产生可以为其创造价值的感知。服务生产或传递过程中，顾客提供相应的活动或资源（包括心理、时间、情感、行为等付出），顺利享受服务，其中关键的是参与感让顾客变成单纯的享受者和生产者双重角色。

早期的研究通常是从经济学角度出发，将顾客参与服务的生产视为降低劳动成本的手段，使企业可以通过较低的定价赢得消费者青睐，达到双赢。在顾客参与服务生产过程中，顾客通常扮演"消费者"以及"兼职员工"两种角色；企业通过顾客价值共创行为的关系以及顾客的组织社会化影响顾客，以确保他们按服务生产与传递的要求完成所有流程和进度，达到预期的效果。换言之，顾客适当的参与行为为服务型企业提供了资源，使服务传递更加顺利。

近期的研究是顾客从过去的消极观众转变为主动参与者，契合产生于顾客与企业的有效互动和良好体验。增强顾客参与感是企业提升绩效和竞争力的关键。因此新阶段的研究倾向于从竞争优势的角度来研究顾客参与，因为消费者的思维模式已经开始转变，逐渐形成了从需求触发、需求满足、消费实现到可持续的价值认同的"自我"消费思维模式，他们从被动变成主动，逐渐主导市场，他们追求更加个性化、能引起共鸣满足内心需求的服务。简单来说就是企业可以通过调整顾客参与程度或频率来实现差异化效果，因为顾客参与为独特体验的创造提供了途径，也为差异化服务奠定了基础，使得这种独特体验成为企业差异化的竞争力。

3.2　服务中消费者行为的三阶段模型

3.2.1　购前阶段

每一个消费者行为都蕴含商业机会，对于服务提供者来说，精准洞悉消费者的心理和行为，就能找到满足其需求的路径，赢得他们的青睐，占据市场领先优势。由于服务是信任属性和体验属性较高的产品，所以它的购买决策过程会比较独特，首先来了解购前阶段具有哪些特征。购前阶段是指消费者在购买服务之前展开的一系列行为或活动。对于消费者而言，本阶段的核心内容是围绕需求认知、信息搜寻、可选方案评价来展开。

1. 需求认知

需求认知是顾客消费过程的起始。一旦顾客意识到现实情况与预期之间存在差异或者顾客对现实情况存在诸多不满并急切地希望得到改进，便会产生顾客"痛点"，即顾客需求。从马斯洛的需求层次理论得知，当人们的生理需求、安全需求得到满足时，社交、尊重、自我实现等方面的需求就成了更高层次的目标。在经济推动下，全民各类消费支出在消费总支出中的结构升级和层次提高。在功能之外，消费者更注重产品或服务的内在价值，同时服务需求的产生可能是内部原因，也可能是外部原因。

（1）内部原因。主要是指消费者自发地意识到需要某些服务，如通过继续教育实现提升自身价值、通过保健医疗追求健康生活等；或者消费者主动地认为需要某种服务，如旅行服务、文娱服务等，这些需求能够改善和优化自身工作或生活等方面的状态。

（2）外部原因。主要是指企业或营销人员通过广告、优惠活动等外部刺激消费的方式，让顾客意识到自己可能存在某种服务需求，吸引顾客关注。

2. 信息搜寻

当消费者形成比较明确的服务需求后，会进入信息搜寻阶段，采用各种方式（主动寻找、被动留意）搜寻相关信息。消费者面临有关消费的问题时，需要相关的信息，以辅助其消费决策。这种搜寻适当信息的行为，称为信息搜寻。一般来说，消费阶段顾客获取服务信息包括以下三种渠道。

（1）人际渠道。人际渠道是指顾客通过人际交流等方式获取有关服务信息。人际渠道即包括亲友、同事或其他顾客的介绍和推荐、过去处理和使用产品或服务的经验；也包括通过网络途径获得，如微博、朋友圈、电商平台、直播平台等社交媒体或信息平台，获取其他顾客发布的服务信息及评价等。从信息影响力来看，消费者通过人际渠道获得的信息对服务中消费者行为具有关键作用，它们凝聚成强大的口碑效应，为服务提供者发声，好的口碑则能不断地为服务提供者引流。

（2）商业渠道。商业渠道是指顾客通过商业广告、公共关系、营销活动等方式获取有关服务的信息。运用商业渠道传播服务信息，是企业影响服务中消费者行为的重要手段。如消费者通过电视电影广告、直播平台、官方网站、商演活动、会展等渠道传递的信息。随着大数据、云计算等新兴技术的广泛使用，使针对特定目标顾客群进行精准信息传播成为可能。从而，商业渠道在信息传递过程中的作用变得越发明显。从信息量角度看，商业渠道是顾客获取服务信息的最重要方式，也是企业常用的方式。

（3）公共渠道。公共渠道是指顾客通过大众媒体，以新闻消息、消费报告、公共讲座等形式获取服务信息。一般而言，由于公共渠道的信息不具备特定的倾向，因而虽然具备更高的影响力，但也面临传播的局限性。

3. 可选方案评价

可选方案评价是指消费者结合获取的信息对产品或服务进行分析比较，并形成对产品或服务的初步评价和对比评估，以便做出最后的消费决策。可选方案评价主要有以下三项依据。

（1）顾客的消费需求。即顾客接受服务消费是期望满足哪个层次的需求，期待得到哪些问题的解决方案。不同的消费需求会导致不同的决策方案，比如，顾客聚餐，是家庭聚餐、同事聚餐，还是朋友聚餐，对就餐地点、预算和方式都会产生影响。

（2）顾客的消费成本。即顾客进行预期接受服务消费时需要付出的各类成本，包括资金、时间和精力等综合因素。比如，顾客选择课程辅导，在参加辅导过程中所需付出的时间、精力以及服务的可获得性都将影响顾客做出最终决策。

（3）顾客的感知风险。即顾客进行方案评价时，除了考虑满足需求和服务消费成本，还会对接受服务可能遇到的风险感到焦虑、担心结果会令人大失所望。比如，顾客更换发型，由于不确定更换发型后的效果，会积极和发型师进行沟通，以尽量减小感知风险。

3.2.2 服务接触阶段

生产与消费的同步性意味着服务的购买者会参与到服务的生产与传递过程中。而服务的高度接触性使得服务质量和顾客满意度在很大程度上依赖于"真实瞬间"或称"服务接触"阶段，员工和顾客之间相互作用的情况决定了服务质量会随服务过程动态变化，顾客对服务过程中的每一次服务接触都会抱有一定的期望。在一定的服务期望下，服务接触作为服务生产与传递过程中的直接互动现象，决定了顾客感知服务质量水平的关键时刻。

从长期来看，任何一次服务接触都可能影响甚至改变顾客满意感或忠诚感，增强或削弱双方关系的持续性和稳定性。

1. 服务接触是决胜时刻

服务接触指的是顾客接触服务组织活动的某方面并与之发生相互作用的活动。关键时刻指的是顾客与服务组织之间某些方面进行接触，并且对该组织服务质量留下印象的任何一个瞬间。所以服务接触是服务消费体验的核心成分。

在顾客消费服务的过程中，可能是简单的一次性接触，如顾客在某饭店就餐；也可能是在一段时间内的连续接触，如旅途、餐饮、住宿以及景点等共同构成了一次旅游经历；或是重复性的相同接触，如慢性病人每隔一段时间回医院接受检查、治疗等例行接触。Norman于1984年首次在研究中引入"服务接触"这一概念，认为服务过程中消费者与服务提供者之间的接触对其后续的整体评价和感知满意度有很大的影响。

罗伯特·约翰斯顿在《服务运营管理》一书中，基于服务提供者和服务接受者两个不同的维度，将服务接触分为四种：① 人与人的接触，指出需要建立相互信任、礼貌友好的沟通体系；② 人与机器的接触，指出好用的用户界面、用户检查、交易安全等是服务提供者应该考虑的因素；③ 机器与人的接触，当人员提供服务，接受者是机器时，员工要具备专业性知识，能够快速反应、易于沟通；④ 机器与机器接触，当服务提供者和接受者都是机器时，为保证服务的顺利高效进行，需有良好的硬件和软件配套，保证交易安全，进行交易记录以备后续查看。

目前学术界关于服务接触分类并没有统一定义，但大致可以分为以下三种。

1）传统情境下基于狭义互动的服务接触

从狭义的角度来看，早期对服务接触的定义主要基于人际互动，简单来说就是服务人员与消费者之间面对面的互动接触。是服务型企业员工与消费者之间的二元双向互动过程，双方的接触属于互动范畴。

2）传统情境下基于广义交互的服务接触

除了消费者与员工间的人际互动，服务接触还包括服务过程中消费者与服务提供者的设备设施间的交互以及与其他有形或无形要素之间的互动。消费者与服务组织之间发生互动产生行为结果的所有方面都归属于服务接触，包括与消费者、服务硬件、服务环境以及其他有形因素间的交互。

3）互联网介入背景下的现代服务接触

现代服务接触是指在网络环境下，消费者通过浏览企业主页搜索产品和服务信息、与服务代表交流、最终购买有形产品或服务，基于都属于消费者与企业的服务接触。

基于狭义互动的服务接触强调的是供求双方面对面的互动，基于广义交互的服务接触则在此基础上引入了消费者与服务环境系统的接触交互，而互联网介入背景下的服务现代接触则赋予服务接触以新的内涵，即将人际互动和技术型交互结合起来。服务接触的定义和分类，能够指导服务提供者更好地和消费者建立有效的接触，并引导其消费、评价以及重复购买。

2. 高接触服务与低接触服务

在服务过程中，消费者会与服务提供者进行不同程度和频率的接触，有的服务接触时间较为短暂，几个简单流程即可完成，例如，顾客来到自助餐厅用餐。而有些服务接触有较为复杂且时间跨度较长的互动，例如，不同期限的旅行。依据服务提供者与消费者之间的交互程度将服务接触水平分为高接触服务、中接触服务以及低接触服务。如图3-3所示。

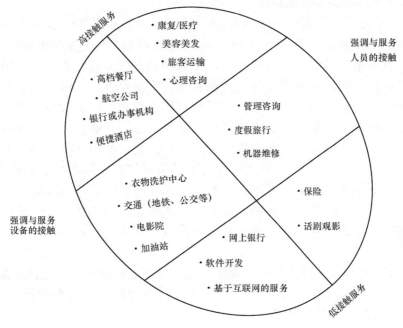

图3-3 顾客与服务提供者不同的服务接触水平

（1）高接触服务。高接触服务是指顾客在接受服务的过程中参与其中全部或大部分的活动，如提供全套服务的餐厅、公共交通、健康俱乐部、酒店、电影院等，顾客很直接、很完整地参与到服务过程中。高接触服务型企业的顾客价值创造具有4个特点。第一，顾客是服务生产的合作者。在服务中，顾客是生产的合作者，参与价值创造的过程。创造价值的关键是动员顾客合作生产。顾客在服务过程中的作用越来越重要，对服务质量的影响也越来越大。第二，服务价值的实现由顾客决定。服务只有在被顾客消费后才能创造价值；没有顾客，服务提供者就无法创造任何价值。第三，服务的生产和销售需要关注顾客和关系。服务提供者与顾客的距离越近，与顾客的关系越密切，就越有助于发现顾客的新需求和顾客价值的驱动因素。高接触服务的特点表明，在服务交换模式中，关系是一个重要因素，人是交换的中心和参与者，与顾客保持长期关系比交易本身更重要。

（2）低接触服务。低接触服务是指在服务传递过程中，顾客与服务提供者之间直接的、物理上的有形接触较少。取而代之的是，顾客与服务提供者可以通过电子媒介或其他传递渠道进行远距离接触。如网上自助缴费和银行自动交易服务。

许多高接触、中接触服务慢慢都在向低接触度服务转化，顾客追求效率，喜欢简单便利的方式，更多时候愿意选择自助服务，顾客更愿意自己通过邮件、电话、社交软件或者通过各种互联网平台处理简单的事务，而不是亲自到实体企业接受服务。

（3）高接触服务与低接触服务的主要区别高接触服务注重顾客在场的时间以及与服务人员面对面的互动，而低接触服务涉及与自助设备或其他电子媒介的接触。顾客的参与程度与服务接触程度成正比，网上银行、网上购物等借助信息技术媒介且顾客直接参与程度较低的服务为低接触服务。随着科技的发展,技术媒介的介入使得越来越多的顾客不与服务提供者直接面对面接触也可获得服务,服务接触的内涵和方式不断延展。

3. 服务生产系统与服务营销系统

(1) 服务生产系统。服务生产系统是指利用现有设施和设备,服务人员投入各种资源进行生产加工的子系统。服务生产的投入包括原材料投入、设备设施和服务人员投入。从空间上看,服务生产系统由前台和后台两部分组成。服务前台管理,在服务生产的各个阶段中,服务前台的活动和程序是面向顾客的,直观可视。在服务前台的活动中,服务提供者与顾客具有较为高频的接触,共同进行服务生产,如银行柜台办事员、餐厅服务员。因此管理服务人员和顾客之间的亲密关系至关重要。服务后台是顾客看不见的部分,服务型企业的核心技术和主要设备一般集中在后台,如餐厅的厨房、干洗店的洗衣房、航空公司的行李处理流程等。因为顾客看不见所以这也给服务型企业带来两类问题。一是顾客因为看不见服务后台,所以很难了解这些服务生产过程对服务质量做出了多少贡献。尽管后台部门不断努力提高服务系统与技术质量,但依然受制于前台的服务质量的影响。二是顾客认识不到服务人员在背后到底做了多少工作,所以经常容易对某一服务的定价存疑。

服务生产系统是由若干要素构成的复杂系统,各要素在服务传递过程中都起着重要作用,其中包括顾客不可视的技术核心部分、服务运营系统的不可视部分与顾客可以体验的、可视化服务传递系统,如图3-4所示。

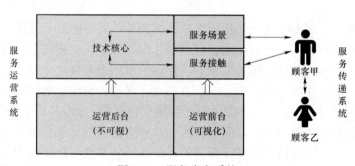

图3-4 服务生产系统

① 技术核心部分。技术核心部分一般是指企业的"后台"运作,对于顾客来说,这一部分是不可视的(如电影院的放映室)。如同课堂,学生可见的是"前台"所展现的教师授课,而学生不可视的元素则是"后台"所未能展现的伏案备课。顾客一般重视"前台"的服务体验而非如何操作。但是,如果"后台"的运作出现差池影响到前台的服务体验,那么顾客就会将注意力转移到"后台"的运作。例如,饭店就餐上菜出现遗漏或者错误,顾客就餐体验就非常糟糕。

② 服务传递系统。服务传递系统将服务从后台传递到前台最终传递给顾客。这个子系统包括服务运营系统的可视化部分——服务设施、设备、服务流程和服务员工,可能还包括其他顾客。通过"医院"来做比喻,医院这个大场景就是服务系统的可视前台部分,医护人员在诊室为患者提供诊疗服务是服务传递过程。

(2) 服务营销系统。服务营销系统是在整合服务运营系统和服务传递系统的基础上,加上一些营销手段构成的。它代表了顾客同有关的服务提供者发生接触或了解该提供者情况的所有可能的途径。

① 服务运营系统。服务运营系统分为顾客可视部分和顾客不可视部分。同话剧演出一样，可视部分可以被分成同演员（服务人员）相关的部分和同剧场布置（有形场所和设施设备）相关的部分；不可视部分为剧情的创作、处理及呈现方式。

② 服务传递系统。服务传递系统与服务产品传递给顾客的地点、时间和方式有关。这个系统不仅包括服务运营系统的可视部分（有形的支持和人员），而且需要同其他顾客发生接触。

③ 营销活动，即企业与顾客接触的其他触点，用于各种营销活动。

因为服务具有体验性质，所以每一个要素都提供了关于服务产品性质和质量的依据。不同要素间的一致性会削弱服务组织在顾客眼中的可信度。图 3-5 展示了高接触服务营销系统。

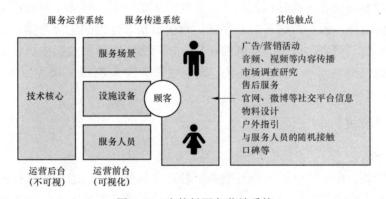

图 3-5　高接触服务营销系统

服务营销系统的服务范围和结构在不同类别的服务提供者中有所差异。图 3-6 展示了低接触服务营销系统。用服务营销系统来分析服务创造和服务传递过程的意义在于，它通常代表顾客的观点，是通过外部反馈来看待服务业务的，与关注内部的运营观点截然相反。

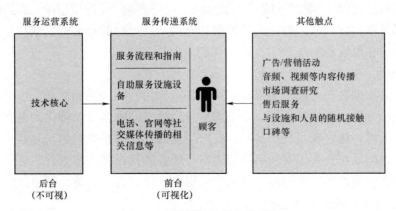

图 3-6　低接触服务营销系统

服务营销系统的重要性如下。

① 服务营销系统中的运营系统可使企业尽可能减少资源浪费，集中精力针对竞争对手的薄弱环节进行创新和替代。根据用户的需求和期望，进行产品或服务创新，获得服务竞争优势。运营系统存有企业顾客信息，根据该信息可了解消费者的行为习惯和消费偏好，同时可了解其对产品或服务的真实需求，以及对产品或服务还存在哪些不满和期望。通过此路径既可减少企业的资源浪费，又能压缩运营成本。最重要的是尽可能地实现顾客预期，增加竞争机会。

② 服务营销系统中的传递系统，针对服务产品的无形性和异质性，对服务渠道进行改进和优化，让顾客可以通过恰当的机会和合适的渠道来提出真实意见。企业以此判断当前服务中存在的主要问题，改进欠缺之处，锚定顾客心理，最终使曾经失望的顾客重新获得满意和信赖，这也能使服务过失得到及时补救。

③ 通过服务营销系统，提高顾客对企业服务的认知度，从而提高顾客满意度，保持服务竞争优势。随着消费者主权时代的到来，顾客的需求呈现多样化，同时市场呈现产品同质化、严重过剩的局面，服务营销系统其实就是牵引消费者行为的主要力量，通过营销把企业的服务信息传递给消费者，改变消费者的认知，使消费者在消费过程中进行期望效用与现实的比较，从而提高顾客对服务的感知度，影响消费者购买决策，增加重复购买的概率和提高顾客的忠诚度。

3.2.3 服务后阶段

1. 服务评价

在服务后阶段，顾客将继续他们在服务接触阶段就开始的对服务质量进行评价和对服务经历产生满意和不满意态度的过程。顾客通过比较他们的预期服务水平和感知到的服务水平来对服务质量进行评价。如果实际的服务水平达到或超过期望预期的服务水平，那么顾客认为服务的质量很高。顾客就有可能对服务满意，随之带来的则是重复购买并成为忠诚的顾客。如果实际的服务水平没有满足顾客的期望，那么顾客也许会抱怨服务质量糟糕，也许会默默忍受，但在将来会选择其他服务提供者。

由于服务产品具有无形性和异质性等特征，服务评价很难像对有形产品那样进行科学的测定和全面客观的评价。当顾客面临多种选择时，就需要对不同的服务产品进行比较和评价。然而，许多服务在实际购买之前是无法评价的。对产品评价的难易程度取决于产品的属性，即搜寻体验与信任属性。

2. 购后行为

购后行为是指顾客在完成购买以后对商品和商家进行的一系列活动，包括对商品和商家的评论、评分、分享、退换等行为，处于购后行为状态的顾客可以转化为再次购买或者不再使用该商品的人群。顾客在买到产品后，在产品使用过程中感受如何，对购买到的产品是满意还是不满意，产品在丧失了其使用价值之后，顾客如何对其进行处理，这些行为均属于购后行为。购后评价是指顾客在购后会对该产品形成一个综合的评价。购后评价会影响其他顾客的购买。图3-7为购后行为模型。

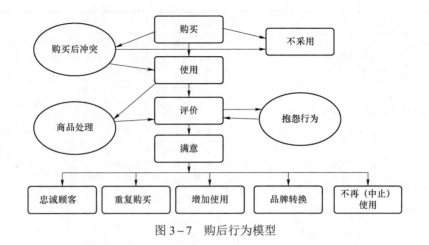

图 3-7　购后行为模型

3.3　服务消费者行为的相关理论

3.3.1　感知风险理论

由于服务的无形性、同步性、异质性及易逝性等本质特征，加之服务缺乏统一的质量评价标准，对于体验属性和信任属性比较高的服务来说，消费者在购买和接受服务之前是很难对其进行评价的，因此感知风险更高。尤其是初次购买、使用的消费者可能面临更大的不确定性。感知风险反映了消费者对消费决策负面结果出现的概率所做出的预判。服务产生的结果越背离预期效果，产生负面结果的概率越大，感知风险相应地就会越高。

1. 感知风险的基本内涵

感知风险理论是美国哈佛大学教授 Bauer 所提出的，该理论指出：感知风险是消费者对于客观存在的风险的主观感受。这一定义包含两个方面的内涵：一是消费者对于购买决策所带来的结果的不确定性；二是消费者对于其购买决策所产生的后果的满意度具有不确定性。这两种不确定性会使消费者不知道当时的购买行为是否正确。若结果不符合消费者的购买期望，就会导致消费者的购买体验不愉快；甚至不确定性会让消费者对产品产生怀疑，从而导致消费者不购买这一产品。

2. 感知风险的构成

消费者在评价竞争服务时，会评估各个服务中消费者认为重要的服务属性，并且会选择能在最大限度满足消费者需求的服务。由于服务具有较高的体验和信任属性，因此，消费者会因为购买服务可能遇到的风险而感到焦虑，担心购买的结果让人失望。并且，消费者的任何选择和行动都可能造成自己所不希望或不愉快的结果，而这种后果则由消费者自己承担。消费者作为风险的承担者，要面临 7 个方面的风险：社会、财务、功能、心理、身体、时间以及感官风险。表 3-1 为服务购买使用的感知风险。

表 3-1　服务购买使用的感知风险

感知风险类型	服务感知举例
功能风险（可能无法正常使用或令人不满）	● 英语辅导课程能传授通过雅思考试的方法和技巧吗？ ● 这张会员卡在任何时间段购物都能享受优惠吗？ ● 干洗能去除衣服上的污渍吗？
财务风险（金钱损失、无法预料的成本）	● 如果我听从理财经理的建议购买基金是否会亏损？ ● 如果跟团旅行，是否需要支付更多额外费用？ ● 网上购物，我的个人信息是否会被窃取或是盗用？ ● 信息系统的开发和维护价格是否比预先估计的要高？
时间风险（时间浪费、延误带来的损失）	● 进入博物馆参观之前是否会排队等候？ ● 这趟航班是否会有延误，导致下午会议迟到？ ● 新房的装修是否可以在婚礼举行之前完工？
身体风险（人身伤亡，或有害身体健康）	● 游乐场高空项目会不会出现机械故障导致受伤？ ● 电子设备邮寄会不会出现遗失或者损坏？ ● 脸部整形会不会美容变毁容？
心理风险（个人情绪波动甚至恐惧心理）	● 辅导老师会不会对我的学习失去信心？ ● 更换的新发型会不会让我变得更难看？ ● 种牙诊疗会不会很痛以及后期是否难护理？
社会风险（无法得到其社会关系的认可）	● 如果朋友们知道我住在快捷酒店会怎么看我？ ● 亲属们会满意我为家庭度假选择的路线安排吗？ ● 我的合作伙伴会赞同我签约的这个获利不大的项目吗？
感官风险（给感官造成的不适）	● 隔壁装修的噪声会不会影响我正常生活？ ● 楼层低的住房是否会有霉味和油烟味？ ● 后工业风的餐厅会影响就餐体验吗？

人们在处于上述感知风险的情况下会缺乏安全感，甚至影响最终的购买决策，当顾客不愿意承担风险时，也会使用各种方法降低自己的感知风险。顾客处理这些感知风险的方法有：从受尊敬或可信、可靠的人际资源那里获取信息，如家庭成员、朋友和同事；选择享有良好信誉的企业；与有服务保障或维修担保承诺的服务提供者合作；在购买之前，亲临服务场所或体验部分服务。例如，对服务场所设备设施的体验，或者是亲临企业参观查看企业获得的荣誉、资质和奖项；向专业知识丰富的员工咨询与竞品服务的区别和优势；考察有形线索或其他实体证据；比较各种竞争性服务产品，或通过互联网收集信息然后对比服务，搜寻相关服务的使用评论和评价。

顾客在寻找、选择、购买、使用、评估和处置与自身需求满足相关的服务时，一般都倾向于选择感知风险较小的服务。服务提供者可以做些什么来降低顾客的感知风险呢？除了提供服务质量保证和鼓励潜在顾客免费体验服务设施之外（如果可行的话），在提供特定解决方案之前了解顾客的真实需求是至关重要的。此外，企业应该帮助顾客了解服务的特点和优势，以及将从服务中获得哪些利益，同时提供如何获得最佳服务结果的建议。

因此，服务提供者要主动采取措施减小顾客的感知风险。企业应根据不同性质的服务采取相应的策略降低顾客的感知风险，具体如下。

（1）加强信息传播，服务提供者应该通过精准布局传媒渠道，加强广告宣传，让顾客在实际消费之前通过企业官网、媒体广告等途径，了解企业的服务。

（2）向顾客提供免费试用服务。适用于体验属性明显的服务，鼓励目标顾客在购买前参观或免费体验企业的服务设施，如瑜伽机构为目标顾客提供体验卡。一些互联网服务提供者也采取了这种策略。例如，迅捷 PDF 转换器服务，为新用户提供一定数量的免费文档转换资格，后续若想继续接受服务则需要办理会员资格。迅捷希望消费者在免费试用服务以后会继续使用该应用软件。

（3）获取并展示资格证书。许多服务都对专业知识和技能具有较高的要求，比如医生、建筑师和律师等职业。他们在顾客做出服务购买决策之前会向顾客出具他们的从业资格证书和其他荣誉资质证明，向顾客证明自己具有提供专业服务的资格和能力。

（4）实施有形证据管理。向顾客呈现一系列符合企业品牌定位和价值主张的有形证据，包括服务场景的设计、设备设施的统一性，以及员工的服饰和服务流程等。例如，一些美容美发连锁店，它们具有令人赏心悦目的店面装潢以及统一的着装和标准化的服务。

（5）制定让顾客产生信任感的可视化安全程序，例如海底捞周到的服务流程设计。

（6）让顾客可以通过互联网平台获知订单、服务进展的状态。许多快递服务业都使用这种策略（如顺丰、韵达和中通等）。

（7）通过手机信息、微信或其他方式对常见问题或者可预见的问题的解决应对方案向顾客传递自动信息。

（8）向顾客提供诸如退款保障、履约保证等服务保障。

（9）提供全天候的免费客服电话服务中心或信息网站。

（10）培训并教育员工在与顾客交往的过程中尊重并关怀顾客。

如果服务提供者在服务生产和服务传递过程中能够通过洞悉消费者行为，对其感知风险进行有效管理，减小顾客购买服务的不确定性，就能够增加被顾客选为服务提供者的机会。

3.3.2 服务脚本理论（剧场理论）

服务脚本理论试图从服务行为规范、服务场景设置、服务过程设定等方面，对企业提供服务与顾客参与服务的双重过程进行理论阐释。

斯蒂芬·格罗夫和雷·菲斯克认为服务传递的过程与戏剧表演过程有诸多相似性，同时剧场构成要素与服务构成要素之间也能形成一定的对应关系。基于此，两位学者遂将剧场理论运用到服务业中，提出了服务剧场理论，即剧场表演的全过程对应顾客接受服务的过程、服务的有形设施对应"舞台"、服务设计和管理者对应"导演、编剧"、服务人员和顾客对应"演员"和"观众"的关系。

剧场理论为服务提供者提供了较为形象的参考。如果将服务传递看作一次戏剧演出，那么员工和顾客在演出中按照预定的角色进行表演。在服务接触中，员工和顾客都有各自的角色。双方的满意程度和服务效率取决于角色的一致性。

"脚本"是服务传递过程中顾客和服务人员需要学习并遵守的行为顺序。与电影脚本一样，服务脚本为顾客和服务人员设计了表演动作。任何脱离脚本的行为都会给顾客和员工带来糟糕的体验，造成诸多麻烦。如果一个企业决定改变服务脚本，例如，利用技术将高接触服务转化为低接触服务，那么应向服务人员和顾客告知这个新脚本并且说明它将带来的好处。

服务和戏剧表演的目的都是在顾客（观众）面前创造和保持良好的印象，服务的成功和舞台表演的成功同样需要具备以下 4 个要素。

（1）演员要素，即提供和传递服务的人员，包含服务提供者的衣着、态度、服务流程、专业技能、对顾客的关注和承诺,以及对"表演"的情感投入程度,都对服务传递起着关键作用。

(2) 舞台设计要素,即有形设施和服务场景。服务传递的实体环境,包括环境的布置、空间配置、设备的款式和舒适感、设施的设计和外观、环境清洁程度等。

(3) 表演效果的管理要素,即服务传递的过程,是服务提供者与顾客互动的过程,这是整个服务环节的核心,产品质量、服务流程设计、突发事件处理等对服务质量和评价起决定性作用。

(4) 观众要素,即接受服务的顾客,包括顾客参与服务的态度、情绪、行为以及顾客间的互动等,顾客看似被动,但其行为反馈会影响整体服务的最终效果。

服务脚本理论对指导服务型企业的营销管理活动,确保服务过程的标准化,进而确保服务品质水平具有重要意义。以汽车保养为例,4S店及简单汽车检查的"服务脚本"中有三个演员:顾客、接待人员和汽修技师。每个人都有自己演绎的角色,反映了他们各自在服务接触中所起的作用。顾客扮演的角色区别于其余两个服务提供者扮演的角色,接待人员的角色也有别于汽修技师的角色,反映了他们各自不同的工作性质。这个服务脚本部分由4S店的有效运营需要构成,更重要的是由精湛、安全的专业技术构成。表3-2为汽车定期保养的服务脚本。

表3-2 汽车定期保养的服务脚本

顾客	接待人员	汽修技师
1. 电话预约		
	2. 确认需求,安排保养时间	
3. 到达4S店		
	4. 问候顾客,对汽车进行初步检查,记录汽车室内、油箱、后备厢以及车身情况,将检查结果反馈给顾客,确认情况并询问顾客还需要维修护理的事项	
5. 告知接待人员汽车还需要维护保养的项目		
	6. 记录事项并引导顾客进入接待室等候	
7. 到达接待室		
	8. 确认保养项目及费用并签订费用合同	
9. 签字确认		
	10. 告知顾客已安排汽修技师对汽车进行保养,同时告知汽修人员关于保养的项目	
		11. 浏览过往汽车保养记录
		12. 查看汽车保养项目单,确认汽车保养项目并进行汽车保养
		13. 保养过程发现刹车盘需要更换,告知接待人员转告顾客

续表

顾客	接待人员	汽修技师
	14. 向顾客说明情况以及费用，并确认顾客意向	
15. 确认意向		
		16. 所有保修项目完工，告知接待人员
		17. 保养所更换的旧件，放入顾客的汽车后备箱中
	18. 和汽修技师一起再次对顾客汽车进行全面检查，确认没有其他问题告知汽修技师进行清洗	
		19. 对汽车进行清洗并将车停放到交车位
	20. 告知顾客可以验车	
21. 验车并确认是否还有问题		
		22. 向顾客说明潜在风险，提出个人驾驶建议
	23. 再次确认保养项目和费用，向顾客出具保养的结算单，并要求其签字	
24. 确认并签字		
	25. 带顾客去结算	
26. 完成结算		
	27. 带顾客提车	
28. 提车		
	29. 告知顾客热线并提前告知会进行下次保养时间的预约	
	30. 向顾客致谢、道别	
31. 离开4S店		

4S店"服务脚本"中的许多要素都与信息流有关。确认预订可以避免顾客迟到的问题，并合理安排汽车技师的工作，进而保证4S店的工作效率。获取顾客过往汽车保养记录以及对汽车进行初步检查，对于保养以及检修工作起到了至关重要的作用。顾客及时支付保养费用可以增加4S店的现金流，避免坏账、呆账情况的发生。最后，对顾客的叮嘱以及向顾客表示感谢、告别，可以体现4S店对顾客的友好和人文关怀，最大限度地减轻他们的顾虑，并促进建立和保持长期顾客关系。

 课后思考

1. 请举例说明4种类型服务的差异，并解释每一类型的服务所面临的服务管理挑战。

2. 请解释服务消费者行为的三阶段模型。

3. 请阐释高接触服务营销系统和低接触服务营销系统的区别，并说明两者中顾客体验的性质有何区别。

讨论案例

中华老字号"松鹤楼"冻龄发展秘诀

中华老字号餐饮不仅是一种餐饮企业形态，更集中体现了地域经济文化、人文环境、民族特色以及餐饮行业的发展状况，同时它还蕴含着中国传统的商业文化内涵和智慧。然而伴随着现代商业文化的冲击、餐饮市场的激烈竞争以及消费者饮食需求的多样化、个性化，众多老字号餐饮企业的发展频出危机，而"松鹤楼"却在多元的消费需求和激烈的市场竞争夹缝中实现了增长。

苏州松鹤楼老字号品牌自清乾隆二十二年（1757年）创立至今，历经二百六十多年的历史发展，是苏州地区目前享誉海内外的正宗苏帮菜馆，是首批国家认定的老字号餐饮品牌。对于传承数百年的老字号餐饮品牌，并非一味地继承，更多的是要不断创新发展，这才是老字号品牌发展永葆活力的动力源泉。松鹤楼深谙其道，它深知自己面对的是一个经济发展全球化、品牌连锁发展趋同化以及人们对于地域文化保护意识的增强、对于具有地域特色餐饮美食喜爱之间的矛盾日益加剧的外部环境。同时随着新消费时代的到来，消费结构升级，人们对食材、健康养生和服务等方面都有新的需求。消费者从以往追求菜品的精致与口味，到现在追求健康、养生、自然，而文化、视觉、品位则是最基本的要求。消费者的行为习惯发生了变化，若只是一味传承，缺乏对新时代消费需求的洞悉以及对市场规则变化的漠视，则无法打破发展的僵局，这也是众多老字号遇到的窘境。所以，松鹤楼与时俱进，在追求食材和服务标准的前提下，研究现代消费者的审美以及对健康养生的新诉求，对菜品的结构、用料、造型等方面进行持续不断的变化调整，以更好地适应现代消费者对饮食的需求。

随着互联网经济的快速发展，消费场景已由门店大面积转移到手持终端，此时的消费市场更加多样化，市场细分也更加明确。面对新消费环境和餐饮新势力的冲击，注重消费者的精神需求以及消费体验，提倡个性、独特、有创意的服务风格，借助互联网传播的力量，通过广大消费群体进行口碑宣传，正是老字号需要打破旧枷锁的关键。松鹤楼洞察老字号餐饮发展遇阻的难点，洞察现代消费者对于餐饮需求的痛点，也深知其自身所具备的优势。取长补短，与时俱进是松鹤楼一直坚持的发展之道。

新时代经济的崛起不仅刺激了餐饮消费市场，还激发了国人的文化自信。年轻一代愿意接纳传统历史文化，所以其充分利用老字号品牌原有的消费基础和人文价值优势立足市场。与此同时，松鹤楼面临菜品口味异质性的核心难题，菜品依靠厨师的经验，而厨师的技术、经验因人而异，并且用餐等待时间过长，难以输出较为标准化的服务，导致顾客流失严重。为能够给消费者带来更好的用餐服务体验，实现可持续发展，松鹤楼打造中央厨房，建设现代化的产品创新与生产体系。同时根据充分的市场调研，深度挖掘当代年轻人用餐的痛点和新需求，对餐厅选址、餐厅运营、服务标准等方面都进行方案调整。现代城市商圈与大型商场是当代年轻人线下社交与消费的重要场所,松鹤楼就选择在商圈与商场开设面馆。"大馆降维小面馆"表面看似不合理,但实质确是洞悉消费者行为习惯的结果,不仅满足了附近写字楼大量白领群体的用餐刚需,还能推进老字号服务质量的持续改进,让松鹤楼这个老字号餐饮品牌能够不断进行继承、创新、发展、变化,进而促进其健康可持续发展。

随着消费结构升级,生活品质的提升,消费者对老字号餐饮具有更多的期待和诉求。以解决消费者痛点为切入口,以标准化、精细化的生产管理模式提升消费体验,以高标准的服务满足消费者的需求,都说明老字号品牌走近消费者很重要。研究消费者行为,及时调整服务策略则能为企业发展带来更多机遇,这也是松鹤楼冻龄发展的秘诀。

 案例思考题

1. 餐饮服务的特点及消费者行为的需求特征是什么?
2. 松鹤楼是如何根据消费者的需求变化进行服务创新的?
3. 结合松鹤楼的成功经验,请总结老字号餐饮服务发展遇阻的难点及如何永葆青春。

第 4 章

顾客服务期望与感知

学习目标

1. 服务期望的内涵与构成；
2. 感知服务质量构成要素及评价；
3. 感知服务质量差距模型；
4. 基于弥合差距的服务质量管理。

开章案例

中国移动打造以顾客感知为中心的服务提升体系

数字化时代已经来临，为给顾客提供更加优质的服务，中国移动正积极打造"服务好不好，顾客说了算"的服务评价机制。通过建设集评测评价、优化改进支撑为一体的数智化顾客感知管理平台，构建"用后即评，以评促改"的顾客感知提升新模式，以期最终实现业务、产品、服务质量的提升。

1. 实时化的感知评测方法

"一切服务皆场景。"无论是前往营业厅还是拨打热线咨询办理业务，再或是一线服务人员入户安装宽带，在服务结束后用户都会实时收到满意度评价的短信或微信消息。这类"用后即评"的评测模式是立足于顾客真实使用场景，为实时获取顾客"第一手"真实感受而升级的顾客感知探测模式，是"传统评测"向"新型评测"的升级。目前"用后即评"已覆盖营业厅、10086 热线等主要服务触点场景以及"办（套餐）后即评"、"看（电视）后即评"等 49 个服务场景，月均覆盖顾客超过 1.4 亿次。

"用后即评"的顾客感知提升新模式，改变了以往满意度评测反馈速度慢、问题改进不及时等问题。顾客的实时评价、反馈等感知评价能够即时到达生产一线，将问题解决在当下，实现从"评改分离"到"即评即改"的服务提升闭环升级。

2. 顾客化的质量评价指标体系

科学的服务质量评价指标体系是推动服务质量持续提升的关键。为此，中国移动以顾客感知为导向，将顾客感知指标分解成面向运营过程的指标（KQI）和面向生产结果的指标（KCI），实现外部顾客感知指标与内部运营指标的统一，最终实现从"内部视角"向"顾客视角"的服务质量评价体系升级。

以营业厅服务场景为例,顾客的感受和打分是业务办理时间长短的主要依据,通过用户的打分,每单业务、每个流程节点的时长就能得到分解映射,随后,内部运营流程将根据弱点不断优化,最终将优化结果反馈给顾客,以得到更高的满意度。

目前,中国移动已面向个人、家庭、政企及新兴市场等服务场景形成了近500项感知质量指标、60余套顾客感知评测问卷,并还将伴随业务发展不断迭代优化。

3. 集中化的感知管理支撑平台

"从0到1"、从"多点分散"向"全网集中",中国移动不断优化感知平台,建设了全网集中的顾客感知评测管理平台。这一平台能够实现集中管理、实时共享,即从各单位分散开展评测转变为全网集中开展评测、结果统一运用,使服务的效率和精准度得到大幅提升。

此外,依托"用后即评"结果数据,中国移动通过数据分析深入开展顾客满意度预测,针对重点受关注的资费、网络等热点先于顾客发现问题,还能有效识别潜在不满顾客,主动提供服务,为其解决问题。

4.1 顾客对服务的期望

服务期望是服务传递的信念,是评估服务过程和效用的基础标准和参考点。服务型企业在向顾客传递优质服务时,首先需要了解消费者的根本需求和服务期望。服务型企业应该深入了解顾客对服务的期望,提升服务的可感知价值,培养消费者的忠诚度,从而实现企业的长远发展。当然,服务提供者可通过提高顾客的可感知价值、降低顾客可感知购买成本或风险等精准的营销方式对顾客期望进行有效的引导和管理,去接近、达到并超越顾客期望。

4.1.1 服务期望的含义

服务期望是指顾客心中服务应达到和可以达到的水平,它是顾客基于以往的消费经历、企业的服务承诺以及与其他顾客的消费比较等综合因素形成的主观意识。服务期望会影响顾客的购买行为。一般情况下,顾客在接受服务之前会对服务产生一种预期,这种预期不仅包括对结果(企业提供什么样的服务)的预期,还包括对服务流程(企业如何提供服务)的预期。通常来说,顾客期望是一种"满意期望",即理想的、称心如意的、想要的、渴望的期望。

对于企业而言,以消费者为中心,认识到"如何更好地满足顾客需求"是所有问题的核心和根本,通过不断提供满足甚至超越顾客期望的产品或服务能使顾客满意,并且使满意的顾客最终成为企业的忠诚顾客。然而事实上,顾客对企业的服务水平最终满意与否,不仅受服务质量的影响,同时还取决于顾客期望水平的高低。服务和有形产品存在购买区别,顾客买的是服务,消费的是体验,当顾客体验的服务质量超过服务期望质量时,顾客就会满意;与之相反,当顾客体验的服务质量低于服务期望质量时,顾客就会对服务产生不好的印象和评价。所以,服务型企业需要在提升服务质量的同时为顾客呈现更多的体验价值,将更多资源投入顾客的感知价值获取,以增加其对服务质量的肯定。

服务期望是在信息搜寻和决策过程中形成的,主要由顾客对信息的搜寻和对服务属性的评价构成。由于服务的无形性、易逝性等特征,导致很多服务很难评价,所以顾客在购买之前基于服务的口碑、故事演绎或者企业的各种营销活动等资讯获得的期望价值，即形成购买前的服务期望。服务期望会因情景的变化而变化，例如商务出行和亲子游出行选择同一家酒店，服务期望是完全不一样的。服务期望也会随着时间的改变而发生变化，并且会受到服务提供者可控因素的影响，如广告、营销、新技术的应用以及服务创新；还会受到社会趋势、市场舆论、媒体和互联网上大量信息的影响。

顾客的服务期望具有双重性质：一是顾客更愿意选择服务期望价值高的服务提供者；二是服务期望对顾客评价服务质量提供了关键标准。服务期望不同，顾客对服务型企业提供的服务过程及品质的评价也会不同。例如，当顾客准备入住一家酒店，顾客会有不同的期望水平。如图4-1所示，列出了顾客可能持有的服务期望水平序列。图的左侧列出了由高至低不同等级的服务期望水平，这里给每个等级的期望一个名字，并在右侧说明对于目标酒店来说，这个等级在服务方面的含义。

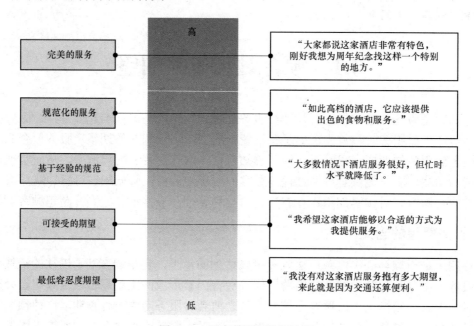

图4-1　顾客的不同期望水平

4.1.2　理解服务期望的构成

顾客服务期望可以定义为顾客在购买服务之前对某种服务可能为其带来的价值的期待。由于顾客对于服务质量的评价不同、服务期望不同，使服务期望形成了不同的层次，分为理想服务、适当服务、容忍阈，理想服务期望水平比较高，适当服务期望水平相对较低，容忍阈是介于理想服务与适当服务之间的区间。

1. 理想服务

理想服务是指顾客心中向往和渴望追求的较高水平服务，即顾客最想获得的服务水平。理想水平是顾客认为"可能是"与"应该是"的结合物，反映了顾客的希望和愿望，没有这些可能被满足的期望、愿望和信念，他们也许不会购买某项服务。

顾客心中的理想是一种心理期望，反映顾客希望接受能达到的最佳服务水平。由于不同顾客对服务是否达到最佳水平的理解存在差异，同时最佳水平没有标准也没有上限，而且随着顾客对服务期望发生变化，最佳水平的评价也会发生变化，因而理想服务实际上有一个理想水平区域。如果顾客感知服务水平落在理想服务区域，顾客的满意度就会很高。若该服务水平越接近理想服务区域上方，则顾客可能是接收到超越预期的服务水平，通常会感到惊喜。

服务提供者可以通过优化服务流程、场景体验设计等方式提升服务品质来迎合顾客的理想期望，同时也可以在服务接触过程中通过行为观察、深度访谈等方式探索顾客内心的理想服务水平。随着消费结构升级，顾客对产品或服务的消费提出更多样化、个性化的需求，甚至更多时候满足其潜在的心理需求就可以达到理想期望水平，但顾客的有些需求具有很强的模糊性，很难表述清楚，这就要求服务提供者能够深度地洞察顾客潜在心理倾向和行为需求，识别顾客心中理想的服务，当然现在随着科技的发展和大数据的应用，很多消费者行为可以通过数据分析进行辅助解读。

2. 适当服务

适当服务是指顾客可以接受的服务水平，代表顾客最低的可接受服务期望。作为顾客期望的最低要求，这种主观评判的界限较为模糊，同时它也存在一个波动区间，可以称为服务的适当区域。若顾客感知接受的服务质量水平处于适当区域，顾客可能会因为低水平的服务质量而感到失望，但还算可以容忍和接受。但是，顾客一旦感知接受的服务质量水平处于适当区域的下方，便会难以忍受，并产生强烈不满的情绪，如果未能有良好的服务补救措施，很可能会失去建立顾客关系的可能性。

顾客通过各类信息对服务型企业的服务质量获得期望价值，随着信息的传播以及体验等经验会对各类服务形成完全不同的适当服务期望。例如，针对商务酒店，顾客的适当服务期望可能是干净的住宿环境、简单的服务流程；针对星级酒店，顾客的适当服务期望可能还包括规范的服务、怡人的住宿环境等。不同的服务市场定位会对顾客服务的适当区域形成不同层面的影响，尤其是在顾客满意度和顾客关系建立方面。所以，服务型企业应当高度重视服务市场定位，以科学地锚定适当服务的区域。

3. 容忍阈

服务具有异质性、易逝性等特征，不同的服务提供者，同一服务提供者的不同服务人员，甚至相同的服务人员，服务绩效都会产生差别，顾客承认并愿意接受该差异的范围叫作容忍阈。假如服务降到适当服务水平之下——被认为可接受的最低水平，顾客将感受到挫折并对企业的满意度降低。假如服务绩效超过了容忍阈的上限，即绩效超过理想服务水平，顾客会非常高兴并可能感到非常吃惊。

顾客的服务期望是用介于理想服务和适当服务之间的一个范围内的水平，而不是以单一水平来表示的。理想服务的水平比适当服务的水平稳定，容忍阈介于这两者之间。容忍阈随顾客不同而不同，即使对同一顾客，容忍阈也可以扩大或缩窄。

4.1.3 影响顾客服务期望的因素

服务期望在影响顾客的服务选择及评价方面扮演着关键的角色。因此，全面、科学地理解服务期望的影响因素，对引导企业服务营销管理活动具有重要的价值。只有掌握影响顾客服务期望的关键因素，才能使服务型企业及服务人员有针对性地开展服务价值的创造和传递活动。

1. 影响理想服务期望的因素

理想服务作为顾客向往的高水平服务期望，代表着服务质量及品质的最高水平。影响理想服务的关键因素如图 4-2 所示。

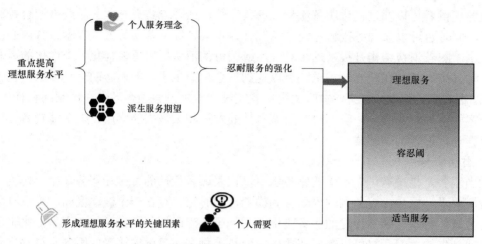

图 4-2 影响理想服务的关键因素

1）个人需要

个人需要是指对顾客的生理或心理健康十分必要的状态条件，是影响理想服务水平的关键因素。个人需要基本涵盖生理的、社会的、心理的和功能性 4 个方面的需求，伴随着消费者的文化层次、收入水平、消费观念的逐步升级，这些变化都会影响顾客在服务消费中的服务期望价值。通常来说，越能满足消费者内心需求越容易达到理想服务水平。

不同顾客因个人需要的不同而对同类服务形成不同的理想期望。在理想期望中，不同服务类型的主次也可能存在差异。例如，一个人提前预订了晚上的电影票，因为加班耽误了时间，所以加班一结束就赶去观看电影，并且因此又饿又渴，非常希望在他所在区域附近能够买到食物和饮料；同时，相较于对电影的关注程度，他对食物和饮料的挑剔程度会低很多。与此相对，一个未加班去观看电影的影迷，并没有期望在电影院周边有餐食售卖，他可能更希望的是在餐厅美餐一顿再惬意地走向电影院观看电影。

2）派生服务期望

派生服务期望，是团体期望和个人期望的交融。当个人的期望受到其他人或者团队期望的影响和强化时，该因素就会自然而然产生，影响决策者的期望水平，大多表现为提升对理想服务期望的水平。人作为社会的产物，其需求和行为具有群体性特征。

无论是消费型服务，还是生产型服务，紧密相关的其他群体或个体的服务期望都会影响个体的服务期望。例如，在消费型服务领域，策划生日聚会，策划负责人的服务期望会受到参加生日聚会的其他人的需求和观点的影响，而不仅仅是他个人的期望诉求。在生产型服务领域，企业想要进行新的信息系统开发，并不仅仅是由运维部门进行判断和决策，同时还需要充分考虑财务、人力资源、研发等相关职能部门的要求和倾向。因此，对服务型企业而言，全面掌握和充分理解影响顾客期望的外部因素，对顾客的派生期望进行准确研判，是洞察影响理想服务关键因素的重要内容。

3）个人服务理念

个人服务理念是指顾客对于服务的意义以及服务提供者恰当行为的一般态度。不同的顾客针对同类型服务，会依据个人的经验和观察形成特定的个性化理解，这些观点和判断会影响顾客对理想服务的要求，也会使顾客提高对服务的敏感性。一般来说，在服务行业工作或者曾经在服务行业工作过的顾客具有较强的服务理念。例如，曾经从事过旅行服务工作或者对该类工作比较了解的顾客，对季节出行指南和线路规划具有独特的期望。在健身中心，新会员和老会员，对健身中心的服务期望可能也存在较大的差异。

这类具有高度个性化的先前服务经历和体验，帮助顾客形成针对特定服务的基本态度。准确洞察这些影响顾客理想服务的关键因素，是服务营销管理中发掘顾客服务价值的重要工作，为服务价值的创造、传递和维护提供了重要的认知基础。

2. 影响适当服务期望水平的因素

适当服务作为顾客可接受的最低服务期望，反映顾客可能接受的最低服务质量水平，是顾客可接受的价值底线。顾客可接受的服务水平，即适当服务期望水平，受一系列决定性因素的影响，这些影响都是短暂的和不稳定的。影响适当服务期望水平的关键因素包括暂时服务强化因素、可感知的服务替代、自我感知的服务角色及环境因素四类，如图4-3所示。

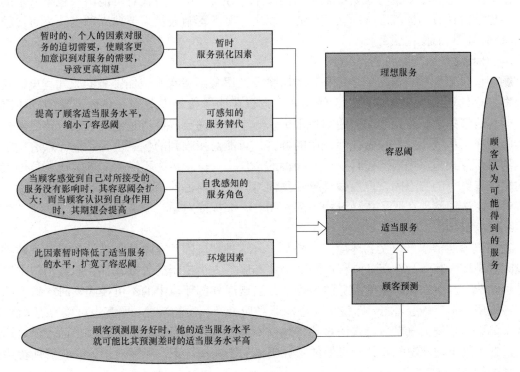

图4-3 影响适当服务期望水平的关键因素

1）暂时服务强化因素

暂时服务强化因素是暂时性的，通常是短期的、个人的因素，这些因素使顾客更加意识到对服务的需要。迫切需要服务（如因意外高空坠物伤人而需要人身保险，或在商演活动开始之前设备出现故障）时的个人紧急情况会提高顾客适当服务期望的水平，尤其在认为所需要的是可以接受的反应水平时。例如，在工作繁忙时电脑出现了故障，因急需使用电脑，顾客认为对方应该在很短的时间内将电脑修好，顾客的适当服务期望水平将会提高。此外，与初次服务有关的问题也会导致顾客更高的服务期望水平。如果顾客在接受了初次不甚满意的服务后，在再次接受服务时，就会提前做好心理准备，顾客对适当服务期望的水平就会有所提高，同时容忍阈将会变窄。例如，顾客将有问题的汽车送到4S店进行初次维修后，发现汽车出现了更多的问题，那么在第二次修理汽车时，他对适当服务的期望水平就会更高。

2) 可感知的服务替代

可感知的服务替代是指其他的服务提供者，顾客感觉可以从这些服务提供者那里得到同样的服务。假如顾客有许多服务提供者可供选择，或者他们自己可以为自己提供服务（如舞台搭建或个人美容护理），其适当服务期望水平就比那些认为从其他地方得不到更好服务的顾客要高。例如，在一座全城只有一家影院的城市，顾客希望在节假日选择观影，这样的顾客由于服务替代者很少而对电影院的服务绩效有较大的容忍度。他比大城市里有众多影院可供选择的顾客更容易接受有限的排片选择和低水平的服务。顾客可感知的服务替代的存在，提高了适当服务期望水平，缩小了容忍阈。

充分理解顾客认为哪些是可供选择的可感知的替代服务，对于服务营销人员来说非常重要。在上面讨论的小城镇与大城市影院的例子中，顾客眼中的替代有可能不只包括其他的电影院，也包括具有高标准服务的文娱中心。总之，服务营销人员需要熟知顾客认为可比较的替代有哪些，从而优化服务。

3) 自我感知的服务角色

顾客自我感知的服务角色是指顾客对所接受的服务期望水平施加影响的感知程度。换句话说，顾客的服务期望部分地通过他们认为自己在服务接触中对服务角色表现的好坏而形成。顾客的任务之一是说明期望的服务水平，一个对快递员解释清楚他的包裹应该尽量打包结实的顾客比那些不对期望做任何说明的顾客，可能对接收到的包裹更为不满。顾客确定其角色的最后方式是，当服务差时有进行投诉的责任。一位抱怨、不满意的顾客比一位不言不语的顾客有更小的容忍阈，但当顾客感受到他没有履行自己的角色时，其容忍阈会扩大。另外，当顾客认识到他在服务传递过程中的作用时，会提高对适当服务的期望水平。

4) 环境因素

适当服务期望水平也受到环境因素的影响，这种环境因素在本质上被认为具有现时性。环境因素是指顾客认为在服务过程中不由企业和服务人员控制的外部条件。服务消费本质上是过程消费，因而在顾客接受服务的过程中，当遭遇外部环境中的不可控因素时，顾客的适当服务期望水平可能会降低，即使出现影响服务质量及品质的情况，顾客也可以容忍。例如，顾客不能因为暴雨天气航班延误而埋怨，观众不能因为台风天气取消话剧演出而不满，这意味着，在天气出现状况等其他不可控的外界因素的影响情况下，顾客对出行和观影所提供适当服务的期望水平有所下降。

当降低服务质量及水平是由外部环境不可控因素造成时，顾客认识到这些偶发性出现的状况并非企业或服务人员的过错，就有可能接受在既定环境下低水平的适当服务。这意味着环境因素暂时降低了适当服务期望水平，扩宽了容忍阈。

3. 企业影响理想服务和预测服务期望的因素

消费是人们满足美好生活需求的重要渠道，而美好生活的背后是消费者不断升级、渐趋成熟的消费观，重要表现之一则是理性消费观念的强化。所以当顾客有意购买服务时，他有可能从不同的渠道搜寻或取得资讯信息。随着信息时代的到来，建立有效的服务提供者和顾客双方的信息交流渠道尤为重要，例如，他可以直接与服务提供者通过电话、网络平台等方式进行沟通以获取信息，同时也可以向朋友询问、直接登录相关网站或查看相关广告信息来搜寻最低价位的服务，当然，他还可以通过直播、上网或社交平台查看关于相关服务的评论等方式得到信息。除了积极主动地从外部收集信息，消费者也可以向内搜寻自己记忆中存储的相关服务信息。除了上述分别影响理想服务期望水平和适当服务期望水平的因素之外，企业可以通过采取一些行动影响顾客理想服务期望水平和适当服务期望水平，这些因素包括明确的服务承诺、含蓄的服务承诺、口碑和顾客过去的经历。

1）明确的服务承诺

明确的服务承诺是服务提供者传递给顾客的关于服务的个人和官方的说明。这些说明由营销人员或服务人员传递时，它具有个人性质；当这些说明来自企业官方渠道、广告、宣传片和其他正规传播渠道时，它代表提供者进行官方承诺。所有类型的明确的服务承诺，都会直接影响顾客的理想服务期望水平和适当服务期望水平。由于缺乏有形的产品，顾客依据多种形式的有效信息对服务进行评价。服务越是不明确，顾客就越依赖企业做出的明确的服务承诺。

明确的服务承诺大体上既可以明确顾客的理想服务期望水平，又可以明确在重复服务接触中顾客估计将会得到的服务水平。企业完全能够控制明确的服务承诺，企业应该对最终能实现的服务内容做准确的承诺，切勿盲目迎合顾客期望做出不可兑现的过高期望。

2）含蓄的服务承诺

含蓄的服务承诺是与服务有关的暗示，通常是指企业可以利用服务产品的价格和服务环境等向顾客暗示对服务质量的某种承诺。顾客会将服务产品的价格、服务场所的设施设备、环境装饰等有形证据看作服务质量的线索，这种含蓄的承诺会影响顾客心目中理想的或预测的服务期望的形成。例如，高级饭店高昂的价格、豪华的装饰和先进的服务设备都会向顾客暗示其服务的高质量，顾客自然会形成较高的期望。

3）口碑

服务型企业的口碑影响着顾客心目中理想服务期望和适当服务期望的形成。口碑对于在购买和直接体验之前难以评价的服务非常重要。因为顾客认为口碑是从体验中获得的感知价值，即接触后得以验证的价值，不存在欺骗和偏见，值得信赖，从而将它当作一种重要的信息来源。普通消费者获取服务产品信息的来源主要有两种：一种是直接从服务型企业获取信息，如企业的广告和营销活动等；另一种来源于间接渠道，其他人的口头宣传就是至关重要的来源，也就是为什么随着互联网的发展，KOL 和 KOC 备受青睐。例如，顾客在经历某项服务消费后，如果觉得满意，就会向周围的朋友、同事对企业进行正面的口头传播；如果觉得不满意，就会向其进行负面的口头传播。对于口碑好的企业，顾客会对其所提供的服务形成较高的期望；反之，负面的口碑会对企业形象产生消极的影响，降低顾客的期望。

4）顾客过去的经历

顾客过去的服务接触是影响理想服务期望水平和适当服务期望水平的另一个因素。顾客对某服务的经验越多，对服务行业的服务水平就越了解，会不断地把较高的服务水平转变成自己理想的服务期望水平，从而形成较高的顾客期望，而经验少的顾客对理想服务和适当服务的期望水平通常较低。

有研究表明，顾客满意度，即顾客对上次服务的满意程度，也会对顾客期望产生重要影响。如果服务体验是令人满意的，顾客期望就会在未来保持较高的水平。然而，如果服务体验是令人不满的，那么顾客的服务期望水平就会降低，也可能会选择别的服务提供者并且传递对企业不利的口碑。

4.1.4 涉及顾客服务期望的一些问题

服务期望反映了服务顾客的希望和愿望，没有这些可能被满足的期望、愿望和信念，他们也许不会购买某项服务。所以对于服务营销人员来说，一定要从顾客角度出发，真正懂得顾客心理，发现需求并不断满足其需求，了解和把握顾客的服务期望，创造价值并传播价值。因为顾客对服务质量的评价、顾客对服务的满意程度是顾客对服务真实的感受与自己期望进行比较的结果。下列 5 个问题代表了服务营销人员特别感兴趣的关于顾客期望的一些问题。

1. 假如顾客的期望"不现实"，服务营销人员应该如何应对

很多时候，管理者和服务人员常常因为顾虑太多而不主动向顾客了解服务期望。比如他们认为顾客的期望是夸大和不现实的，甚至有时他们担心询问之后会导致服务型企业为自己设定极高的服务期望（即不现实的期望）。表 4-1 为顾客想要得到的基本服务。顾客的主要服务期望往往是简单且基本的："简单来说，顾客期望服务提供者能做到他们应该做的。他们的期望是基础的服务而不是虚幻的，是有实际行动的服务而不是空泛的承诺。"顾客想要得到服务提供者做出承诺的服务，例如，电影准时放映，度假旅行没有额外收费，服务人员能按预定时间准时出现等。但是，当服务提供者不能满足这些基本的服务期望时，很多顾客都会感到非常失望。

表 4-1 顾客想要得到的基本服务

期望	对顾客意味着什么	相应服务提供者的行为
能力	● "我期望干洗店能清洗礼服上的污渍"； ● "我希望他们知道这是怎么运作的"	● 衣物洗护中心：清除衣服上的污渍，并熨烫好； ● 房产经纪：为顾客精准匹配房源，服务程序透明简约
解释	● "我想知道发生了什么"； ● "我想知道这个是怎么运行的"	● 航空公司柜台代理：为乘客及时提供航班延误情况的最新信息； ● 保险代理：清晰地解释相关政策，并回答顾客所有关于保险覆盖范围（或不被保险覆盖范围）的问题
尊重	● "我希望感觉到自己是一个有价值的顾客"	● 酒店前台经理：聆听顾客对于住宿的需求并提供相应的服务； ● 医疗诊室：关注每一位走进诊室的病人，并关心他的过往就医情况

续表

期望	对顾客意味着什么	相应服务提供者的行为
卫生	• "我希望设施都是干净的且保持良好"; • "我期望他们提供服务时能够保持我家室内清洁"	• 饭店经理：每 15 分钟检查一次用餐区域，并根据需要清洁地面； • 室内装修：装修完成之后清除所有因装修遗留的废品和垃圾
灵活性	• "我希望他们能根据我的情况做相应的调整"; • "我期望他们能在规定上做一点让步"	• 健身教练：为顾客及其朋友同时授课； • 办事机构：为老年人开设专门通道
紧急情况	• "我希望我的情况得到认真对待并迅速得到解决"	• 软件开发和维护：系统出现故障，及时进行处理并持续进行维护
连贯性	• "我希望每一次都得到相同标准的服务"	• 美容护理：每一次的美容护理，都能为顾客提供稳定的服务水平； • 快递服务：每次邮寄包裹，都能认真打包且检查
零烦恼	• "我期望服务过程对于我来说简单容易"	• 付费应用软件：会员到期提醒，当服务完成时可选择自动支付； • 计算机远程服务代理：无须顾客发出申请和设置输入，自动完成手提电脑调试和所需软件的更新
迅速	• "我不想排队很长时间等候服务"; • "我期望能快速得到帮助"	• 银行事务：根据业务专业性和自助操作难易程度开设专业窗口和自助服务设备； • 紧急公关：根据具体情况，在紧急事件发生 1 小时内做出事件处理公告
专业技能	• "我需要得到一些能证明他们知道自己在做什么的保证"	• 电脑维修：解释他们维修了电脑的哪些地方，向顾客出示新旧零件明细表； • 洗牙诊疗：为来到店里的顾客说明洗牙的流程以及注意事项
公正	• "我期望与其他顾客得到同样的对待"	• 汽车租赁代理：尊重顾客的预订，为他保留所预订的汽车，即使他来自外地或是第一次光顾
同理心	• "我希望他们设身处地为我着想"; • "我希望他们能从我的角度看问题"	• 线下餐饮服务：若有孩童随行，应向顾客询问是否需要其他专属服务，例如宝宝椅等； • 宠物医生：假设宠物对主人非常重要，并且在解释宠物的医疗状况时表现出同情

直接向顾客询问服务期望会让顾客相信服务提供者会利用这些信息积极改进服务，同时不用担心与此同时会带来更高的期望水平。但值得注意的是，如果服务提供者在积极得到顾客的期望后却并没有采取积极主动的履约行为，那么反而会使顾客更加失望。至少服务型企业在知晓并接受他们的要求时，努力尝试去解决这些问题，尽管最后的结果不甚理想，但顾客也会因为服务提供者的态度而对其产生良好的印象。服务型企业或许不能每次都实现顾客所表达的期望呈现服务绩效，一项可取且适当的措施是让顾客知道知晓服务期望未能如期呈现的原因，并且向他说明企业正为能提供这样的服务而努力。另一个办法是培训顾客关于如何使用和提高他们目前所接受的服务的方法。向顾客传递企业正在为更好地满足他的需求而做的改进最新信息是明智的，因为这样能给企业带来信誉，让顾客相信企业正在不断努力改进服务。还可以建立"期望库"，分析并适当完善服务。

2. 服务型企业是否应该取悦顾客

面对这样的问题，可能你会认为服务型企业为了获得竞争优势应该取悦顾客。这里的取悦是指因服务远远超出顾客期望而使其产生的非常正向积极的情绪状态。接下来，可以通过

图4-4所示的方法来想象何为取悦，即用同心环的形式考虑产品和服务特性。最内部的核心圆是构成产品和服务基本功能的属性，称之为必需属性，这种属性的存在并不引人注目，但其却是不可或缺的。向外的第二层称为满意属性，这种属性可以在满足产品基本功能的基础上，发挥使顾客更加满意的潜力。最外面的一层是愉悦属性，指顾客未料到的令人惊喜的产品属性。这些产品属性顾客未曾期望得到或者说很难实现，因此当得到它时会表现得极为激动和惊喜。例如，你在看演唱会，必需属性层包括歌手、演播厅、演唱会曲目和表演形式。满意属性层可能包括你喜欢的音乐、试听效果良好的演播厅、有趣的互动环节。愉悦属性层可能就需要有和喜欢的歌手合影并拿到签名。

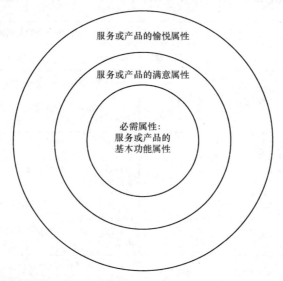

图4-4　服务或产品属性同心环

取悦顾客看起来好像是从顾客角度出发，满足顾客需求，甚至认为它可以促进重复购买和增加顾客黏性，其实，想要达到这样的服务效果往往要求服务提供者付出额外的成本和努力。但取悦顾客并不能建立顾客对品牌的忠诚度；更有效的做法是顾客只需付出最低限度的代价便可使他的问题得到满意程度的解决，持续满足顾客需求，为其创造服务价值。因此，要认真衡量取悦顾客可能会带来的优势，其中最应该衡量的便是愉悦的持续影响力及竞争含义。

在注意力稀缺的时代，服务提供者为了赢得消费者的欢心，营销活动层出不穷，所以对于消费者来说，一次愉悦的消费经历即是一段短暂的记忆，新鲜感过去之后对企业或说本次服务的注意力也可能随之消散。如果这次短暂的经历不能为服务提供者赢得关注反而因为这次经历提高了顾客的服务期望，这对于服务提供者来说将是一个接一个的服务品质提升难题，因为顾客满意的门槛不断被提高，服务提供者在将来要付出更多才能使顾客满意。同时研究也证实，取悦顾客确实提高了服务期望水平，增加了未来使顾客满意的难度。

竞争主要是指取悦顾客会影响其对同行业其他企业的服务期望水平。如果某一竞争对手无法复制相同的取悦战略，面对被抬高了的顾客期望，该企业会处于劣势。如果你在一家餐厅得到了免费茶水，你就会期望同类餐厅都能为你提供免费的茶水。那些不提供免费茶水的餐厅，来就餐的人数很可能会有所减少。尽管如此，如果竞争对手快速复制或者在你的基础上创新服务取悦顾客，虽然顾客受益但对市场良性竞争来说更多了一层思考，因为他们都有可能因此增加成本、减少利润，对企业长足发展带来了不利影响因素。这就是说，如果企业选择取悦顾客的战略，就应该选择在不容易被其他竞争对手复制或者创新的领域实施。

3. 服务型企业如何超越顾客的服务期望

服务型企业为了超越顾客期望，不断在营销和体验等方面集中资源发力，希望能为顾客带来惊喜，赢得顾客青睐，占据市场领先地位。这当然是不错的出发点，但要实现这些初衷，企业还应认识更多问题。

首先，必须认识到通过超越顾客对基本需求的期望而让顾客喜出望外实际上是不可能的。履行承诺，如保证预订的航班按时起飞，购买的电影票可以按时观影，通过维修可以解决手机出现的故障以及提供核心服务，这些都是服务型企业最基本的职责所在，服务型企业应该准确可靠地兑现它们承诺的服务。

那么，服务型企业怎样做才能取悦顾客并超越顾客期望呢？随着竞争维度越来越多，消费领域的竞争程度越来越激烈，精准洞察顾客心理，满足目标顾客的选择和赢得顾客的满意是服务型企业的终极目标。现在大多数服务型企业认识到了这一点，它们承载着顾客的期望，需要利用高标准且个性化的服务让顾客惊喜，并与顾客之间建立具有情感黏合的长期合作关系，以超越顾客期望。另一个超越顾客期望的方法是特意降低服务承诺并提高服务水平来增加超出顾客期望的可能性。如果服务型企业所兑现的服务承诺都低于最终的服务实际水平，顾客将会频繁地被取悦。这种取悦方式看似合理，但却存在两大漏洞：第一，顾客在与企业不断的互动过程中会注意到承诺过低并依此来调整期望，企业渴望的取悦收益不复存在；第二，在营销中降低服务承诺导致缺乏高品质或者差异化服务带来的产品吸引力，使服务型企业容易失去竞争力，逐渐会被竞争者的产品取代。

当竞争压力很大时，无论是通过明确承诺（如通过广告或营销活动），还是通过含蓄承诺（如通过服务设施外观和服务价格）对服务做出综合且诚实的描述，都是明智之选。控制和管理企业承诺，使其与实际可兑现的服务水平相一致，也是一个值得提倡的方法。

4. 顾客的服务期望是否会持续增长

顾客的服务期望是动态的，会随着顾客的认知、服务经历等因素的变化而变化。服务期望（即适当服务期望）水平随着服务交付或承诺水平的提高而提高。通常顾客期望在竞争性强、变化快的行业变化较快。因此，服务型企业需要洞察适当服务期望，行业变化越激烈，所需洞察也就越频繁。

相比之下，理想服务期望要稳定得多。因为它由一些更具有持久性的因素所驱动，如个人需要或个人消费理念，所以理想服务期望倾向于以高水平开始，并持续保持品牌和高水平的服务输出。

5. 服务型企业如何在满足顾客期望方面领先于竞争对手

随着科技手段的不断进步，如今的互联网为企业提供了更多与顾客对接的接触点，感官体验、交互体验此起彼伏。为了取悦顾客，企业使出浑身解数展开服务创新、营销模式等方面的博弈，越来越多相仿的商业模式和传播手段出现，目标无非是希望比竞争者更好地满足顾客期望。在一个经常变化的环境中，适当服务期望变化很快，企业怎样才能确保其领先的竞争地位呢？

如果服务型企业想靠服务质量提高竞争优势，其绩效必须保持在适当服务水平之上。然而，这也只是一个暂时优势。适当服务水平不如理想服务水平稳定，它将随着竞争者承诺和提供更高水平的服务而迅速提升。往往竞争对手的快速崛起与抢夺市场，会让服务水平只是略高于适当服务水平的企业错失时机和缺乏竞争力，最后陷入发展困境。企业想要实现顾客对企业的忠诚，必须以顾客心智为基点，以竞争为导向，创建自身服务差异化的认知优势，不仅需要持续超越适当服务水平，还要努力达到理想服务水平。高品质的服务可以强化顾客的忠诚，让竞争对手无可乘之机。

服务提供者为赢得市场，不仅需要关注竞争对手的情况来调整对顾客承诺服务，还要综合运用多种方式和顾客建立良好关系，当然如何技巧性地对顾客做出承诺是值得思考的。第一，如果竞争者做出无法履行的夸大的服务承诺，可以向顾客指出该事实从而反驳竞争者的承诺。第二，服务提供者可以在服务销售之后为顾客提供"现实检查"服务。

4.2 顾客对服务的感知

服务感知是顾客对真实服务体验的主观评价。顾客在服务接触的过程中是根据服务质量及满意度来感知服务的，其中，服务接触是服务感知的基础，服务质量是服务感知的关键。优秀的服务型企业意识到质量和满意的重要性，通过提高服务质量和顾客满意度使本企业在市场竞争中胜出。

4.2.1 可感知服务质量

感知服务质量是顾客对服务提供者所提供服务过程和结果的主观感受和价值判断。对于可感知服务质量的定义，被普遍认同的是：顾客感知到的服务质量是一种全面可感知质量，顾客是感知服务质量的向导，感知服务质量产生于全过程的服务中，并体现了顾客在接受服务过程中各个方面的感知。

服务消费本质是一种过程消费，在这个过程中，生产和消费是同步的。顾客与服务提供者存在着服务接触和互动关系，这些接触和互动关系会影响顾客对服务质量的主观判断。顾客感知服务质量包括技术或结果、功能或过程以及企业形象三个方面。

1. 服务的技术质量

技术质量又称为结果质量，是服务过程的产出质量。它既是顾客从服务过程中所得到的东西，也是企业为顾客提供的服务结果的质量。例如，咨询公司为顾客提供的解决方案，宾馆为旅客提供的房间和床位，航空公司为旅客提供的飞机舱位等。与服务产出结果有关的技术质量，是顾客在服务过程结束后的"所得"。由于技术质量常常涉及技术方面的有形要素，因而顾客对技术质量的衡量是比较客观的。

2. 服务的功能质量

服务的功能质量又称为过程质量，是指服务过程的质量。它是在服务过程中顾客所体验到的感受。由于顾客和服务提供者之间存在着一系列的互动关系，因而功能质量是服务质量的一个重要构成部分。在服务消费过程中，顾客除了获得服务结果外，服务结果传递给顾客的方式对顾客感知服务质量形成起到更重要的作用。例如，网站是否容易进入，自动取款机是否易于使用，服务人员的行为、外貌、言谈举止等都会对顾客感知质量的形成产生影响。

此外，对于特定顾客而言，其他顾客接受类似服务后做出的评价也会影响该顾客对服务质量的评价。总之，顾客接受服务的方式及其在服务消费过程中的体验都会对顾客服务质量的感知产生影响，企业在使其技术质量处于顾客能接受的水平的情况下，应该充分利用功能质量进行竞争。由于不同员工提供服务的方式不同，不同顾客对如何得到服务的要求也不相同，因而功能质量主要取决于顾客对服务过程的主观感受。

3. 企业形象

在绝大多数情况下，顾客可以清晰地看到服务型企业及其所有的服务流程。正因为如此，企业形象对于绝大多数服务型企业来说具有至关重要的作用，它会以不同的方式和路径对顾客感知服务质量产生影响。

企业形象是指服务型企业在社会公众心目中形成的总体印象，是顾客感知服务质量的"过滤器"。顾客可从企业的资源、组织结构、市场运作以及企业和员工行为方式等多个方面形成对企业的总体印象。企业形象会影响顾客对服务过程及结果的评价。例如，一家形象非常好的服务型企业，即使偶尔有些服务上的失误，顾客也会给予充分的理解；反之，如果一家服务型企业的形象不佳，顾客则会放大对它们服务失误的印象，因而企业及服务人员任何细微的服务失误都会让顾客形成负面的评价。

4.2.2 顾客满意与服务质量

1. 什么是顾客满意

在 20 世纪 80 年代，美国消费心理学家 Cardozo 首次提出了顾客满意的概念，它是通过比较购买者的期望与其感知到的实际产品状况来得出的。顾客满意模型如图 4-5 所示，在顾客的期望远大于感知时，便会产生不满情绪，处理不当甚至升级成抱怨或投诉；在顾客发生不满情绪时，第一时间妥善解决会化解顾客的不满情绪甚至是适当提升顾客的忠诚度。当感知和期望相近时，顾客就感到满意。当感知大于期望时，顾客就会非常满意，从而有极高的忠诚度。

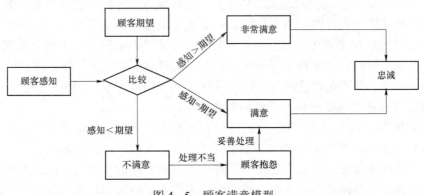

图 4-5 顾客满意模型

顾客满意是服务营销中的核心概念之一，与企业效益有着密切的联系。顾客满意是顾客的一种主观的心理状态，主要受到以下几个因素的影响。

（1）产品和服务特性。顾客对产品和服务特性的评价会影响他的满意度。顾客感知的服务通常既包含对有形要素的体验，也包含对无形服务的感知。例如，顾客在接受医疗服务时，可能会对医院的硬件条件，如医疗检测设备、医院环境、病房的设备等有形环境有所体验，同时，医生为顾客提供的医疗检查、确定医疗方案和开具药方等服务内容也会同时被感知。企业需要对影响顾客满意的产品和服务特性进行研究，找出那些对顾客来说重要的服务特征和属性，为顾客增加价值，提高顾客的满意度。

（2）顾客情感。顾客在选择和享受服务的过程中，自身的情感会影响其对服务的感知，从而影响顾客的满意度。顾客的价值观、生活态度等这些看待生活、评价事情的思维方式产生的情感会影响其对服务的满意度。这些情感可能是比较稳定的，在顾客接受服务之前就事先存在。例如，乐观的顾客通常表现出愉快的情绪和积极的思考方式，这些都会影响其对所体验服务的感受，反之，消极的顾客会对服务过程中的一个小的问题反应强烈或失望。

（3）顾客对消费结果的归因。顾客在体验服务时，对于服务成功或失败等情形可能会寻找原因，即发现导致服务成功或失败的原因所在，这种归因会影响顾客的满意度。事实上，如果顾客将服务失误更多地归因于自身，他对服务的不满意感就会下降，而相反的情形则会增加他的不满意感。

（4）对公平或公正的感知。顾客满意度还会受到他对服务公平或公正感知的影响。顾客在服务消费过程中常常会考虑是否受到公正的待遇。例如，自己是否也享受到与其他顾客相同的服务？是否与其他顾客一样得到平等对待？所得到的服务与花的钱相比较是否合理？当顾客认为受到了不公平或不公正待遇时，会感到不满意。

（5）其他顾客、家庭成员或同事。除产品和服务的特性以及消费者的个人情感和观念外，顾客满意度也常常受到其他顾客、家庭成员或同事的影响。事实上，由于其他顾客往往与顾客有着共同或类似的消费经历，他们在影响顾客对满意的感知时有真正的发言权，而并非仅仅是一个建议者。

2. 顾客满意与服务质量的关系

服务质量是对实际服务超出顾客期望的服务优势的一个整体的判断或态度。感知服务质量指顾客对服务产品的卓越和质量的总体判断。感知服务质量被认为首先是一种认知，然后才有满意。一些实证研究证实，高水平的服务质量与高的顾客满意度相关。因此，可以通过顾客感知服务质量来预测顾客满意度。高水平的服务质量能够帮助保留现有顾客，吸引新顾客，甚至从服务质量低的竞争对手那里吸引顾客。同时有研究认为，顾客满意度和忠诚度之间存在正相关关系，但不是线性相关，顾客满意度不是顾客忠诚度的充分条件，而是一个必要条件。顾客对质量的感知和顾客满意如图4-6所示。

服务质量作为一个评估的焦点，反映了顾客对服务可靠性、保证性、有形性、移情性和响应性的感知。另外，顾客满意的含义更丰富——服务质量、产品质量、定价，以及环境因素、个人因素的感知都会对满意产生影响。例如，判断一家健身俱乐部的服务质量，内容包括：设备是否齐全、所需设施是否能正常使用、工作人员对顾客的需求是否及时回应、健身教练专业程度以及设备是否保养得当。健身俱乐部的顾客满意是一个比较广义的概念，它当然受到对服务质量感知的影响，同时也包含对产品质量的感知（如在店面出售的产品质量），对会员价格的感知，对消费者情绪状态等个人因素的感知，甚至还有对如天气条件、驾车前往或离开健身俱乐部的过程等不可控环境因素的感知。

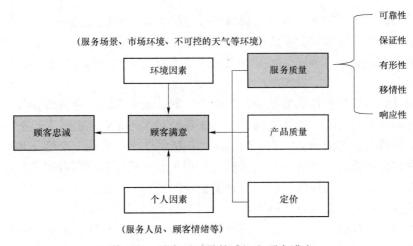

图 4-6　顾客对质量的感知和顾客满意

4.2.3　顾客对感知服务质量的评价

1. 评价服务质量的维度

由于服务产品具有无形性和异质性等特征，很难像有形产品那样对服务质量进行科学的测定，以及全面且客观的评价。根据美国学者白瑞、巴拉苏罗门及西思姆等所提出的服务质量模型，归纳出评价服务质量的5个评价指标，分别是可靠性、保证性、有形性、移情性和响应性。

（1）可靠性。可靠性是指服务型企业及服务人员准确无误地履行所承诺服务的能力。这意味着服务型企业能够兑现先前所做出的服务承诺，按时完成服务任务及保证服务结果与顾客期望的一致。可靠的服务是顾客所期望的，它意味着服务以相同的方式、无差错地准时完成。顾客认可的可靠性是最重要的质量指标，它与核心服务密切相关。许多以优质服务著称的服务型企业，正是通过强化可靠性来建立自己的声誉。可靠性要求避免服务过程中的失误，如果企业在向顾客提供服务的过程中，因某种原因而出现差错的话，不仅会给企业造成直接的经济损失，而且更重要的是会损害企业的形象，使企业失去潜在的顾客，而这种损失是无法估计的。

（2）保证性。保证性是指服务人员所具有的真诚、可信的服务态度以及服务知识和技能。服务人员作为服务行为和过程的具体实施者，其个体行为与服务质量的保证性密切相关。当顾客感知的服务包含高风险，或者顾客没有条件和能力评价服务产出时（比如医疗服务、法律咨询和投资服务等），保证性便成为顾客评估服务质量的重要维度。服务型企业应该促进和鼓励服务人员与顾客之间建立信任的个人关系，同时培养和提升服务人员履行服务承诺的专业技能和知识，增强顾客对企业服务质量的信心和安全感。服务人员具备渊博的专业知识以及胜任工作的能力，会使顾客对企业及其提供的服务产生信心，并对获得满意的服务感到愉快。

（3）有形性。有形性是指服务被感知的部分，也就是服务过程中的"可视部分"，如服务场景、设施设备、服务人员等。由于服务的本质是一种行为过程，而不是某种实物形态，所以顾客并不能直接感知到服务结果，而往往通过一些可视的有形因素对即将接受服务的质量水平进行感知。因此，包含设备、人员等服务环境因素，对顾客感知服务质量会产生重要的影响。例如，豪华酒店富丽堂皇的装潢以及服务人员职业着装等有形展示，为顾客提供了高质量的服务感知。有形展示提供了有关服务质量本身的线索，同时也直接影响到顾客对服务质量的感知。

（4）移情性。移情性是指服务型企业在营业时间、场所选址、室内设计等方面充分考虑顾客需求，给予顾客的关心和个性化服务，它既包括顾客与企业及服务人员的可接近性与便捷性，也包括服务人员主动去了解的顾客需求。移情性的本质是通过个性化和有针对性的服务使顾客感受到企业及服务人员对其需求的理解和关注，使顾客感到自己是与众不同的，自己的服务需求得到了企业的理解，自己受到了企业的重视。这便要求服务型企业有一种投入的精神，想顾客之所想，急顾客之所需，了解顾客的实际需求甚至特殊需求，尽企业所能予以满足，给予顾客充分的关心和体贴，使服务过程愉悦周到，这便是移情性的体现。一些优秀的企业与顾客建立了良好的关系，对顾客的需要和偏好较为了解，服务人员能够根据顾客的喜好为其提供个性化的服务，如"孩子王"为顾客提供全生命周期的个性化服务。

（5）响应性。响应性主要是指服务型企业的服务反应能力，即随时准备为顾客提供快捷、有效的服务。响应性着重强调服务型企业及服务人员在处理顾客要求、询问、投诉和问题时的专注度和快捷程度，它可以从顾客获得的帮助、解决方案以及等待时间等方面体现出来。服务人员能否及时地提供服务，能否积极主动地提供服务，直接影响顾客实际感知到的服务质量。为了达到快速反应的要求，服务型企业必须站在顾客的角度，而不是企业的角度，来审视服务的传递过程和处理顾客要求的服务流程。例如，如果电商平台不及时回复顾客的询问或发货速度过慢，那么这种缓慢的回应速度会造成体验感差，且会对顾客感知服务质量产生影响。

2. 服务质量决定因素与测量模型

在明确服务质量的评价维度后，服务型企业需要掌握评估服务质量的方法，即通过顾客感知的视角对服务过程和服务结果质量进行评价。目前，在服务管理及营销领域，对服务质量进行评价最典型的方法是服务质量测量模型，即 SERVQUAL 模型。该模型对服务质量的评价是建立在顾客期望的服务质量和顾客感知的服务质量基础之上的，即以顾客的主观意识为衡量的重点，首先测量顾客对服务的期望，然后测量顾客对服务的感知，由此计算出两者之间的差距，并将其作为判断服务质量水平的依据。SERVQUAL 模型的测量问项如表 4-2 所示。

表 4-2 SERVQUAL 模型的测量问项

关键维度	测量问题
可靠性	1. 向顾客承诺的事情能及时履行和兑现 2. 顾客遇到困难或需要帮助时，能表现出关心并提供帮助 3. 企业是重视企业发展，可信赖的 4. 重视服务承诺的履约能力和反馈 5. 准确并实时跟进顾客，记录相关的服务传递过程中的重点事件
保证性	6. 员工认同企业文化，具有较高的工作主动性和积极性 7. 顾客选择服务交易会感到信任 8. 员工是经过培训的，具有高标准化的服务理念 9. 员工可从企业得到适当的支持，以提供更好的服务

续表

关键维度	测量问题
有形性	10. 助力企业发展的先进服务设施设备 11. 服务场景以及所展示出来的物料设计等具有吸引力 12. 员工有标准的服务流程 13. 企业的设施与他们所提供的服务相匹配
移情性	14. 企业不会针对不同的顾客提供个性化的服务* 15. 员工缺乏同理心，不会给予特别顾客特别安排* 16. 不能期望员工主动了解顾客需求以及服务期望* 17. 企业没有优先考虑顾客的利益* 18. 企业提供的服务时间和服务模式不能符合所有顾客的需求*
响应性	19. 他们不会主动告知顾客提供服务的准确时间和注意事项* 20. 他们无法提供及时的服务，也无法处理突发的服务需求* 21. 员工并不总是愿意为顾客提供帮助* 22. 员工因为太忙以至于无法立即提供服务，满足顾客的需求*

从总体上说，SERVQUAL 是一种较好的评价方法，但使用时需要注意两点：一是将 SERVQUAL 应用于不同的行业时，必须对表中的项目做出适当的调整，这样才能保证 SERVQUAL 评价方法的科学性；二是如果需要的话，服务质量的 5 个维度也可以做出适当的调整，以满足对不同类型企业研究的特殊需要。

4.3 服务质量差距模型与服务质量管理

从顾客视角对服务质量进行评价，是服务型企业提升顾客满意度、维护服务价值的重要举措，更是服务型企业发掘服务价值、创造和传递服务价值的基础。企业只有准确地理解顾客如何评价服务质量，才能够有针对性地开发服务产品，进行服务质量管理，实现服务价值创造和传递过程的顺利开展。因此，运用服务质量差距模型是识别服务价值的基础，更是实现服务创造和传递的前提。

4.3.1 服务质量差距模型

服务质量差距模型用以分析服务质量问题产生的原因，并帮助服务型企业管理者理解如何实现优质服务价值的创造和传递。一方面，服务质量差距模型能够帮助企业准确认识顾客的期望服务水平，从而为企业识别服务价值提供关键基础；另一方面，服务质量差距模型为服务设计和服务质量管理提供了顾客导向的管理思路，使企业能够在服务价值的创造和传递环节进行有效的服务质量控制。

服务质量差距模型分为顾客和企业两个界面，旨在说明服务质量差距是如何产生的。服务质量差距模型如图 4-7 所示。

在顾客界面，顾客期望服务受顾客以往服务消费经历、个人需要及口碑等因素的影响；感知服务则是顾客实际经历的服务过程，是一系列内部决策、内部活动的结果。在企业界面，管理层对顾客服务期望的感知、将对顾客期望的感知转化为服务质量标准、服务传递过程，以及外部与顾客的市场沟通等，均会对顾客的期望服务和感知服务产生影响。

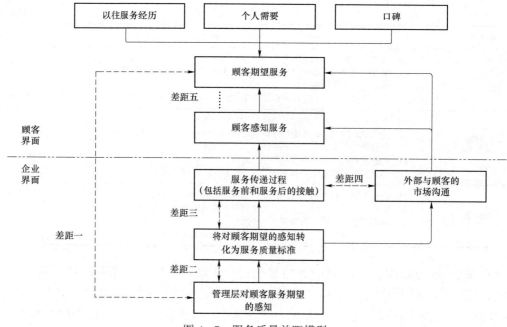

图 4-7 服务质量差距模型

1. 差距一：管理者知识差距

管理者知识差距是指管理者对顾客期望的理解与顾客实际期望之间的差距，图 4-8 所示为管理者知识差距。管理者不了解顾客期望或未能准确地理解顾客期望都会导致这一差距出现。

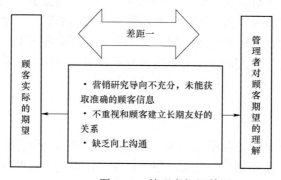

图 4-8 管理者知识差距

产生管理者知识差距的主要原因包括 4 个方面。① 营销研究导向不充分。营销研究是了解顾客服务期望和感知的主要手段，不充分的营销研究使得企业难以获取顾客期望的准确信息，企业也就无法清楚地了解顾客的期望。② 对关系的关注不够充分。对关系的关注旨在留住老顾客，而交易营销注重吸引新顾客。如果企业以交易营销为主，过多关注吸引新顾客，企业就会因为忽略老顾客不断变化的需求和期望而失去老顾客。③ 缺乏向上沟通。一线服务人员与顾客接触较多，对顾客比较了解，如果组织层级过多，管理者和一线服务人员很少沟通或沟通不畅，管理者就很难及时准确地获取有关顾客期望的信息。④ 服务补救措施不充分。服务补救措施如果没有得到有效执行，企业将会错失再次了解顾客期望的机会。

那么，如何缩小服务质量差距一？可以通过以下途径实现：① 理解顾客期望的是什么——加强市场调研和顾客反馈。② 增加管理者（中高层）与顾客之间的互动。增加一线服务人员与管理者之间的沟通。③ 注重与顾客建立长期关系。④ 倾听顾客的抱怨，加强服务补救。

2. 差距二：服务质量标准差距

服务质量标准差距是指企业制定的服务标准与企业对顾客期望的理解之间的差距，图 4-9 为服务质量标准差距。

服务质量标准差距产生的原因包括以下几个方面。① 服务设计不良、企业没有把服务设计与服务定位联系起来、服务设计比较模糊、服务设计缺乏柔性、新服务项目的开发没有系统性等都可能导致差距二的产生。② 缺乏顾客驱动的标准。有些企业在制定服务标准时仍然以企业为中心，所制定的服务标准没有反映顾客的期望，这样可能会使顾客感知到的服务质量下降。另外，如果企业对顾客的需求和期望不了解，也就很难将顾客期望通过服务标准反映出来。③ 没有设定以服务质量为目标的正式流程。服务流程是建立服务体系的过程，更是创造良好顾客体验的过程，如果企业的服务流程设计和管理不当，服务流程可能向顾客传递的是质量低劣的服务，会扩大差距二。④ 有形展示和服务场景不恰当。这方面常见的问题是：企业没有根据顾客的期望设计有形展示和服务场景；服务场景与顾客和员工的需求不匹配；服务场景的维护和升级不够等。

那么，如何缩小服务质量差距二？可以通过以下途径实现：① 建立合适的服务流程，并对标准进行详细的说明；② 在所有工作单位中，建立、传播并强化可衡量的、以顾客为导向的服务标准；③ 在每个服务传递的步骤建立一套明确的服务质量目标；④ 确保员工理解并接受目标和标准。

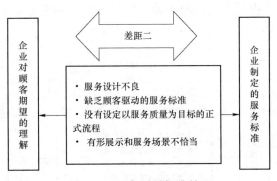

图 4-9 服务质量标准差距

3. 差距三：服务传递差距

服务传递差距是指企业实际传递的服务与企业制定的服务标准之间存在差距，图 4-10 为服务传递差距。服务传递差距产生的主要原因包括以下几方面。① 人力资源政策的缺乏，这体现在很多方面，如企业招聘了不合格的员工、人员配置错误、未对员工进行充分的培训、评价和补偿系统不恰当、不合理的激励机制，以及缺乏授权、感知控制和团队支持等。② 顾客没有履行其角色，由于服务生产与消费的同步性，许多服务需要顾客参与服务的传递过程，顾客会通过自身行为对差距三产生影响。如果顾客对自己的角色缺乏理解，不愿意或者不能配合服务人员的工作，那么服务人员就难以提供令顾客满意的高质量服务。此外，其他顾客的不当行为也会影响顾客对服务质量的评价。③ 服务中介的问题。目标和绩效上的渠道冲突、质量和一致性很难控制以及授权和控制权的权衡都会使企业传递给顾客的服务与原来设想的服务不一样。④ 服务供给与需求不匹配。服务的无形性与易逝性使得企业缺少储存服务产品的能力，企业经常会面临需求过度或需求不足的情况，当企业不能有效地管理服务的供给与需求时，差距三就会出现。

那么，如何缩小服务质量差距三？可以通过以下途径实现。① 确保服务团队主动自觉，能够符合服务标准。比如提高招聘质量，依据工作能力和技能选拔员工，加强员工培训，明确员工的角色，建立交叉功能的服务团队，授权给一线管理者和员工，加强业绩考评与惩罚等。② 配备合适的技术、设备、支持流程与生产力。③ 为服务质量进行顾客管理。比如教育顾客扮演好自己的角色并承担责任、教育和控制不良顾客等。

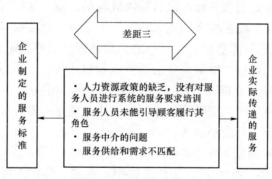

图 4-10　服务传递差距

4. 差距四：市场沟通差距

市场沟通差距是指企业在市场沟通中做出的承诺与实际服务质量之间的差距，图 4-11 为市场沟通差距。

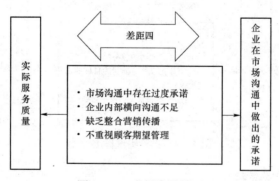

图 4-11　市场沟通差距

市场沟通差距产生的原因主要有以下方面。① 市场沟通中存在过度承诺。为了吸引顾客购买服务，企业有时会在广告或者人员销售中做出一些不切实际的承诺，这些承诺可能会提高顾客期望，从而使得企业实际提供的服务与所承诺的服务不一致，这将会扩大差距四。② 企业内部横向沟通不足。在企业内部，各个部门之间存在一定的差异，如果营销部门与运营部门、人力资源部门之间缺乏沟通或沟通不充分，就会造成向顾客宣传的服务与企业实际传递的服务不一致。③ 缺乏整合营销传播和对顾客期望管理无效也会导致市场沟通差距。

那么,如何缩小服务质量差距四?可以通过以下途径实现。① 开发新的沟通项目时,从一线员工和运营人员那里获得信息。② 在顾客看到广告和其他沟通信息之前,让服务提供者先预览。③ 让销售人员参与到运营人员与顾客面对面的会谈中。④ 保证沟通内容符合现实的顾客期望。

5. 差距五:服务感知质量差距

服务感知质量差距可以称为顾客差距,是指顾客感知或实际经历的服务质量与其期望的服务之间的差距,图 4-12 为服务感知质量差距。

理论上认为,服务感知质量差距是供应商差距一、差距二、差距三和差距四共同作用的结果,正是由于供应商差距一到四中一个差距或者几个差距的存在,顾客感知的服务质量才会下降,因此,弥合顾客差距的重点是持续消除或缩小供应商差距一到四。除此之外,企业的负面口碑或较差的企业形象也会增加服务感知质量差距。

那么,如何缩小服务质量差距五?在服务营销实践活动中,企业应该对 4 个供应商差距进行管理,明确引起每个差距的原因,提出消除这些差距的策略,以缩小顾客差距,提高服务质量,增强顾客满意度。同时,还应加强企业形象和口碑的管理。

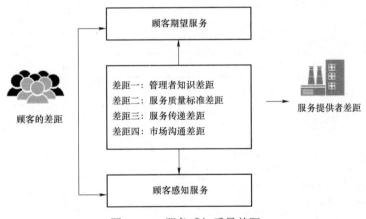

图 4-12 服务感知质量差距

服务质量差距模型能够引导管理者发现服务质量的问题究竟在哪儿,原因是什么,以及应当如何解决这些问题。可以说,服务质量差距模型是寻找顾客服务感知质量与服务提供者绩效之间不协调现象的一种非常直观而有效的工具。通过它的运用,管理者可以逐步缩小顾客期望与实际服务感知之间的差距,由此提高顾客感知的服务质量。

 延伸阅读

服务质量差距模型评价量表

服务质量差距模型作为服务型企业提高服务质量和开展服务营销活动的基本框架,企业可以围绕着缩小顾客感知服务质量与顾客期望服务质量之间的差距来明确工作任务,做出营

销决策和采取相应的策略，不断提高服务质量，让顾客满意并忠诚于企业。

准确、全面地对服务质量差距模型进行评价，既是服务型企业完成服务价值创造和传递后的成果检验，更是高水平服务价值识别和创造的关键前提。服务型企业可以通过对服务质量差距模型的评价找到改善服务质量的对策。具体模型评价量表可参照表4-3。

表4-3 服务质量差距模型评价量表

以下列出的所有差距因素，根据组织在该因素的表现进行打分。用1~10分来表示，1表示"差"，10表示"优秀"	
顾客差距 企业理解顾客服务期望的程度如何？ 企业理解顾客服务感知的程度如何？	1=差 10=优秀
供应商差距一 1. 市场研究定位 为了解顾客期望，是否进行了足够数量和类型的市场研究？ 企业是否依此信息作为提供服务的决策？ 2. 向上的沟通 为了解顾客期望，管理层是否与顾客进行了足够的沟通？ 一线服务人员是否将顾客期望告知管理层？ 3. 以关系为中心 企业对不同细分市场的顾客期望了解多少？ 企业关注顾客关系而非交易的程度如何？ 4. 服务补救 企业进行服务补救的有效程度如何？ 企业对服务失误的计划情况如何？	1=差 10=优秀
供应商差距一得分	
供应商差距二 5. 系统服务设计 企业服务开发过程的有效程度如何？ 被顾客和员工定义为新服务的情况如何？ 6. 顾客定义的标准 企业服务标准的有效程度如何？ 标准是否按照顾客期望设定？ 制定并实施服务质量目标过程的有效程度如何？ 7. 适当的有形展示与服务场景 企业的设施、设备及其他有形物的吸引力和有效程度如何？	1=差 10=优秀
供应商差距二得分	
供应商差距三 8. 有效的人力资源政策 企业招聘、雇用、培训、奖惩以及授权员工的有效程度如何？ 在员工、小组、单元以及部门之间能保证服务质量传递的一致性吗？ 9. 有效的顾客角色实现 顾客理解自己的角色与责任吗？ 服务提供者是否能够引导顾客履行自己的角色，尤其是问题顾客？ 10. 有效的服务中间商合作 服务中间商与企业的合作情况如何？ 是否存在着目标与绩效、成本与奖金的冲突？ 在所有店面中服务质量传递是否一致？ 11. 供给与需求的联合 企业匹配供给与需求波动的能力如何？	1=差 10=优秀
供应商差距三得分	

续表

供应商差距四 12. 整合的服务营销沟通 标志着服务质量信息与水平的企业内所有的沟通情况如何（包括企业员工与顾客的沟通）？ 13. 顾客期望的有效管理 企业向顾客沟通介绍提供物的情况如何？ 14. 广告、个人销售的精准承诺 企业是否避免过度承诺与过度销售？ 15. 充足的纵向沟通 为保证服务质量承诺，组织企业部门之间的沟通情况如何？	
供应商差距四得分	

每项差距的得分都应当与最高分相比。是否有得分特别低的差距？每个差距中的哪些方面值得引起注意？

4.3.2 基于弥合差距的服务质量管理

服务质量差距模型能够帮助服务型企业对顾客的服务感知质量进行分析，发现可能产生服务质量问题的环节，并寻找相应的管理措施消除差距。明确服务质量差距产生的环节，以及产生这些差距的内外部原因，是服务型企业进行服务价值识别的重要内容，是创造和传递服务价值的重要基础。为了有效地弥合可能的服务质量差距，企业在服务价值的识别、创造、传递和维护过程中应该采取有针对性的措施。

1. 消除管理者知识差距

服务型企业要消除管理者知识差距应该从两方面入手。一方面，增强对顾客服务需求的了解，强化对顾客服务价值的识别能力。服务型企业应该开展广泛的市场调研活动，特别是制订和执行顾客服务需求调查计划，以更好地了解服务市场需求及顾客期望，使企业更准确地识别服务价值。另一方面，提高企业的内部管理水平，特别是市场信息的生成、扩散和分享水平，同时提升高层管理者对服务及服务管理和营销的理解水平。服务型企业应该提升市场信息的使用质量，增强关键市场信息的跨部门、跨层级的扩散和流动水平，使关键业务部门和高层管理者能够充分、及时地掌握市场信息。

2. 消除服务质量标准差距

服务型企业在明确服务市场需求和顾客偏好等信息的基础上，如何准确地实现市场信息的吸收，有效地将其转化为服务开发设计及传递过程中的标准，将直接决定服务质量标准差距水平。首先，服务型企业的高层管理者应该将顾客的服务需求和企业的服务质量视为企业的首要议题，大力支持聚焦于顾客服务价值的顾客开发设计及质量管理，将其作为企业优先发展的头等大事；其次，在制定服务规范及质量标准时，应该让一线服务人员充分参与制定流程，最为理想和有效的方法是，企业各级管理者和一线员工共同协商和参与服务标准的制定，并确保质量标准具有一定的弹性，以保证员工执行质量标准过程中较高的灵活性和较低的风险性；最后，服务型企业可以用新服务项目推出前通过顾客服务体验研究、服务追踪调查等方式不断完善服务标准。

3. 消除服务传递差距

根据导致服务传递差距的原因，需要采取具有针对性的方法进行差距弥合和质量管理。

针对管理和监督不力的问题，服务型企业应该改变各级管理者对待一线服务人员的态度，调整相应的运营计划和奖励机制，对现有质量监控体系进行改革，使其与服务规范和质量标准相匹配。针对服务人员对质量标准或顾客期望感知和需求理解有误的问题，服务型企业应该提升服务人员招聘的质量，并避免对员工职责分配的决策错误，确保职责分明、各司其职；同时对服务人员进行有效培训，使其掌握服务的基本规范和标准，以及与之相匹配的服务技能。针对缺乏技术和运营方面支持的问题，服务型企业需要革新运营技术或管理系统，使其能够对质量传递系统起到更强大的支撑作用，或者改进员工培训和内部营销体系，使其适应技术或管理系统的特性。

4. 消除市场沟通差距

为避免市场沟通计划与执行不一致而产生的市场沟通差距，服务型企业应该建立良好的内部运营机制，协调不同职能部门的工作，确保市场沟通的计划能够实现跨部门的执行。同时，为避免服务型企业过度夸大承诺，应建立服务开发设计与服务营销沟通的协调机制，市场部门制订整合营销传播计划，并与服务设计及传递部门进行沟通，力求服务传递与服务承诺相匹配。

5. 消除服务感知质量差距

为了有效弥合服务感知质量差距，一方面服务型企业应该通过系统的市场调研及分析，准确掌握并理解顾客的服务期望；另一方面则是强化服务型企业内部的服务运营管理，通过多种手段尽可能地消除以上4项差距，使企业传递的服务价值，顾客感知的服务质量，以及顾客的服务期望三者之间保持高度统一。同时，企业还应加强口碑管理，树立良好的企业形象。

课后思考

1. 顾客满意的基本含义是什么？其受哪几个因素影响？
2. 什么是服务感知质量？它由哪些方面构成？哪些因素影响服务感知质量？
3. 结合具体实例，谈谈如何利用服务质量差距模型提升服务质量管理水平。

讨论案例

SNOW 51 的服务让滑雪成为运动习惯

2020 北京冬季奥运会申办成功，习主席提出"三亿人上冰雪"的号召，同时伴随着科技发展、经济繁荣、意识形态多元化，运动消费不断升级，推动人们对于滑雪运动和滑雪场的认识，这也使得中国滑雪产业正处在加速增长的拐点，新增年轻消费者正在从传统群体运动向新锐单体运动转化。滑雪在心智上不仅仅是体育运动，更是一种健康积极的生活方式。

SNOW 51 成立于 2018 年，致力于成为滑雪人群一站式服务平台。目前在上海开有 12 家门店，面向滑雪爱好者提供室内滑雪培训，延伸有零售、旅行、赛事等业务。SNOW 51 用户覆盖全年龄段，且 50%以上为亲子家庭。通过提供多维度的极致产品和轻奢服务，聚焦中高端用户垂直深耕，以会员制运营提高用户黏性和忠诚度。其期望推动滑雪运动的大众化、高频化和生活方式化，让滑雪和瑜伽、健身一样成为风靡全国的下一个全民运动风口。

SNOW 51 不仅拥有大型室内滑雪场为顾客提供多项滑雪服务，还将滑雪运动进行深度拓展，不断延伸滑雪运动产业的相关链条，构建更加完整的生态体系。满足不同顾客群体对于滑雪运动的各项需求，给顾客带来良好体验，大力推动滑雪运动的发展。产品服务围绕中高端用户需求横向延展，从线下门店滑雪培训切入，通过延伸的餐饮派对、品牌零售、滑雪赛事、主题旅行、滑雪社群等形成服务闭环。不断延展产业链纵深，上游与欧洲具 20 年高山滑雪模拟机生产经验的团队在中国成立合资工厂，保证极高的滑雪模拟机品质、灵活的供给和更加可控的成本；下游与太舞、云顶、松花湖等室外滑雪场及融创等室内滑雪场紧密合作，为用户提供室内滑雪机、室内真雪、室外滑雪全场景、全方位的滑雪体验。

SNOW 51 室内滑雪场的商业功能是保证滑雪场资金运转得到有效运营的基础，也是提升室内滑雪场的可行方式。同时 SNOW 51 拥有世界级的滑雪技术、标杆级课程研发体系和成熟专业的教练团队，使 SNOW 51 具备提供世界顶尖级滑雪教学的能力。加之全球最先进的高山滑雪模拟设备，完全模拟高山滑雪训练，帮助初学者快速掌握标准技术动作、高级进阶爱好者不断提高精进滑雪水平；使练习效果完全接近真雪训练，让顾客完全沉浸滑雪运动。SNOW 51 通过各种途径进行服务质量的提升和服务功能的健全，SNOW 51 提倡"运动+休闲"全方位的极致轻奢体验。在 SNOW 51 的门店，会员可以享受到米其林水准的餐饮，以及包含小型攀岩墙、乒乓、洗浴、滑雪 VR 游戏等在内的运动休闲设备。此外，SNOW 51 店内还经常举行各种品牌活动、时尚 Party、跨界艺术展等，吸引全世界各地的艺术家现场互动作画；SNOW 51 还可根据用户不同需求为会员量身定制奥地利、瑞士、日本等滑雪圣地之旅，并配有专业教练和旅拍、领队全程陪同，为顾客带来以滑雪为核心的运动休闲极致服务体验。

滑雪作为一项兼具健身、时尚及社交属性的运动体验，SNOW 51 始终以用户价值为根本，提供世界级的滑雪课程和顶级的服务体验，打造品质、快乐舒适的滑雪体验，满足顾客需求并不断提升服务质量，达到顾客期望。

案例思考题

1. SNOW 51 是如何了解和把握顾客的理想期望的？
2. 通过对案例的思考，分析 SNOW 51 是否做到了超越顾客期望。
3. 结合案例，分析 SNOW 51 如何从顾客视角优化服务感知质量。

第5章

服务需求与生产能力平衡

学习目标

1. 服务生产能力受限制的原因和管理服务生产能力；
2. 服务需求模式与需求管理；
3. 服务生产能力与服务需求相匹配的策略；
4. 通过排队和预约调节服务需求与生产能力。

开章案例

太舞滑雪小镇的四季运营之道

崇礼太舞滑雪小镇，坐落于河北省张家口市崇礼区境内，位于北纬 40°～50°之间的山地区域，是世界公认的"滑雪度假黄金地带"。

小镇由五届冬奥会场地的设计企业——加拿大"ECOSIGN"公司整体规划，由世界顶级滑雪度假管理集团、2014年索契冬奥会指定服务提供者CDA集团参与雪场的运营管理。小镇核心区建有滑雪场、酒店群、餐厅、滑雪学校、电影院、小剧场、商街、篮球场、棒球场及后勤配套设施，总建筑面积约36万 m^2，总投资约50亿元。雪场每天最多可接待游客 5 790 人次，拥有酒店房间 768 间，另有酒店式公寓 1 100 套。得天独厚的自然条件加上专业的规划与建设，形成了冬季滑雪、夏季户外的山地度假模式。两者可以互相导流，形成更为全面、更有发展空间的经营闭环。

一直以来，国内的滑雪场一到夏季就进入淡季，与欧美的火爆气氛完全不一样。究其原因，则是国内滑雪场四季运营理念滞后。太舞滑雪小镇率先提出"冬春滑雪、夏秋户外"的四季运营理念，并在 2016 年 7 月 1 日开始了夏季运营的实践与探索，建设了定向越野、山地自行车等多个专业运动场地，同时进行了山地度假旅游、团队拓展、青少年户外营地等多方面的运营实践。太舞滑雪小镇的夏季运营已经是业内典范，这就最大限度地保证了运营时长，缩短"空窗期"。

2016 年 11 月，太舞滑雪小镇核心区建设初具规模。酒店、商街、滑雪学校、电影院、小剧场等配套设施全面投入运营，特别是建设了国际一流的自由式滑雪雪上技巧场地，该场地被国际雪联一次性认证通过。在此之后，承办了中韩自由式滑雪雪上技巧对抗赛、全国自由式滑雪雪上技巧锦标赛、全国自由式滑雪雪上技巧冠军赛、国际雪联自由式滑雪雪上技巧世界杯等赛事。特别是成功举办的国际雪联自由式滑雪雪上技巧世界杯,被国际雪联评为"难度系数最高、配套设施最好、保障能力最强"的世界杯赛事。2016—2017年雪季接待滑雪人次超过16万。

2017年夏季,太舞在夏季运营方面有了跨越式发展。不仅引入了"崇礼之巅"越野跑,参与人数超过1 500人,还引入具有30年历史的美国知名赛事"HOOD TOCOAST",参与人数超过3 000人,进一步创新"体育赛事+旅游"的模式。同时,太舞滑雪小镇的竞技赛事活动也是丰富多彩的。全国定向越野挑战赛、中国野战冠军赛、国际自盟北京站公路越野自行车冠军赛、全国气功养生表演大赛等赛事将陆续举办。太舞已成为中国营地教育联盟第十八家理事单位。与北京体育大学、沈阳体育学院等国内顶级教育机构开展了多种合作,促进了校园户外和学校教育的结合,开创了"小镇+教育"的特色产品。

目前,太舞滑雪小镇已成为集滑雪、户外、度假、赛事、教育于一身的综合性四季运营的体育特色小镇。在未来,体育特色小镇将成为体育产业发展的新动力。太舞将充分整合自身优质资源,不断创新与实践,打造独具特色的"体育+旅游"的产品模式,并拓展"文化+旅游""教育+旅游"等模式,组合项目,创新驱动,向着国际一流滑雪小镇的目标稳步前进。

5.1 服务生产能力受限

任何时候,服务型企业生产能力的限制会使其无法提供更多的服务,从而满足更多的需求,但是服务型企业在需求少的时候也会因为不能降低生产能力而导致资源闲置、浪费。总的来说,以对人和对所有物服务为主要工作的服务型企业比以信息为核心的服务型企业更受生产能力的制约。比如广播电台,可能会受到电波传送距离的限制,但是在这段距离内,任何听众都可以收听到广播。表5–1展示了更多不同服务型企业所对应的不同限制因素。

表5–1 服务生产能力的限制因素

限制因素	服务类型	限制因素	服务类型
时间	法律 咨询 会计 医疗	设备	递送服务 电话沟通 网络服务 公共事业 美容院
劳动力	律师事务所 会计师事务所 咨询公司 健康诊所 理发店 健身中心	设施	饭店 餐厅 医院 航空公司 学校 电影院 教室

5.1.1 服务生产能力的定义

什么是生产能力？它是指一个企业制造产品或服务所能使用的资源或资产。在服务领域内，生产能力具有以下几种表现。

（1）在传递人体服务或精神服务过程中，为了容纳顾客而设计的设备实体。一般包括诊所、宾馆和大学教室。限制生产能力的主要方面可能是设备，比如床位、房间或者座位。在一些情况下，考虑健康、卫生或安全等方面的因素，地方法规对接受顾客的最高数量可能会进行相应限制。

（2）为储存或处理产品而设计的设备实体。有的是租给顾客的，有的是出售给顾客的。比如管道、仓库、停车场以及铁路货物运输车。

（3）处理人、所有物或信息的器械实体。如诊断器械、机场安检设备、收费站、银行ATM都包括在内。如果不能针对需求水平提供足够的设备，那么服务将会运行缓慢（甚至是停滞）。

（4）劳动力是所有高接触性服务和一些低接触性服务生产能力的关键因素。饭店服务员、护士和电话中心的话务员数量要充足，以满足更多的服务需求，否则顾客就需要等待，或者服务会过于仓促。专业性服务更加高度依赖专业技术人员来创造以信息为基础、有高附加价值的服务产出。

（5）基础设施。很多企业都依赖于充足的公共或私有基础设施，以便为自己的顾客提供高质量的服务。生产能力问题的根源可能是因为航线拥挤而导致航班延误、主要路线交通堵塞，以及电压过低而引起的"电能减弱"（即电力供应不足）。

生产能力的利用测量标准包括在财务结算中设备、劳动力和机械被高度利用的使用时间或所有可使用时间的比例，以及在财务结算中可使用空间（比如座位、容量、电信带宽）的比例或单元的使用情况。与机器相比，人在长时间内保持产出水平的能力变化更大。一个疲劳或者缺乏训练的员工，如果进行流水线服务，比如在咖啡馆或者信息服务登记服务中心，可能使整个服务进程缓慢许多。

类似卫生保健或者维修保养等服务，在服务过程中会包含几个有先后顺序的行为。这就意味着服务的生产能力受到很多因素的制约，比如实体设备、器械、人员提供服务的数量和顺序。在一个设计和管理完善的服务流程中，设备的生产能力、辅助设施和服务人员处于平衡状态。同样，流程也应当具有连续性，这是为了减少可能出现的任何风险。

限制生产能力的服务能够取得更好的收益，很大程度上是因为服务型企业管理者有能力使用最有效、最盈利的方式调配生产能力，包括员工、劳动力、设备和器械。但是，在实践中并不是总能达到完美的标准。需求不仅会有很多无序变化，而且处理每个人或事情的时间和付出的努力在流程的环节中都是不一样的。一般而言，对人服务的时间变动性要大于对物服务，这反映了准备程度的不同以及好争吵而不是合作的人的个性等。服务工作并不一定是同质的。在专业的服务和维修工作中，诊断和处理的次数以及服务的难度会因顾客问题的性质不同而有所变化。

5.1.2 从需求过剩到生产能力过剩

有一种问题经常发生在服务场景中：在服务高峰时段，服务人员拒绝顾客，因而使顾客感到失望;而在生意冷清时,服务型企业的设备闲置,员工无所事事,损失巨大。据对多家银行数据分析得知,银行业务按月份一般可分为淡季、平季、旺季,每月月头、月中、月尾也忙闲不均,每周周一、周五最忙,周六、周日最为空闲,顾客需求波动非常大。此外,由于银行柜员常需接触大量现金,风险性高,加之管理制度的限定,银行难以使用临时柜员,服务能力相对固定;因此银行习惯于安排固定数量的柜员上班,但当需求发生较大波动时,这种排班方式易导致两种现象出现:当波峰需求远超服务能力时易出现排长队现象;当波谷需求大幅低于服务能力时易出现人浮于事现象。

在任何一个既定的时段,生产能力固定的服务提供者都可能面临下列4种状况之一。

(1)需求过剩。需求超过生产能力的最大限度,因此必须拒绝一些顾客,造成业务流失。

(2)需求超过最适宜的生产能力。虽不会拒绝任何顾客,但是现场拥挤或者服务人员过于忙碌,顾客可能会感知服务质量下降,感到不满意。

(3)需求与供给在最适宜的生产能力水平上达到平衡。服务人员和设备都很忙碌,但并未超负荷,处于理想水平,顾客可以即时享受优质服务。

(4)供给过剩。需求低于最适宜的生产能力,服务人员和设备等生产资源没有被适当使用,导致生产力和利润有所下降。资源利用率低可能也会使顾客感觉失望,或者怀疑服务能力。

有时最适宜的生产能力和最大生产能力是一样的。在演唱会、相声、话剧等现场表演以及体育比赛中,最好是座无虚席,因为这样可以振奋演员或运动员,增强兴奋感与观众参与感,结果当然是让所有人都满意。但是对于其他类型服务,你就会觉得设备在非满负荷运转的情况下,才会享受到更好的服务。比如,如果所有座位都坐满了,你会觉得饭店服务的质量有所下降,因为员工都疲于奔命,产生失误或拖延时间的概率会更大。如果你一个人乘坐乘客密集的航班出行,通常在邻座无人的时候会感到更加舒适。在维修店人满为患时,如果系统未能预留空闲时间来处理工作过程中出现的种种意外,那么就可能会发生服务延期。

应对需求的波动有两种主要的方法:一种是让生产能力满足变化的需要,这就要求服务提供者了解生产能力由什么组成,如何在增产的情况下提高或降低生产能力;另一种是对需求水平进行管理,使用营销策略消除高峰,填补低谷,从而产生一条前后更加一致的服务需求流。有很多企业把这两种方法结合起来,以平衡服务需求与生产能力。

5.1.3 管理生产能力

管理生产能力就是改变能力,以达到供给与需求的均衡匹配。基本思想是改变和扩展现有能力,并与顾客需求相匹配(而不是刚才提到的改变需求来适应生产能力)。在需求的高峰时段,服务提供者将尽可能扩展能力;在需求的低谷时段,服务提供者将努力压缩生产能力以避免浪费资源。图5-1为改变生产能力适应需求的策略。下面将讨论4种改变基本服务资源(时间、劳动力、设备和设施)的策略,为高峰和低峰时段改变生产能力总结具体的方法。通常,一系列策略可以同时使用。

1. 改变和拓展现有生产能力

现有的生产能力可以暂时被拓展以适应需求。不增加新的资源的前提下,通过人力、设施和设备工作时间的延长和强度加大,以适应需求。

图 5-1 改变生产能力适应需求的策略

（1）增加人员、设施、设备的工作强度。可以暂时延长工作时间以满足需求。快递站可以在"双 11""6·18"等网络购物节期间延长工作时间，商场可以在假期购物期间延长营业时间，会计师事务所可以在纳税临近的时候增加咨询预约时间（晚上和周六）。很多服务行业，在需求峰值的时候，员工经常被要求延长工作时间，增加工作强度。例如，咨询公司一般面临的业务高峰和低谷的波动更加明显。在项目较多的时候，咨询项目的负责人可能同时做几个项目，工作时间会更长，工作强度更大。银行、酒店、餐厅和电信公司前台工作的员工在需求高峰时，需要服务更多的顾客。

电影院、餐厅、会议设施和教室有时可以增加桌椅或其他顾客所需的设备。或者如通勤火车一样，通过设置站立车厢满足顾客的需求。同样，网络设备、通信设备或维护设备可以在最大能力范围内短期增加工作负荷以满足顾客需求。

在使用这些扩展策略时，服务提供者要认清资源的特性，因为过度延长或者永久性使用这些策略会带来潜在的低质量服务风险。这些策略应该仅持续比较短的时间，以保证设施和设备的维护，以及使超负荷的工作员工能够恢复精力。但有时候很难提前知道设施、设备的工作状态，也不一定清楚人员状态。

（2）雇用临时工。组织的人力资源应该与需求相适应。比如零售店在假日期间会雇用临时工，税收会计师事务所在纳税期间会招聘辅助人员，旅行社在高峰季节会招聘更多的员工，情人节、教师节等节日，花店会雇用临时工进行鲜花包装和派送。每年为了应对即将到来的淘宝旺季，各大快递公司都会摩拳擦掌，做好提前"抢"人的准备。特别是"双 11"期间，国内快递送货需求很大。中通速递服务有限公司市场营销中心总监郑超介绍："中通在各个环节都在增加人手。各个快递分公司招聘负责人对兼职临时工也是来者不拒，按单赚钱，多劳多得。"餐厅经常会让员工在需求高峰期分时段工作（例如午餐时来工作，然后离开几小时，到晚餐高峰时段再来上班）。

（3）跨岗培训员工。员工经过跨岗培训，就可以接受不同的任务，到需要他们的岗位上工作，这样可以提高整个系统的效率，避免某些部门的员工很清闲而有些部门的员工超负荷工作。许多航空公司都会跨岗培训员工，使他们既可以售票又可以从事接待工作，如果有需要还可以帮助搬运行李。在一些快餐店里，在繁忙的时候，员工们专于一项工作（如制作冰激凌），工作小组人员较多；在闲的时候，工作小组人员会骤减，剩下的人可以从事几种不同的工作。超市也使用这种策略，多数员工可以从事收款、货架管理和货物包装等多项工作。

（4）外包。对于暂时性的服务需求高峰，服务提供者可以选择服务外包。例如，近几年许多企业发现它们没有能力满足自身业务的技术支持、网页设计及软件相关服务方面的需求。这些企业求助于专业化的企业来外包这些工作作为暂时性的（或者有时长期的）解决方案，而不是设法雇用并培训额外的员工。

（5）租赁或共享设施和设备。对一些服务提供者而言，在需求的高峰时刻可以租用额外的设施和设备。例如，快递服务在假日运输的高峰期可以租用卡车，而不用购买卡车。有些需求受到限制的服务提供者可以把设施与其他企业共享。比如，位于北京市东城区的 Arch 就是咖啡馆、音乐酒吧共享设施，咖啡馆在白天和工作日使用设施，音乐酒吧在晚上和周末举行活动。一些类似的商业模式是基于需求波动建立起来的，例如，企业可以提供临时的办公室和工作助理给那些不具有持续需求的个人。

2. 调整使用资源

这一策略有时被称为"追逐需求"策略。通过创造性地改变服务资源，服务提供者可以追踪需求曲线，使生产能力与顾客需求模式相匹配。时间、劳动力、设施、设备再次成为焦点，这一次将改变基本的组合以及调整资源的使用来满足需求，具体方法如下。

（1）在低需求期安排修整时间。如果人力、设施、设备在需求高峰期处于最大能力状态，那么必须在非高峰期安排维修、维护和技术革新。例如，网络银行服务经常在周日凌晨定期进行软件升级，以使服务中断的影响降低到最小。

（2）维修设备和修复。对于大部分设施和设备，都需要定期维修和维护。这样的翻新计划应安排在低需求时段。例如，大学会在假期期间重新粉刷教室和翻修体育馆。

（3）安排休假和开展员工培训。为了确保在服务型企业的需求高峰期员工能够全力投入工作，应该在需求低谷期合理安排员工的休息和培训。有些服务型企业会在需求低谷期让员工休假，酒店一般在淡季的时候让员工休假。实际上，很多酒店员工熟知这些工作时间的安排，会提前在冬天来临时，申请在滑雪场的酒店工作，然后在夏天的时候，换到海边的度假村工作。通过这些计划，可以确保服务型企业能够在需求峰值时保持最大的服务能力。

（4）改造或移动设施和设备。服务型企业可以调整、移动或创造性地改造现存生产能力以满足需求的波动。比如酒店可以对室内布局进行改造，在需求高峰期将房间拆分，在需求低谷期可以将其改造为套房。航空业是使用这种策略的典型，有一种方法称为"需求驱动派遣"，航空公司使用该方法安排航班，根据市场需求的波动安排航班的飞行计划。这种方法以对需求的精确了解以及迅速改变航班座位的能力为依据。还有一个策略是在一个新地点提供服务以满足顾客的需求，或者把服务送到顾客那里。流动训练设施、上门美甲美发服务、接种流感疫苗和献血设施是这种追踪顾客的服务的典范。

5.2 管理服务需求

有效的服务需求管理，往往要求服务营销人员在深入理解服务需求基本特征的基础上，遵循科学的需求管理流程并准确地预测顾客需求，进而实施有效地平衡企业生产能力与顾客需求的战略。图 5-2 展示了这一过程。

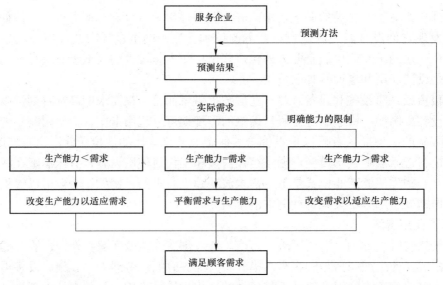

图 5-2 需求管理流程

5.2.1 分析需求模式

首先应针对需求的模式和潜在的影响因素等一系列重要的问题找出答案,如"服务的需求水平是否遵循可预测的周期?""周期的长度是多少?""为什么会存在这样的周期性?",并对这些答案进行研究。显然,可预测的周期可能遵循时间规律,一天、一周、一个月、一季度,周期的规律可能取决于气候的变化、节假日、某地区的风俗习惯等。

除此之外,还需要考虑某些较为"偶然"的原因,比如下雨或者降温会对室内和室外休闲娱乐服务造成多大影响,突发流行性传染病对医院的服务需求会产生多大影响,警察、火警或救护车驾驶员永远不知道下一个电话是从什么地方打来或者会是什么类型的紧急情况。最后,自然灾害的影响,比如地震、龙卷风和暴风雪,它们不仅影响到紧急事件的服务,还会影响灾后重建、物资供给运送和保险公司等的服务。

在很多例子中,很多周期会同时出现。比如公共交通的需求受到一天(在上下班高峰期)、一周(周末很少有去上班的,但很多去休闲购物)和一年(夏天是旅游旺季)的周期影响。夏天的周一早高峰的服务需求和冬天的周六早高峰的服务需求是不一样的,这是受到周末与非周末和季节性变化共同影响的结果。

综上,可以整理出需求模式的 4 种类型,分别是季节性、趋势性、周期性和无规则变化。这 4 种模式可以单独存在,也可能混合出现。

(1)季节性需求模式。季节性需求模式是可预测的重复性需求模式。需求的增长和下降通常会在一年之内发生,而且每个周期的增长和下降是重复发生的。比如,游泳馆在夏季需求升高,在冬季需求降低,而到了第二年,同样的需求又重复发生。

(2)趋势性需求模式。趋势性需求模式是整体向上、向下或持平的趋势。不同于季节性需求的曲线变化,趋势性需求模式是以直线表示的,仅显示需求的大方向变化。由于是长期趋势,因此不显示具体的波动变化。趋势变化可能受内部因素或外部因素的影响。比如,企业内部决定通过促销来提高销售额,那么需求趋势可能会增长。外部因素则可能因为整体经济萧条，顾客购买能力不足，导致需求趋势下降。

（3）周期性需求模式。周期性需求模式有点类似于季节性需求模式，也是上下波动的。但它和季节性需求模式最显著的区别是，周期性需求模式必须是多年的（至少一年以上）需求增长或下降波动。因此，相比于季节性需求模式，周期性需求模式的统计周期更长，且不可预测。常见的周期性有经济周期和产品的生命周期。经济总会出现增长和衰退，但是什么时候发生却很难预测。

（4）无规则变化。无规则变化是季节性和趋势性因素以外的需求变化，是没有规律的偶发性事件。发生的原因可能是购买时间、购买地点和购买数量的变化。比如，某顾客习惯每天晚上8点到健身房健身，突然有一天这位顾客没有来健身，那么可能是因为他正好出差而无法进行消费。在做需求预测的过程中，可通过寻找根本原因来减少无规则变化。比如，这位顾客出差只是偶发性事件，他出差回来后还会恢复以前的习惯，那么对于未来的需求预测，仍会考虑他的购买需求。若无规则变化幅度小，预测会比较准确，若无规则变化幅度大，预测误差会很高。因此，消除根本原因就十分重要。比如，店长可以尝试和这名顾客进行日常沟通，或许能提前知道他的出差计划，以降低未来发生无规则变化的可能性。

5.2.2 需求波动规律

一般认为，顾客需求波动可能源于可预测的周期性需求波动，也可能源于不可预测的随机因素。由于可预测的周期性需求波动具有可预计性和常规性的特点，因此，这种类型的波动成为服务需求管理的重点。而由随机因素引发的需求波动事先并无报警信号出现，因此，这种波动相对于可预测的需求波动来说是难以控制的。

1. 可预测的周期性需求波动

由于可预测的周期性需求波动具有可预计性和常规性的特点，服务型企业可以通过记录和描绘相关时间段的需求水平，对需求水平曲线进行观察，看是否存在可以预计的每日循环、每周循环、每月循环或每年循环。例如，通过绘制顾客往来情况表，电影院发现，顾客对其服务需求的高峰出现在傍晚的几个小时；滑雪场发现，顾客对其服务需求的高峰是从当年11月底至来年3月中旬。对于这种需求的变化模式，企业是不难识别和了解的。通过消费者行为研究，可以发现服务需求在不同时间内所呈现的差异，而且在很多情况下，服务需求的周期是易于调节的。例如，餐厅和KTV通过价格折扣会在某种程度上把顾客的需求从高峰时段转移到其他时段，这样一方面能够调节餐厅客流峰值，最大限度地吸引客源；另一方面，这对等待时间较长的顾客无疑是一支强心剂，使他们感觉到等有所值，心理得以补偿，消费性价比提高，不仅可以消除这部分顾客因等待而产生的负面情绪，还会使他们成为企业的忠实顾客。例如，滴滴公司通过为顾客发放非高峰时段用车优惠券和在高峰时段加收服务费将顾客从高峰时段疏散。

2. 由随机引发的需求波动

由于这种随机波动事先并没有报警信号出现，所以往往难以控制。如突然出现的暴风雨会阻止歌迷到场观看喜爱歌手的演唱会。不过，有时通过分析可以得出这样的结论：在某个细分市场上，可预测的需求周期被一个更大范围的、看似随机的模式所掩盖，而细分市场上的这种需求实际上是可以调节的。例如，汽车租赁服务可以分为两大细分市场：公务用车市场和家庭用车市场。两个细分市场在租车时间和租车原因方面存在较大的差异，公务用车的需求特征与出差人员对旅馆和航班的需求类似，而家庭用车的需求周期，则可能受到工作时间安排或社会习惯等因素的影响。由于服务提供者面对的每个细分市场都有其特有的消费特征和深层次的形成原因，这种本来可以预测的需求周期被不可预测的假象所掩盖。在这种情况下，汽车租赁企业应该用图表把两个细分市场作为一个整体加以描绘，这样就能清晰地显示需求波动曲线，准确地揭示汽车租赁需求的高峰和低谷。

5.2.3 不同生产能力下需求管理策略

需求管理有五种基本方法。第一，只让需求者了解自己的水平，而不用采取任何行动。顾客会渐渐依据经验和其他人的话语明白他们应该排队等待服务，这样就不会造成延迟。但是，问题在于他们可能会去竞争者那里，因为后者能够提供更有效的服务。除非采取一些措施，否则没有办法改进淡季使用率过低的问题。干涉的方法包括在任意时间影响需求量，可以在高峰期减少需求和在生产能力过剩的时候增加需求。

另两种方法都涉及整理分析需求，以达到能够提供服务的目的。服务提供者可以引进订位或预订系统，满足顾客在特定时间接受服务的要求，或者可以开发规范化的排队系统（或者两者一起使用）。

表5-2针对每种方案做了简要的说明。很多服务型企业在需求周期的不同阶段都面临这两个问题，可以考虑使用其中描述的干预需求的方法。

表5-2 不同生产能力状况下需求管理策略的选择性方案

管理需求的方法	与需求相关的生产能力情况	
	生产能力不足	生产能力过剩
不采取任何行动	无序排队的结果（可能会使顾客烦躁，影响将来的使用决定）	浪费生产能力（顾客的服务体验可能比较失望，比如剧院）
减少需求	价格提高可能增加受益；交流可以鼓励顾客选择其他的时段（这个方法能用于盈利相对较少、人气不旺的市场吗？）	不采取任何行动（参见上述情况）
增加需求	不采取任何行动，除非存在增加（并把优先权给予）更盈利的细分市场的机会	有选择地降低价格（避免拆分现有的业务，保证能弥补所有相关的成本，如果有的话，还要保证在盈利能力和使用水平之间做出适当的权衡）
通过预订系统记录需求	为受欢迎的细分市场开发排序系统；将其他顾客转到非高峰期或者下个高峰期	明确有空余的位置，不需要任何预订
通过规范的排队系统存储需求	注意受欢迎的部门优先；使等待的顾客感觉舒适，准确预测需求时间	没有可行的办法

5.2.4 利用市场营销组合要素调整需求

很多营销策略在生产能力过剩的时候可以刺激需求，在生产能力不足的时候可以减少或转移需求。在平衡需求和供给的时候，价格常常是第一个被使用的变量，但是产品的变化、分销策略和与营销沟通也同样有重要的作用。虽然这里会分别研究每个因素，但是想要使需求管理更有效，就需要两个或更多因素共同作用。

1. 使用价格和其他费用控制需求

在高峰期削减过多需求的最直接的方法就是提高价格，增加其他费用也可以起到同样的作用。比如，顾客知道自己在高峰期会花费更多的时间和金钱，那些不喜欢在拥挤的人群里等待的人就会改在其他时间消费；同样便宜的价格，无须排队的服务也会鼓励部分顾客改变行动时间，无论购物、旅行还是参观博物馆都是如此。

很多企业通过价格战略平衡供求。因为服务价格是控制需求的有效方法，所以营销经理必须了解价格升降对产品需求的影响。最重要的是，特定服务的需求是否会随时间的变化而出现很大的变化。比如，一个人购买机票，他在春运期间愿意比平日支付更多吗？答案可能是"是的"。如果是这样，为了满足不同时段的需求，就需要使用差异化的价格方案。

更复杂的问题是，不同细分市场在不同时期的需求曲线是不一样的（商务旅行者会比休闲旅行者更不计较价格）。服务提供者最困难的问题是分析所有这些需求曲线的本质。调查、试错以及分析不同地区的相似情况或相似产业的情况，都有助于服务提供者了解需求的状况。通过建立特定等级的服务，很多服务提供者都会清楚地发现存在不同需求曲线，每个细分市场都会按照需求曲线制定适合的价格。基本上每个细分市场都会确定不同的基础价格，如果要在核心产品的基础上提供更多附加性服务，则需增加额外费用以贴近更高消费的细分市场。比如在房产中介服务提供者和工商注册服务公司，更精准的房源信息匹配和掌握最新的政策法规等特殊服务都是改善服务质量的有效方法；酒店房间的大小、装修和风景以及是否附加上门送餐服务都是其价格不同的原因。

在任何案例中，所要达到的目的都是使每个细分市场的收益最大化。但是当生产能力已经固定时，以盈利为目的的商业目标就是确保在任何时间段使生产能力能够得到充分利用并且实现收益最大化。例如航空企业，应对支付全额票价的商务旅客保留一定数量的座位，并对享受廉价机票的休闲旅客（比如需提前预购，限定周六晚航班或需中转留宿等）设置严格的限制性约束条件。这样可以避免商务旅行的顾客享受到廉价机票，对休闲旅客实行低价机票正是为了吸引他们乘坐飞机以提高飞机乘坐率。

2. 改变产品元素

虽然价格通常是平衡供需最常用的方法，但是对服务行业而言，它并不能像对于有形产品那样广泛可行。一个很典型的例子是一家滑雪板生产商和一家滑雪场经营商在夏天面临的不同问题。在夏天，滑雪板制造商可以趁机进行生产以丰富库存，或者以折扣价格出售滑雪板。如果折扣的幅度足够大，一些顾客就会为了省钱而在滑雪季节之前购买滑雪板。但是在没有滑雪机会的情况下，没有滑雪者愿意在夏天购买上山缆车和全天游玩的票，无论价格有多么的低廉。因此，为了鼓励消费者夏天进入滑雪场，经营者不得不改变服务产品。一些滑雪场在夏季开展登山、攀岩、滑翔伞等活动。

在其他季节性产业中也存在同样的做法。税务企业会在淡季帮助小企业进行记账和咨询服务，教育机构会在周末和暑假提供成人和老年班，小游船在夏天可以出海，冬季还可提供私人船位。这些企业意识到在淡季即使使用价格折扣也不能促进产业发展，它们需要针对不同的细分市场挖掘新价值增长点。

很多服务型企业的服务长时间一成不变，但另一些服务型企业会针对季节做出很大的调整。比如医院会一整年都提供同样的服务，相反，旅游胜地的宾馆会在不同季节对它们提供的外围服务的组合和重点服务项目做出很大的调整,比如餐饮、娱乐和健身运动,以迎合顾客在不同季节的偏好。

即使在24小时营业的服务中,产品的提供也可以有所变化。一些饭店就是很好的例子,它们随着时间的变化改变菜单和服务、调节灯光和装饰、开关酒吧、提供或不提供娱乐节目。目的就是迎合同一顾客群体的不同需求,或吸引不同细分市场的顾客,或者两者兼顾。

3. 调整服务传递的时间和渠道

一些企业并不是对同时同地的服务需求进行调整,而是通过调整传递的时间和渠道来应对市场需求。

第一种是没有变化。无论需求水平如何变化,都在同一时间通过同一渠道继续提供服务。与此相反的第二种方法是改变服务时间,迎合顾客一周内的某天或季节等的喜好。影院和剧院在周末提供日场演出,因为人们在这个时候有更多休闲的时间;夏天咖啡馆和饭店都会推迟关门时间,因为人们更喜欢夜晚户外的凉爽。

第二种是在不同地点提供服务。一种方法是移动服务,将服务带给顾客而无须顾客必须到固定地点接受服务。移动图书馆、洗车服务、上门理发、外卖食品服务等,都是这样的例子。清洁维修企业希望在淡季发展业务,就需要提供免费的取货服务或提供便携物品。另外有些服务型企业,它们的服务设备是移动的,如果市场也是,那么服务应该跟随市场而变化。大型服务型企业普遍采用多地点服务,以便形成和保持规模优势,以及利用其所在地的市场机会。

4. 沟通工作

即使是营销组合的其他变量保持不变,沟通工作本身也可能有助于平衡需求。标识、广告、出版物和销售信息都能够提醒顾客高峰期的时间,鼓励他们在不拥挤的非高峰时间寻求服务,公共交通信息鼓励那些非上班族的乘客(比如购物者或旅游者)避免早晚高峰拥挤时段出行。此外,管理层还可以要求服务人员(或像旅行代理这样的中间商)鼓励没有固定时间计划的顾客选择非高峰时段的服务。

企业必须把定价、产品特征和分销发生改变的信息清晰地传递给目标顾客。如果企业想要得到对营销组合因素变化的具体反应,就必须告诉顾客他们能做出的选择有哪些。比如短期的促销,包括定价、沟通要素和其他激励措施,对顾客可能更有吸引力,从而改变他们接受服务的时间。

5.3 通过排队和预约调节服务需求与生产能力

因为服务像是演出,生产与消费具有同步性,生产能力有限且缺乏弹性,所以服务行业的一个主要问题是通常不能将服务储存起来以后再用。理发师不可能剪好头发以后几天再用,剪发服务必须现场提供。在现实生活中,没有人愿意等待服务。但是,如果大部分时间不能被使用,企业将不能满足过多的需求。正如你所知道的,有很多方法可以使供需达到平衡。但是如果调整需求的方法已经用尽而供需仍不平衡,管理者该怎么办呢?放任自流和让顾客自己解决所有的问题对提高服务质量和顾客满意度都不是好的办法。为了避免顾客之间的"混战",应当寻求确保秩序、可预测和公平的新策略。

在需求大于供给的企业中,管理者可以选择下面两种方法之一:① 要求顾客排队,尤其是根据先到先得的原则排队的企业；② 给顾客提供预订服务的机会。

5.3.1 等候的原因

1. 等候是服务业的普遍现象

对于顾客亲自到场的服务，等待是服务体验的固有属性。等待通常被认为是一种不受欢迎的活动，顾客必须完成服务。等待会导致情绪（愤怒、恼怒、沮丧）和行为（如放弃）的反应，尤其是当等待成本很高并限制了该顾客以更有效率或更有回报的方式花费时间的能力时。"排队"二字是人们在日常生活中最常遇到的情况之一，在超市结账要排队，去银行取钱要排队，上班等电梯也要排队。据估计，美国人每年要花 370 亿小时排队，平均每人约 150 小时。而我国人口众多，排队等待问题尤为突出。

2. 为什么会排长队

当服务现场的抵达人数超过系统的处理能力时，就会出现等候队伍，也就是运筹学学者称为"排队"的现象。从根本上来看，排队是没有解决好生产能力管理问题的体现。分析和模拟排队是营销管理中发展较为完善的一个方面。

排队是一个服务台前一列有形的队伍或者更复杂的排队网络组成的虚拟队伍。正如电话这个例子，不是所有的排队都是出现在一个实体的队伍中。当顾客和远距离服务提供者接触时，比如信息处理服务或通过电信方式，比如通过电话或者互联网，他们往往从家、办公室或学校打来电话。理论上，电话是按照来电顺序等待应答的，需要顾客在虚拟的队伍中排队等待。有些实际的排队分散在不同的地理位置上，如旅行者在不同的地方等候他们网上预订的出租车来接他们。

很多网站都允许顾客进行自助行为，比如自己查找信息或者预订，这些原来都需要顾客打电话或者亲自到场接受服务。很多企业常常鼓励顾客这样做以节省时间。虽然登录网站有的时候很慢，但是顾客可以一边等候一边舒服地坐在那里，做其他的事情。但是对于有些服务而言，缩短顾客的排队时间则需要多种策略。

5.3.2 管理等候队伍

排队管理是指控制和管理服务等待的时间，其包含两个主要内容。一是针对预期的顾客人数和到达时间，配备必要的服务设施，确保必要的服务接待能力，尽量缩短顾客等待的时间。二是应该努力满足顾客等待的心理需求和期望，如果采取的措施得当，顾客就不会觉得等待的时间很久。实际上，在服务的创造与交付流程中，排队系统是一种比较常见的组织形式，这主要是由于服务需求的波动性、随机性以及顾客服务时长的不确定性。因此，企业要经常性地调整服务能力，以便高质量地、快捷地满足顾客期望。只有合理安排系统的服务能力，才能使服务能力和顾客需求实现最佳平衡，从而提高顾客的满意程度。

对于企业而言，为了有效地进行排队管理，服务营销管理人员可以综合考虑物理的、心理的和情感的等多方面的因素，进而制订并实施相应的排队管理措施。

1. 提高企业的运营能力以便减少顾客排队等待的实际时间

排队等待的时间长短是顾客评价排队等待满意与否的重要标准之一，因此减少顾客排队等待时间是企业必须要考虑的问题。提高运营能力可以有以下几种方式。一是增加服务人员。当顾客长期面临排队等待问题时，企业就应该考虑适当地增加服务人员以提高企业的服务能力。二是延长服务时间。在许多服务组织中,在需求高峰期,雇员被要求工作更长的时间,这样可以把顾客购买服务产品的时间分散开,以达到减少顾客排队等待的目的。三是增加设备。增加设备包括增加已有设备的数量和引进新式设备以提高运营能力。四是优化运营流程。分析服务产品生产和销售的整个运营流程,找出其中无效率的部分进行改善或删除。五是确定合适的排队结构。当排队不可避免时,企业要确定合适的排队结构以保证运行的高效性。排队结构有多列排队、单列排队、分编号排队等。每种结构都有其各自的优点,企业要根据具体情况加以选择。著名餐饮品牌海底捞会提前准备一些常规食材,不需要等顾客下单后再准备,并加大这些易准备的食材套餐的优惠折扣。海底捞还从员工方面出发,实行短时上菜考核,顾客进门点餐后,会为其提供一个沙漏或时钟,将时间设定好作为最后一道菜最迟上菜的时间,并对员工采用完成奖励、不完成扣分的方式,服务效率直接和员工奖金挂钩。

2. 减少顾客的焦虑感以便使等待的流程变得活泼有趣

能够使顾客愿意排队等待的原因无非有两个:一是等待的结果令顾客觉得等待是值得的;二是顾客觉得等待也是一种乐趣。因此,服务组织可以采用以下方法。① 在顾客等待的流程中尽量分散他们的注意力。例如,企业可以通过播放音乐、录像或其他一些娱乐形式使顾客暂时淡忘其在等待。② 提供透明化的服务窗口,绝对不能让顾客看到有些服务人员并没有从事工作。同时企业还要注意服务人员的休息室要设置在顾客看不见的地方,不要被顾客误以为工作人员工作不认真而产生焦虑感。③ 对服务人员进行培训,使他们的服务态度更为友好。例如,问候一下顾客或提供一些其他特殊的关照,可以在很大程度上消除或削弱长时间等待的负面影响。④ 及时告诉顾客他们所期望了解的信息。当顾客等待时间比正常情况下更长的时候,这一点就显得十分重要。因此,企业应该告诉顾客为什么等待时间比平时要长以及企业准备如何解决这种情况等。海底捞会为排队的顾客提供一些味道好、有一点饱腹感的小零食,顾客在吃的过程中会比较放松,烦躁的情绪会有所缓解。海底捞还会联动美甲、个人 K 歌、虚拟游戏体验商,在等待的过程顾客便可以优惠价格甚至免费享受这些服务。

延伸阅读

玩耍 5 分钟,排队 2 小时成历史　上海欢乐谷推出虚拟排队券

上海欢乐谷虚拟排队系统试运营。游客只需要通过园区自助一体机,即可轻松领取虚拟排队券,在等待游玩期间,便可以在园区内游玩体验其他设备或观看表演,再也不用无聊地排在队伍里苦苦等候。这套虚拟排队系统的推广,有望大幅度减少游客实际排队时间,提升游园体验。

在上海欢乐谷明星项目"谷木游龙"入口处,摆放着若干台自助一体机,游客可以在这里领取虚拟排队票。关注"上海欢乐谷虚拟排队"微信公众号,通过该公众号实时推送的排队信息提醒,在规定的时间段内前往项目排队区验票进场。

这种自助一体机采用人脸识别技术,取号及过闸环节直接刷脸即可。此外,虚拟排队系统拒绝重复取号,有效防止一人取多号、倒卖票、插队等现象。针对过号的游客,虚拟排队系统设定了 40 分钟的过号宽限时间,让服务更具人性化。该举措旨在以现代信息技术解决客流高峰期游客"玩耍五分钟,排队两小时"的问题,切实提升旅游品质。

据悉,未来虚拟排队自助一体机还将推广至绝顶雄风、蓝月飞车等其他园内人气项目。此外,上海欢乐谷已将线上取票功能的开发提上日程。届时,游客仅需通过手机 App 获取电子版虚拟排队票,而无须前往园区指定地点领取纸质票。

3. 管理顾客的期望以便使顾客对排队等待有正确的预期

现实中,很多企业为了招揽更多的顾客,故意给顾客一个很短的排队等待的时间承诺,使顾客形成过高的期望。如果顾客实际排队等待的时间超过了企业承诺的最长时间,就会造成顾客不满意。所以企业在向顾客承诺排队时间时要根据自己的实际能力,做实事求是的承诺。比如,即使是在高频地铁服务中常见的短间隔时间内,也必须向乘客发布实时时刻表。

4. 区分不同的顾客以便提高整体服务效果

服务组织为了提高服务的整体效果,有时需要对顾客按照某些属性进行划分,对不同属性的顾客区别服务,允许一些顾客等待的时间比其他顾客时间短。一般而言,企业采取先来后到的原则对顾客提供服务,但在有的情况下,区分不同的顾客却是最好的选择。这一点在银行业中十分突出,高级的顾客经常在 VIP 室接受专门的服务。

5. 运用现代信息技术解决排队问题

许多服务型企业为了更好地解决排队问题,通过互联网大数据分析、物联网等技术,推出在线排队的应用程序,并与第三方支付平台合作,提升服务效率。例如中国工商银行自主研发了可视化排队管理系统和物联网监控平台,实时监控 550 余家网点顾客排队和业务办理情况,通过该系统,该行可以分析到店客流峰谷变化,快速处置网点排长队情况。同时,在网点显著位置公示业务高峰提示和周边网点地图,引导顾客错峰办理业务。针对网点高峰时期,通过设置快速窗口、后台人员支援一线、弹性排班上岗、柜员错峰用餐等方法,力求做好到店顾客的快进快出。在深圳市医疗系统的实践中,在线排队系统平均每次每人节省 46.3 分钟,累计为深圳市民节省 1.1 万小时。实际上,具有决策支持功能(如自扫描)的技术比没有决策支持功能的技术(如自我检查)更具交互性。使用交互技术的顾客可能会将积极体验更多地归因于自己而不是企业,这会影响满意度。此外,使用交互技术可以填充时间,从而影响等待的效果。

5.3.3 各种类型的排队系统

1. 不同的排队结构

排队的类型有很多种,挑选出最合适的方法是对经理们的挑战,图 5-3 多队多服务台与单队多服务台就是很普遍的排队方法。在服务线路单一并有先后顺序的服务中,例如咖啡馆,顾客要经历多项服务,在任何一个阶段都有可能出现问题,一项服务可能比之前的几个阶段时间都长。很多饭店在结账区都会排队,因为收银员要耗费很多时间计算顾客需要支付多少钱并找零,这比服务员往你的盘子上放菜要花更多的时间。

(1)平行队列。平行队列的多服务台服务比单一服务台能提供更多的服务,顾客可以自己选择其中的一条队列进行等待。银行和售票窗口都是采用这种方法。快餐厅在忙碌的时候会提供多条服务队列,每个服务台都会提供全套服务菜单。平行队列可以有一个服务台,也可以有多个。这种方法的缺点是每个队列移动的速度可能不同。你常常会发现当你选择了看似最短的一列，然而却因为在这一列有一个复杂的交易而使进度变得缓慢，你只能看着旁边两列的人以两倍的速度向前移动。一个简单的解决方法就是单队列、多服务台服务（一般称为蛇形队伍），这种方法多数出现在邮局或者机场办理登机的窗口。

(2) 指定队列。指定队列是指将顾客分为不同的类别，排入不同的队列。比如在超市结账区的快速通道（购买商品件数很少）和正常排队队列，或者在机场办理头等舱、商务舱和经济舱的登机窗口。号码牌可以使顾客无须在队列中等候，因为他们知道自己会按照顺序被叫到。这使顾客可以坐下来等候或者预计要等多长时间并先去做其他的事情，但是如果前面的人接受的服务比预计的快，那么就会有失去这个位置的风险。这种方法一般在大的餐饮店使用。

(3) 混合排队。排队也存在混合的方法。比如在某家咖啡馆，有一个等候队列，在最后结账区有两个收银柜台。

研究表明，选择最合适的排队类型是顾客满意与否的关键。等候区域的设置方式会使顾客产生一种不公平和不公正的感觉。比起在同一个队列中排队，蛇形队列以及平行队列对应多位服务者的排队方法更让顾客气愤，使他们更不满意，尽管两种排队方式中顾客等候的时间是相同的，接受的服务过程也是完全公正的。

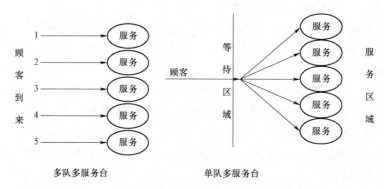

图 5-3　多队多服务台与单队多服务台排队方式

2. 为细分市场定制的排队系统

虽然排队系统的基本规则是"先到先得"，但并非所有的排队系统都是基于这个规则。将市场进行细分以便设计排队策略，区分不同的顾客，安排他们的先后顺序。区别排队区域可以基于以下标准。

(1) 工作的紧急性。在很多医院的急救中心，预检护士会接待病人并决定谁应当优先接受治疗，谁可以登记并坐下来等候。

(2) 服务交易的时间长度。银行、超市和其他零售服务通常会为简短、简单的项目设置"快速通道"。

(3) 是否支付更高的价格。航空公司会区分头等舱和经济舱的顾客，分别提供不同的登机服务，为头等舱的顾客提供更高效率的服务人员，减少他们的等候时间，因为他们支付了更多的费用。有些机场允许额外支付费用的顾客在安检的时候使用快速通道。

(4) 顾客的重要性。有些服务型企业会提供贵宾区。航空公司一般会为经常飞行的顾客提供休息室、报纸和娱乐设施，使他们在更舒适的环境中等候。

5.3.4 建立预约系统

预约的功能是保证顾客在需要服务的时候就可以得到服务。他们经常用于以人为对象的服务中，包括酒店、宾馆、航空公司、医院、咨询中心和理发沙龙。这些系统需要控制需求并对需求进行更有效的管理。通过掌握数据，预约系统可以帮助服务机构在未来的时段中做好运营和财力上的保证。从医生办公室简单的手写预约到经营世界各地航线的航空公司集中的、数字化管理的数据库，预约系统差别很大。

预约系统可以使顾客和服务型企业达到双赢。通过预约日常的修理和维护，企业可以预留出一定的时间应对突发事件，因为这些事件不可预测且成本更高，这样可以取得更高的利润。

通过预约还可以预售服务，通知顾客，也可以让他们有适当的期待。有预订的顾客会避免排队，因为他们已经可以保证在特定时间接受服务。一个管理完善的预约系统可以使机构将服务的需求从首选时间中分离到早一点或迟一点的时间，从一流服务分离到其他服务（"升级"或"降级"），甚至可以从首选地点转移到其他地方。但是如果顾客未能履行服务预订或者服务企业超额预订，问题就出现了。针对这些经营问题的营销策略包括可以要求顾客支付定金，超过规定时间取消未付款的预订，以及因超额预订造成顾客损失的应提供补偿等。

设计预约系统的主要问题是使这些系统对顾客和员工都有效且友好。很多服务型企业现在允许顾客自己在自助服务网站平台上预订服务，这个趋势越来越受欢迎。如果系统能够提供预订服务的详细信息，顾客会觉得满意。比如宾馆能不能提供符合顾客需要的特定房间，或者至少能提供风景怡人的房间而不是面对停车场或者墙壁的房间。

1. 预订策略应当关注收益

服务型企业越来越关注它们的收益——也就是每单位生产能力的平均收入，目的是提高收益而使利润最大化。基于数学模型的收益管理系统是为了服务型企业的最大收益，这些企业发现改变生产能力的成本很高，但是出售目前已有的可出售产能就能实现相对较低的成本支出。鼓励其他企业使用这一策略的特性包括调整需求水平，根据价格敏感性进行市场细分的能力，以及在使用之前执行预售服务。

收益率分析使经理们发现，向顾客提供特定时间的某个细分市场的机会成本，会在其他市场上得到更高的回报率。考虑以下不同类型的限制生产能力的服务型企业中销售经理面临的问题。

（1）一家宾馆是否应当接受旅行团的提前预订——200个房间每间每晚150元，但是其中部分房间几天后以全价每晚220元的价格提供给商务旅行者？

（2）航空公司应当提前向商务旅客和休闲旅客出售多少价格优惠的机票？

（3）工业维修保养商店是应当每天留出一定生产能力应对紧急修理工作，这样可以得到很高的利润并建立长期的顾客关系，还是应当仅仅安排足够的工作，主要是日常的保养，这样可以让员工都有工作做？

（4）印刷店应该是以"先到先得"为服务基础，保证每件工作都按时完成，还是应当对"快件"收取更高的费用，并告诉顾客工作完成不同标准服务的时间是不同的？

与遵循"二鸟在林不如一鸟在手"的原则相比,处理这些问题更加复杂。对过去使用的详尽记录和对当前市场的判断而产生的信息,是按照细分市场分配生产能力的重要因素。决定接受或拒绝一次交易是基于对高收益率的可能性的现实估计,并应当考虑到保护已经建立的(或期望得到的)顾客关系。凭空猜测或冲动时做出的决定将会面临很大的风险。

其他限制生产能力的服务也是如此。在有些案例中,生产能力可能是按照座位的预订数、乘车公里数或者客房使用天数计算;在其他案例中可能是机器运作时间、劳动力投入时间、可收费的专业服务时间、车辆行驶的公里数或者储存数量,这些都属于稀缺资源。除非将交易从某一设备转移到另一个设备非常方便,否则生产能力分配计划就应当以地理单位运营为基础进行规划。另外,交通工具代表可移动的生产能力,因此只要它能到达的地方,生产能力的分配就可以跨越地理位置。

在大型机构中,比如主要的航空公司或连锁宾馆,市场生机勃勃,因为情况瞬息万变。比如无论是商务旅行还是休闲旅行,需求都反映出当前的或预期的经济状况。虽然很多商务旅客对价格没那么敏感,但一些航空公司还是坚持员工在满足工作需要的商务旅行时争取折扣机票。休闲旅客通常都是价格敏感人群,一些特殊的促销活动,包括机票和房间的打折可以鼓励人们尝试他们原本没有计划的旅行。

从单个宾馆或航空公司来看,对手的竞争活动会对需求预测产生潜在的威胁。假设作为一名宾馆的所有者,街对面新开了一家宾馆提供打折优惠酬宾活动,这一定会对本店的营业状况产生一定的影响。反过来讲,一个现有的竞争者经营状况每况愈下也会对本店的生意造成影响。航空公司的价格幅度最变幻无常,可能在一个晚上呈现暴跌的现象。竞争者可能会开辟两个城市之间直航服务,或者取消另一个航线计划。旅行服务提供者和聪明的顾客会很快察觉这些变化并马上取消预订(即使需要支付一些取消预订的费用),以便从另一个航空公司获得更优惠的价格或者在其他地方获得更为便捷的旅行计划。

2. 有效的供求管理需要信息

服务管理者需要大量的信息帮助他们制定有效的需求管理策略并监控以后的市场绩效,以下是一些重要的信息。

(1)有关不同时间的需求水平和组成的历史数据,包括对价格或其他营销变量变化的反应。

(2)对每一个主要的细分市场在特定情况下的需求水平预测。

(3)不同细分市场的数据,能够帮助管理层评估固定周期和随机需求波动产生的影响。

(4)成本数据能够让服务型企业区分固定成本和变动成本,确定在不同细分市场和不同价格水平上所增加的单位销售量的相对盈利能力。

(5)逐个识别不同地点的需求水平和需求组成之间的有意义的差异(在多个地点的服务机构内)。

(6)不同情况下顾客对排队的态度。

(7)顾客对服务传递的质量随生产能力利用率的高低而不同的意见。

所有这些信息可能来自哪里?很多拥有固定生产能力的大型机构都设置了收入管理系统。没有这些系统的机构,尽管可能需要一些新的研究,但是其中许多所需要的信息早已为机构所收集,虽然不一定都是营销人员收集的。大多数服务型企业的信息流来自多种不同的渠道，尤其需要指出的是，许多信息是从机构所进行的大量单个交易中提炼出来的。仅销售发票本身通常就包含着大量更具体的信息。大多数服务型企业均收集大量运营管理和会计审计等详细信息，并把特定的顾客同特定的交易联系起来。

然而，人们往往会忽视这些数据的营销价值，而且数据的存储方式并不总是有利于以营销为目的而进行的检索、被恢复、储存和分析。但是无论如何，企业通常能以重新设计、收集和存储顾客交易数据的方式，给营销人员提供他们所需要的信息，包括现有的细分市场产品对以往的营销变化做出了怎样的反应。

另一些信息可能必须通过特殊的途径来收集，比如顾客调查或类似状况的跟踪考察。另外，企业必须不断收集有关竞争者的信息，因为竞争者生产能力或策略的改变都可能导致企业对其制定的战略做出相应的调整。考虑实施新的策略时，营销人员通过仿真模型分析获得可执行方案的建议。这种方法尤其对服务中的"网络"环境非常有效。比如我国学者应用排队论和整数规划建立了银行柜员弹性排班模型。以柜员总工作时间最小为目标优化银行柜员排班计划，同时考虑柜员的工作休息习惯和休假需求，该弹性排班模型的运用能使旺季里需求高峰时段中顾客平均等待时间保持在顾客能够忍受的时间范围内，从而有效缓解银行排长队的现象；同时该模型还可以进一步用于为削减富余的柜员编制提供决策支持。提供的算法和模型经编程可以设计成界面友好的排班软件，银行管理人员只需输入基本参数即可自动获得优化的排班方案，让排班工作变得轻松而易于操作。为银行柜员弹性排班提供了一个行之有效的解决方案，该方案有益于银行合理配置柜员、优化柜员工作时间、节省人力成本及排班成本、提高柜员服务效率，从而有助于提高顾客满意度，提升银行整体形象。

5.3.5 区分不同的等待顾客

为获得服务，并非所有顾客都必须等待相同的时间。根据需求的不同和顾客的优先级，一些服务型企业把顾客分成不同部分，允许一些顾客等待的时间比其他顾客短。虽然最普遍的政策是先到先服务，但服务型企业还是可以灵活运用其他规则，其依据如下。

1. 顾客的重要性

那些经常光顾的老顾客或对企业有重要贡献的顾客可以获得优先权，为他们提供特殊的排队区域或专属服务部门。

2. 工作的紧急程度

可以对那些急需获得服务的顾客提供优先服务，该策略被应用于急救诊所，为急危病人提供绿色通道。维护服务（如空调维修）通常也使用这种策略，那些空调停止运行的顾客与那些仅仅是需要获得日常维护的顾客相比会先得到服务。

3. 服务交易的时间

用时不长的服务会通过"快速通道"获得优先权，如超市的快速通道，未携带行李的乘客快速通过地铁安检等。如果服务提供者发现某些顾客需要较长的服务时间，那么这些顾客会被要求单独排队并由专门的服务人员负责处理业务，比如某些超市会设置现金结账柜台。

4. 支付溢价

那些额外支付溢价的顾客可以获得优先权，有单独的检票口或快速通道（如航班上的头等舱）。

5.3.6 使等待变得愉快或可以忍受

当获得一项服务要求顾客不得不等待时，他们在等待中的满意度会依赖于服务型企业对等待过程的处理方式，当然，等待时间的长短会影响顾客对服务的感知，但是不是等待的实际时间影响顾客满意度，而是顾客在等待期间的服务感知影响满意度。等待的类型（例如正常等待与由于服务延迟而导致的等待）也影响顾客的反应，所以，服务提供者需要了解顾客在等候过程中的心理特点，采取创新且有效的方式改进顾客在等候期间的服务感知。

1. 比起在等待中做些事情，无所事事使得等待时间感觉更长

当顾客无所事事地等待时，他们更容易厌倦，比他们有事情可做时更加注意时间。企业可以为等待的顾客提供一些活动来转移他们的注意力，这些活动最好能为顾客提供利益，或者在一定程度上与服务相关，就能够让等待显得不那么漫长，从而提高顾客的满意度，并且使服务型企业获得利益。例如，在饭店为等待的顾客提供菜单，皮肤管理医生的办公室为顾客提供有价值的资料或相关视频，或者在顾客等待时提供一些娱乐项目。

2. 比起过程中的等待，过程前的等待时间感觉更长

如果等待的时间被那些与服务相关的活动所占用，顾客可能会感觉服务已经开始，甚至会觉得已经不在等待了。从这种过程中的活动将使等待时间感觉起来更短，也会使顾客在服务开始时获得更好的准备，而使服务提供者获益。如在等待外科医生的时候获得医学信息，在餐厅等待时阅读菜单，在获得服务前观看与服务有关的影碟，这些活动在教育顾客的同时也会让其缩短感觉到的等待时间。

对餐厅的研究表明，相对于过程后的等待，顾客更抗拒过程前的等待。也就是说，过程前的等待在决定顾客整体满意度上相对更重要。其他的研究者也发现，如果由于例行流程缓慢而导致等待，那么过程前的等待会产生最消极的影响。但是，服务失误带来的服务等待比过程前的等待负面影响更大。顾客如何感知服务过程前、过程中及过程后的等待在很大程度上依赖于等待的原因。

3. 焦虑使等待时间感觉更长

当顾客担心自己已被遗忘或者不知道还要等待多长时间时，就会变得焦虑，并且这种焦虑会增加等待的负面影响。焦虑会导致顾客被迫选择多列排队，而他们总会发现自己选择了"错误的队列"。为处理顾客等待过程中的焦虑问题，服务型企业可以通过员工、显示屏和指示牌等形式提供关于等待时间的信息。比如某些限流的画展，会在顾客在外等候排队入场时，派工作人员进行提示与引导。使用单队列策略，也可避免顾客因选择"错误的队列"而产生焦虑。解释并保证没有忘记顾客，通过排除使其焦虑的原因，以减轻顾客的焦虑情绪。

4. 不确定的等待时间比确定的等待时间感觉更长

当顾客不知道要等待多长时间的时候，会紧张不安甚至产生愤怒的情绪。健康中心通常让顾客了解它们什么时候可以获得检查，医生还有多长工作时间来解决这一问题。梅斯特曾提到一个不确定性角色的有趣例子，即"约会综合征"。那些预约早到的顾客，需要耐心等待到安排的时间。然而，一旦期望的预约时间过去，顾客焦虑就相应增长。因为在预约时间之前，等待时间是可知的，而预约时间之后，等待时间就不得而知了。

一项关于航空业的研究表明，如果等待的不确定性增加，顾客会感到更加生气，而且他们的愤怒会导致更不满意。研究也表明，为顾客提供关于期望的等待时间或者在队列中的相关位置信息，将使顾客获得较为积极的感受，从而不再那么排斥等待，对服务质量也会有更正面的评价。比如许多餐厅让客人通过排号系统获知前面等待的顾客人数以及预计就餐时间，并可实时查询，公开透明，方便顾客"按时"就餐，减少等待时间和心理焦虑。

5. **不能说明原因的等待时间比能说明原因的等待时间感觉更长**

当顾客能够理解等待原因时，他们经常有更大的耐心和更少的焦虑，尤其当这种等待合情合理时。提供合理的解释能减少等待的不确定性，至少可以帮助他们了解将被延误的时间预期。一次，家长带着孩子等着看儿科医生，他们被告知医生将会迟到，因为一个可能有生命危险的孩子刚刚被送到医院，医生选择先集中精力治疗那个孩子。作为父母，谁都希望自己的孩子遇到这种情况也会得到同样的对待，因此等待是可以接受的。这远远好过根本没有任何解释，因为顾客不得不去猜测也许医生还没有从他的私人约会中回来。不知道等待原因的顾客会感到无力、沮丧，甚至会被激怒。

6. **不公平的等待时间比公平的等待时间感觉更长**

当顾客在等待中发现一些后来者已经获得服务时，这种明显的不公平将使等待时间感觉更长，这种情况通常发生在没有明确规则的等待场所。合理的排队规则（比如先到先服务）和排队结构能够较好地处理等候时长不公平的情况，服务提供者区分不同顾客群体并"隐藏"优先对待也是可行的解决方案。例如，在医疗急诊室的情形下，病情最重或者受伤的人会第一个看病。

7. **服务越有价值，顾客愿意等待的时间就越长**

那些有潜在需求或等待高价值服务的顾客更愿意忍受长时间的等待，甚至可能期望长时间的等待。比如，等待见一位律师的顾客可能认为 15 分钟的等待时间是可以接受的，反之在便利店等待同样的时间可能就完全无法接受。在一家超市购买大量货物的顾客与那些只购买少量货物和期望快速结账的顾客相比通常愿意等待更长的时间。

8. **单独等待的时间比团体等待的时间感觉更长**

人们在团体中等待，由于团体内的其他成员可以分散其注意力，因此与单独等待相比，他们能够接受等待的更长时间。团体等待比单独等待更舒服。在团体等待的情况下，比如在购买音乐会、话剧入场券的长队中，顾客彼此之间都是陌生人，但他们因为共同的爱好开始交谈，等待体验因此变得有趣且愉悦，并成为整体服务体验的一部分。

9. **身体不舒适的等候比舒适的等候时间感觉更长**

当人们不得不排队等候很长时间的时候，最容易听到他们抱怨，"腰酸背痛""头疼心烦"，无论有没有座位，如果温度过高或者过低，不通风或者风很大，不能遮蔽烈日或雨雪，都会让整个等候过程变得漫长且煎熬。

10. **不熟悉的等候比熟悉的等候感觉更长**

老顾客知道下面会发生的事情，等待的时候也就不会那么焦虑。新顾客或者偶尔光顾的顾客就会容易紧张，不仅担心等候的时间，而且不知道将会获得怎样的服务。

课后思考

1. 在服务的环境中，什么是生产能力？如何衡量它？

2. 如何运用生产能力管理技术来应对需求的变化？
3. 如果顾客获取服务必须接受等待，那么如何使顾客不厌烦？
4. 最佳使用能力和最大使用能力有何区别？举一个二者相同的例子，再举一个二者不同的例子。
5. 阐述4种等待策略，并根据自己作为消费者的经验分别举例。

讨论案例

基于智慧医疗优化挂号服务系统

医院承担着疑难病症诊治工作，门诊量的不断攀升，导致"挂号难"成为持续存在并被社会关注的难题，问题包括排队时间久、等候秩序差，由于排队等待时间过长，患者候诊的过程中情绪易烦躁，甚至引起不必要的纠纷，严重影响患者医院就诊的服务满意度。因此如何解决"挂号难"，减少患者等待时间，提高患者满意度成为医院急需解决的问题。

挂号难实质上是优质医疗资源短缺的一个缩影，门诊挂号是患者医院就诊的首个环节，传统挂号流程通常为患者本人或其家属携带有效证件到医院挂号处排队挂号，缴纳挂号费后，到相对应科室门口候诊。但由于现行医疗体制落后、观念僵化、医生水平差距悬殊及医疗资源分配不均，加之很多患者就诊挂号时找医院熟人帮忙或向"号贩子"买号，很大程度上扰乱了医院的管理制度，"挂号难"为医院门诊急需解决的首要难题，改革挂号模式势在必行。如何设置完善的预约挂号系统，是每个门诊服务工作者需要思考的问题。近年来，随着信息技术和生命科学的迅速发展，"智慧医疗"伴随着"智慧地球"的提出而出现，是指将医疗卫生服务人员、设备、信息、资源通过先进的互联网和物联网技术智能连接起来，以保证患者及时获得预防性和治疗性的医疗服务。智慧医疗包括智慧医院服务、区域医疗交互服务和家庭健康服务等基本内容。

智慧医疗在系统集成、信息共享和智能处理等方面存在明显的优势。为响应卫健委提出的《关于在公立医院施行预约诊疗服务工作的意见》和"三好一满意"倡议，江西省赣州市人民医院自2017年12月引进智慧医疗优化挂号服务系统，加强挂号管理，提高预约挂号比例，取得良好效果。很大程度上实现了患者多方式挂号的愿望，方便患者就医，有效打击了"号贩子"倒号，维护了患者的利益，体现出公平合理的就医环境，提高了医院的服务质量，提升了医院形象，受到广大患者的一致好评。

智慧医疗优化挂号服务系统为新型的医疗服务方法，该方法的发展能有效提高患者挂号效率和正确性，具有常规挂号就诊服务无法达到的优势。智慧医疗优化挂号服务系统主要包括电话预约、网络预约与诊间预约、现场预约等，具有诸多优势。① 通过电话预约与网络预约，患者在线查看医生基本资料，根据患者自身状况选择适合自己的医生，并能了解门诊专家坐诊时间，减少由于医生不坐诊造成的精力和财力损失。② 常规挂号方法患者等待时间长，经常出现部分素质不佳者插队挂号，患者之间容易引起争吵，严重影响就诊正常秩序，给就诊患者造成不良影响，而通过智慧医疗优化挂号服务系统能有效避免以上情况发生，还能让患者合理利用时间，从而改善医患关系。③ 应用智慧医疗优化挂号服系统，有助于改善就医环境，节约能耗，患者可快速付费，减少患者诊间与窗口重复来回现象，减少人员的流动，使患者感受到简便、高效，对患者产生良好影响，获得较高的满意度。自2017年12月江西省赣州市人民医院启动基于智慧医疗的挂号新模式后，患者的挂号时间、候诊时间显著降低，患者的就诊满意度显著提高，且投诉发生率下降，医院服务质量提高，患者受益多。

综上所述，基于智慧医疗优化的挂号服务系统挂号在节省患者候诊时间，提高患者满意度，降低患者投诉发生率等方面有着明显优势，需要进一步加强宣传力度，让更多的患者了解智慧医疗，完善智慧医疗挂号制度，为今后发展"未来医院"打下坚实基础。

资料来源：谢伟红. 基于智慧医疗优化挂号服务系统对门诊患者门诊等候时间及满意度的影响［J］. 中国现代医生，2019，57（1）：149-151.

案例思考题

1. 在优化服务系统以前，该医院的生产能力是如何受限的？
2. 智慧医疗优化挂号服务系统是如何利用顾客排队心理来提高整体服务效果的？

第3篇 服务价值创造

第6章

基于竞争优势的服务定位

学习目标

1. 服务中的定位战略；
2. 获得竞争优势的4种聚焦策略；
3. 识别和选择目标市场；
4. 服务差异化的基础。

开章案例

汉庭酒店的品牌重新定位

中国的经济型酒店行业，是由汉庭酒店（现华住酒店集团）创始人季琦先生开创的。可以说，汉庭酒店的诞生本身就是一个品牌定位的经典案例。

季琦观察到当时中国的酒店行业只有两种产品——星级酒店和招待所，前者环境怡人、服务周到，但价格昂贵，普通人难以承受；后者虽然价格实惠但住宿条件又十分落后。于是季琦在2005年创立了汉庭酒店。汉庭酒店没有星级酒店的豪华大堂、会议室、娱乐等设施，唯一的核心产品就是客房，以经济实惠的价格给顾客"洗好澡、睡好觉、上好网"的消费体验，在星级酒店和招待所的夹层中开创了经济型酒店的"蓝海"。从此经济型酒店进入了黄金时代，各大经济型酒店品牌如雨后春笋般涌现，截止到2015年年底，仅汉庭酒店的数量就有2 000多家。

然而，经过数十年的飞速发展，经济型酒店行业正被产品老化、入住率下降、竞争激烈等问题困扰。在下一个发展阶段，作为中国经济型酒店标杆的汉庭又该如何发展？

2016年2月，汉庭与上海华与华营销咨询有限公司展开合作，提出了品牌升级重塑的诉求：让汉庭成为一家人人都住得起、人人都喜欢住、人人出行首选的"国民酒店"。通过调研，消费者提及最多的关键词是"干净"，消费者甚至愿意为了"干净"多付出30元的成本。

在消费升级的今天，酒店行业最基本的"干净"反而缺失了。

2016年11月21日，华住酒店集团在"汉庭爱干净"誓师大会上宣布，将在全国首批600家汉庭酒店的门头上，落地全新的定位"爱干净，住汉庭"。迅速铺开的"干净战略"，使汉庭酒店凝聚起新的核心竞争力。2017年全年，汉庭酒店成绩喜人：汉庭RevPAR（平均每间可供出租客房收入，是衡量酒店经营水平的重要指标）增长8%，汉庭新品平均每间房溢价20多元，是最佳竞品的同店RevPAR增长的2倍。全年客房入住率上升10%，达到93.5%。开业18个月以上的直营店和加盟店总营业收入溢价均大幅度增长。

6.1 获得竞争优势的基础

随着服务业竞争的加剧，通过对顾客有意义的方式来实现产品的差异化对服务型企业来说日益重要。在高度发达的经济体系中，一些相对成熟的服务业的增长速度正在减慢，例如银行业、保险业、医疗业和教育业等。所以，服务型企业的成长只能依靠抢占本地竞争者的市场份额或者向国际市场扩张。而无论在以上哪种情况下，服务型企业都需要对目标顾客进行选择，并且通过展现自我来实现差异化。

一个企业想要吸引市场上全部现有的和潜在的消费者通常是不现实的，因为顾客的数量太多，且地理分布相当分散，在需求、消费行为和消费方式等方面也存在很大差异。同时，不同的服务型企业为不同类型的顾客提供服务的能力也各不相同。因此，每个企业都应该将自己的精力集中在自己能为其提供最佳服务的顾客身上，而不是在整个市场上全面竞争。

获得竞争优势可以采用多种不同的途径。乔治·戴的阐述如下。

一个企业用以赢得竞争优势的方法的多样性可以迅速击败任何通用性的原则和表面化的方法……最重要的是，一个企业必须把它自己与它的竞争对手区分开来。要取得成功，它就必须界定和推动自己成为某些特性的最佳提供者，而这些特性对于目标市场的顾客而言非常重要。

上面这段话表明，管理者必须系统地考虑整个服务体系的方方面面，并着重改进那些对目标细分市场（一个或多个）的顾客而言有价值的特性。

6.1.1 聚焦策略

在营销术语中，聚焦意味着为一个特定的细分市场提供相对较少的产品组合，这一细分市场的顾客特征、需求、购买行为或者消费方式都比较相似。事实上，几乎所有成功的服务型企业都将此概念作为战略核心，即在服务运营中识别重要的战略性要素，并将企业资源集中到这些要素上。

聚焦策略的核心是"取舍"与"匹配"。首先企业要整合营销资源，明确优势和劣势，找到最能发挥自身优势的目标市场；其次要去掉"鸡肋"产品，放弃不匹配的市场，收缩不必要的渠道，集中分散的资源形成合力，实现以小博大、以弱胜强，最终打造有特色的核心产品，建立有潜力的市场根据地，塑造较强的区域品牌，创造一条双赢的道路。

企业聚焦策略可以从两个维度进行描述：市场聚焦和服务聚焦。市场聚焦指的是企业为一个或少数几个市场提供服务；服务聚焦指的是企业提供一种或者少数几种服务。这两个维度的大小决定了如图6-1所示的4种基本的聚焦策略。

（1）完全聚焦。采用完全聚焦策略的企业为一个窄小而特定的细分市场提供有限种类的

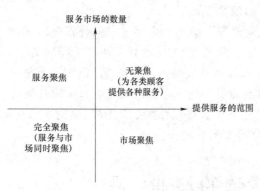

图 6-1 服务的 4 种聚焦策略

服务（也许只是一个简单的核心产品）。企业在一个明确的细分市场中建立起被顾客认可的专长，便能够阻碍潜在竞争对手的进入，并使企业获得溢价。

（2）市场聚焦。采用市场聚焦的企业专注于为一个窄小的细分市场提供广泛的服务。采用市场聚焦，首先要明确企业的目标市场，是针对一线城市的市场，还是针对三、四线城市的市场；其次要进行合理的市场布局和规划，明确市场开发的节奏、速度和计划；最后才是确定当前主打的样板市场，把企业的现有营销资源都集中于此，把单一的市场或区域做深做透，直至成为该市场或区域的领导品牌后，再稳步地进行外围的市场扩张。简而言之，就是先建立根据地，再进行市场扩张，这也正是市场聚焦的精髓所在。

按照市场划分方式的不同，市场聚焦包括地域聚焦和其他目标市场聚焦。按消费者的特点划分，可以分为低端市场聚焦、中端市场聚焦和高端市场聚焦。按性别划分，可以分为男性市场聚焦和女性市场聚焦，如"孩子王"专注于母婴市场。

（3）服务聚焦。采用服务聚焦策略的企业为广阔的市场提供有限种类的服务。但是，当进入新的细分市场时，企业需要掌握为这些细分市场提供服务的知识和技能。星巴克采用的就是服务聚焦策略，为广泛的顾客提供标准化的服务产品。

（4）无聚焦。最后，许多服务型企业由于试图为广阔的市场提供广泛的服务而陷入无聚焦状态。企业应该在细分市场或服务方面采用聚焦策略，而不应该使用无聚焦策略。采用无聚焦策略的企业往往同时要关注多项业务，这样就"稀释"了企业有限的精力，导致企业资源过度分散。

那么，企业应该如何在上述三种聚焦策略中进行选择呢？

每个策略都有优点，但是也存在风险。采用完全聚焦策略便意味着风险和机会并存。在利基市场中建立起被认可的专长可能会阻碍潜在竞争者的进入，并且可能使企业获取溢价。但是，这种策略所带来的最大风险可能是利基市场的规模太小以至于营业额过低而不能满足财务需要。其他风险还包括：由于可选替代产品增多、其他服务提供者创新技术或者因经济萧条而影响目标顾客，导致服务需求减少等。

为了防范这些风险，众多产品线较狭窄的企业选择服务于多个细分市场并创建一个顾客组合，即采用服务聚焦策略。但是，当进入一个新的细分市场时，企业需要掌握服务这一细分市场所需的专业知识和技能，这需要更多的销售努力和对营销沟通的更多投入。延伸阅读中 Keep 健身 App 的例子便展示了服务聚焦策略是如何取得成功的。

 延伸阅读

Keep 的成功之路

自 2015 年 2 月上线至今，健身软件 Keep 的用户已突破 1.6 亿、月活超过 3 000 万。曾创下让互联网行业侧目的用户积累速度：获取 100 万用户最快只需约 8 天，获取 1 000 万用户只用了 39 天。

更让同行羡慕的是，2015年2月，上线一周后Keep就迅速完成天使轮融资，上线25天完成A轮融资，上线60天完成A+轮融资，上线15个月完成3 200万美元C轮融资，其后3个月又获得腾讯C+轮战略投资。2018年7月，Keep宣布完成1.27亿美元D轮融资，由高盛领投，腾讯、GGV纪源资本等老股东跟投。这是国内互联网健身领域迄今为止金额最高的融资，充分表明Keep新构建的虚拟教练模式获得了投资人的认可，同时也奠定了其行业领头羊的地位。

与其他健身App的内容相比，Keep的内容既没那么专业，又显得碎片化。但是，Keep所瞄准的用户群体恰恰就是那些不去健身房的"小白"，而不是有固定去健身房习惯的人群。这些用户的基本需求很简单：穿衣显瘦，脱衣有肉；同时也面对着传统健身的四大痛点：时间、地点、金钱、人物。

针对这些用户的健身痛点，Keep通过提供一款移动互联网App，让用户在任何时间、任何地点都能根据视频引导运动起来。而且，免费策略不仅让用户摆脱了高昂的私教费用，还成为Keep吸引用户的法宝。

Keep成立之初的2012年，"健身意识才刚刚起来，我们就开始专注于更大众化的初学者，而不是专业的健身爱好者。"创始人王宁直言，健身运动是枯燥的，通常来说，如果没有亲朋好友的陪伴是很难坚持下来的。"Keep就是解决了传统健身的难题，让你随时随地可以跟着Keep运动起来。"Keep想打造的是一个线上的自由运动场，希望所有用户可以在这里完成所有体育运动训练，认识更多有相同兴趣爱好的人。

所以，Keep抓住用户的第一步，就是提供"傻瓜式"的运动教程，让众多对健身知识缺乏了解的"小白"，感到健身的门槛似乎很低，完成一些基本动作并不难，从而能够跟随其提供的各种课程坚持健身。

由于工作、学习、做饭、带娃以及其他各种各样的事情，很多人难以抽出一个完整的时间段去健身，而Keep主打的正是碎片化健身。比如说用户现在开完会了，正在休息室闲着，这时候就可以掏出手机，打开Keep中的一个训练课程，跟着其动作进行运动。正是这种利用碎片时间的健身方式，击中了用户的需求。

向一个狭窄的细分市场提供范围较广的产品线（即市场聚焦策略）看似很有吸引力，因为它提供了向一个顾客销售多种服务的潜在机会。克丽缇娜美容院就是典型的例子，它希望向面对现代生活挑战的女性提供多种美容、美体服务。

但是，在选择市场聚焦策略之前，管理者需要确认企业是否具有为不同服务项目提供卓越质量的运营能力，他们需要理解顾客的消费习惯和消费偏好。在B2B环境中，许多企业都有过以下令人沮丧的经历：当企业试图向同一个顾客交叉销售其他服务时，却发现购买新服务的决定是由顾客企业中另一个完全不同的团队做出的。

6.1.2 服务市场细分

服务市场细分是指服务型企业根据不同的顾客特征或服务需求，将整体服务市场区分为若干个细分市场的过程。随着数字化经济时代的到来，消费升级带来服务新需求，服务供给水平也在不断增强。服务业快速兴起与发展，数字化提高了服务领域的资源配置效率，推动服务业从规模扩张向高质量发展转变。但同时，新的竞争对手也在不断涌现，服务型企业之间的竞争愈发激烈。对服务市场进行细分，有助于服务型企业将资源集中到更具经济效益、更符合企业发展方向、更匹配企业资源水平的市场领域，始终保持差异化的竞争优势。

1. 市场细分是聚焦策略的基础

市场细分是营销中非常重要的一个概念。服务型企业为不同类型的顾客提供服务的能力也是不同的。因此，每个服务型企业都应该采取服务市场细分策略，识别出那些自己能为其提供最佳服务的顾客群体或细分市场，而不是试图在整个市场中与那些最优秀的竞争对手展开角逐。关注顾客的服务型企业会采用基于顾客需求的细分方法，专注于那些重视某种特定属性的顾客。

2. 服务市场细分的标准

服务市场细分是指按某种特征将顾客分类，一类顾客称为一个细分市场。不同的细分市场之间具有不同的特征，而同一个细分市场中的顾客具有相同或相似的特征。市场细分的目的是选择目标市场。

服务市场细分的方法与有形产品市场细分存在相似之处，即采用人口（性别、年龄、职业、受教育程度等）细分、地理因素细分、消费者行为细分等，但由于服务具有异质性、无形性、易逝性等特征，使得服务的市场细分比有形产品的市场细分更复杂，因为其具有两个特点：个性化和兼容性。

（1）个性化。产品市场细分的程度总是有限的，因为产品生产者与消费者的数量对比通常是"一对多"的。如果消费者分得太细，就无法找到不同的生产者与之对应，因此，制造业的产品市场细分是比较粗的，很难真正地细化，更别说是个性化。而服务生产者与消费者的数量对比通常是"一对一"的，这就决定了服务市场细分的程度比较高，服务市场可以细分到个人，即达到个性化。服务市场是差异化、个性化或多样化最明显的市场，服务市场细分应当细之又细。服务市场细分的个性化增加了服务生产和营销的成本，这也正是提高服务业的生产率比制造业难的一个重要原因。现代服务业正在通过自助服务、网络服务和个性化服务等方式来协调个性化与生产率之间的矛盾。

（2）兼容性。由于服务产品的不可分离性，在同一家服务提供者的服务过程中，不同类型的顾客可能是在一起的。这就要求服务提供者在对顾客进行细分时要考虑到不同类型顾客之间的兼容性，避免选择两类难以相容的顾客细分。例如，某酒店在旅游淡季选择两个细分市场作为营销的对象：一类是被折扣优惠吸引来的家庭游客，另一类是来出差的商务人士。酒店发现这两个细分市场之间很难相容，这就要在分析这两类游客差异性的同时寻找他们的共同点，并在营销策划时充分照顾到这些共同点。服务细分市场之间的兼容性越强，顾客之间的共同点越多，服务提供者的营销可能就越容易，服务成本可能就越低。

3. 确定和选择细分市场

细分市场是由一组具有共同特征、需求、购买行为或消费方式的购买者群体构成的。有效的市场细分将购买者划分到不同的细分市场，在每个细分市场内部，顾客相关特征的相似点要尽可能多；而在不同细分市场之间，顾客在这些特征上的不同点要尽可能多。

目标市场是企业从广阔市场的多个细分市场中所选择的一个或几个细分市场，这些细分市场是根据一些变量确定出来的。例如，某个城市的一家服装定制公司可以将该城市某个范围内（地理细分）、个人收入在某个范围内（消费能力细分）的居民作为目标顾客。由于该城市的其他服装定制公司也选择同样的顾客作为目标市场，这家服装定制公司就必须具备独特的竞争力，比如上门赠送最新的服装画册、提供上门量尺寸和送货上门等服务。基于技术使用制定战略的服务型企业意识到，还可以依据顾客使用技术型传递系统的能力大小和适应程度进行市场细分。

一些细分市场能够比其他细分市场提供更好的销售和获利机会。营销人员不仅要根据销售额和潜在利润来选择目标市场，还应该考虑企业在同一细分市场提供与竞争者相同或更好的产品及服务的能力。有时候，研究显示某些细分市场"服务不足"，即现有的服务提供者不能很好地满足细分市场的需求。这样的市场规模之大往往出乎人们的意料。例如，在许多新兴市场经济国家中，低收入消费群体数量巨大，但他们很难引起那些惯于关注富人需求的服务型企业的兴趣。其实这些低收入群体集合起来代表着一个庞大的市场，而且在未来会具有很大的潜力。如果能够瞄准他们并为之创造更多的价值，就能赢得这个巨大的市场。下面延伸阅读中的案例便描述了台州银行通过为中低收入群体提供金融服务找到了中小银行的转型之路。

延伸阅读

为中低收入群体提供金融服务

2020 年，某中小银行对台州一批家庭年收入在 10 万至 20 万元的中低收入群体进行了金融消费需求调查，发现这一收入区间的群体金融消费存在不合理现象，一旦家庭成员遭遇重病等重大变故，极易返贫。目前国内没有任何金融机构能全方位满足中低收入群体的金融需求。而这可能是中小银行的未来转型之路。

调查人员在台州搜集了 100 多个样本，均匀分布在 25~35 岁、36~45 岁以及 46 岁以上这三个年龄段，职业以个体工商户、企业打工者、务农人员为主，也有少量行政事业单位的工薪族。调查发现，这一群体的理财意识普遍薄弱。从富余资金主要流向来看，绝大多数人把家庭富余资金放在银行存定期（占比近 50%），用于购买银行理财产品、保险、基金、股票产品的比例非常小，未对现有家庭财富进行合理安排。金融知识匮乏，不知如何合理使用金融服务改善生活的家庭，几乎占调查总数的百分之七八十。

大银行、中小银行各有分工。大银行服务大顾客可能更有优势，中小银行服务小顾客会更接地气。当前不少中小银行都在积极推动转型，希望从传统的存贷业务中跳出来，中低收入群体的这块金融消费需求不能忽略。这不仅仅经济意义显著，其社会效益更不容忽视。

对于中小银行自身，要克服"赚富人钱"的固化思维。银行作为中低收入群体最为信任的金融机构，有着广泛的网络分布和成熟的顾客经理团队，具有其他机构无法比拟的优势。未来，中小银行应朝着"一站式金融服务提供者"方向转型，联结保险、证券、私募等金融机构，形成协同效应。

6.2 服务差异化的基础

一旦企业选定了目标市场，就需要以正确的服务理念为市场服务。为了识别服务的哪些特征对特定的细分市场是重要的，潜在顾客对竞争企业在这些特性上的表现的感知，企业通常需要进行一些正式的调研。但是，营销人员需要认识到，即使是相同的人对服务特性的优先排序可能都是不同的，这取决于：① 使用服务的目的；② 谁做决策；③ 使用的时间（一天/一周/一个季节中的时间）；④ 是一个人单独使用服务还是一群人共同使用服务，如果是一群人，群体成员的构成是怎样的。

请考虑下列情形中你选择吃午饭时对餐厅提出的标准：① 与朋友或家人一同度假；

② 跟一位潜在顾客共进午餐；③ 与同事一起去吃快餐。

如果给你一些合适的选择，在不同的情形下你是不太可能选择同一类型的餐厅的，更不用说是同一家餐厅了。如果你让随行的其他人进行决策，那么他也可能做出不同的选择。因此，购买服务的时机和情境是非常重要的。

6.2.1 服务的重要因素与决定性因素

消费者通常依据自己感知的不同服务之间的差异进行选择。但是，使服务产品之间相互区别的属性并不总是最重要的。例如，许多航空旅客将"安全"视为首要考虑的因素，他们可能会避免乘坐不知名的航空公司的班机，或者避开那些安全声誉不好的航线。但是，在排除这些考虑之后，在主要航线上旅行的乘客仍然可能在几家被认为是同样安全的航空公司之间进行选择。因此，在面对这种情况时，安全性通常不是影响顾客选择的服务属性。

决定性属性指那些真正决定购买者在聚焦竞争性服务中做出选择的属性，通常并不是购买者所认为最重要的属性，但它们能够让顾客看到竞争性服务选择之间的重要差异。例如，航班起飞和降落的时间是否方便、是否有里程积分、是否给予忠诚顾客以最大限度的优惠、航空服务质量如何、预订机票是否便利等，这些属性都是商务旅行者选择航空公司的决定性属性。此外，对于那些精打细算的度假旅行者而言，价格可能是最重要的属性。

市场营销研究者的任务当然是调查目标市场中的顾客，识别出不同属性的相对重要性，然后询问消费者近期在不同服务提供者之间做出的选择，从而确定服务产品的决定性属性。同时，研究者还需要知道顾客是如何感知竞争者在这些属性上的服务表现的。这些研究结果是企业制定定位（或重新定位）策略的必要基础。

当然，营销研究者的任务是调查目标顾客，识别不同属性的相对重要性，然后询问最近一次选择服务提供者时考虑的决定性因素是什么。研究者也需要留意顾客对每一个服务竞争者在这些属性方面的感知如何，这些研究发现将形成制定服务定位（或重新定位）的必要基础。

6.2.2 服务水平和等级

企业需要理解对目标顾客而言最重要的服务属性和决定性服务属性的差异，但是制定定位战略需要做的远比识别这些属性更多。企业必须针对为每种属性提供何种水平的服务做出决策。一些服务属性是容易量化的，而其他的只能通过定性研究。例如，价格就是一个容易量化的属性。运输服务的准时性可以按照时间表上规定时间内到达的巴士、火车或航班的百分比来衡量，这类属性都是容易理解和衡量的，因此可以进行概括归纳。但是，有些属性，比如员工的服务质量或者宾馆奢华程度等则是定性的，它取决于个人的主观判断。为了阐明这个问题并更好地设计服务及衡量服务水平，企业应该结合实际情况考察每个属性并建立明确的标准。例如，如果顾客反映舒适度对他们很重要，那么这对于酒店和航空公司来说，除了房间和座位大小，还意味着什么呢？对酒店而言，舒适度是指周围环境（如室温和安静程度），还是指床铺这样看得见的、具体的因素呢？在酒店管理实践中，管理者既要考虑周围环境，也要涉及具体的因素。

顾客对于一定范围内的服务，往往会基于价格和服务水平做出取舍，企业可以据此对顾客进行细分。价格敏感度低的顾客愿意为他们看重的特定服务而支付相对较高的价格，来获得较高水平的服务。反之，价格敏感度高的顾客则在许多关键属性方面，选择支付相对较低的价格，来获得较低水平的服务，但是有其他一些重要属性，例如安全，是他们绝对不会妥协的。

6.3　服务定位——创造服务价值

服务定位是企业识别和传递服务价值的重要信息。服务型企业对服务进行精准的定位和管理可以更加科学地改进服务设计，传递和优化服务营销活动的效果，结合自身资源与市场机会，发展竞争优势，实现其服务价值主张。

6.3.1　服务定位的意义

服务定位能够使服务型企业与其竞争者区分开来，差异化的独特优势能够使服务型企业在竞争中脱颖而出。竞争性定位策略的基础是为服务型企业或其每种产品在市场上建立和保持一个独特的地位。杰克·特劳特把定位的精华提炼成以下4点法则。

① 公司需要在它的目标顾客的心目中创建一个定位；
② 定位应该是单一的，要为顾客提供简单而统一的信息；
③ 定位需要把公司与其他竞争者区分开；
④ 一家服务型企业不可能为所有的顾客提供所有的东西，因此要有针对性。

这4点法则适用于所有类型的为争夺顾客而竞争的服务型企业。理解定位的概念是建立有效竞争优势的关键。当然，这个概念并不局限于服务产品上。事实上，它起源于包装类商品的营销。它还通过迫使服务型企业的管理者分析企业当前的服务产品并回答以下的问题来获得有价值的启示。

① 在当前顾客和具有潜在购买力的顾客的心目中，我们企业目前具有什么印象？
② 我们目前在为哪些顾客服务？将来我们愿意以哪些顾客为服务目标？
③ 我们现在的服务产品有哪些特性（包括核心产品和伴随的附加服务）？每个特性分别以什么样的顾客为目标市场？
④ 在每一种情况下，我们的服务产品与竞争者的产品有何不同？
⑤ 不同细分市场的顾客认为我们的每一种服务产品与他们需求的相符程度如何？
⑥ 在那些对我们的服务产品感兴趣的细分市场中，我们应该对我们的服务产品做怎样的改进才能强化我们的竞争性定位？

服务型企业需要了解市场环境特征、深入调研和分析市场结构、竞争对手和顾客需求三方面的特征，最大限度地利用企业的优势资源，在顾客的心智中树立区别于竞争对手的独特形象，形成持续的差异化服务，最终获取持续的服务市场竞争优势。

6.3.2　建立服务定位的战略

在介绍了聚焦的重要性以及相关的定位原则之后，接下来探讨如何制定一个定位战略。定位需要对顾客认为重要的属性做出决策。要想提高产品对某个特定细分市场的吸引力，也许需要改变产品在某个属性上的表现，改变顾客可以购买到产品的时间和地点，再或是改变产品的送货形式等。由于定位把市场分析、竞争者分析和企业内部分析三者结合起来，因此对营销战略的制定起着关键的作用。基于这三种分析，定位能让服务提供者回答以下问题：我们的产品（或者服务理念）是什么？我们想要它成为什么？为了达到这个目标，我们需要采取什么样的行动？表6-1归纳了定位分析作为一种判断工具的主要作用，包括为开发新产品、服务传递、价格制定和沟通策略等方面的决策提供依据。

表 6-1　定位分析作为诊断工具的主要用途

1. 为定义和理解产品与市场之间的关系提供了有效的判断工具
- 在某些具体的属性方面，本企业的产品与其他竞争者的产品相比表现如何
- 根据具体的绩效标准，该产品满足消费者需求和期望的程度如何
- 在某一个给定的价格水平上，对具备一定特性产品的预期消费水平是多少
2. 确定市场机会
（1）引入新机会
- 以哪些细分市场作为目标
- 与竞争者相比，本企业的产品具有哪些特点
（2）重新设计（重新定位）现有的产品
- 目的是要吸引相同细分市场的顾客，还是新细分市场的顾客
- 应该增加、去掉或者改变哪些产品特性
- 在广告中应该强调哪些特性
（3）要淘汰的产品
- 不能满足消费者的需求
- 面临过多的竞争
3. 制定其他营销组合决策，从而能够在竞争性中获得主动权或者对竞争者的行为做出反应
（1）分销策略
- 在哪里提供产品（渠道、商店的类型）
- 何时提供产品
（2）定价策略
- 价格应该定为多少
- 使用怎样的账单和付款方式
（3）沟通策略
- 哪些目标市场上的顾客最容易相信本企业的产品在顾客注重的属性方面具有竞争优势
- 应该强调哪些信息和属性，在比较相关属性时应该考虑到哪些竞争者（如果有的话）
- 选择哪种沟通渠道：人员推销还是分类广告媒介（选择的依据是，这些渠道不仅能向目标受众传递既定信息，而且还能强化理想的产品形象联想）

　　制定定位战略可以在不同的层次上进行，这完全取决于涉及的组织特征。对于提供多地点、多产品的服务型企业，定位策略可以为整个组织创建定位，也可以为一个特定的服务商店或该商店提供的某项具体的服务确立定位。尤其重要的是，由于某项服务的形象可能会发展成其他服务的形象，因此，同一个地点提供的不同服务的定位必须具有某种统一性。例如，如果某家医院在妇产科方面拥有极高的声誉，这可能会提高人们对其妇科、儿科、外科等方面服务的认知。反之，如果它们的定位是彼此冲突的，那么这三个科室的服务都会受到恶劣的影响。

　　由于很多服务都具有无形性和经验性的特征，因此，明确的定位战略对于帮助潜在的顾客把注意力集中在一个产品上非常重要，否则顾客的注意力就会相当分散且漫无目的。如果不能在市场上选择一个适当的位置并制订一个用来得到和巩固这个位置的营销行动计划，就可能导致以下几种不理想的结果：

① 服务型企业（或者产品）陷入要与更强大的竞争者针锋相对的竞争处境；
② 服务型企业（或者产品）陷入任何企业都会竭力避免的处境，顾客对服务型企业（或者产品）根本不存在任何需求；
③ 服务型企业（或者产品）的定位非常模糊，以至于没有人了解其竞争优势是什么。

6.3.3　市场分析、企业内部分析和竞争者分析

　　定位是连接市场分析、企业内部分析和竞争者分析的纽带。从这三项分析当中，可以得到一个清晰的定位描述，让一个服务型企业通过回答 6 个问题来制定一个有效的定位战略。图 6-2 说明了制定一个合适的市场定位和为实现这个目标而制定策略所涉及的基本步骤。

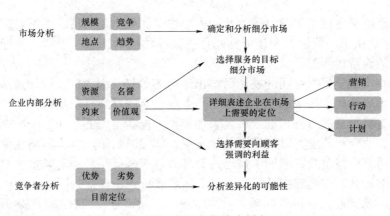

图 6-2　市场定位战略制定

1. 市场分析

市场分析可以帮助确定需求的总体水平和趋势，以及这种需求的地理分布。对这种类型的服务的需求是在增加还是在减少？需求水平是否有区域性或者国际性的差异？首先，应该考虑市场细分的几种不同方式，同时对不同细分市场的规模和潜力做出评估。其次，可能需要进一步研究，以更好地理解不同细分市场的顾客需求和偏好，以及顾客对竞争的认知程度。

2. 企业内部分析

企业内部分析的目标是帮助该企业明确它的资源（资金、人力、专有技术和有形资产）、限制或约束条件、管理层的价值观和目标（盈利能力、成长性和职业偏好等），以及这些价值观会怎样影响公司的经营方式。根据这些分析得出的结论，服务型企业应该能够选择有限数量的目标细分市场，愿意并且有能力为这些细分市场提供新服务或现有服务。

3. 竞争者分析

竞争者分析可以帮助营销者认识到企业的优势和劣势。反过来，这也许意味着会有进行产品差异化的机会。把这些分析与企业内部分析的结论结合起来，能够发现实施差异化经营、取得竞争优势的机会，从而帮助企业确定应该向哪些细分市场提供哪些利益。这种分析应该同时考虑直接的竞争者和间接的竞争者。

在开始制订具体的行动计划之前，管理者应该预测竞争者对企业可能采用的定位策略的反应。例如，应该考虑到一个或者更多的竞争者追求相同市场定位的可能性。可能其他的服务型企业已经进行了同样的市场分析并得出了相似的结论；或者一个现有的竞争者可能感受到新策略的威胁，于是采取措施对它自身的服务进行重新定位，从而更有效地参与竞争；又或者一个市场的新进入者可能会扮演追随者的角色，但是能够在一个或者多个属性方面向顾客提供更高的服务水平或更低的价格。

预测竞争者可能做出的反应的最好方法是，确定当前或潜在的所有竞争者，由管理层设身处地地对每一个竞争者进行内部分析。通过把从分析中得出的观点与来自现有市场和竞争者分析的数据结合起来（要扮演竞争者的角色），企业可以让管理层很好地认识竞争者可能会采取的行动。如果一个更强大的竞争者凭借更有优势的服务产品进入服务型企业占领的细分市场的可能性更大，那么重新考察市场环境则是一个明智的做法。

4. 定位描述——形成价值主张

把上述三种分析（市场分析、企业内部分析和竞争者分析）结合起来的结果就是定位描述，它能够清晰地表述该组织在市场上计划的定位（如果需要的话，还有它提供的每一项服务）。具备了这些认识，营销者应该能够制订出具体的行动计划。当然，执行这个计划的成本必须与预期的收益相匹配。

定位分析和实施要根据时间的发展而做出适当的调整，因为定位往往是变化的。企业需要对变化中的市场结构、技术、竞争者行动和企业自身的发展做出反应。一般而言，很多公司通过增加或者减少某些服务和细分市场来逐步推进重新定位的工作。一些企业选择收缩自己的产品线，并放弃一些业务以使资源更加集中，如 2012 年，盛大网络收缩了其在网络游戏上的业务。而另一些企业则增加了自己的产品或者服务产品种类，来扩大对现有顾客的销售量并吸引新的顾客，哔哩哔哩从最初 ACG 弹幕成长到垂直视频巨头。凭借平台的 POGC 内容和 Z 世代的认同感，并以"视频弹幕网站"为产品口号，朝着综合视频社区平台发展。不断增加了科技、舞蹈、娱乐、鬼畜等视频内容。

课后思考

1. 竞争性定位战略的核心关注是什么？
2. 为什么细分市场对服务型企业具有重要影响作用？
3. 如何识别和选择适合企业发展的目标细分市场？

讨论案例

孩子王的"智"胜策略

国内母婴童商品零售企业孩子王异军突起，从 2009 年成立伊始，孩子王就将自身定位成为准妈妈及 0~14 岁儿童提供一站式成长服务的全渠道服务提供者。多年来，孩子王以全面数字化为基础，深入挖掘顾客关系，大力发展全渠道战略，以"科技力量＋人性服务"精准服务定位满足广大中国新家庭各项成长需求。

截至 2019 年，作为母婴童零售龙头的独角兽企业孩子王已经在 151 个城市开设了 370 多家数字化门店，覆盖 3 300 万会员新家庭，在线订单占比 66%。在疫情下，孩子王利用强大的全渠道数字化能力和供应链配送优势，推出扫码购、线上社群等数字化工具，打造"孩子王到家"服务产品。在疫情最为严峻的时期，实现社群业务爆发式增长，服务订单量增长超过日常数倍。

孩子王围绕"经营顾客关系"的各种设计犹如建筑物的框架，而真正让消费者有愉快的消费体验，甘愿为之付费的则是其无所不在、无所不能的大服务策略。为什么称之为"大服务策略"，孩子王的这一提法旨在与传统零售业的服务策略相区别。孩子王认为，传统零售业中的很多服务，其实质是营销手段，更多的是为了达成 KPI 指标而被包装成了服务项目，孩子王升级后的"大服务策略"则强调真正以用户为中心，解决用户问题，而不是解决自己的问题，满足自己的需求。

1. 服务场景化

如果一位顾客需要购买一桶奶粉，在孩子王看来并不仅仅是提供一桶奶粉那么简单，而是这个家庭有一个不到 6 个月的小婴儿，孩子王围绕这一消费行为延伸出 6 个月以内婴儿的喂养需求、早教需求、保险需求、娱乐需求、摄影需求、游泳健身需求、抚触推拿需求、理发需求，延伸出妈妈的产后康复需求、聘请月嫂需求、育儿咨询需求，等等。当门店布局以顾客需求为出发点，让商品主动寻找顾客时，孩子王门店的商品不再按传统的方式分类陈列，而是根据上述需求打造出各种购物场景，三分之二的门店空间不再是简单地陈列商品，而被打造成各种主题的服务空间，比如孕妇服务中心、育儿服务中心、儿童娱乐中心，从帮助顾客解决问题出发，孩子王根据不同年龄段的用户，分级分层地对有形产品、虚拟商品进行组合，搭配成不同的解决方案，让每个 SKU 都能成为至少一种解决方案中的一分子，通过线上、线下的不同场景进入不同顾客的视线。

2. 销售专业化、情感化

孩子王要求一线员工全员升级为育儿顾问，在与消费者建立强关系的过程中，孩子王的育儿顾问发挥着极其关键的作用，对于消费者来说，育儿顾问不仅是育儿专家，也是随时为自己提供咨询服务、专业指导、应急帮助的可以成为朋友的人。

孩子王目前拥有 6 000 名育儿顾问，通过 App，消费者可以看到每位育儿顾问的头像、从业年龄、擅长领域、童粉数、被咨询次数、口碑、服务类目和价格，以及她们的工作动态等。育儿顾问 24 小时在线，随时回应会员的在线问答，会员可以在线预约她们的服务，比如上门催乳、小儿抚触等，服务结束后会员可以给她们评分。

3. 内容服务化

打开孩子王的 App，上面展示的内容极为丰富，每一个页面都不仅仅是展示宣传，而是立体链接到具体服务项目。

（1）成长学院。成长学院里面的内容分为以下几类。一类是知识讲座类。比如针对孕妇和产妇提供各类孕产健康讲座，针对孩子健康提供育儿护理讲座，针对孩子教育提供育儿教育讲座。二是专业咨询类。包括 24 小时在线的全职全科医生视频问诊服务。三是互动类服务。包括奖学金计划，发放"商品优惠券"形式的"奖学金"，鼓励准妈妈学完孩子王筛选出的各个育儿阶段的优质课程。

（2）人脉地图。在这个频道，消费者可以找人，一键呼叫到店长及高级育儿顾问、门店育儿顾问、同城育儿顾问，还可以呼叫到 7×24 小时在线、平均 12 秒快速接通、全家无限次使用的全科医生，医生在线提供无限免费的文字咨询以及限时免费的视频咨询；还可以找到育儿交流群、辣妈心情群、孕妈圈、同城的宝妈群。

（3）Wala 精灵。由智能机器人提供各类咨询服务，并帮助链接到孩子王专家在线、亲子电台、数胎动小程序等服务频道。

（4）育儿顾问。这是孩子王的特色服务，里面提供母乳指导、婴儿理发、婴儿抚触、小儿推拿、满月发汗等各项服务。

孩子王以重度会员制来实施"服务＋商品＋社交"的一站式服务，以消费者为中心，关注顾客的全生命周期需求，并不断满足用户的新需求，实现具有持续竞争力的业绩增长。

案例思考题

1. 孩子王是通过哪些特征来识别和选择目标市场的？
2. 为什么孩子王的服务定位能为企业带来竞争优势？

第7章

服务产品

学习目标

1. 服务产品的内涵；
2. 服务之花的构成；
3. 服务创新的种类和内涵；
4. 服务品牌管理的意义与方法。

开章案例

民宿打造住宿新体验

近年来，随着消费需求的不断升级，人们不再满足于酒店的单一住宿功能，需要更加个性化、主题化、休闲化的住宿体验。因此，在标准酒店之外，延伸发展出了一批创新型的非标准住宿业态，其中最火爆的就是民宿。在大众化休闲度假时代，通过品牌创新，引领民宿新概念；通过类型创新，丰富民宿新形态；通过业态创新，打造民宿新生活！

民宿给人的感觉不只是一个旅途中休息的场所，而是一个临时的家。北京市门头沟区黄土贵村打造了"旅居农家"的概念，为北京市民打造了一个乡村家。在屋后，垦一方农田，种上喜欢吃的果树与蔬菜，春生、夏长、秋收、冬藏！一份汗水，便可换来一分收获，等果子、蔬菜成熟后做成美食，健康又美味。

在建德富春江畔，梅城古镇东约五公里处，有一组别具特色的船屋民宿。"船屋"的概念和形态，源自当地的古老风俗。明初至清中几百年间生活在这里的水上部落，形成独有的船居文化。

随着大众旅游时代消费持续升级，客群年轻化趋势显现，以"民宿+"促进乡村旅游转型升级，助力乡村振兴。贵州省独山县小城故事精品民宿，就是以"民宿+"来打造复合空间。贵州黔南州独山县小城故事园区由独山县20世纪50年代的老印刷厂厂房院落改造而成，创意了"政府+企业+规划师"的共建共享模式。园区占地仅7亩，有LOFT（复式）民宿10间，厂长你好文化餐厅、你的酒馆、暖暖蛋糕屋、沐阳画室、她的花舍、元素健身工作室、婚纱与礼服定制馆、户外音乐休闲吧等多种业态。是独山成为"国家第三批城镇化综合试点"的一大亮点项目，在贵州的文化旅游发展项目中也独树一帜。

7.1 服务产品概述

7.1.1 服务产品的内涵

近年来,越来越多的服务型企业开始讨论它们的"产品"("产品"一词原来仅适用于制造业),服务型企业也能效仿制造业企业提供不同"型号"的产品,用类似的方法实施产品差异化策略。例如,快餐店会有展示其有形产品的菜单,如果你是个吃汉堡包的行家,就能轻松地将汉堡王的招牌巨无霸汉堡包与奶酪汉堡包,以及麦当劳的巨无霸汉堡包区分开来。

无形服务产品的提供者也会提供"菜单",说明围绕核心产品精心设计的服务要素,并且可能捆绑推出一些特定的增值性附加服务。例如,保险公司提供不同种类的保险单。

所有服务型企业都要选择其所提供产品的种类以及将产品提供给顾客的方式。为了更好地理解服务的性质,这里需要将核心产品和那些起支撑作用并增强对顾客有利作用的附加要素区分开来。设计服务产品时,服务型企业需要理解如何将核心服务与附加服务结合、排列并加以提供,进而创造出能够满足不同目标细分市场需求的价值主张。

服务产品是什么?服务表现是只能体验而无法拥有的。即使顾客取得了对某些实体要素的使用权,如一顿饭菜(能被及时享用)或汽车更换零件,顾客所支付费用中的很大一部分是用来获得服务要素所带来的附加值,包括劳动输出和专用设备的使用。服务产品包括能够为顾客创造价值的所有服务表现的要素,包括有形要素和无形要素。

如何进行服务理念的设计呢?有经验的服务营销人员能够认识到从全局的角度来看待顾客体验到的服务整体表现的必要性。服务产品的价值体现必须包括并整合核心服务、附加服务和传递流程三大要素。

1. 核心服务

核心服务是顾客真正要购买的东西,是指服务型企业为顾客提供的最基本利益或效用,一些核心服务是高度无形的。例如,特定目的地的运输服务、特定健康问题的诊断服务等。在酒店住宿的核心服务是提供住所和保障安全;邮寄包裹的核心服务是准时并完好无损地将包裹寄到正确的地点。简言之,核心服务是顾客寻求的能够解决主要问题的要素,核心服务是提供顾客希望的用户体验,或者问题解决方案。

2. 附加服务

核心服务的面市往往伴随着一系列其他与其相关的活动,归结起来就是附加服务。附加服务一般是指帮助核心服务使用,或增强核心服务的价值并/或区分核心服务的一些辅助服务,包括为顾客提供所需的信息、建议、解决问题及热情接待等。例如,酒店住宿服务中的接待、餐饮等辅助服务。这些服务能增强核心服务,促进核心服务功效,增加其价值。随着产业的成熟,行业竞争的加剧,核心服务会趋于商品化,所以附加服务会成为企业获取竞争优势的重要依托。附加服务在竞争中对区别和定位核心服务扮演着重要角色。

3. 传递流程

传递流程指用来传递核心服务和每一种附加服务的流程。向顾客提供服务的设计必须解决以下问题:① 不同的服务要素如何传递给顾客? ② 流程中顾客角色的本质是什么?

③ 传递过程需要持续多久？④ 提供服务的预计层次和风格是什么样的？

7.1.2 服务之花

根据服务之花模型，服务产品可分为核心服务和附加服务。其中，核心服务是顾客所需的最基本的服务，附加服务是围绕核心服务产生的能带来服务附加值的服务。附加服务通常分为两类：一类是支持性服务，包括信息服务、订单处理、账单服务、支付服务；另一类是能够为顾客带来额外收益的增强性服务，包括咨询服务、接待服务、保管服务和特殊服务。并不是所有的服务都具有上述细分服务，附加服务的构成还需要根据服务的具体特点进行确定。图7-1展示的服务之花，浅色花瓣为增强性服务，深色花瓣为支持性服务。

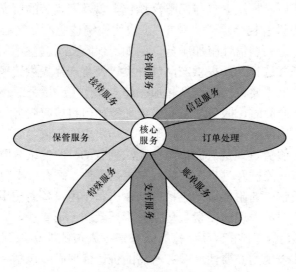

图7-1 服务之花

信息服务要素包括向顾客提供服务时间、地点、价格、使用说明等；订单服务要素包括预约服务、信息登记等；账单服务要素包括提供账单、打印账单等；支付服务要素包括自助服务、交费等；咨询服务要素包括为顾客提供建议、服务产品使用指导等；接待服务要素包括问候顾客、安排等待设施、提供餐饮等；保管服务要素包括保管顾客财务、提供停车位等；特殊服务是除了其他7项服务之外的服务，如满足顾客特殊要求、解决顾客投诉等。

以线下家居卖场为例，信息服务包括：广告立牌；纸质导购手册和二维码电子导购图、导视触摸屏。这些服务在知名的家居卖场如红星美凯龙、居然之家、凯德 mall 和宜家都可以看到。

一些家居卖场会通过一些特殊服务来努力提升顾客的满意度，如红星美凯龙推出命名"金石榴服务"的感动服务，提供各类感动服务方案，如便利班车、免费寄存、代订飞机票、代呼出租车、天气预报、准点报时、爱心雨伞、爱心童车、爱心轮椅、爱心针线包、爱心医药箱、爱心老花镜、自动取款机、免费饮水机、免费手机充电站、免费糕点饮料、免费擦鞋机、免费搬家、家居延保卡、家居下午茶、家居大讲堂、室内空气检测、地板保养、质量（服务）跟踪回访等。

7.2 服务产品创新

7.2.1 服务产品创新的种类

对于服务提供者来讲,可以采用多种不同的方法进行创新。下面列举了 7 种类型的服务创新,涵盖了从简单的风格变化到主体服务创新等各个层次。

1. 风格变化

这是一种最简单的创新方式,通常不会涉及流程或服务表现的变化。然而,风格变化的影响通常是非常明显的,能激发顾客兴趣,甚至能调动员工的积极性。例如,把零售店面粉刷成另外一种颜色,为员工配备新的工作服,或者稍微更改一下员工的服务内容等。

2. 服务改进

这是最普遍的一种创新方式。主要是对现有产品进行轻微调整,包括对于核心服务或者现有附加服务的改进。

3. 附加服务

这是指为现有核心服务增加新的支持性或增强性的服务要素,或大幅革新现有的附加服务。如海底捞提供擦皮鞋、手部护理、美甲等附加服务。多项附加服务的改进可以为顾客带来全新的服务体验,尽管这些创新是围绕同样的核心服务展开的。

4. 流程线延伸

这通常代表了一种新的服务传递过程。这种延伸的目的是增加便利性,为现有顾客提供一种不同的服务体验,同时也可以吸引那些对原有服务不感兴趣的新顾客。通常情况下,服务提供者会在现有的高接触性分销渠道的基础上,添加低接触性分销渠道。比如一些传统的线下卖场建立网上商城以应对互联网的冲击。另外,自助服务也是员工服务之外的一种流程线延伸创新,如阿里巴巴打造无人零售商店,银行建立手机银行。

5. 产品线延伸

这是企业对现有产品线的拓展。第一个在市场上提供某种新产品的企业可能被视为革新者;其他企业不过是跟随者,通常只能采取防御策略。这些新产品是为了满足现有顾客更广泛的需求及吸引具有不同需求的新顾客。2020 年,新冠疫情复工后,海底捞开了"十八余"面馆,以面对"一人食"需求。在银行方面,很多银行现在都代售保险产品,希望借此提升与现有顾客的关联。

6. 主要流程创新

主要流程创新是指使用新的服务流程,通过能提供额外收益的新的模式来提供现有的核心服务。例如,医院采用网上预约服务取代窗口排队挂号,既节省了患者的时间,也使服务体验更人性化。

7. 主体服务创新

这类创新是针对之前尚未确定的市场而创造的新的核心服务,通常包括新的服务特征和服务流程。如 2014 年,以 ofo 为首的互联网共享单车,逐步走入人们的生活。

如上所述,服务创新可以在各个层面进行,不是所有服务创新都会涉及服务产品特征或顾客体验方面的改变。

7.2.2 服务开发

服务开发是指服务型企业根据组织内外部条件，围绕顾客的服务价值界定，设计面向服务市场的特定利益、效用或体验。从服务包模型来看，服务开发包括核心服务、便利服务和支持服务的开发；从服务之花模型来看，服务开发则包括核心服务和附加服务的开发。但从本质上讲，两者的基本内容是一致的，服务开发是服务型企业在企业与市场战略指导下的一种服务价值创造活动。对服务开发内涵的理解，需要把握以下几个方面。

1. 服务价值是服务型企业进行服务开发的焦点

服务价值反映顾客服务需求，是顾客问题或痛点的核心体现，因而在进行服务开发时必须以服务价值为焦点。只有这样才能确保企业坚持以顾客为中心，提升企业服务导向水平并确保服务产品能够得到顾客的积极响应，具有充分的市场吸引力和竞争力。

2. 服务开发必须充分考虑服务型企业所面临的内外部条件

从内部看，企业的发展愿景与使命以及组织资源状况是需要考虑的条件。一方面，开发符合企业发展愿景和使命的服务产品，特别是当短期市场利益与企业长期价值冲突时，必须坚持以发展愿景与使命为指引；另一方面，企业应该重视开发那些契合组织资源现状的服务产品，不能好高骛远，也不能裹足不前。从外部看，服务市场结构和竞争现状是必须考虑的因素。服务市场的需求饱和程度、主要竞争对手的竞争策略及竞争力等因素，是进行服务开发需要考虑的外部条件。总之，服务型企业所面临的内外部条件，虽不是决定性条件，但是服务开发活动中必须考虑的关键性因素。

3. 服务开发可能是计划性和系统性的创造活动，也可能是偶发性和非系统性的创造活动

服务开发受企业战略的指导，面向服务需求和服务市场竞争，因而是一系列有意识、有组织的系统活动。同时，服务开发也可能是在一种偶然情境下开展的非系统活动。例如，企业的服务人员或部门为解决某项顾客问题，抑或是在市场环境的偶然因素影响下产生新想法或创意，并进行相应的服务开发活动。当然，这些偶发性的思想或活动仍然会受企业战略的影响。实践证明，有组织地进行计划性和系统性开发活动更有助于提高服务开发的成功率。

7.3 服务品牌管理

7.3.1 服务品牌管理的意义

相对于有形产品，大多数的服务具有体验和信任属性，即消费者在实际消费服务之前很难对服务质量做出评价。正是由于有形产品与服务之间的固有差异，使得品牌在降低消费者搜寻成本和感知风险方面的作用更加突出。正如美国得克萨斯 A&M 大学的学者 Berry 所预言的那样："未来服务营销的关键在于使无形的因素有形化，而增加服务有形性的方式之一便是品牌。"基于酒店业的实证研究显示，良好的品牌形象可以提高酒店入住率，进而提高运营绩效。部分学者的实证研究证明，服务品牌形象对市场绩效有正向的影响，而市场绩效又对财务绩效产生显著的积极影响；服务定位、品牌管理和服务创新管理对品牌形象具有显著的正向影响。

对于服务型企业而言，企业即是品牌。因此，如何通过内外部的服务营销与管理实践来打造强势品牌，树立良好的品牌形象，成为服务型企业管理者愈发重视的问题。例如，广告媒体组合的选择，广告的内容、频率等因素都会影响品牌形象，服务型企业在提升品牌形象的品牌管理实践中要充分考虑到这些因素。

品牌管理理论认为，品牌是一个以顾客为中心的概念；没有顾客，品牌就无从谈起。只有品牌才能够给顾客带来超越其功能的附加价值及市场效益。市场是由消费者构成的，所以从消费者的角度来看，可以认为品牌资产是一种源于消费者的、由消费者购买和不购买某一品牌所带来的效益之差，而且这种效益差之所以能够不断为企业带来利润，是因为它在顾客心中建立了良好的知名度、与预期一致的服务质量及积极的联想等；同时，这几方面也是构成品牌资产价值的重要组成部分。所以，企业在品牌资产的管理过程中要注重建立品牌知名度、服务品质认知度及品牌意义。

7.3.2　基于顾客价值的服务品牌管理

1. 培育服务品牌权益

Berry 通过对 14 家高绩效服务型企业的调研，提出了一种服务品牌权益模型（图 7-2）。模型中列出了服务品牌权益的 6 项构成要素：品牌展示、品牌认知、品牌意义、顾客经验、外部品牌交流与品牌权益，而品牌权益又受前 5 项因素的直接或间接影响。图 7-2 中，实线表示主要影响，虚线表示次要影响。

品牌权益是由品牌认知和品牌意义构成的，品牌认知和品牌意义能给顾客带来价值。品牌认知是指当顾客接收潜在暗示后，他们对于企业或品牌名称能否有所记忆；品牌意义是指顾客对品牌占主导地位的感知，是当提及一个品牌时顾客首先的反应。

建设服务品牌权益，应建立优良的品牌认知和品牌意义。但重点应在品牌意义上，因为它的内涵更加深远，能产生更高的顾客价值。服务型企业可以通过外部品牌交流、品牌展示和顾客经验这三种方式来影响品牌认知和品牌意义，进而影响品牌权益的形成。

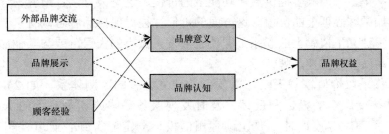

图 7-2　服务品牌权益模型

品牌展示是品牌认知的主要影响因素，但是对品牌意义也有一定的影响。因此，服务型企业可通过广告、服务设施及服务人员向顾客展示品牌风貌，增强顾客品牌熟悉度。同时，在这一过程中，企业应注意树立品牌特点，抱着进取心去追求与众不同，不因循守旧以建立接触和取悦顾客的新途径。

顾客经验是形成品牌意义的主要决定因素，而品牌意义是品牌权益的主要构成要素，因而顾客经验是服务型企业培育品牌权益的重点。而服务自身的过程性和服务交互过程质量对顾客价值的影响，决定了企业加强服务过程的管理对形成良好的顾客经验具有至关重要的意义。在服务过程中，除了注意服务的环境、态度、灵活性等，还应该与顾客建立情感上的联系。实际上，品牌的真正力量来自顾客情感上的投入，优秀的品牌总是能够与顾客建立起情感上的连接。此外，由于服务过程是由员工来完成的，员工对于形成良好的顾客经验具有决定性的作用，因此必须进行品牌内在化，即向服务员工解释与宣传品牌，以有效而创新的沟通方式使员工认同品牌。

最后，外部品牌交流虽然不是品牌认知和品牌意义的主要决定因素，但是其作用也不可忽视。顾客无法从无形的服务直接认识和理解品牌，这时口碑等企业外部交流方式便成为顾客了解品牌的重要途径。

2. 对品牌忠诚和品牌转移的管理

品牌转移是相对于品牌忠诚的一个概念，是指顾客转而购买另一品牌的产品或服务。品牌转移意味着顾客和品牌之间关系的终结，对企业来说是一种损失；顾客的品牌忠诚能为企业带来竞争优势。因此，在品牌管理中一直很重视对品牌忠诚和品牌转移的研究。

从为顾客提供价值的角度来看，学者 Dube 和 Shoemaker 提出了管理服务型企业品牌忠诚和品牌转移的防守策略，即价值增加与价值恢复策略。

Dube 和 Shoemaker 认为，品牌忠诚与品牌转移的发生主要取决于三个方面因素：首先是顾客感知服务质量，即感知利得与利失的权衡；其次是顾客在品牌转移中的投入，也就是顾客中断与一个品牌的关系时将失去的利益；最后是竞争对手所提供的价值。如果竞争对手能提供更大的价值，品牌转移便会发生。因此，服务型企业应该不断地提升顾客感知价值，即实行价值增加策略来增强顾客忠诚并防止品牌转移的发生：一方面增加顾客在品牌转移中的投入；另一方面是在与竞争对手提供的价值对比中取得优势。

实行价值增加策略对品牌忠诚进行管理，要求服务型企业不断地为顾客提供新的、超过竞争对手的价值。具体而言，可以从三方面入手：第一，增加财务方面的价值，这不仅包括尽量减少成本，降低价格，还应包括一些间接的财务价值，如旅馆为住店旅客提供机票或商场购物的折扣；第二，为顾客提供更多功能上的价值，这是最直接且最容易让顾客感知的方式；第三，增加顾客心理上的价值。这方面的价值往往对保持品牌忠诚有重要的作用。因为顾客一旦与品牌建立了情感上的联系，即使企业发生微小的失误，或与其他品牌展开竞争，顾客都不会轻易转移至其他品牌。

对品牌转移采取价值恢复策略，需要企业建立完整的监测体系，如 24 小时的顾客服务中心，通过接受顾客的投诉和反馈，及时发现服务缺陷或竞争对手的优势，并采取相应的措施。在受理顾客投诉时，要让顾客相信投诉一定能得到企业重视和及时解决。另外，收集信息时应有超前眼光，不只是将视线停留在现阶段的补救上，而是发现顾客需要什么样的服务。

3. 服务品牌策略

考虑到服务的独特性，服务品牌需要采取与有形产品不同的策略。

（1）建立企业品牌主导的品牌组合。服务是无形的，顾客在购买前无法进行客观的评价。因此，企业的形象、口碑等往往是直接影响顾客购买决策的重要依据。顾客在购买服务产品时十分看重提供服务的企业，他们常常根据服务的提供者来决定是否购买服务产品。因此在服务品牌组合中，企业品牌应成为重点建设的对象。

（2）创造强烈的组织联想。看到品牌而联想到企业就是所谓的组织联想，它是形成品牌特色或个性的关键因素。对于顾客而言重要的是谁在提供服务，如何提供服务。不同的企业在提供同种服务时可能差别很大，尤其是服务质量方面，而企业人员、设备、专长等，是能够直接或间接影响顾客评价服务质量的重要方面。基于抽象的企业价值观、成员、企业资产、技术等特色所产生的组织联想区别于基于产品特色的联想，它有利于提高品牌的可信度，并帮助企业建立品牌与消费者之间的感情。

（3）使用全方位的品牌要素。无形性对品牌要素的选择有重要意义。由于服务决策和安排常常是在服务现场之外做出的，因此品牌回忆成为重要的因素。品牌名称应易于记忆和发音，相应的文字和标识等要认真策划；服务的"外观"，如环境设计、着装等对形成顾客的品牌认知也有影响；其他品牌要素，如标识和人物，均可以全部用来辅助品牌名称，向顾客展示品牌，建立品牌认知和品牌形象。总之，服务型企业在使用品牌要素时，应力图使无形的服务有形化。

（4）建立合理的品牌架构。服务型企业需要根据不同的市场和产品特性，推出相应的品牌。产品多样化是服务型企业的一个显著特点。服务型企业建立品牌架构，有利于定位不同的细分市场，突出不同服务产品的特征。从纵向来看，服务等级可以根据价格和质量来体现，纵向延伸需要采用联合品牌或小品牌策略。

（5）品牌的内在化。服务型企业的员工是向顾客传递品牌的重要媒介。通过员工的行为，可以将文字—视觉品牌转化为文字—视觉—行为品牌。品牌内在化涉及向员工解释和推销品牌，与员工分享品牌的理念和主张，培训和强化员工与品牌宗旨一致的行为。最主要的是，让员工关心和培育品牌。

课后思考

1. 请解释服务之花的概念，并对每一瓣花瓣举例说明。
2. 企业开发新服务项目应该注意什么？
3. 请举例一家进行了良好的服务品牌管理的企业。

讨论案例

链家把中介门店改得面目全非了

房产中介门店在多数人的印象里，一直有着标准的四件套：贴满玻璃门的白色 A4 纸、写着特价房的五颜六色小黑板、密密麻麻的台式电脑，还有那些在给顾客打电话的经纪人，就像是一个进行房屋交易的网咖。但最近这一切发生了变化，中介门店变得看起来不太像是卖房的地方了，里面的人也不怎么打鸡血了。以纯粹卖房的角度来看，它或许完全没有达标。这个地方就是链家中介门店。

窗明几净的链家门店很难令人联想到这是一个卖房子的地方，甚至会让人误以为自己经过的是一家咖啡书屋之类的小书吧。链家拥有整面的落地玻璃，门口没有小黑板，墙上也没有白色 A4 纸，首先映入人们眼帘的就是一个简约书架、一张长桌、几个高脚凳。最主要的空间不是给经纪人使用的，而是留给了顾客或者路人。门推开以后，一排排黑色的台式电脑消失无踪，取而代之的是一个阅读区域。顾客可以在中介门店里看书，链家经纪人就在一旁办公，他们互不打扰，又很和谐。

那么中介门店最重要的房源在哪里展示呢？每个链家门口或者门里，都多了一个电视机，上面滚动播放着房源信息。顾客咨询房源的时候，搭配着 iPad 和电视以及墙上的地图就足够了。链家把所有遮挡住玻璃门的物品全部撤掉，就是为了门店外部的美观。不需要用老方法吸引顾客上门，门店主要以提供服务为主，所有主要办公场所后置。排排的办公电脑还是存在的，只是被藏在了靠里的位置，把更大的空间让给顾客。经纪人可以更加不受干扰地办公的同时，也不会让门店呈现出强烈的打鸡血营销之感，一举两得。再用立体的书架作为隔挡，这就会完整地将门店分为外部的休闲区和内部商务办公区。很多日常琐碎的事情，链家要求经纪人尽量在二楼完成。

链家想了很多办法减弱以往中介门店给人太过于看重结果和营销意味的印象。现在的中介门店，既可以成为顾客买房租房的地方，也是人们日常生活很多场景中会想到的一个地方。现在的链家门店提供了大量而又琐碎的软性服务，把门店当成了一个社区服务场所来经营。

链家为顾客提供打印文件的服务，甚至考虑到了万一顾客没有带 USB 的情况，特意开发了一个叫作"链家云打印"的小程序；链家为顾客提供借伞服务。据链家门店的店长说，只有少数顾客会归还雨伞，而链家在免费雨伞上投入的成本，每家门店一年就要大几千块，但即便如此，链家还是会给顾客预留一定数量的雨伞；链家对顾客而言，像一家免打扰的咖啡店，顾客进入链家，即使只是喝一杯咖啡，办公一下午，也完全没有人打扰或者询问要买什么；链家的书架上甚至还配备了给老人提供的不同度数的老花眼镜，一共三副，度数分别为 0.5、1.0、1.5，按需要自取。

以上所描述的都是链家门店 4.0 的版本，现在链家又升级了新的门店版本，在上海淮海中路店已经落位了 5.0 版本的第一家健身房和瑜伽室。全部健身器械和空间都免费对外，甚至建议经纪人平时都不要占用，而是更多留给周边的居民和顾客来使用。

现在链家中介门店提供的服务一共有七项，计划在之后的链家门店 5.0 版本升级为十六项。更高版本的链家中介门店对于社区的公共服务的渗透会更深。在北京有几个链家门店，已经开始试点社区便利店服务了，常见的饮料、零食、方便食品、米油面、纸巾都有出售，完全是一个小卖部的模样。

链家中介门店的更高级别版本可以描述为，在不同的场景需求下为顾客提供的服务随时随地都在发生变化。它可以是城市书吧：链家和新华书店联名，由链家提供场所，新华书店提供书籍，在大部分门店都做了一个小小社区图书馆。它可以作为孩子们临时的午托晚托，父母可以先把他们安排到就近的门店去写作业，小孩放学临时没人接也可以先让他们在链家等，假期还可以成为小学生们的临时培训班。它甚至可以是一个小会客厅，对于那些家里没有大客厅，不方便待客的家庭也可以约亲戚朋友到门店去坐坐。未来顾客会在更多的场景，和链家的中介门店产生联系：比如面试的时候万一简历不够用，找链家就可以立马打印一份，链家的公共厕所也是对所有人免费开放的。

以上都是日常，在特殊时期链家还可以变身成更多的样子。高考期间，链家门店变身考生们的高考加油站，不仅是家长和考生的休息场所，还提供应急接送、应急物品送达的服务。考生在附近的中介门店就可以领取"高考加油包"，里面包括必要的口罩、消毒湿巾、2B 铅笔、橡皮、考试用笔等等。最近，上海古北大区又变身成为疫苗的临时接种点，经纪人正和街道居委会一起，服务社区的疫苗接种工作。

整个链家门店越来越不像一家中介门店，而更像是一个社区服务中心，顾客需要什么它提供什么，顾客没想到的链家都提前想好了。如今的链家门店还多了一个社区运营官的岗位，专门为周边社区的老人剪头发、送羽绒服、送节日礼品。此外，为了做好社区服务，链家成立了经纪人便民服务队、社区共建队、爱心公益队，让所有人都成为社区好邻居。链家提供的服务不仅仅是房屋交易而已，它更加想成为顾客心里的自己人，通过改造中介门店这步，能够创造更多场所和顾客产生联系。

或许有人早就注意到中介门店的升级革命，或许有人对链家的贴心服务后知后觉。随着链家服务的不断升级，它好像真的成了城市里一抹柔和温暖的存在，变得越来越重要，也越来越好。

案例思考题

1. 结合"服务之花"，系统梳理链家在门店升级中对核心服务、便利性附加服务和支持性附加服务所做的改变。什么变了？什么没有变？

2. 附加服务创新指的是为现有核心服务增加新的支持性或增强性的服务要素，或大幅革新现有的附加服务，试分析链家围绕其便利性附加服务和支持性附加服务进行了怎样的服务创新？

3. 链家为何要做门店的改造升级？对其核心业务有什么作用？

第 8 章

服务定价

学习目标

1. 区别于有形产品，服务定价的特殊性；
2. 定价中非货币成本的作用；
3. 基于顾客价值感知角度的服务定价的基本策略；
4. 收益管理的概念及构成要素；
5. 收益管理的方法与策略。

开章案例

上海徐汇区中心医院实行明码标价

上海徐汇区中心医院推出分级护理"亮牌"制度，将标有一、二、三级护理要求和收费标准的护理卡夹在病人的床架上。这是近年来徐汇区中心医院接二连三推出的服务新举措之一：收费必须"明明白白"。第一次到这家医院就医的陆老伯暗暗惊喜，每天只要出八元钱，擦身洗脚、倒小便等护理就可以由护士"全包"。护士的护理行为若与"亮牌"内容不符，便可拒付护理费。这下陆老伯心宽了，住这家医院，病人不用怕被"斩"。

医保改革后，病人有了医院选择权，同时病人的账目意识越来越强。如何将病人吸引到医院呢？徐汇区中心医院决心引进饭店"每道菜明码标价和账单上明细罗列"的模式，对医院每天、每项收费都加以明细化，该医院认为这样才能吸引复诊病人。该医院还将收费标准"上墙"。病人一踏入门诊大厅，墙上各类检查、诊疗与收费——标明，病人结账时可以逐项核对。另外，医院还规定，住院账单可"对账"。病人出院前24小时需将病人住院期间的用药、检查等费用明细清单交给病人过目，病人确认签字后再结账。实行这项制度以来，在清单上签字的病人已有两万余人，而医院收到的投诉只有两例。

8.1 服务定价的特殊性

服务产品的无形性使得服务定价比较抽象、复杂和难懂，服务产品的易变性使得服务定价可以呈现多变性和多样性。这些都影响着顾客对服务价格信息的理解，作为服务型企业要理解价格是如何起作用的，但首先必须理解顾客如何感受价格以及价格变化。

8.1.1 顾客对服务价格的认知

不同类型的服务型企业运用不同的术语，描述其制定的价格和种类繁多的费用名称，用以说明服务业的价格具有不同于有形产品的特殊之处。

1. 服务的异质性

由于服务不是从工厂的组装线上生产出来的，因此服务型企业在所提供的服务形式上具有很大的灵活性，企业可以想方设法地提供无限的不同组合及变化，从而导致复杂、烦琐的定价机制。例如，人寿保险的定价就是复杂多样的。这是由保期的多样性、保险内容的多样性和投保者的多样性所决定的。

又如，当消费者在理发时，尽管能够从理发师的描述和某些照片中想象出发型的样子，但是只有到理发流程结束之后，消费者才能真正地知道最终的发型是否和自身的形象相匹配。由此可见，服务的异质性和无形性使服务不像有形产品那样，消费者在购买之前往往无法通过许多信息提示来做出购买决策。在这种情况下，价格就成为判断质量好坏的重要依据。当消费者对某项服务几乎处于一无所知的状态时，仅有的价格信息便成为关键的判断标准，这便是人们常说的"一分钱一分货"。

2. 服务提供者不愿评估价格

导致顾客对服务缺乏准确参考价格的另一个原因是，许多服务提供者不能或不愿意提前对价格进行评估。很少有医疗和法律服务机构愿意和能够预先估价，基本原因是直到对病人完全诊断后和对顾客的情况全部了解后，或者指导服务提供过程展开后，他们才知道究竟有哪些服务实际包含在其中。大多数医院主张他们的消费清单不应事前被病人获得，并争取使其保持不公开。在B2B的情况中，甲方企业面对复杂的服务产品，如咨询和建造会获得投标和估价，但是此种估价通常不会被用户最终采纳。因此，这些用户经常在预先不知道服务的最终价格的情况下进行交易。

3. 顾客的个人需求不同

在服务过程中，不同顾客的个性化要求也会引起服务定价的不确定性。例如，美发服务的定价就随顾客不同而变化，顾客对头发的长短、发型、定型处理等要求不同，收费也就不同。对一位准备美发的顾客来说，从朋友那里打听得到的美发价格，不一定适用于自己。同样，像酒店客房这样简单服务的价格差别也很大。根据客房的大小、淡季旺季的不同、客房空房率的情况及散客和团体顾客的比率，价格也会随之变化。再如，牙医做的牙齿矫正或者律师事务所提供的法律援助等购买交易，顾客对诸如此类的服务需求上的差别将大大影响服务定价。

4. 价格信息在服务中难以收集

顾客对于服务价格信息收集的困难远大于有形产品价格。有形产品价格可以在一家零售商店集中展示，这样的价格信息便于顾客识别和收集；服务产品的空间分布比较难以像有形产品这样集中，顾客为了充分了解服务价格信息，必须一家一家地询问。虽然可通过网上了解其服务价格信息，但网络并不能给顾客带来对某些服务产品或服务机构的真实感知，因此顾客了解到的服务产品定价信息并不能完全可信。

5. 价格是不可见的

价格的可见度是顾客做出购买决策的一个重要参考因素。有形产品的价格通常是明确的，但服务的价格在购买之前往往是隐藏的和含蓄的。比如在证券、终身保险及年金保险方面，价格是不可见的；顾客极少知道他们是怎样被收费，或者他们为什么支付费用。

基于上述原因，许多顾客直到接触了某种具体服务后才知道价格。尤其在紧急情况下，诸如事故和疾病，顾客必须在根本不考虑花费的条件下做出购买决定。所以，如果顾客在购买服务之前不了解费用，那么此费用就不能像在购买有形产品时那样被当作一个关键的衡量标准。

8.1.2 非货币成本的作用

顾客在进行服务消费时，货币价格并不是唯一成本，还包括非货币成本，主要有时间成本、搜寻成本、便利成本和精神成本。非货币成本常常成为顾客进行消费决策及行为的主要因素，甚至有时可能比货币价格更为重要。

1. 时间成本

时间成本是指服务传递过程中顾客进行服务参与和等候的时间。许多服务需要顾客参与，而顾客参与需要花费时间，其中包括无效的等候，尤其是排队等候时间。排队等候不仅浪费时间，而且产生机会成本。事实上，顾客为了排队而不得不牺牲另一活动的时间。等候时间的长短是影响服务业顾客价值判断的一个重要因素。如邮递业务中，平邮比快递耗时更长，因此时间成本更高，服务定价则应该越低。许多时间观念较强的顾客常常用增加货币成本的办法来缩短等候时间。例如，牙科诊所常常采取预约看病的制度，预约期就是等候期，这对患者来说就是一种时间成本。牙科诊所用差价收费的方法，让患者自己调节，预约期较短的收费较高，预约期较长的收费较低。迪士尼乐园等也设置了免排队的高价门票，就是用较高的货币成本替代时间成本。

2. 搜寻成本

搜寻成本是指顾客投入在选择及选择所需服务上的努力。服务的特殊性使顾客的服务搜寻成本比有形产品消费过程中的搜寻成本要高。在服务市场，服务价格很少在服务场所陈列出来以供顾客参考。因此，服务价格需要顾客投入大量时间进行搜寻和了解，甚至某些服务（如咨询服务、健康医疗服务等）的价格常常是在顾客决定接受此项服务之后才得知。因此，顾客需要在服务消费之前花费较多的时间，通过服务型企业的服务宣传、其他顾客消费经历及口碑等渠道去了解服务的相关信息。例如，顾客需要订购手机服务套餐，他会先对中国移动、中国电信和中国联通三家电信服务提供者的服务及资费方案进行详细了解，并结合自身需求进行分析后才能做出最适合的选择。实行服务的明码标价，有助于降低顾客收集信息的成本，给顾客带来价值。除此之外，在同类服务网点集中的地方，如商业街、商业中心，顾客感到所购买服务的价值比较高，其中一个重要因素是在这样的地方，顾客收集信息的成本较低，因为同类服务产品比较多，便于顾客了解价格行情。旅行社、餐馆、饭店、证券交易所、电影院等娱乐场所等都呈现分布集中的趋势，这一点与降低搜寻成本有关。

3. 便利成本

便利成本是指顾客为了顺利获取服务而产生的额外成本。比如，顾客为了获得服务必须经过一段旅途，不仅多花交通费用，还要花费很多时间。或者服务时间同顾客的时间碰不上，顾客必须按服务时间调整自己的日程。因此，如果顾客必须付出时间和辛苦来接受服务，那么顾客就将付出额外的便利成本。

4. 精神成本

精神成本是指顾客消费服务时，感受到潜在风险而遭受的心理压力或不适。精神成本是服务消费中顾客感受到的最为痛苦的非货币成本。例如，当顾客参加托福、雅思课程培训时，会对参加此培训能否顺利获得理想分数产生疑虑，这种考试不理想的潜在风险，使顾客面临着心理压力。因此，服务型企业需要通过人文关怀、质量保证等手段，降低顾客在服务消费过程中的潜在风险感知，以降低顾客的精神成本。在一些新兴的、不太规范的服务市场，顾客的这种精神成本尤其明显。另外，顾客对服务的参与也会引起某些精神负担。例如，顾客与服务人员打交道会引起精神成本，顾客担心是否能与服务人员相处好，担心与服务人员的关系是否影响服务的质量和价值。降低顾客的精神成本，也是增加服务价值的一个重要途径。医疗、律师事务所、学校、美容等行业特别重视通过人际交流等方式减轻顾客的精神负担，如医生注意与病人的对话交流，就能起到减轻病人精神负担的作用。

非货币成本是顾客购买及使用服务外付出的其他代价。顾客购买服务的货币成本与非货币成本之间、不同的非货币成本之间可以互相替代。例如，牙科病人可以花钱来缩短预期，这是用货币成本替代非货币时间成本；多花钱乘出租车可以比乘公交汽车更加节省时间，这也是用货币成本替代非货币时间成本。再比如，花钱委托房地产经纪人租房，相比于自己去租房，可以节省搜寻房源的成本，这是用货币成本替代搜寻成本。因此，对代价的来源进行管理，从而减少非货币成本就非常有价值了。

8.1.3 价格作为服务质量的指标

服务产品的无形性使得消费者往往只能根据服务价格、服务设施和环境等有形的产品来间接地判断其服务质量。服务价格是顾客识别和判断服务质量以及服务价值的一个重要因素。在顾客看来，较高的服务收费意味着较高的服务质量和服务水平。在服务市场，顾客往往是按价论质的，尤其在一些专业性比较强、复杂程度和购买风险比较高的服务业，顾客常常愿意用价格来降低购买风险，服务价格具有"精神保险功能"。例如，许多病人做手术愿意找收费较高的医生和医院，因为他们认为收费高的医生或医院的手术水平和质量也比较高。

服务市场的按价论质，使得服务机构的定价必须谨慎：服务定价过低会损失服务质量吸引力，而服务定价过高，又会误导顾客对服务质量的感知和期望。

8.2 服务定价目标

大多数服务型企业像有形产品的生产企业那样，将利润最大化作为定价的目标。事实上，利润最大化目标可以体现在短期或长期的各种战略、策略规划中，时限的不同会直接带来定价策略的差异：如果将利润最大化置于短期目标的营销规划中，那么高价位的撇脂定价策略将受到企业的青睐；中长期的利润最大化目标则更倾向于采取坚决阻止竞争对手进入或迅速占领所在细分市场的定价策略。

由于服务业的特殊性，使得服务型企业的定价过程和结果比制造业更加复杂。服务成本结构与有形产品成本结构有较大的不同，使服务定价盈亏平衡点的计算更加困难。一般而言，制造业企业的产品定价至少要在市场上实现盈亏平衡，而服务型企业很难把握盈亏平衡点，因此，服务型企业的定价目标往往就不会拘泥于利润最大化，而更加趋于多样化。

8.2.1 收益和利润目标

服务定价的首要目标是利润目标及其他与利润相关的收益目标。

1. 追求利润目标

追求利润即追求收益与成本的最优组合，获取盈余。利润最大化目标指企业追求长期总利润或投资收益的最大化。利润最大化目标并不等于最高价格，而是实现一个特定水平的利润，因为价格过高会引起各方面的对抗。

除利润最大化目标外，还有市场利润目标，如按成本加成法定价，或按投资者的要求和市场可接受程度等因素来实现利润目标。

2. 投资回报或滚动发展目标

某些服务型企业如公共事业服务机构，多由国家财政投资兴办并拨款运营，或者是分期开发运营的旅游景区、大型游乐园等，都需要前期大量投资，所以这类服务型企业的定价原则是把成本分摊在国家拨款或初期投资基础上，进行适当的加成定价。其经营目标在于分期偿还前期投资，并用积累的部分利润进行设备更新、技术改造、深度开发等后续投资项目，以实现滚动发展。

3. 应对竞争者目标

应对竞争者有时也会成为服务型企业的定价目标。企业对同业竞争者的任何行为都十分敏感，尤其是对方的价格策略。企业在定价前应仔细研究竞争者的产品和价格，以便有针对性地通过定价目标应对和避免市场竞争。在此目标下，实力雄厚的企业往往利用价格竞争，提高其市场占有率；而实力弱的企业则追随占主导地位竞争者的价格。

8.2.2 与顾客和用户基础相关的目标

1. 市场份额目标

服务市场中的规模效益比有形产品更难以实现，原因在于顾客参与度高、追求个性化强、服务需求分散且波动性较大等。因此，为达到规模生产的目的，大量服务型企业在相当长的时间内将市场份额作为引导定价策略的首要目标。基于服务高固定成本、低边际成本的生产特点，在市场份额目标的引导下，最初低于成本的定价会随着市场份额的不断提升，而使固定成本不断分摊，最终实现服务的规模效益。因此，对于那些固定成本较高、边际成本较低的服务型企业，以"薄利多销"的定价策略获得较高市场份额是主要考虑的定价策略。

2. 顾客满意度目标

服务业具有高度的顾客参与性，因此服务型企业的长远发展依赖于顾客的忠诚而顾客忠诚又来自顾客对服务产品的满意水平。因此，许多服务型企业将顾客满意度作为定价目标，针对不同的顾客提供多样化、个性化的服务，并对不同服务进行差异化定价。正是在顾客满意度目标的指引下，服务市场存在大众服务与高档服务并存的态势，而顾客对此也习以为常。例如，在机场候机大厅中，有针对一般出行旅客的常规候机和登机服务，也有针对各种高端顾客的 VIP 候机和登机服务。两类具有不同服务需求的顾客均能够在既定的价格条件下，获得让自身满意的机场服务。

3. 社会效益目标

对于以提供社会公益服务为己任的服务型企业来说，往往以覆盖一定比例的成本，或者完全以细分市场目标顾客平均收入水平所能承担的价格作为定价目标，如图书馆、博物馆、健身公园等。同时，一些具有国有性质的服务型企业为了社会或国家的整体利益，也可能制定低于成本或低于行业平均水平的价格。例如，为了配合国家优先发展旅游业的政策，在旅游旺季航空公司、旅游服务公司等降低票价，配合整个旅游促销活动。

4. 质量目标

质量目标是以需求为引导的定价目标。以质量为目标的定价方法有两种。第一种方法是企业搞清楚消费者需要的服务质量和愿意为此付出的价格，并在此基础上设计质价比最佳的服务。第二种方法是企业不改变服务，而是对各种价格影响下的需求和边际利润加以评估，采取差价定价策略。

8.3 服务定价的方法

尽管服务和产品在许多方面存在不同，但对于消费者来说，他们可能并不关心所购买的究竟是服务还是产品，消费者真正想购买的是由产品和服务所带给他们的利益与价值。从这个意义上说，产品和服务的定义本质上又是一样的，因为消费者关注的是企业提供的价值，而不管它是以产品还是以服务的形式表现出来。因此，在服务定价中也可以参考产品定价的方法，下面围绕近年来服务营销定价中常见的几种方法加以简要地介绍。

8.3.1 成本导向定价法

成本费用是服务型企业定价需要考虑的首要因素，从企业角度看，服务成本是服务价格的重要决定因素，只有当服务价格超过服务成本时，企业才能够盈利，才有资本投入到新一轮再生产活动。成本导向定价法是指企业依据其提供服务的成本决定服务的价格。成本导向定价法的基本公式是：

$$价格 = 间接成本 + 直接成本 + 边际利润$$

其中，直接成本是与服务有关的材料和劳动力，间接成本是固定成本的一部分，边际利润是直接成本与间接成本之和的某个百分比，企业把三者相加，以便最终确定价格。

从定价的角度看，服务产品的成本费用可以分为三种，即固定成本费用、变动成本费用和准变动成本费用（实际应用见表 8-1）。

表 8-1 服务型企业的固定成本和变动成本举例

企业	固定成本	准变动成本
酒店	建筑与设施的折旧（自有） 建筑与设施的租金（租用） 固定人员的酬金	食品消耗 易耗品的维修 水电的消耗
保险公司	管理成本	赔偿费
健身中心	健身工具及其他设施的折旧 场地租金	健身教练的工资 为学员提供的饮用水等成本

固定成本指随着产出而变化的成本，在一定时期内表现为固定的量，如建筑物、服务设施、家具的折旧费和人员工资、维修费。

变动成本指随着服务产出的变化而变化的成本，如电费、运输费、邮寄费等。在许多服务行业中，固定成本在总成本中所占的比重较大，比如航空运输业和金融服务业等，其固定成本在总成本中所占的比重高达 60%，因为其需要昂贵的设备和大量的人力资源。而变动成本在总成本中所占的比重往往很低，甚至接近于零。

准变动成本指介于固定成本和变动成本之间的那部分成本，它们既同顾客的数量有关，也同服务产品的数量有关，如清洁服务地点的费用、职员加班费等，这类成本取决于服务的类型、顾客的数量和对额外设施的需求程度，因此对不同的产品其差异性较大。

在产出水平一致时，服务产品总成本=固定成本+变动成本+准变动成本。由于固定成本费用在总成本中占主要比例，所以固定成本的分摊对企业意义重大。

1. 成本导向定价法在服务业中的应用

在公用事业、承包业、广告业和制造业中，成本定价法是一种较为广泛的方法。例如，对于提供心理咨询服务的医师来说，他首先要计算出给顾客提供咨询需求的成本，然后加上他希望获取的利润就可以确定价格了。对于提供专业服务的企业来说，通常会设置一个系数，将员工每小时的薪酬与这个系数相乘，就可以得到每小时服务收取的价格。这个价格应该既可以弥补提供服务所耗费的成本，又能为服务提供者带来期望水平的利润。

成本导向定价法主要包括成本加成定价法、目标收益定价法、平衡分析定价法和边际定价法等。有研究表明，成本加成定价法是服务型企业最常使用的一种方法。此方法典型的应用是在需要提前估算成本的行业，如建筑业、工程业中。建筑业或工程业中，顾客根据所需服务的类型招标运用，根据对服务内容成本（包括原材料，如石料、木材）、劳动力（包括专业人员和非熟练工）及利润的了解，企业估算出完成服务所需的价格并报给顾客，而且说明可能会发生的其他费用——支出超出预计成本的费用，因为大项目服务提供过程中，一些服务规格可能会发生改变。

成本导向定价方法的优点是：第一，计算简单明了；第二，服务型企业对这种方法的广泛使用，使收费水平趋于一致，因此顾客对费用率比较熟悉；第三，企业能够得到合理的利润，当需求量较大时，企业能够维持在适当利润水平上。

2. 服务成本导向定价法存在的挑战

（1）成本很难被追踪，计算单位模糊。考量成本时很难确定一项服务的单位，由于服务不能像有形产品一样，用"件""只"或"千克"等单位来衡量，所以不少服务都是以输入单位而不是以可计量的输出单位出售的。例如，钢琴课程往往是以小时为单位来计价格的。

（2）劳动力比原料更难定价，成本难以核算。服务型企业成本的主要因素是人。对于人所花费的时间的价值，往往很难加以估算。例如，很难判断一位移动10086客服热线的接线员每小时的工作价值有多大。

（3）成本不等同于顾客感知的服务价值，成本与价值不对等。一件5 000元的大衣和一件200元的大衣，其干洗成本都是20元。因为长度差不多，花费的功夫也基本相同。但是在上面的例子中可能忽略了这样的一个事实：消费者为了更好地洗干净那件昂贵的大衣，也许愿意付出更高的价格；而对于那件200元的大衣，消费者则可能就觉得这个价格贵了。

8.3.2 竞争导向定价法

在竞争激烈的服务市场，服务型企业通过研究主要竞争对手的生产条件、价格水平、成本结构、利润水平等因素，然后对比自身的经营条件及成本、供求状况来最终确定服务的价格，这种定价方法被称为竞争导向定价法。

竞争导向定价法的特点是服务价格与服务成本及需求不发生直接联系，即服务价格不会随着服务成本和市场需求的改变而改变。它主要适用于以下两种情况。① 服务标准化。服务提供者所提供的服务基本是一致的、标准化的，顾客也可以了解各个服务提供者之间的价格差异，并会对差异做出反应，如快递公司等。② 寡头垄断。在某些服务行业里，可能只有少数大型服务提供者，如通信业和航空业。

1. 竞争导向定价法在服务业中的应用

竞争导向定价法主要包括根据市场平均定价、与竞争者相似定价、定价高于竞争者、定价低于竞争者及根据市场领先者价格定价等几种方法。其中，根据市场平均定价是竞争导向定价法中使用最为广泛的一种方法。当成本难以估算时，采用市场平均价格作为自己的价格往往是一种较好的方法。通常管理人员倾向于认为平均价格是行业集体智力和能力的结晶，能较为公允地衡量企业提供的价值，也能给企业带来比较公平的回报。同时，这种方法也有助于行业内各企业之间的和谐。不过，也有一些企业倾向于采用和竞争对手类似的价格以保持竞争力，或者瞄准市场领先者的价格来进行定价。这就要求企业管理者必须持续关注竞争者的定价，以便确保自己的价格始终保持在合适的水平上。当服务提供者能够成功地实现差别化时，往往可以收取比市场均价更高的费用。如果差别是由服务水平较低而导致的，则应收取低于市场均价的费用，同时采取不断地改善服务的措施，以便提高企业的盈利性。

2. 竞争导向定价法存在的挑战

（1）小企业收费太少，不易生存。例如，家门口的小便利店的定价就不能像连锁便利店一样把价格定得太低，否则没有利润。

（2）服务的不同种类限制了相似性。竞争导向定价法不适合医院、银行、学校等差异性较大的服务行业，因为差异性较大而无法进行比较。不同的舞蹈授课中心给出的会员年费也互不相同，因为地理位置不同、教室环境不同、舞蹈老师不同、舞蹈类型不同、课容量不同等，这些都是不可相提并论的因素。

8.3.3 需求导向定价法

市场营销理念中，顾客是企业营销管理活动的中心，需要通过营销组合策略来体现顾客的主要地位。在服务定价中,根据服务市场需求状况和顾客对服务的感知差异来确定价格的方法叫作需求导向定价法,又称市场导向定价法或顾客导向定价法。需求导向定价法是指服务机构按顾客的需求及变化决定服务的价格,顾客的需求有质和量两方面的含义。从量的意义上讲,就是按照需求调节定价,即用提高定价平抑需求和利用降低定价刺激需求。从质的意义上讲,是按照顾客感知的价值定价,核心是用定价满足顾客的需求,而顾客感知的价值就是顾客需求的满足,因此更符合需求导向的服务管理理念。

1. 需求导向定价法在服务业中的应用

在谈到顾客需求时,常常会使用顾客感知价值来度量消费者的需求。对感知价值有四种不同的表述,不同的顾客会有不同的偏好,即使同一消费者在不同情境下可能也会对价值形成不同的理解。第一,价值就是低价。有些顾客认为价值等同于低廉的价格,这类消费者一般对价格非常关注。第二,价值是从产品或服务中得到的,一些顾客主要关注产品或服务能够为其提供的利益。第三,价值是所支付的价格换来的产品或服务质量,一些顾客把价值看作是付出的货币与获得的服务之间的交换,这类顾客关注性价比。第四,价值是付出的所有东西得到的全部回报,这类顾客不仅考虑他在购买服务的过程中支付的金钱,也会考虑他所付出的时间、精力等全部成本,以及服务提供者能够提供的全部利益。这四种顾客感知价值表述虽有不同,但是没有顾客会愿意为一项服务支付超出他认为该服务所值的价格。

顾客感知净价值=感知的服务利益总和−感知的服务成本总和

顾客盈余=顾客愿意支付的价格−实际支付的价格

如果消费者去银行转账汇款,需要排很长时间的队,还要面对态度恶劣的工作人员和烦琐的转账手续,那么即使银行收取的手续费很低,他仍然会感觉自己支付的成本很高。此时,如果有一家银行及时推出网上汇款服务,使消费者能够方便快捷地在自家的网络上完成汇款流程,那么这家银行就可以收取较其他银行更高的手续费。再比如在餐饮行业,等位是十分普遍的现象,许多餐厅为了降低消费者的感知成本,在消费者等候时提供零食饮品甚至美甲服务,这不仅使消费者的感知成本下降,提升了顾客的感知利益,甚至使其愿意为其自愿接受的服务组合支付更高的价格。

2. 需求导向定价法存在的挑战

(1) 必须调节货币价格,以反映非货币成本的价值。服务提供者需要确定购买流程中涉及的每个非货币因素对消费者的价值感知的影响,如服务所花费的时间过长、服务流程复杂给消费者带来不便、增加了消费者的搜寻成本或精神成本等。如果这些非货币因素对消费者负面影响较大,企业应当在货币价格上做出一定的调整予以补偿。但是如果服务能够为消费者节省时间,减少不便,消费者一般会愿意支付较高的费用。

(2) 消费者通常无法得到服务成本信息,因此价格可能不是中心要素。由于消费者很难确定服务的价格,导致货币价格在其初次购买服务时的作用,不像在有形产品购买时那么显著。消费者在购买和消费服务时,还付出了除货币成本之外的其他代价,如时间、精力、体力等,这些不仅是消费者对服务的评价因素,有时其重要程度甚至超越货币价格。

8.4 服务定价的策略

在 8.3.3 节中提出了消费者在不同情境下可对价值形成四种不同的理解，本节将根据这四种不同的价值定义，研究其相对应的定价策略。

8.4.1 价值就是低廉的价格

当货币价格对顾客是最重要的决定因素时，企业应重点关注价格。但这并不意味着质量水平和服务本质特征是不重要的，而只是此时货币价格最重要。以这种价值定义制定服务价格时，市场营销人员必须清楚顾客在此情境下对目标服务价格了解的程度，他们如何理解价格差异以及价格为多少时，顾客会明显感到有损失。在顾客将价值定义为低价时，宜采用一些特定的定价方法（包括折扣定价、尾数定价、同步定价及渗透定价等）。

1. 折扣定价

折扣定价策略是指对基本价格做出一定的让步，通过让利于顾客来刺激服务消费，增加服务收入的定价策略。折扣定价是一种鼓励消费的促销手段，能够促使顾客提早付款、大量购买或错峰消费等，进而增加服务型企业的服务销售收入。折扣定价策略主要有以下形式。

（1）数量折扣。数量折扣是指服务型企业按照顾客购买数量、规模的大小，分别给予不同的价格折扣，购买的数量规模越大，价格折扣就越高。其目的是鼓励顾客进行大量的服务购买或集中购买。例如，移动通信公司对每月有 15 GB 流量消费的顾客提供包月流量不限量的折扣。数量折扣包括累计数量折扣和一次性数量折扣两种形式。累计数量折扣规定，顾客在一定时间内购买服务，达到一定的数量、规模或消费金额时，按照其总价给予一定折扣。其目的是培养顾客消费习惯和忠诚度，鼓励顾客经常进行服务消费，成为企业可信赖的长期顾客。一次性数量折扣规定，单次购买某种服务，达到一定数量规模或消费金额，给予折扣优惠。其目的是鼓励顾客大批量购买，促进服务产品多销、快销。

（2）现金折扣。现金折扣是指对在规定时间内提前付款或用现金付款的顾客给予的一种价格折扣，其目的是鼓励顾客尽早付款，加速资金周转，降低销售费用，减少财务风险。服务型企业在采用现金折扣时，一般要考虑三个因素，即折扣比例、给予折扣的时间限制、付清全部贷款的期限。例如健身房采取的预存会员费打折或提前缴纳年费给予现金折扣，均是典型的提前付款现金折扣。

（3）功能折扣。功能折扣是指服务型企业根据服务中间商在服务、流通及传递过程中的不同地位和作用，给予不同的折扣，因而也被称为交易折扣策略。如旅游企业通过折扣刺激，鼓励中间商大量购买其服务产品。功能折扣比例的确定主要考虑服务中间商在服务分销中的功能、地位、重要性、购买数量规模、完成的促销功能、承担的市场风险、履行服务的水平等因素。例如，相较于服务零售商，可以给予服务中间商更大的折扣，以鼓励服务中间商努力销售本企业的服务产品。功能折扣的结果是形成购销差价和批零差价。

（4）季节折扣。某些服务的提供具有连续性，但其消费却具有明显的季节性。如国内/出境旅游，旅游目的地的航空/酒店服务等服务型企业，为了调节淡季和旺季之间的服务供需矛盾，对淡季的服务消费给予一定的价格优惠，该策略被称为季节折扣。采用季节折扣策略，有利于服务型企业服务生产与销售在一年四季都保持相对的稳定,目前旅游景点、旅游地酒店、机票等服务较多地应用季节折扣的定价策略。

2. 尾数定价

整数价格之下设定带零头价格,暗示了折扣和廉价,让顾客感知价格较低。例如,某服务的价格为99.9元,接近100元,就是利用顾客要求定价准确的心理进行的服务定价。保留价格尾数,既可以给顾客以不到整数的心理信息,又能使顾客从心里感到定价认真、准确、合理,从而对服务价格产生信任感。

3. 同步定价

同步定价是利用顾客对价格的敏感度,用价格管理对某种服务的需求。同步定价可以在稳定需求以及使需求和供给同步发展上起作用,地点、时间、数量及关系差异等都可以在服务定价中有效运用。

(1)地点差异。用于顾客对地点敏感的服务,在不同地点对相同或相似服务具有不同的附加值,更具有不同的服务可接近性。例如酒吧和饭店里的饮料、小吃等都比百货超市里的要贵,音乐会前排、酒店里的海景房普遍价格较高。环境优雅带来的附加值纵然不同,但更重要的是顾客在可接近性方面的需求强烈程度不同。

(2)时间差异。时间差异指取决于服务消费时间的价格变化。其目的不仅是增加企业收入,还可通过调整价格来抑制需求的波动,从而降低生产和经营成本。例如,网约车在上下班高峰期的加价策略,就是以时间差别进行的差异定价。淡季的健身、温泉项目普遍价格较低;通过为低峰时间段制订较低的价格,服务型企业可以稳定需求并增加收入。

(3)数量差异。批量购买时给予减价,如机票、酒店给团队客人等打折,通过提供低价服务,将未来的买卖紧紧锁定。

(4)关系差异。给予新顾客或现有顾客较低的价格,以鼓励其成为固定顾客或高频顾客。比如有些律师、牙医等,一开始提供免费咨询,消除顾客对服务价格高昂的恐惧或半信半疑的心理。

4. 渗透定价

为了刺激试用或广泛使用新的服务,用低价导入市场。此战略适用于以下情况:① 消费者对价格很敏感,尤其在早期的产品导入阶段;② 可以通过批量带来单位成本节约;③ 服务在引入后很快会面临强劲的潜在竞争威胁;④ 没有任何一类顾客愿意支付高价购买服务。

这种服务定价在企业产品引入期结束后,再次"正常"提高价格时,会导致出现问题。如新的网站常常一开始用部分免费进入和部分免费下载来吸引网民。另外在特别优惠促销活动期间,还可以采用免费办年卡,从第二年开始收取年管理费用的渗透定价法。

5. 招徕定价

招徕定价策略,也称为牺牲定价策略,是一种有意将少数商品降价以招徕消费者的定价方式。一般而言,顾客都有用低于平均价格买到同质产品的心理期望。服务型企业可以抓住这种顾客心理,特意将服务价格定得略低于主要竞争对手的服务价格,以低价吸引消费者后,再向其提供其他盈利性更强、价格更高的服务。例如,健身房通过低价大班课招徕消费者,然后向其推荐利润更高的小班课和私教课。

8.4.2　价值就是顾客在产品或服务中所需要的东西

当顾客首先考虑的是从服务里得到的东西，而货币价格不是主要的考虑因素时，宜采用这种定价策略。顾客越期望拥有被提供的服务，服务的价值就越高，服务提供者能设定的价格也就越高。

1. 声望定价

声望定价是提供高质量或高档次服务的企业采用的一种特殊的需求导向型定价形式。例如，五星级酒店、高级健身俱乐部等，这些服务型企业一般都将高收入阶层定为自己的目标顾客。高价位不仅能够显示企业的卓越服务质量，也能带给消费者在身份地位或财富上的满足感和优越感，因此即使定价很高，顾客也愿意在此消费。实际上，在依声望定价的服务中需求或许会随着价格提高而增长，因为较昂贵的服务在表现质量和声望方面更具价值。这种定价技巧往往适用于那些已经建立起高知名度或是已经培养出特殊细分市场的服务型企业。

2. 撇脂定价

撇脂定价是以高价推出新服务，这是当服务相对以往有很大改进时的有效定价方法。这种情况下，许多顾客更关心获得服务而非服务的成本，使得服务提供者能够在最愿意支付高价格的顾客身上得到更多的利润。例如，美发店新推出离子烫时，烫发价格很高，但是仍然不乏追求新奇的消费者选择花费高价来体验新服务。

3. 技巧差异定价

在专业化程度高、技术性强的行业，如咨询、特殊教育、审计、金融理财这样需要较高的专业水平、知识含量的行业，消费者要获取关于服务及其替代品的信息是比较困难的，而且这些行业的服务产品对消费者来说往往比较重要，顾客愿意花高价去购买让其放心的服务。如医院的专家门诊收取较高的挂号费；资深律师收费较高等。

4. 服务附加值定价

服务附加值定价是根据服务额外增加的利益不同，对同类服务制定不同的价格，增加的利益是差别定价的重要支撑。例如，京东商城对普通会员免基础服务费，对 plus 会员收取 299 元年费，但是 plus 会员能够享受优惠购物券、购物额外折扣、专属客服、专属购物节及上门退换货等十项会员专属特权，正是由于具有吸引力的附加价值存在，部分顾客才愿意为额外利益支付更高的价格。

5. 整数定价

整数定价策略也称方便定价策略，是指服务型企业给服务产品定价时取一个整数，特别是以"0"作为尾数。利用服务的高价效应，可在顾客心目中树立高档、高价、优质的服务形象。在整数定价策略下，服务价格并不是绝对的高价，而只是凭借整数价格来给顾客造成高价的印象。特别是对于那些无法明确显示质量的服务，消费者往往通过其价格的高低来判断质量的好坏。整数定价策略正是利用顾客一分钱一分货和追求方便快捷的消费心理进行定价的，它特别适用于高档优质服务，如星级酒店或高档娱乐城等。

8.4.3　价值就是顾客付出后所能获得的质量

一些顾客关注的是质量和货币价格，营销人员的任务就是理解质量对顾客意味着什么，然后将质量水平与价格水平相匹配。考虑到具体服务及其品质差异，定价策略可以分成三种基本类型：① 定价与质量水平相符合，以价格反映服务品质形象的策略，即为"物有所值"；② 定价低于服务水平，以高值低价赢得市场的策略，即为"物超所值"；③ 定价高于质量水平，以价格投机获取当前最大利润的策略，即为"物非所值"。

1. 超值定价

将广受欢迎的几种服务组合在一起，而后使其定价低于分别购买每种服务的总价格。许多餐厅会推出超人气套餐，某些汽车保养中心以低价提供一组深受欢迎的特色服务，比如保养轮胎、四轮定位、车辆清洗打蜡。

2. 市场细分定价

根据西方经济学理论，顾客剩余是指顾客愿意为某产品或服务付出的最高价格与其实际支付价格的差额。由于顾客收入水平和购买能力的差异，对服务的需求程度不同，或对服务的感知价值不同，因而不同服务需求的顾客剩余水平是不同的。为了尽可能获得顾客剩余，服务型企业可以根据不同的细分市场下顾客的支付意愿和能力进行定价。例如通过收入对顾客进行细分，对于收入较高的顾客群体，可将服务价格适当提高，这不仅不会降低顾客的消费积极性，还有可能带给顾客心理上的满足；对于低收入顾客适当降低价格，能够显著提高顾客的购买兴趣和支付意愿。例如酒店会以基本价格提供标准房间，在此基础上增加按摩浴缸、门厅、加床等服务，吸引愿意支付更多的顾客。

3. 定制化定价

定制化定价是指价格是针对顾客需求个别制定的。一般而言，定制化定价通常有两种主要形式。一是协议定价，指服务价格在企业和顾客商议的基础上加以确定，如装修的定价。二是关系定价，指与顾客建立长期关系，了解顾客的需求，并根据其需求定价。综合来看，定制化定价是非常典型的顾客导向定价方法，充分考虑到顾客的需求，但对企业也提出了比较高的要求。

4. 存货管理定价

存货管理定价是指服务型企业通过监控不同细分市场的需求，来管理企业的现有服务能力，以收取消费者愿意支付的最高价格。例如，连锁式酒店在旅游高峰期上调位于风景名胜区的酒店价格。

8.4.4 价值就是顾客的全部付出所能得到的全部东西

一些顾客定义的价值不仅包括他们获得的利益，还包括为了这项服务他们投入的时间、成本和努力。

1. 价格结构

服务型企业应合理组织有关价格信息，以便顾客查看、解读，从而了解所接受的服务的价值。服务型企业根据顾客对同样服务不同档次的服务需求，精选设计几种不同档次的服务和价格点。服务型企业必须在细分市场的基础上，满足服务市场中多层次、多类别的服务需求，以实现企业的生存和发展。例如，对于酒店来说，商务套房定价998元/天，豪华套房定价1 499元/天，总统套房定价3 999元/天，以满足不同类别和购买能力顾客的服务需求。在服务业中，很多企业会使用价格点，运用高、中、低三档价格来使顾客联想到高、中、低三个档次的服务质量。

2. 价格束

一些服务在与其他服务结合在一起时会更有吸引力，如延伸的售后服务保障、培训以及加急送货等。一组相互关联的服务组合在一起制订一个价格,就是价格束。重组服务产品,而不是单独地进行定价和销售,对顾客及服务型企业双方均有好处。顾客发现了价格束,简化了购买和支付流程。企业运用此方法,刺激消费者对企业其他服务的需求,因此在增加了净收入的同时,也节省了成本。价格束还使得顾客比其单独购买每项服务时付出更少的总额,这一点对价格感知亦有贡献。

3. 互补定价

互补定价主要包括俘获定价和双部定价。俘获定价中,企业提供一种基本服务或产品,而后提供继续使用该服务所需的配件和外围服务。这种情况下,企业可以将基本服务的一部分价格转移到外围服务中去。如有线服务把初装费降得很低,而后收取足够多的外围服务费来弥补损失。再比如,软件公司会以低价把一些软件销售给顾客,甚至无偿赠送给顾客通过后续不断地升级程序、更新程序库等方式获取高额利润。双部定价是将价格划分为固定费用和变动费用两部分,在一定范围内缴纳固定费用,超出该范围则根据使用量收取变动费用。例如,移动通信公司对手机用户收取固定的月租费或套餐费,并提供约定范围内的语音、短信、流量等综合服务,用户超过约定服务量的范围就会加收额外服务费用。

4. 非必需附带品定价

非必需附带品定价法也称为特色定价法,是指服务型企业在以较低价格提供核心服务的同时,以较高价格提供有吸引力的非必需附带品,并以此来增加利润收入。例如,爆米花已经成为万达影院的"金矿"和"印钞机",并由此引发爆米花经济学现象。数据显示,原材料等成本仅三元左右的爆米花可卖到二三十元,爆米花销售收入最高可占据影院总收入的20%。由此可见,通过降低电影票价格,吸引更多的观影顾客,最终获取更具利润率的爆米花、饮料等非票房收入,成为影院定价的重要逻辑。除了电影院,音乐节的主办方有时也会限制游客携带酒类入场,从而达到了现场售卖啤酒的目的。

5. 捆绑定价

捆绑定价是指服务型企业将数种服务或服务特征组合在一起,以低于分别销售时支付总额的价格销售,从而最大限度地吸引各种特征的顾客。例如,游乐园家庭套票、中国电信"手机+宽带+电视"组合套餐、美发"烫染剪"、洗衣店"洗护一体"组合套餐等,均是捆绑定价法的典型表现。

8.5 服务收益管理

8.5.1 收益管理

在服务价值创造过程中收益管理很重要,因为它保证服务型企业能够更好地利用其服务设备和后备服务生产力,为更具支付能力的顾客群体提供服务。在不同的价格条件下管理好供需需要很复杂的方法。航空公司、星级酒店及汽车租赁公司能够在一个季度、一个星期或一天的不同时间段,根据顾客对价格的敏感程度和不同细分市场的服务需求来调整服务产品的价格。越来越多的服务型企业及非营利性组织开始实施收益管理以谋求"收入最大化、利润最大化"。

1. 收益管理的概念

收益管理又称价格弹性管理或产出管理，是指服务型企业通过建立实时预测模型及分析不同市场细分的需求行为，优化服务产品的价格组合，以最大限度地满足各细分市场，最大限度地提高服务产品的销售总量和单位销售价格，从而获得最大收益的动态管理过程。收益管理技术诞生于 20 世纪 80 年代的航空业，是航空运输市场经营环境不断变化、航空公司运营管理理念、方法和技术不断发展的产物。有效的收益管理能够比较精确地预测出有多少顾客在某个时间内使用不同价格的不同服务，这些关键信息能够帮助服务型企业通过激励和规划来提高服务产品的使用率，从而获得有竞争力的市场份额及销售收益。

收益管理的核心是价格定制化及价格歧视或价格细分，根据顾客不同的需求特征和需求弹性向顾客执行不同的价格标准，图 8-1 为价格歧视模型。简单地说，收益管理就是服务型企业通过对服务市场的分析预测，把适当的服务产品以适当的价格在适当的时间传递给适当的顾客群体。因此，服务产品、价格、时间和顾客群体是收益管理的四大基本要素。

收益管理与传统的价格及销售理念具有显著的区别，主要表现在：① 收益管理的重点是价格而非成本；② 收益管理采取顾客导向定价法，而非成本或利润为导向的定价法；③ 市场细分是收益管理的基本前提和基础，在细分市场中寻找提高收益的机会；④ 收益管理的决策是建立在对市场供求关系的预测以及顾客购买行为的客观分析上，而非主观判断；⑤ 收益管理是一个动态管理过程，需要不断地重新评估收益管理的机会，不断调整策略。

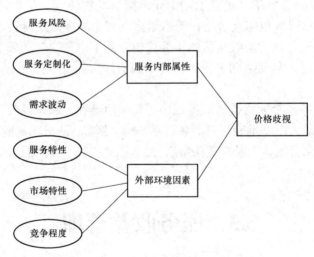

图 8-1 价格歧视模型

2. 收益管理的适用范围

目前，收益管理已经广泛地运用于航空、酒店、电信、租赁、旅游等服务行业中，为广大服务型企业实现收入和利润最大化目标提供了重要的管理支持。一般来说，收益管理适用于具有以下特征的行业。

（1）提供的服务产品无法储存。航空、酒店、餐饮等服务业区别于制造业的最大特点是前者的服务产品不可储存，未被充分利用的服务生产能力对服务型企业来说是机会成本和收益的损失，若能够把服务生产能力闲置降低到最小，便能够更多地增加收入。

（2）顾客对企业的服务产品需求随着时间的变化而变动。许多服务型企业的市场都有淡旺季之分及需求的高峰期和低谷期。同样的服务产品，旺季时顾客愿意多付一点钱，淡季则不然。企业可以预测市场需求的季节性变化，研究不同细分市场顾客需求的特征和偏好，在需求高峰时通过提高价格增加收益，在需求低谷时通过降价提高销量，从而达到提高企业整体收益的目的。

（3）企业的服务生产能力水平相对固定。大多数服务型企业的服务生产能力相对固定，短期内无法进行显著提升，但高峰需求出现时，现有的服务生产能力无法满足顾客需要，导致现有的市场需求未被充分利用和满足。由于某些行业如航空、酒店等固定资产比重较大，无法在短期内快速提高服务产品的供给水平。

（4）服务产品的固定成本较高而变动成本较低。在企业固定成本一定的情况下，变动成本相对较低时，企业需要一定的基本业务量以覆盖固定成本，维持业务经营活动。一旦超过了基本业务量，较低的变动成本会使超出的部分收入具有较高的利润水平，从而提高企业的整体收入水平。

8.5.2 收益管理的方法

价格定制化是收益管理的核心概念，即针对不同顾客对相同或相似服务制定不同价格。企业采用定制化定价策略，按照顾客愿意支付的价格向不同的顾客收取不同的价格，就可能分别获取不同需求细分市场的潜在利润。因此，企业应根据顾客感知的消费价值，对市场进行细分，为优惠价格规定一系列的限制性条件，用价格"篱笆"将不同的细分市场隔离开来，既防止那些认为产品价值较高、愿意支付较高价格的顾客按优惠价购买产品，又吸引那些认为产品价值较低、只愿支付较低价格的顾客按折扣价购买产品。

价格篱笆可以是有形的，也可以是无形的。有形的价格篱笆是指与不同价格有关的有差异的产品，如剧院的座位安排、酒店房间大小，或者不同的服务组合（如头等舱和经济舱），图8–2展示的是某演唱会剧院不同座席区的价格，价格不同就是"有形篱笆"。与之相对，

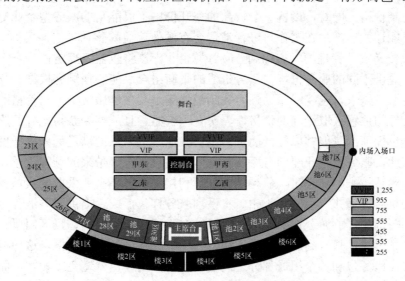

图8–2 演唱会剧院不同位置的票面价格不同

无形的价格篱笆是指消费、交易或顾客的各项特征。按照不同的特征对顾客群体进行细分，即使是消费同样的服务，不同特征也能够区分出不同的细分群体。例如，购买三折机票和购买全价机票乘坐经济舱享受的服务是一样的，但两者的区别在于机票购买的时间不同，如提前一周购买还是提前一天购买，以及机票的使用限制条件不同，如是否能免费取消或变更航班。总之，通过对顾客需求、偏好和支付意愿的全面了解，服务型企业可以综合地设计服务产品，涵盖服务产品的核心服务、有形产品的产品特征和无形产品的产品特征。

8.5.3 收益管理的风险与应对

收益管理作为解决供给与需求匹配的理想办法，通过不同的服务产能分配和不同的定价，关注资金回报的最大化，能够提高服务型企业的市场及投资回报。但是，服务型企业运用收益管理工具必然会面临一些潜在风险，需要企业运用较为综合的策略应对这些风险。

在服务型企业实施收益管理的过程中，差异化定价方案和价格歧视均可能被顾客视为缺乏市场公平。因此，服务型企业必须精心管理顾客感知，并明确良好的收益管理并不意味着盲目追求短期收益最大化。通过以下应对策略，可以有效调节收益管理实践与顾客的公平感知、满意度、信任和信誉之间的潜在矛盾。

（1）设定清晰、合理和公正的价格篱笆。服务型企业应该提前主动详细说明费用和收费标准，例如，取消订单或更改订单的费用，从而避免让顾客感到不满。企业可以提供一个简单的费用结构说明，使顾客更容易理解特定情况下可能产生的各种费用状况。要使顾客感觉价格篱笆的设置是公平的，就必须保证顾客能够轻松地理解篱笆设计的内在逻辑，且不存在任何费用陷阱，做到顾客的感知公平。

（2）使用高公开价和价格篱笆框架作为折扣。从经济学角度看，将价格篱笆定义为顾客收益，即折扣，通常比将其定义为顾客损失，即超额收费更能够让顾客感知公平。例如，某顾客周六光顾理发店，若发现周末要额外收费的话，顾客会感觉到不公平或不合理。但是，如果理发店将周末高峰期的价格设为公开价格，然后在工作日进行打折促销，会使顾客更容易接受周末的高价格。同时，设置一个较高的公开价格不仅能帮助服务型企业提升顾客的高质量感知，还能让顾客产生在工作日进行消费会有额外获益的感觉。

（3）有效传递收益管理的顾客福利。服务型企业应该将收益管理定位为一个企业与顾客双赢的行为。提供不同的服务价格与服务价值的平衡组合，能够使顾客根据自身购买能力和消费条件满足服务需求，也能够帮助顾客找到最能满足其关键服务价值与价格的平衡点。例如，对剧院最好的位置收取最高的价格，表明有顾客愿意且能够为获得更好的服务支付更高的价格；同时也保证剧院能够以较低的价格出售其他座位，从而满足另外"低价格诉求"的顾客需求。因此，服务型企业要向目标顾客群体传递收益管理带来的顾客收益。当顾客对特定的收益管理实践越来越熟悉时，就越能够理解和接受服务型企业采取的收益管理措施。

（4）采用捆绑方案来"隐藏"折扣。将系列服务打包，或者提供服务组合定价能有效地掩盖价格折扣。例如，旅游公司的服务中包括航空飞行、地面交通、景区门票、饭店、住宿等系列服务，顾客往往只看到总价，并不清楚各个组成部分的具体价格。这种捆绑的服务组合使顾客无法在服务包和各个组成部分之间进行比价，因此也就避免了顾客可能产生的不公平感和顾客消费意愿的降低。

（5）关注企业的忠诚顾客。服务型企业应该通过顾客关系管理保留具有价值的忠诚顾客。即使在特定的服务交易中无法获得可行的最大收益，关注忠诚顾客仍是服务型企业重要的营销管理策略。服务型企业在进行收益管理时，应该将老顾客的"忠诚扩大系数"包括进来，以便预订系统可以给予忠诚顾客"特殊对待"。例如，南方航空公司在飞机起飞前会向会员旅客提供低价升舱或里程置换升舱的机会，以凸显对忠诚顾客的重视。

（6）采取有效措施弥补超员预订给顾客带来的损失。一些服务型企业会通过超员预订，以及超售的方式来弥补可能由于订单取消所带来的损失。但是，超售现象的存在，在增加服务收益的同时也增加了无法按照订单向全部顾客提供服务的可能性。研究表明，航空公司对顾客爽约或旅店对顾客失约均可能导致顾客忠诚度的下降，从而影响企业的声誉。因此制订超员预售的弥补方案，设计良好的服务补救流程对服务型企业来讲尤为重要。例如，让顾客在保留预订和接受补偿两者之间进行选择，事先通知并适当补偿，让顾客能够另做安排；或提供使顾客可以预约的替代服务。

课后思考

1. 服务产品定价和有形产品定价的差异性体现在哪里？
2. 服务定价的目标有哪些？分别适用于什么样的情境？
3. 服务定价的方法有哪些？这些方法各自有什么优缺点？
4. 服务定价的策略包含哪些内容？服务型企业如何选择适合自己的定价策略？
5. 结合你熟悉的服务行业，如旅游业、航空业等，谈谈如何规避收益管理的风险。

讨论案例

航空公司"随心飞"的价格策略

在"后疫情时代"的报复性消费中，不少人期待开启"诗和远方"，航空公司的"随心飞"应运而生。

2020年6月21日，华夏航空公司发布全国不限次数飞行套餐，从购票日至10月24日前，2 999元百余条航线，无限次飞行权益。而在此之前，东方航空公司推出的3 322元"周末随心飞"套餐在刷屏之余已圈粉不少。多位消费者表示，在购买该产品时，系统一直提示"正在排队中"。闲鱼上已有人开始加价"倒卖"这一随心飞套餐，一套加价300元。实际上，航空公司在推出相关产品时有诸多限制，包括订退票时间、航段以及免费时间。对于这一促销方式，不少人认为和办健身卡是一个道理。

根据东方航空公司推出的"周末随心飞"产品介绍，消费者只要支付3 322元，就可以在2020年年底前的任何一个周六周日无限次兑换东方航空公司和上海航空公司的国内航班经济舱。

得知这个消息后，家住北京的朱女士第一时间预约购买产品并送给母亲。"我预计疫情之后机票价格会涨，所以觉得这个活动的优惠力度还比较大。我母亲已经退休了，可以随时出行，因此买了送给她，下半年飞几次就可以回本了。"朱女士算了一笔账，2020年还剩半年，周末至少还有52天，理论上可以实现26次往返航班。"我看了下，最近从北京出发去上海的机票400元左右，只要飞个十次左右就回本了，而单程机票出行成本只需要63.88元和50元的燃油费。"

同样购买了东方航空公司"周末随心飞"套票的李先生认为，此类套餐更适合在家办公人群、自由职业者，喜欢有一场"说走就走"旅行的年轻人以及退休的老年人。对于平时工作特别累的上班族并不适合。"这个套餐只有周末两天可以飞，对于普通上班族太累了。这就有点像办健身卡，买了之后，因为各种各样的原因无法让价值最大化。"李先生说。值得一提的是，李先生在得知这一促销后第一时间试图购买，但在6·18当天始终无法登录界面，一直显示"正在排队中"，直到凌晨才购买成功。

有人注意到，东方航空公司在推出"周末随心飞"产品时表示，这款产品是限量发售，但并没有说明限量多少套。而在随后发布的公告中，东方航空公司仍未说明限量多少，仅称仍将持续进行限量销售。6月22日登录东方航空公司官网，这一套餐仍可购买，而且并未出现系统不能登录的火爆排队现象。

东方航空公司之后，华夏航空公司于6月21日同样发售了无限次飞行的套票，售价2 999元，从购票日到10月24日无限次飞。与东方航空公司相比，华夏航空公司的套票没有飞行时间限制，但水花没有东方航空公司那么"大"。

随心飞是在国内疫情防控新常态下国内航空公司的营销创新。华夏航空公司之所以价格相比东方航空公司6·18大促套票价格还低，主要是因为其航线没有东方航空公司那么多选择。随心飞产品的设计，有两个关键点：一是预判未来市场方面座位过剩，这样这个产品对航空公司来说才划算。如果要挤占以正常价格买票旅客的座位，对航空公司来说得不偿失；二是要避免高端旅客降级，原来一年飞三四十次，现在交了10次的钱就能够无限次飞，那么对航空公司来说就亏了。

随心飞产品主要面对的是异地恋、探亲旅客等，这些人原本是低收益旅客，要利用这个产品刺激其消费需求。同时，要把商务旅客排除在外面，以免造成收益的损失。随心飞产品规定只能周末用，要提前5天以上订票，不能临时变更，就是要防止高端旅客消费降级。目前东方航空公司已经有这方面的设计，有一些限制条款，但不可避免地会造成存量旅客的消费降级。

航空公司相继通过随心飞的方式揽客，可以较早锁定现金流，在某种程度上刺激消费者选择本航空公司产品。因为防疫常态化期间商旅出行的不确定性使得航空公司营销和上座率均面临空前压力，既然飞机上座率不高，与其在航班起飞前尾舱低价售票或者浪费座位，还不如早些拿出来做营销，拿到现金流和锁定消费者。飞机年票或者季票都是防疫非常时期的非常之举。

由于该产品是预付费产品，先充值再乘机，能够充分利用空余座位创收。推出随心飞产品无疑能够为公司带来现金流。一个旅客的边际成本其实只有100多元，即航班要起飞了，多拉一个旅客航空公司只要多付100多元成本，所以这个产品一定是赚钱的。但如果原本就要用正常价格买票的旅客消费降级，或者随心飞旅客订满了航班导致商务旅客买不到票，那么这一产品反而会增加航空公司的成本。所以算经济账，随心飞赚足了眼球，但估计赚不到多少钱。

2020年一季度，各航空公司的现金流均受到不同程度的影响。其中，东方航空公司经营活动产生的现金流净额同比减少214.83%至-61.26亿元；南方航空公司经营活动产生的现金流净额同比下滑261.94%至-82.38亿元，销售商品、提供劳务收到的现金为158.29亿元，同比下滑58.55%，主要原因是受疫情影响，主营收入减少及退票增加；中国国航经营活动产生的现金流净额同比下降246.86%至-87.17亿元。

案例思考题

1. 结合航空业经营实践，谈谈服务定价的特殊性以及定价依据有哪些。
2. 在本案例中，东方航空公司、华夏航空公司遵循了哪些服务定价方法和定价策略？
3. 航空公司应如何管理价格与服务质量之间的关系？

第4篇 服务价值传递

第9章

服务分销

学习目标

1. 服务分销的内容和模式；
2. 特许经营的内涵与特点；
3. 通过电子渠道进行服务分销的问题；
4. 跨渠道整合的相关问题。

开章案例

永辉超市渠道变革

永辉是我国首家将生鲜农产品加入现代超市流通中的企业。互联网的蓬勃发展推动渠道变革，永辉和京东展开合作，两者的合作主要针对互联网，涉及电商运营和物流配送。通过合作，永辉超市解决了线上业务的短板。永辉形成了四个主要业务，涵盖"云超、云创、云商、云金"，以此完善自身体系构建，此举进一步增加了永辉的收入。

1. 新渠道布局

永辉超市建立了永辉微店，但是此店面在其入驻"京东到家"后终止了运营。永辉微店重整自身业务布局，此后称为永辉全球购。永辉超市的新渠道布局主要基于移动平台，通过自建渠道以及与京东的合作拓展其渠道。

2. 在全渠道基础上的O2O运营

在线下建设方面，永辉主要在三个方面进行了改善。① 以商品结构为重点进行改善：创建精标店，有红标和绿标等特点，突出生鲜优势。② 完善自身供应链：永辉全球购直采于全球各个产地，产品齐全。③ 优化运营模式：首创超级物种——高端超市＋餐饮＋App。

同时,永辉进行线上和线下的协同。在永辉全球购的应用中,顾客进行网络购物,可以选择送货上门,也可以选择到店自提。物流方面,永辉成立自家物流中心,以此存放生鲜货物,确保品质和时效。此外,永辉与京东众包进行合作,优化物流体系。

9.1 服务分销概述

9.1.1 服务分销的含义

在服务分销中,最普遍的是直销,即一种短渠道形式。虽然直销在服务市场中很常见,但仍有许多服务业的分销渠道包括一个或一个以上的中介机构。一提到分销,很多人都可能会想到通过有形渠道将货物运送到分销商与零售商,并通过它们卖给终端用户。但是对于服务来说,并没有可以转移的实物。服务体验、服务绩效以及解决方案都不能通过实体形式进行运输和储存。同时,信息的传输越来越多地通过电子渠道来完成。那么,服务背景下的分销是如何进行的呢?

在典型的销售周期中,服务分销包括三个相互关联的服务流。

(1)信息流与促销流。服务信息和促销材料的传递与服务息息相关,其目的是引起顾客购买该项服务的兴趣。

(2)谈判沟通流。通过谈判与沟通,服务各方达成有关服务特征、内容、承诺条款等方面的协议,由此完成服务购买合同。其目的是出售某项服务的"使用权"(例如,出售某项预订服务或者服务票据)。

(3)产品流。很多服务需要有实体设施才能提供,特别是那些涉及人体服务和所有物服务的服务过程。在这种情况下,服务分销战略要求建立当地服务网点。对于信息服务如网上银行、远程教育而言,产品流可以通过电子渠道进行分享,使用一个或多个中心站点来完成。

服务的分销流视角与"服务之花"中的核心服务和附加服务相关联。将核心服务与附加服务进行区分是非常必要的,因为很多核心服务都需要一个实体地点才能进行,而这严重地限制了分销。例如,你只能在迪士尼乐园看到精彩的烟花秀和迪士尼人物巡演。同样,你也只能在山西的平遥古城内观看《又见平遥》表演。然而,很多附加服务可以用较低的成本进行大范围的分销,即信息流与信息服务和咨询服务花瓣相关;沟通流与订单处理、账单服务和支付服务花瓣相关。《又见平遥》的潜在用户可以从旅行社获得信息与咨询,然后通过面对面、网络、电话等多种途径进行预订。同样,也可以通过票务机构购买演出的入场券,而无须驱车前往其所在地购买。服务分销流模型如图9-1所示。

9.1.2 服务分销的特征

有形产品具备有形性、标准化、生产和消费相分离、可储存等特质,而服务则具备无形性、异质性、生产和消费的同步性和易逝性等特点。这些不同决定了其价值传递方式的不同,决定了其从生产出来到消费者手中这一路径的差异性。

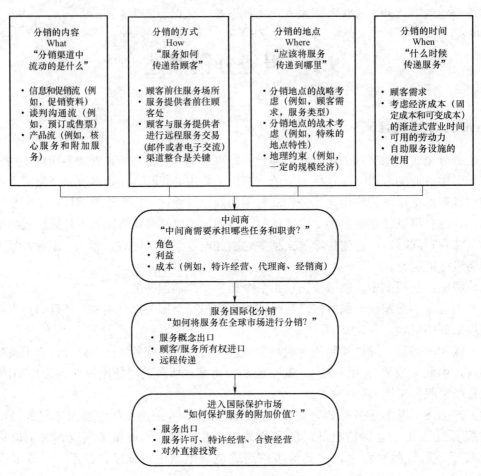

图9-1 服务分销流模型

有形产品的渠道是一种联系生产者、零售商和消费者的媒介平台和消费路径，这一平台和路径用来实现产品的转移，而服务分销则侧重于服务的传递。分销的内容包括有形产品和无形的服务。分销的地点方面，服务分销对于服务场景具有较大的依赖性，需要借助有形展示的力量。

渠道是一种能够使得有形产品或服务被顺利消费的完整组织。渠道可以定义为由各种相关营销组织构成的有效系统，其目的是促进商品和服务由生产商或零售商向消费者流转。有些服务分销的中介机构承担了所有权风险；有些中介机构承担所有权转移的中介角色；有些中介机构担当实体转移的任务等。

关于服务分销的创新，近年来，租赁业务发展很快，许多销售产品的企业，也增添了租赁和租用业务。此外，也有新兴的服务提供者投入租赁市场的服务供应中来。不过，租赁的物品大多是比较贵重而不容易为私人拥有的物品。在租用和租赁合同中，银行和融资公司，以第三者的身份，扮演了重要的中介角色。

9.2 服务分销的模式

9.2.1 基于接触类型的服务分销模式

如何进行服务分销？一个重要的问题是，服务提供者的服务性质与其市场定位战略是否需要顾客与服务人员、设备和场所发生直接的接触。如果有必要发生直接接触，那么顾客是必须亲自到服务提供者的场所，还是服务提供者将服务人员与服务设备派送到顾客那里提供服务？换言之，顾客与服务提供者之间的传递是否可以通过电子手段或实体分销渠道这样的交易模式完成？对于上面三种选择，服务提供者是保持使用单一的服务网点来服务顾客，还是在不同的地点通过不同的网点向顾客提供服务呢？表 9-1 为服务提供的 6 种选择。

表 9-1 服务提供的 6 种选择

顾客与服务提供者间的互动本质	服务网点的可行性	
	单一地点	多个地点
顾客前往服务场所	剧院 游乐园	咖啡连锁店 房屋中介连锁店
服务提供者走向顾客	房屋装潢 汽车清洁	邮件递送 电脑维修中心
顾客与服务提供者进行远程服务交易（邮件或者电子交流）	信用卡公司 地方电视台	广播网络 电话公司

1. 顾客前往服务场所

如果顾客必须亲自到服务场所接受服务，有形场所需要考虑的重要因素包括：成本（例如租金）、顾客聚集区域，以及服务网点在地理位置上对于顾客的便利性。可以使用更细致的统计分析，如零售引力模型来协助企业做出决策，例如，在潜在顾客的住宅与工作场所附近开设超市或类似的大型商店等。

2. 服务提供者走向顾客

对于某些类型的服务，提供者必须到顾客处提供服务，因为不同地域顾客的需求都是本土化的。那么，什么时候服务提供者需要走向顾客呢？

（1）当服务的对象无法移动时，前往顾客处提供服务就是不可避免的。例如，需要修剪的树木，需要进行维修的已经安装好的机器，或者需要杀虫服务的房屋等。

（2）可能存在一个可以盈利的市场空白，因为有些顾客愿意支付额外的费用获得上门服务的便利性。星巴克在 2015 年开始为办公楼提供送餐服务。瑞幸咖啡也是凭借着快速的送货上门服务，在星巴克、Costco 中杀出一条血路。

现实生活中还有不少例子。每日优鲜切入生鲜这一利基市场，为顾客提供"又好又快"的产品与服务。每日优鲜围绕百姓餐桌，坚持以生鲜为主的品类精选；建立"城市分选中心+社区微仓"的二级仓储体系,保证快速送达,通过多项举措为顾客提供便利,让顾客足不出户就可收到生鲜。

(3) 在偏远的地方。例如阿拉斯加和加拿大的西北边界地区,服务提供者通常飞往顾客处提供服务,因为顾客很难前往服务提供者处。在澳大利亚,皇家飞行医生的医疗服务是非常有名的,医生能飞往偏远地区的农场、牧场提供医疗服务。

总体而言,服务提供者更愿意前往企业顾客的所在地,而不是个人用户的居住地提供服务,这说明大量的上门服务是商业服务(B2B)。目前快速增长的一种服务是,为特定的场合或者向需要在高峰期提高生产能力的顾客提供设备与人力的租用服务。

3. 远距离完成服务传递

移动通信、网络技术以及成熟的物流系统促进了许多新型的服务传递方式。当顾客远程与一家服务公司打交道的时候,顾客可能永远不会看到服务设备,也不会面对面地与服务人员交流,这些顾客与服务人员之间的互动有可能是通过顾客中心、信件、电子邮件、聊天室、或者推特进行的。如果有些有形产品、文件或者其他有形的物品(例如,信用卡或者会员卡)需要传递给顾客,那么就需要物流服务为企业提供综合的、可靠的、合理的解决方案。远距离进行服务交易的例子如下。

(1) 小件设备的修理服务有时需要顾客将产品邮寄到维修点,设备得到修理后重新寄回给顾客(顾客可以选择支付额外的费用进行快递)。很多服务提供者通过综合性物流公司,例如顺丰、邮政小快递,为顾客提供各种解决方案。这些解决方案包括从飞机零部件的保管与运输(B2B),到从顾客住处收取损坏的移动电话,随后又将修好的电话送回顾客手中(称为"逆向物流")。

(2) 任何信息型产品都可以通过互联网迅速地从任何地点传递到任何智能设备、电话、平板电脑以及通过高速网络连接的移动应用程序上。

以"服务之花"的 8 个花瓣中,可以看到至少 5 种附加服务都是与信息相关的。信息、咨询、订单、账单与支付服务(如通过信用卡)都可以通过网络进行传递。即使那些涉及有形核心产品的服务行业,如零售业和维修业,也开始将自己很多的附加服务转由互联网提供,依靠快速的商业物流技术与顾客实现远距离接触。

通过网络与 App 传递服务越来越专业,用户界面也越来越友好。这些技术经常模仿消息灵通的销售助理,将顾客引导至他们感兴趣的产品上。有时甚至还会为顾客提供即时回复邮件或者与客服人员进行对话的机会。搜索引擎是许多网站提供的又一种有效的服务,从列出可以买到的某个作者的著作到搜寻特定日期某两座城市之间的往返航班时刻表。可以吸引顾客使用网络服务的重要影响因素有:① 便利性;② 易搜寻性(获取信息、搜寻需要的产品或服务);③ 选择的广泛性;④ 可能更低的价格;⑤ 快速传递、一周 7 天每天 24 小时的全天候服务,这一点对忙碌的人特别有吸引力。

信息、咨询、订单服务的传递(如预订与售票服务)在一些全球性服务行业中已经达到了高度成熟、复杂的程度(酒店、航空以及汽车租赁服务),需要一系列精心设计的组合渠道为目标顾客群体提供服务。例如,喜达屋国际酒店与度假村集团旗下有 1 200 家酒店,包括瑞吉、艾美、喜来登等。该集团在世界范围内有超过 30 个环球销售办公室来管理全球协议伙伴的顾客关系,向商务旅行组织者、批发商、会议组织、促销商和主要的旅行组织提供一站式的解决方案。该集团在世界范围内成立顾客服务中心,覆盖所有时区,满足主要的语种需求。除了基本的顾客服务,这还有助于向顾客提供一站式服务,包括全球性的酒店预订、登记、喜达屋顾客忠诚计划以及其他顾客服务内容。顾客只需要拨打一个免费电话,就能预订任何一家喜达屋酒店。

9.2.2 服务分销的主要模式

1. 直销

每一种渠道都会产生不同的收益以及各种成本。成本最低的分销渠道就是服务型企业的自建网站,其次是企业的呼叫中心预订系统。因此,许多具有品牌资产的服务型企业会把顾客和销售服务转移到低成本的服务渠道,以便绕开、消除中介机构,这一过程也称为非中介化。

服务组织在设计分销战略时,需要仔细考虑每一种分销渠道的角色、价值增值(例如,利益)和成本。

2. 代理及其他中介

出于成本、服务能力、规模等多方面因素的考虑,服务提供者会将一些工作外包给中介机构。随着互联网的普及和网络环境的优化,在线预订正越来越受顾客青睐。以旅游行业为例,在线旅游服务提供者作为第三方预订和预售平台,已经成为酒店客房在线营销的主要平台之一。其中,携程、去哪儿、阿里旅行三大 OTA 占据住宿市场 70.4%的市场份额。在实际经营过程中,酒店和 OTA 的合作方式主要有两种,一种是代销佣金模式,即顾客通过 OTA 预订客房,OTA 在顾客成功入住后从房价中按照一定的比例扣除佣金;另一种是净价零售模式,即酒店以低于其挂牌房价的批发价将客房预售给 OTA,OTA 再通过自己的销售渠道将客房售给在线顾客,OTA 通过赚取客房售价与批发价之间的差价获得收益。代销佣金模式的价格由酒店方决定,OTA 不参与价格的制定与调整。

3. 连锁经营

连锁经营是 21 世纪卓越的销售产品和服务的手段,服务型企业运用连锁经营模式在空间的扩张上比生产型企业具有更大的优势,它可以根据自身的实力进行目标市场选择和进入,快速"复制"以实现规模化和低成本。连锁经营具有一系列经营优势:系统化快速增长,集中统一化竞争,战略统一,制度化优势,数量和价格优势。

连锁经营的一个最基本原则是通过标准化服务进行网络复制以获得规模经济、保持服务质量和支持品牌价值,而授权者(或总部)的主要工作就是根据情况变化及时制订或修改标准制度,加盟商或分店则向消费者提供这种定制化服务或产品。有学者分析指出国内连锁企业应掌握好对外开放的节奏与力度,实现与国际市场接轨。同时国内连锁企业应提高组织化程度,发展规模经营,鼓励发展成规模、跨地区,甚至能直接参与国际市场竞争的连锁集团。在资金投入方面,应提高连锁企业管理的科技含量和服务质量。

全聚德采取的就是连锁经营模式。全聚德通过建立完善的标准化机制、严格执行标准化制度、强化连锁店控制和管理、采取特色的营销模式、重视人力资源建设以及资本运作,成为老字号中经营比较成功的企业。

4. 租赁服务

租赁经济的本质特征有两点:一是出租人需要从制造商手中大量购入商品,再投入市场;二是出租人把投入市场的商品分时有偿租给消费者,并获得押金和租赁收入。其主要采用 B2C 的商业模式，由公司主导参与，商家本身就是物品的所有者，只存在供需双方，不存在平台撮合交易的过程；其供给端并不是针对社会已有的闲散资源，而是人为制造新的资产和新的需求进行再生产的增量行为，属于重资产模式，需要承担的运营和维护成本较大。

此外，需要注意的是，租赁不等同于共享。租赁经济与共享经济存在以下差异：① 租赁经济是重资产模式且产品标准化，而共享经济是轻资产模式，交易主体多样化且产品差异化；② 租赁经济是增量模式，共享经济是对闲置资源的再利用；③ 租赁经济的政策风险整体上比共享经济更小。

5. 自助服务

自助服务技术是一种使顾客得以在没有服务人员直接介入的情况下生产某种服务的技术界面。目前自助服务技术尤其是网络自助服务技术已经渗透到人们生活的方方面面。目前普遍应用的自助服务技术包括银行 ATM 机、机场自助登机、图书馆自助还书等。

对于消费者而言，自助服务技术可以带来诸多好处，如易于使用、节省时间、增强了时间和地点的灵活性。自助服务技术可以提高感知的服务质量，提供定制化服务，从而满足消费者的个性化需求。对于服务提供者来说，实行自助服务技的好处是可以降低运营成本，提高顾客满意度和忠诚度，覆盖更多的市场等。另外，自助服务技术也有一些不足之处：技术失败、运作失败和设计缺陷使得一些消费者拒绝使用自助服务技术。从服务提供者的角度来讲，自助服务技术的局限性体现在资本支出和对员工、消费者的培训上。

9.2.3 顾客对于渠道的偏好

对于服务提供者而言，使用不同的渠道来传递同样的服务不仅意味着不同的成本，而且对顾客服务体验的性质具有显著的影响。虽然自助服务的电子渠道比较节约成本，但并不是所有的顾客都喜欢用这种方式。这意味着要使顾客从原有渠道转换到电子渠道，需要在不同的细分市场上有不同的策略。同时还需要认识到，有一部分顾客并不会自愿地从他们熟悉的高接触度的服务传递环境中转换到电子服务渠道。最近的研究对顾客怎样在人际渠道、非人际渠道和自助服务渠道中进行选择做出了探讨，并识别出以下四个关键因素。

（1）对于复杂与高感知风险的服务，人们倾向于依靠人际渠道。例如，顾客很愿意通过远程渠道完成信用卡的申请，但是在获取购房贷款时则更喜欢进行面对面的服务交易。

（2）对某项服务与/或者传递渠道具有更多信任、更多了解的顾客会倾向于使用非人际、自助服务渠道。

（3）追求服务功能性价值的顾客更看中服务的便利性，也就意味着他们会更倾向使用非人际、自助服务渠道；而具有社交动机的顾客则更喜欢使用人际渠道。

（4）对于大多数顾客来说，便利性是选择服务渠道时的重要驱动因素。服务的便利性并不是说省钱，而是意味着节省顾客的时间和精力。顾客对于便利性的追求不仅仅限于对核心服务的购买，而且同样延伸到时间、地点的便利性。顾客同样也希望能获得便利的附加服务，特别是对于信息、预订和故障排除服务来说。

9.3 服务特许经营

9.3.1 特许经营的内涵

即便是核心产品的传递也可以外包给中介机构来完成。特许经营已经成为一种普遍的服务理念传播渠道拓展策略，包括所有的 7P，覆盖多个服务地点，而无须为企业服务网点的迅速扩张投入高额资本。特许经营者招募愿意投入时间、精力、资本的企业家经营比较成熟的服务理念。作为回报，特许经营者为特许加盟者提供培训机会，例如，如何处理运营、营销业务，如何销售主要的产品，以及对全国范围或区域内的宣传给予支持。当地的营销活动一般由特许加盟者支付费用，但加盟者必须使用特许经营者规定的方式和媒体。

国际特许经营联合会对特许经营做出以下界定。

特许经营是两个依法独立的合作方之间达成的一种协议，分别授予合作双方不同的权利和义务：① 授予一方的个体或者团体（特许加盟者）具有使用另一方企业（特许经营者）商标或者商标名称销售产品、服务的权利；② 授予特许加盟者使用特许经营者的运营方法、营销产品/服务的权利；③ 特许加盟者必须承担为以上权利向特许经营者支付费用的义务；④ 特许经营者有义务为特许加盟者提供一定的权利和支持。

最近特许经营的增长相当迅速，如干洗服务、就业服务、工具和设备租用业以及清洁服务等行业。目前，许多服务型企业都在积极利用特许经营作为企业的增长策略。

9.3.2 特许经营的优缺点

特许经营对于服务型企业特别有吸引力，尤其是在下列情况下。

（1）企业的资源非常有限，但是在抢占市场的竞争中，快速增长又是非常必要的。对于服务型企业来说，几乎没有什么是可以受到保护的，因为除了品牌，其他企业很容易对服务的其他各个方面进行模仿复制。因此，第一个在目标顾客群体中占据某类产品/服务（如咖啡连锁）主导地位的企业会成为市场的领导者。加盟者一般会在特许经营上投入大笔资金，由此带动整个商业链的快速增长。

（2）特许加盟经理的长期承诺非常关键。加盟者要有足够的动力保证较高的顾客满意度，建立顾客忠诚，进行高质量的服务运营。

（3）当地的知识经验非常重要。加盟者一般来自当地，因此在处理与地方当局（例如，基础设施的建设改造过程）、劳动力市场、媒体和顾客方面的事务时非常有效。

美国是特许经营的全球领先者，自 20 世纪以来，这种运营模式在美国首先应用于快餐连锁、旅馆，稍后应用于顾客和 B2B 服务业，如今已经拓展到 300 多种不同的领域。新的服务概念随时都在产生并且在世界上的大多数国家进行商业化运作。增长最快的是与健身保健、出版、安全，以及消费者服务相关的服务概念。美国的特许经营几乎占据了商业零售服务额的 50%。每 12 个商业企业中就有一个是特许经营企业。

特许经营主要有如下优点。

（1）有效延伸服务概念传递。

（2）有助于企业快速成长。特别适合于具有以下特点的增长导向的服务型企业：① 资源受到限制；② 本土化的知识很重要；③ 只有快速增长才能抢占竞争先机。

虽然特许经营有许多成功的案例，但是也有一些缺陷。

（1）会丧失对部分服务传递系统的控制，从而缺乏对顾客实际服务体验的控制。

（2）很难保证一个中间商会采取与特许经营企业完全一致的服务流程，而这正是有效质量控制的关键所在。特许经营企业总试图全面控制服务表现的各个方面，它们的做法是通过合同规定加盟者必须严格遵守详细的服务标准、流程、配方及实物展示。特许经营企业不仅控制产品的各项标准，而且控制服务场所的外观、服务人员的表现，以及其他要素，如服务时间等。

（3）随着特许经营加盟方的经验日渐丰富，它们会开始不愿向特许经营企业支付各种费用，并且坚信如果没有特许协议的种种限制，它们能够更好地运营企业，双方之间的这些争执最后往往会引发法律争端。

9.3.3 成功的要素

从特许经营加盟者角度来看，一项针对餐饮行业的纵向研究证明：通常情况下，购买特许经营权比单独建立一家餐厅可以获得更大的利益。然而，一个新建的特许经营体系在最初的几年会有很高的失败率，如在最初的 4 年里会有 1/3 的系统崩溃，而在 12 年后只有不到 1/4 的特许经营者能够成功存活下来。对于特许经营者来讲，成功的要素包括：① 具备以识别度较高的品牌壮大企业规模的能力；② 为特许加盟者提供较少的服务支持，但是保证合约的长期性；③ 每个服务网点的开销较低；④ 为特许加盟者提供精确的、符合现实情况的信息，告知特许加盟者预期的运营特点，以及以后会获得哪些支持；⑤ 与特许加盟者建立合作关系，而不是控制关系。

9.4 电子渠道

9.4.1 电子渠道的内涵和作用

"互联网+"时代移动支付更加便捷化，物流业快速壮大，消费者的购物方式发生了巨大变化，越来越多的消费者利用碎片化时间实现网络购物，企业的零售模式也随之改变。

电子渠道是随着互联网的兴起而被逐渐应用的，包括借助 PC、移动终端等工具通过网络平台、微信、微博等社交平台实现销售的渠道。消费者购买决策过程分析模型将整个购物过程分为认知需要、收集信息、对比评价、购买决策和购后反应 5 个阶段。其中，购后反应具体体现为反馈评价，与以往实体渠道的线下口碑传播不同，电子渠道的引入为消费者的购后反馈评价提供了更有利的平台，借助微博、微信、QQ 空间等新兴社交媒体，网络口碑和在线评价的作用已超过零售商的想象，购后反馈评价不容忽视。

电子渠道是唯一的不需要直接人际互动的服务分销渠道，即通过电子媒介传递事先设计的服务。例如，电话、电视、互联网，以及一些目前尚未开发出来的电子媒介。通过这些媒介，可以为消费者和企业提供服务，包括所需要的电影、互动信息和音乐、银行和金融服务、多媒体图书馆和数据库、远程学习、桌面电视会议、远距离健康服务和互动式网上游戏。利用电子渠道克服了与服务的不可分割性有关的一些问题,形成了一种以前对大多数服务来说都不可能的标准化形式。

当然,电子渠道除了可以降低交易成本、提升效率之外,还因为减少或消除了对分销商的依赖而形成一系列好处:① 直接控制分销和定价,可以获得更多的边际利润;② 减少中介机构,利用自己的权力从制造商处获得各类妥协;③ 制造商在直销渠道能以更好的服务提供更多的可选产品;④ 更容易测试产品属性;⑤ 与顾客近距离接触;⑥ 抵御来自中介机构的风险。

9.4.2 跨渠道整合

从营销视角来看,不同的渠道具备不同能力,可以执行差异化的服务产出。电子渠道不仅在提供信息、降低购买者的搜寻成本方面具有优势,还可以提供更多产品选择。从顾客视角来看,多重互补渠道拓宽和深化了顾客服务,因此会增加顾客的整体价值,不同消费者对渠道的偏好不同,但即使是个体消费者也开始在不同的购物时间和购物阶段选择不同的渠道;从运营管理视角来看,多渠道可以增加协同效应,降低订单履行成本。实践表明,混合渠道比单一渠道获得的效益高出 5%~8%。

伴随着电子商务技术的快速发展,企业通过电商渠道、手机顾客端、实体店等多条渠道传播信息、销售产品和提供服务成为常态。然而多渠道在拓展企业市场范围,提升产品销量的同时,也出现了渠道间信息传递不一致的现象,造成消费者的认知困扰、渠道之间的销售替代或渠道之间冲突。鉴于此,一些企业开始尝试多渠道协同管理,通过不同渠道功能的协作与互补或者彼此之间的信息共享等方式来获得跨渠道协同效应。在此背景下,学术界提出跨渠道整合概念来描述不同渠道间的协作、互补、一致、共享等行为。

跨渠道整合意味着企业所采用的多条渠道之间的整合,通过跨渠道关联,发挥多条渠道之间的协同作用,为消费者带来良好、一致的购物体验。跨渠道整合主要指:企业通过协调和管理不同渠道和传播媒介,实现渠道功能的有效衔接和相互赋能,发挥渠道协同效应,提升企业绩效和满足消费者需求。

1. 特征

跨渠道整合的特征可以概括为两个方面。第一,渠道功能的分散性,指在传递产品和服务的过程中所承担的功能分散于多条不同渠道中,如企业通过电商平台销售产品,通过公众号传播品牌或提供技术支持,通过实体店展示产品和提供体验。尤其值得一提的是,销售渠道与媒介渠道相互渗透,难以区分。比如通过网络渠道消费者既可以购买服务,也可以发布文字、图片、视频等信息表达对产品或品牌的态度,还可以与客服进行沟通交流。第二,整合方式的多样性,指分散的渠道功能在整合成统一整体的过程中,可以通过多种方式来实现。比如,整合的手段可以是线上线下的信息和服务保持一致,也可以是线上线下渠道的优势互补,还可以是不同渠道之间相互协同或协作。

2. 作用

(1) 跨渠道整合会改善消费者对企业的整体认知和购买行为。无论是网络渠道还是实体渠道都有各自的优势,整合网络渠道的技术优势和实体渠道的互动优势会为消费者带来良好的购物体验,提升消费者信任、购买意愿与忠诚度。跨渠道整合通过多条渠道功能的协作配合能够更好地满足消费者的购物偏好和购物需求,提升消费者对于实体渠道和线上渠道的感知服务质量、沟通质量与信任,影响其网络渠道购物行为,增加企业的网络渠道收益。消费者对于线上渠道的良好印象，会促使消费者在变换购物渠道时，更愿意在企业所提供的多条渠道之间进行转换，跨渠道保留于企业的多条渠道中。跨渠道整合也会让消费者更加倾向于去尝试零售企业所提供的多种类型销售渠道。

（2）跨渠道整合能够提高企业的利润。一些学者的研究发现线上线下产品价格的一致性可以实现企业整体利润的最大化；另一些学者则指出线上线下广告促销的一致性可以提高企业的整体利润。

（3）跨渠道整合能够提高企业的管理能力。例如，有研究发现通过企业创新服务来吸引新顾客，而配置新的销售渠道和退货处理渠道则能更好地满足现有顾客的需求，提升企业的开发能力和探索能力；具有跨渠道销售和执行能力的企业，更有可能执行一些复杂、差异程度大、难以预测的销售与管理行为，实现渠道之间的协同效应。

（4）跨渠道整合长期来看有积极作用，而短期看则有可能因为渠道之间的冲突、侵蚀效应和成本的变化给企业绩效带来消极影响。比如，Avery 等通过对 4 家多渠道零售商的实验发现，在保持价格一致时，实体零售店数量的增加在短期内使得其目录渠道的销售收入减少，网络渠道则未受影响；但是长期来看，两个渠道的销售额都会增加。以线上订货、线下提货的购物方式来描述和研究零售企业跨渠道整合问题，Gallino 等发现，STS 会增加产品销售的分散性，使库存中的产品品种和库存成本增加，且库存成本的增加呈现出倒 U 形。Steinfield 等通过案例分析也指出线上线下渠道协作虽然有诸多优势，但有时也会因为成本问题（如技术采纳成本、协调管理成本和执行成本）而不被企业采纳。

（5）一些情境因素的调节效应。研究发现，零售商线上渠道开设时间或实体店数量对跨渠道整合提升财务绩效的影响有负向调节作用。相关研究显示，网店在零售商强大的地区开设实体店会减少其销量和搜索量，但是在零售商弱小的地区开实体店会增加其销量和搜索量。

综合而言，跨渠道整合对企业绩效有提升作用，包括提高企业销售收入、利润和管理能力，改善消费者对企业的整体认知和购买行为，但是短期看则有可能因为渠道之间的冲突、侵蚀效应和成本增加而降低企业绩效。另外一些情境因素，如新增渠道开设的时间和渠道数量，也可能降低跨渠道整合提升企业绩效的效力。

课后思考

1. 服务分销的内容有哪些？
2. 服务分销的主要模式是什么？简述服务分销模式的选择和顾客对渠道的偏好。
3. 什么是特许经营？特许经营有哪些优缺点？
4. 简述电子渠道的发展与对传统渠道的冲击。
5. 如何进行跨渠道整合？

讨论案例

盒马鲜生的 O2O 模式

随着网购的兴起与人们生活品质的提高，生鲜电商的市场日益凸显。目前我国生鲜电商行业主要有三种发展模式：平台型模式、垂直一体化模式、O2O 模式。O2O 模式是一种线上线下有机融合的新兴电商模式，消费者可线上下单、线下消费，该模式更注重用户体验，核心在于线上线下互相引流。盒马鲜生就是采用该模式的经典案例。2016 年 10 月，马云在杭州云栖大会上提出"新零售"的概念，盒马鲜生作为阿里开拓"新零售"领域的"第一样本"，从成立伊始，就已经明确了其定位以及发展模式，着重布局生鲜市场，通过线上线下相结合的方式开创零售新业态。

1. 线下体验门店为线上引流

截至 2019 年 12 月 31 日，阿里巴巴在中国拥有 197 间自营的盒马鲜生门店，主要位于一、二线城市。未来阿里还将继续投资于这一业务的增长。通过线下的实体体验店快速拉近与消费者的距离，真正做到"所见即所得"，消费者可以在周边的体验式门店亲自挑选新鲜的生鲜食品，对于海鲜水产品还可以享受现场加工服务，直接在店就餐。这种体验式消费能够让消费者感觉到盒马鲜生并不遥远，它就在自己身边，从而快速消除纯生鲜电商"摸不着"的信任危机，使消费者更信赖盒马鲜生的品牌，形成一种体验式营销，为线上引流。

2. 产品品质有保证

盒马鲜生的消费者画像非常清晰，定位是 80 后、90 后的年轻消费群体。这个群体通常具有一定的消费能力，更注重生活品质，对商品的新鲜度和品质要求很高，非常看重服务，反而对价格的敏感度并不高，所以保证产品品质至关重要。那盒马是如何做到让顾客满意的？作为阿里巴巴旗下的企业，盒马鲜生可以利用阿里巴巴集团的买手团队和充足的资源，借助大数据、云计算等技术，根据消费者偏好在全国各地引进优质的生鲜产品，且价格比传统超市便宜。另外盒马鲜生正在通过供应链的深度重构直接和基地、农民建立双赢的渠道以及订单生产的模式来推进产品标准化，通过全程冷链运输来保证产品品质。为了保证产品的新鲜度，盒马鲜生推出了"日日鲜"产品，采用小包装策略，正好满足炒一盘菜的量，倡导不卖隔夜菜和隔夜肉，深受消费者欢迎。

3. 高效率的物流配送

盒马生鲜产品的需求具有一定的即时性，而盒马鲜生强大的配送效率能够保证货物在 3 公里范围内半小时送达，配送及时是盒马鲜生吸引消费者的最大优势之一。盒马鲜生的门店分为两个区，即前店的消费区和后仓的仓配区，并设置了三百多平方米的合流区，前后台采用自动化的传输系统，从前台的门店到后台的仓库装箱都由物流带传送。店铺在接到 App 订单后，在门店分拣取货，放入保温袋，通过自动传输系统直接把货物传送到后台合流区，装入专用的配送箱，用垂直升降系统将其送到一楼出货，从接单到装箱的整个过程只需十分钟即可完成，然后由配送员在二十分钟内完成 3 公里以内的配送，整个过程可以做到半小时以内完成。无论消费者是在上班时间当即想吃新鲜水果，还是希望在下班到家时新鲜蔬菜和处理好的海鲜鱼肉同步送到，盒马鲜生都能满足。其高效的配送速度带来的便利性俘获了大批消费者，特别是平时上班忙时间紧的白领一族的心。

案例思考题

1. 简述盒马鲜生的目标消费者。盒马鲜生针对目标消费者采取了哪些举措？
2. 以盒马鲜生为例谈一谈 O2O 模式的优势，面临的机遇与挑战。

第 10 章

服务流程管理

学习目标

1. 服务流程的定义与特点；
2. 服务蓝图的构成及绘制步骤；
3. 服务流程再造的目标与方法；
4. 能够使顾客接受自助服务技术的因素。

开章案例

图书馆扁平化服务流程再造

近年来，高校图书馆不断实现跨越式发展，一方面通过提供新的服务业务，实现了服务功能的转型与延展；另一方面，服务的结构层次越加厚重，解决服务的流程问题成为各个高校图书馆面临的难题。

重庆大学图书馆进行扁平化服务流程再造，一方面是消除图书馆服务过程中的资源障碍、技术障碍和制度障碍的需要；另一方面是实现图书馆服务的信息化、专业化、个性化的需要。其扁平化服务流程再造的 4 个关键环节为：读者需求的全面调研，服务的归纳分类，服务流程的反复检验和对各项服务流程进行规范的文档控制。

1. 读者需求的全面调研

基于读者的文献资源需求、环境需求、交流需求、尊重需求和个性化需求，重庆大学图书馆从多层次、多角度地进行读者调研。

2. 服务的归纳分类

图书馆的服务内容十分广泛，不同的划分方法产生不同的服务类别。目前主要有 3 种划分方法：① 根据服务场地的不同，图书馆服务分为实体服务和虚拟服务；② 根据服务对象的不同，图书馆服务分为在校师生服务、校友服务以及社会读者服务；③ 根据资源的类别不同，图书馆服务分为纸质资源、数字资源、空间资源、技术资源服务。

3. 服务流程的反复检验

在制定服务流程时，重庆大学图书馆强调反复检验的过程：检验—修改—再检验—再修改，直至达成最佳方案。

4. 对各项服务流程进行规范的文档控制

重庆大学以规范性的文件对每一项服务的服务内容、服务程序、服务形式、服务地点、服务人员、联系方式等内容进行统一的标注和描述,把图书馆的各项服务用规范的文字结构和符号表达出来,形成最终的《重庆大学图书馆服务流程规范》。

10.1 服务流程及其特点

10.1.1 什么是服务流程

对顾客而言,服务是体验。对服务型企业而言,服务是设计和管理创造美好顾客体验的过程,也是构建服务体系的过程。所谓服务流程,就是从顾客的角度来观察事物,是指顾客感受到的,由企业在每个服务步骤和环节上为顾客提供的一系列服务的总和。这些过程描述了服务运营系统运行的方法和顺序,并且规定了它们如何连接在一起为顾客创造价值。

基于服务的特殊性,因此无形的服务与有形产品在营销中的最大的差异之一在于增加了服务流程。这是因为:

(1)服务的同步性。因为服务的生产与消费是同步进行的、是融为一体的,服务不可能脱离这个整体过程。如果服务失败,是无法"退货"的,所以必须设计有效的服务流程,从而保证服务的结果。

(2)服务的异质性。由于服务是个性化、定制化生产,难以统一服务流程。因此服务营销只有预先设计好服务流程,特别是尽可能使服务流程标准化才能把握服务的易变性。

(3)服务的易逝性。服务营销只有对服务流程精心设计,才能有效地利用服务时间和调节服务的供求,从而把握服务的不可储存性。

(4)服务流程需要顾客的参与。设计和实施良好的流程有助于增强顾客对服务的参与感和责任感,从而满足服务消费者特殊的行为要求。

10.1.2 服务流程的特点

由于服务的无形性、同步性、异质性和易逝性,所以服务流程具有以下特点。

(1)互动性。服务的过程自始至终存在着各种互动,顾客与员工的互动、顾客与顾客的互动、员工之间的互动、顾客与设备的互动以及员工与设备的互动。因此,在设计服务流程时要充分考虑这些互动环节。不仅是人与人的互动,还包括人机互动,比如机器设备的易用性、界面的美观、摆放的位置等各种服务场景的设计。

(2)不可逆性。服务是从与顾客接触的第一个接触点开始的,随着每个与顾客接触的触点,服务流程不断推进下去,直到服务内容完全提供完毕。每一个阶段都是顾客服务体验的构成要素,这个过程是不可逆的。因此,要从顾客体验的角度,合理设计服务流程的每个环节的顺序及细节内容。

(3)差异性。顾客对服务需求的差异性比较大,即使对同一项服务,也会在不同环节上有不同的需求。因此,服务型企业虽然尽可能设计标准化的服务流程,也需要在面对不同的顾客需求时进行灵活调整。这就需要兼顾标准化与个性化。同时,服务流程也是服务型企业差异化定位和服务创新的具体表现。企业可以通过优化服务流程或对服务流程进行差异化设计从而展现其独特性,为顾客创造独特的服务价值。

10.2 服务蓝图

10.2.1 用户体验地图

用户体验地图和服务蓝图已作为典型的可视化工具被广泛应用于服务设计中。通过可视化方式呈现服务系统中的接触点,明确服务系统中需要改进的痛点,同时揭示创新机会点,可加深对利益相关者真实需求的理解,更好地进行服务设计。

用户体验地图是一种从用户角度出发,可视化一个体验中的用户与服务、系统之间交互关系的工具。其作为展示用户个体体验的可视化图表,可用于研究既定领域中的用户行为,揭示服务设计中人、地点、事物之间的关系。用户体验地图见图10-1,构成要素主要包括:用户行为、满意度、接触点、痛点与机会点等几部分。通过对体验阶段(S_1, S_2, …, S_n)中的各构成要素进行分析,以可视化方式进行呈现,深入了解用户需求,发现服务流程中的痛点和定义服务的机会点。

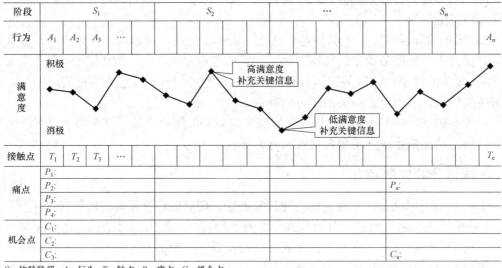

S:体验阶段 A:行为 T:触点 P:痛点 C:机会点

图10-1 用户体验地图

10.2.2 绘制服务蓝图

1. 服务蓝图及其构成要素

(1)服务蓝图的定义。服务蓝图是详细描画顾客体验和服务系统的图片或图示,不仅展示了服务中服务流程如何流动的完整画面,而且从顾客角度阐释了整个流程的接触点和交互。无论其角色或个人观点如何,服务过程中涉及的各类人员对服务蓝图都可以理解并客观使用。在服务开发的设计阶段,服务蓝图最为有用,如图10-2所示,它可同时直观地从几个方面展示服务:接待顾客的地点、顾客和员工的角色以及服务中的可见要素。它提供了一种把服务合理分块的方法,再逐一描述过程的步骤或任务、执行任务的方法和顾客能够感受到的有形展示。

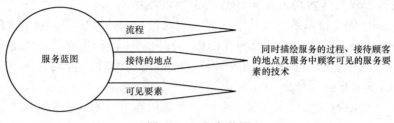

图10-2 服务蓝图

(2)服务蓝图的构成。服务蓝图的构成如图10-3所示,主要构成要素为:顾客行为、员工行为(前台/可见的),员工行为(后台/不可见的)、支持系统、有形展示、互动分界线、可视分界线以及内部互动分界线。绘制服务蓝图的规则并非一成不变,因此所有的特殊符号、蓝图中分界线的数量,以及蓝图中每一组成部分的名称,都可以因其内容和复杂程度不同而有所不同。当深刻理解蓝图的目的,并把它当成是一种有效的技术而不是设计服务的条条框框时,所有问题就都迎刃而解了。实际上,和其他过程图示方法相比,灵活性是服务蓝图的优势之一。

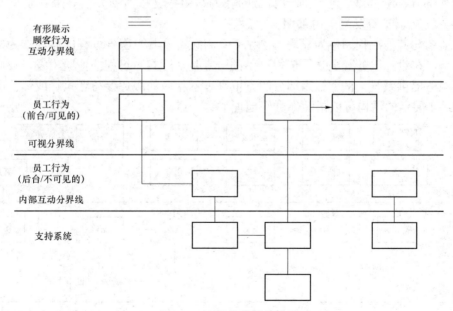

图10-3 服务蓝图的构成

① 顾客行为包括顾客在购买、消费和评价服务过程中所采取的一系列行为步骤、所做的一系列选择,以及他们之间的互动。在服务蓝图中,顾客整个的体验过程应该是清晰的。

② 员工行为(前台/可见的)。和顾客行为相平行的部分是两种类型的员工行为,其中顾客能看得到的服务人员表现出的行为和步骤是前台员工行为。例如,在法律服务中委托人(顾

客）可以看到的律师（服务人员）行为，以及最初会面、中间会面和最终出具法律文件。

③ 员工行为（后台/不可见的）。发生在幕后，支持前台行为的员工行为称作后台员工行为。在上例中律师在幕后所做的任何准备，包括会面准备和最终文件交接准备，都属于服务蓝图中的后台员工行为，这一部分还包括顾客和律师或其他一线员工的电话联系。所有不可见的员工联系行为均可在服务蓝图中予以显示。

④ 服务蓝图中的支持系统，涵盖了在服务传递过程中所发生的，为支持前台员工行为而设置的各种内部服务过程、步骤及相互作用，在上例中，任何支持性的服务，诸如由受雇人员所进行的法律调查、准备文件的行为，以及为了和秘书会面而做的准备工作，都包括在服务蓝图的支持系统部分。

⑤ 服务蓝图的中的有形展示，是指在每一个接触点上方都列出服务的有形展示。仍以法律服务为例，在与"律师"接触点的上方应列出办公室布置、书面文件和律师着装等事宜。

⑥ 以上所有行动领域由三条水平的分界线分开，第一条是互动分界线，表示顾客与服务型企业间直接的互动。一旦有垂直线穿过互动分界线，即表明顾客与服务型企业间直接发生了接触或一个服务接触产生。中间的分界线是极关键的可视分界线，它把顾客所有能看得见的服务活动和看不见的服务活动分割开来。看服务蓝图时，通过分析有多少服务发生在可视分界线上下，就可以对是否向顾客提供了较多的服务一目了然。这条线还可把服务人员在前台与后台所做的工作分开。比如在做医疗诊断时，医生既进行诊断以及回答病人问题这类可视的前台工作，也进行事先阅读病历、事后记录病情等不可视的后台工作。第三条是内部互动分界线，它把前台员工的行为与服务支持活动分割开来。垂直线穿过内部互动分界线则意味着发生了内部服务接触。

服务蓝图与其他流程图最为显著的区别是：将顾客及其对服务过程的体验作为根本关注点。实际上，在设计服务蓝图时，值得借鉴的一点是从顾客对过程的体验出发，反向设计，最后描绘服务提供系统。每个行为部分的方框则表示相应的服务参与者执行或体验服务的步骤。图 10-4 展示的结构可以帮助你更好地理解这一点。

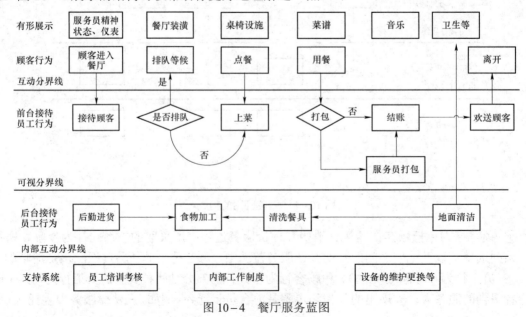

图 10-4　餐厅服务蓝图

2. 服务蓝图的作用

服务蓝图的目的在于对服务系统要素中的时间顺序、行为流程、逻辑关系进行可视化研究，以期实现用户需求与服务系统的匹配。服务蓝图主要用于改进和管理现有的服务系统，以提升品牌价值。

在众多背景下应用服务蓝图已经取得好处和利益，包括：① 提供创新平台；② 了解人员角色与职能、人员和组织之间的依赖程度；③ 提供有利于创新的战略和战术；④ 转化、存储创新和服务知识；⑤ 从顾客的角度设计互动的真实瞬间；⑥ 对服务流程中测量和反馈的关键点提出建议；⑦ 明确竞争态势；⑧ 了解理想的顾客体验。

3. 服务蓝图的绘制步骤

服务蓝图的开发涉及许多职能部门和来自顾客的信息。绘制或建立蓝图不是某个人或某个职能部门所能单独完成的任务，图 10-5 列出了服务蓝图的绘制步骤。

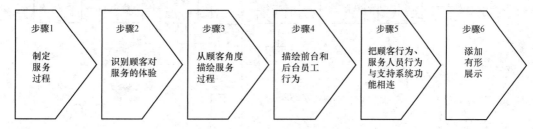

图 10-5　服务蓝图的绘制步骤

1）制定服务过程

服务蓝图可以在不同层次上进行开发，这需要从一开始就达成共识。比如图 10-6 所示的快递服务蓝图，是在最基本的概念层次上建立的，几乎没有什么细节，基于细分市场的变量或特殊服务也没有列出。当然，也可以开发更细致的某个服务活动的服务蓝图，比如描述一天的快递业务、庞大的账目系统、互联网辅助的服务或储运中心业务。再者，如果发现在"货物分拣"和"卸货"部分出现了问题，或发生了"瓶颈"现象，耽误了顾客收件的时间，针对这两个步骤则可以开发更为详细的子过程服务蓝图。

2）识别顾客对服务的体验

市场细分的一个基本前提是，每个细分市场的需求是不同的，因而对服务或产品的需求也相应不同。假设服务过程因细分市场不同而变化，这时为某个特定的顾客或某类细分顾客开发服务蓝图将非常有用。在非常抽象的概念层次上，将各种细分顾客纳入同一幅服务蓝图中是可能的。但是，如果需要达到不同的需求水平，开发单独的服务蓝图就一定要避免含糊不清，并使其效用最大化。

3）从顾客角度描绘服务过程

该步骤包括描绘顾客在购买、消费和评价服务中执行或经历的选择和行为。从顾客的角度识别服务，可以避免把注意力集中在对顾客没有影响或者影响很小的过程和步骤上。这要求必须对目标顾客是谁达成共识，还要为确定顾客如何感知服务过程进行细致的研究。有时，从顾客角度与从服务型企业角度看到的服务起始点并不一致。比如去一家餐馆就餐，顾客的起始点可能从搜寻饭馆和预约座位开始，而服务方却认为服务从门口迎宾开始。

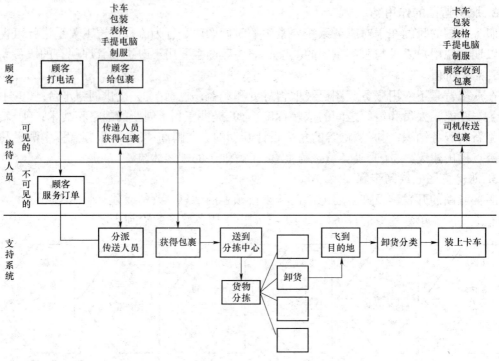

图 10-6 快递服务蓝图

4)描绘前台和后台员工行为

首先是绘制互动分界线和可视分界线,然后从前台服务人员的视角出发绘制服务过程,并区分前台和后台服务。对于现有服务的描绘,可以向一线服务人员询问,他们哪些行为是顾客可见的,哪些行为发生在幕后。

在进行技术支持服务或者要结合技术和人力服务的情况下,技术层面所需要的行动也要绘制在可视分界线的上方。如果服务过程中完全没有员工参与,那么在这个部分要标注上"前台技术活动"。如果是同时需要人员和技术的交互活动,在这些活动之间也要用水平线将"可见的员工接待活动"和"可见的技术活动"分开。使用这种辅助线可以帮助阅读和理解服务蓝图。

5)把顾客行为、服务人员行为与支持系统相连

画出内部互动线,它可以反映服务人员行为与内部支持部门的联系。在这一过程中,后台员工行为对顾客直接或间接的影响方才显现出来。

6)添加有形展示

最后一步是在每个步骤上添加顾客接触到的有形展示,服务过程的照片、幻灯片或录像等形象蓝图在该阶段也非常有用,它能够帮助分析有形展示的影响及其与整体战略及服务定位的一致性。

不同行业、不同服务项目的服务蓝图开发具有一定的差异性下面以医保窗口服务蓝图的开发为例进行具体步骤的讲解。

(1)识别工作项目。在开发医保窗口的服务蓝图时,医院首先需要识别计划建立服务蓝图的工作项目。目前的定点医疗机构主要承担着两项医保代办业务,即门诊特殊疾病登记与

住院医保办理。这些业务都是通过窗口进行的,且服务对象都是患者,具备完整的服务路径,因此可以对两者分别设计服务蓝图。需要指出的是,从宏观看,住院医保办理是医院住院流程的一部分,可以在住院服务蓝图中得以体现,不过从精细化管理的角度看,这部分也可以单独列出,形成相对于住院蓝图的"子过程蓝图"。同理,由于各个医院的具体情况存在差异,门诊特殊疾病登记与住院医保办理的流程在某种程度上也可以进一步细分。

(2)确立服务蓝图主线。确定绘制服务蓝图的工作项目后,医院应从患者角度描绘服务过程,即确立服务蓝图主线。这一步骤需要描绘出患者在与医保窗口互动过程中执行或经历的选择和行为。具体地说,患者办理门诊特殊疾病登记时需要经历领取登记表、病历准备、填写登记表、信息上传、领取回执等几项步骤,这便是门诊特殊疾病登记服务蓝图的主线。

(3)对应工作行为。在主线确立的基础上,需要将窗口工作人员的行为与主线的各个环节相对应,并区分前台与后台的工作内容,将两者通过可视分界线分割,这样可以明确哪些工作是患者可以直接感受或接触到的,哪些工作是需要在幕后进行的。此外,还需确定窗口员工行为的支持过程要素,一般通过学习、培训等方式赋予窗口员工做好政策咨询、服务指导、患者沟通以及解决突发问题的能力。

(4)添加互动分界线。添加患者与窗口工作人员、窗口工作人员与后台工作人员以及支持系统与窗口、后台活动互动分界线,这样可以直观地看出前台与患者流程、后台之间的互动关系,也可明确内部服务同患者需求之间的关联。

(5)列举有形展示。在患者行为的上方列举有形展示的内容,说明患者在办理业务时所能看到的东西以及患者经历每个步骤所能得到的有形物质,包括表格、窗口洁净程度、员工着装、打印的纸质回执等,这些能够分析出有形物质对患者的影响及其与窗口整体服务的一致性。

4. 确定服务标准和防呆程序

1)制定服务标准和绩效目标

结合顾客和一线员工,服务蓝图有助于服务型企业厘清在顾客视角下每一个节点的服务流程。通过调研和工作体验,服务管理者能够了解服务流程中每一个步骤的顾客体验。顾客期望存在一个容忍区域,即从渴望得到的服务到可接受服务水平的临界点。

对顾客非常重要的特性、非常难以管理的特性应该是制定标准的基础。服务管理者为每一个步骤设计的标准应该高于顾客期望,甚至给顾客一个惊喜。这些标准包括时间参数、确保能正确实施的脚本、规定恰当的风格和行为举止。图10-4的餐厅服务蓝图彰显了每一个节点的关键标准。正如通常所说的"没有测量就没有管理",标准必须能够客观测量。服务实施必须对照标准进行监督,并且必须确定目标。重要的是,舒适和无形(但是重要)的服务必须能够测量。这通常会使用服务流程指标来实现。

在公共图书馆领域,就设置了一系列服务流程指标。公共图书馆相关指标被明确纳入公共文化服务体系标准中,既是现代公共文化服务体系建设的必然要求,也推动了公共图书馆事业在服务内容、服务方式和载体以及服务效能等方面的全面拓展与提升。

在医疗领域,部分学者基于流程再造和德尔菲法确定了条目清晰、规范性和可操作性高的医院慢性病护理服务标准方案,可为慢性病护理服务工作的开展提供依据。而且实施目标还定义了特定过程和/或团队的绩效目标(例如,80%的申请在24小时内审批完成),员工这样就能够从图10-7所示的相互关系中掌握整个服务细节及标准。

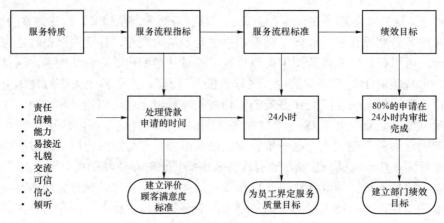

图 10-7　设置服务流程标准和绩效目标

2）利用防呆法设计完美的服务流程

防呆是一个源自日本的围棋与将棋的术语，原为"不小心下错的棋子"，引申为一般生活中不小心造成的错误。防呆法是用来防止和消除错误的方法。它可以预防错误和危险，可用在与人相关的任何事情上，包括公司管理、制造过程、机器操作和检测、产品使用、文书处理，甚至是酒店房间的房卡等。

理查德·蔡斯和道格拉斯·斯图尔特将这种概念引入服务过程中。服务防呆设计确保服务员工正确地工作，正如所要求的一样，员工以正确的顺序和正确的速度工作。以外科医生的服务为例，他们的外科手术工具盘上有为每一个工具设计的锯齿状缺口。在手术中，所有的外科手术工具都应该在盘子里，如果医生在缝合创口之前没有从患者身上拿出所有的手术工具，就可以很容易地被发现。

一些服务型企业使用防呆技术来支持顾客与员工互动的特定步骤或者标准。银行为了确保其柜员与顾客有目光交流，要求柜员在交易开始时将顾客眼睛的颜色记录在表格上。为了培养员工整理仪表的习惯，一些企业将镜子挂在员工区出入口处，让一线服务员工在接待顾客之前能够自动检查他们的仪表。在一个餐厅中，服务员会在点了咖啡的顾客面前放圆形的杯垫，在其他顾客面前放方形的杯垫。

在针对弱势群体的无障碍设计中，防呆法显得更加重要。对于感官机能减退者来说，一种或几种感觉机能有缺陷或障碍，但其他感觉器官的敏感度强于正常人，因此充分利用感官代偿，强化其他感官信息环境，以利引导，是防呆防错的切入点。水龙头根据温度变换颜色，让温度看得见，以免水温过高而造成烫伤，这是通过视觉替代触觉进行防呆。听觉替代视觉进行防呆，主要通过语音提示，如浴缸注水量达到一定阈值时有语音提醒和自动切断水源的功能，盲人沐浴再也不用担心浴缸中的水溢出来。

设计防呆举措既是艺术又是科学。许多程序看似微不足道，但却是这种方法的关键优势。有效使用防呆措施的重要三步为：系统收集关于最常见的失误点信息，识别失误的根本原因，制定防范失误的策略。

延伸阅读

防范顾客失误三步法

不仅需要为员工设计防差错方法，也需要为顾客设计防范失误的方法，特别是顾客在服务生产和传递过程中积极参与的情况下。防范顾客失误方法的重点是让顾客做好进行服务接触的准备（包括完成服务所必需的材料以及准时到达服务现场，等等），理解并明确自己在服务传递过程中的角色，选择正确的服务或者传递方式。

有效防范顾客失误的方法包括以下三步。

（1）系统收集关于最常见的失误信息。

（2）识别失误的根本原因。员工所解释的可能不是真正的原因，注意到这一点非常重要。相反，要从顾客角度调查服务失误的原因。顾客失误在人的方面的原因包括顾客缺少所需技巧、不能准确理解自己的角色、准备不充分，等等。有些服务过程可能太复杂、不清晰。造成顾客失误的其他原因还可能包括服务环境和自助服务技术设计缺陷（例如，机器和网站用户界面不友好）。

（3）制定防范失误的策略。以下5项策略结合起来使用会取得最好的效果。

① 重新设计服务过程中顾客参与模式（重新设计顾客角色和参与过程）。例如，当顾客关闭卫生间的门时，卫生间的灯才会亮。顾客在ATM上取完钱后，应当有语音提示，避免顾客遗忘银行卡。未来，顾客可能到ATM取钱，不再需要银行卡和密码，而是需要生物特征识别（如虹膜识别），这样就不会再出现顾客遗落银行卡的问题，从而极大地方便顾客。

② 使用技术。例如，医院可以使用自动系统向患者传递简短的文本信息，或者通过电子邮件通知患者，确认预约，提醒他们已经申请的预约，通知他们如果有需要如何修改预约等。

③ 管理顾客行为。例如，在邀请函上为顾客打印好着装标准，向顾客发送预约牙医的提醒事项，或在顾客卡片上打印使用者指南（如告知顾客"在给服务代表打电话之前请准备好账户和密码"）。

④ 鼓励"顾客公民行为"（如顾客帮助其他顾客防范失误）。

⑤ 改善环境。企业必须牢记，顾客需要界面友好的标记来了解周围的一切，如果找不到服务地点，他们会感受到挫折。

帮助顾客避免失误能够成为竞争优势的来源，特别是当企业采用了越来越多的自助服务技术时。

10.3 服务流程设计与再造

10.3.1 服务流程设计

服务流程设计受到战略、业务属性、组织人员/结构与文化、信息技术、顾客及需求等因素的影响。服务流程设计主要包括互动、模块分解、资源集成、服务完善4个方面，并且是一个循环的过程,也就是说互动是不断发生的,创意也会不断产生,因此会形成下一个服务流程的循环周期。

服务流程设计的具体步骤如下。

(1) 获取顾客需求信息。企业进行模块化服务流程匹配之初,首先必须通过与顾客互动,了解顾客的基本信息,获取顾客的需求数据,在流程的不同阶段分别采用灵活的互动方式。在产品设计阶段,企业可采用产品虚拟设计和网络宣传的方式,向顾客征集新产品的反馈意见,实现企业与顾客共同设计。

(2) 通过模块分解设计和运行方案。根据顾客的需求信息进行任务分解,评估顾客需求的重要度,将企业可以提供的功能模块进行组合和匹配,提出设计方案。常用的方法是质量功能配置方法。根据企业的现有资源和关系网络,寻求合作,并在此过程中开展组织学习,分享创意和技术信息,安排组织流程,协调项目管理。

(3) 通过资源集成实现产品及服务。资源主要包括企业的资源、供应商的资源、顾客的资源,即它们各自拥有的知识、技能、设备、财力等。企业是整个服务流程的主导者,管理和协调利益相关者各方的价值冲突,寻求可行的综合解决方案,与利益相关者一起实现各自的目标。

(4) 通过顾客反馈信息完善服务。从企业主观角度考虑的设计方案未必适合用户的需求,往往会产生功能欠缺或者功能剩余的现象。因此,企业需要从顾客角度思考服务的设计方案,更多地了解顾客的消费习惯,进而完善服务。

此外,服务系统容易受到顾客、服务提供者和意外事件的影响导致服务产出的变化。顾客需要卓越和一致的服务,为了提升服务产出的稳定性,服务系统设计时需要注重服务流程的稳定性。流程可以通过设置检查点来防止错误或减少可变性的控制来变得更加稳定。这些检查点可以放置在输入、流程或输出中。

10.3.2 服务流程再造概述

1. 服务流程再造

随着时间推移,服务流程将会过时,技术、顾客需要、附加的服务特征、新的提供物等方面的变化,可能使现有服务流程不能流畅运转。波士顿贝斯以色列医院(现在的贝斯以色列-达克尼斯医疗中心)的前总裁米歇尔·瑞金用"制度生锈了"来形象地刻画这一问题,并且声明"制度就像钢梁,它们慢慢会生锈。曾经光滑的、闪亮的、好的钢梁慢慢地就生锈了"。他认为,发生这种情况有两个主要的原因,第一个涉及外部环境的变化,外部环境变化使现在的惯例变得陈旧,需要再造基础的过程,甚至是创造崭新的过程,以保证组织保持适用性和响应性。在卫生保健领域,这种变化能够反映出竞争、法律、技术、医疗保险政策和变化的顾客需求的新形式。

制度生锈的第二个原因发生在内部。通常制度生锈反映了内部过程自然而然地落后,慢慢地官僚化或假装演进,并形成了非正式标准。存在很多表明服务流程运转不畅、需要进行再造的特征。它们包括:① 顾客需求的改变和不同部门间信息冗余。② 对价值增加活动进行控制。③ 增加额外的过程。④ 顾客对不方便和不必要程序的抱怨增加。

从理想的角度说,对于服务流程的重新设计应当同时实现以下 4 个目标:① 减少服务失误;② 减少顾客接受服务的时间;③ 提高服务生产率;④ 提高顾客满意度。

2. 服务流程再造的意义

（1）提升流程效率。服务流程再造是否有必要，是否能够真正发挥作用，首先需要对其提升流程效率的效果进行观察。可见，提升流程效率是第一原则和直接要求。这就要求对企业现有流程进行充分剖析，能够准确识别出其中存在的问题，并针对这些问题制订重建或者优化的方案，否则新建立的流程便可能以另外的形式妨碍效率的提升。

（2）提升管理水平。服务流程再造本身是一种管理理论和管理工具，因而是否能够提升管理水平也是一个评估依据。因此，需要将新的、更有针对性的、更加有效的管理思想渗透到企业管理架构中，从而彻底提升管理水平。

（3）提高员工积极性。员工是企业自身最重要的资源，不能够打压员工积极性。一个成功的服务流程再造必然会导致员工减少，因而裁员往往是不可避免的。那么，应该如何提升员工的积极性？这就需要建立科学的淘汰机制，真正做到优胜劣汰。一方面可以淘汰能力差、态度消极的员工，从反面肯定能力强、态度积极的员工；另一方面还可以为员工行为提供更加明确的标准。

（4）提高顾客满意度。顾客是企业生存和发展的根本资源。因此，服务流程再造始终需要围绕顾客满意度展开，始终关注顾客是否满意，否则就会偏离业务流程再造的目标。在这个过程中，需要在各个环节做好顾客满意度的调研，并将其作为流程再造的依据。

3. 服务流程再造的方法

对企业实行服务流程再造就是重新设计和规划企业的整个生产、运营甚至包括服务等一系列过程，使其符合时代的要求，变得科学化、合理化。这就要求对企业原有的生产经营过程的所有环节及各个方面进行全面调查研究，并就调查获得的相关数据进行认真分析，发现其中存在的问题，具体实施时可以按照下列方法进行。

（1）分析原有流程，发现可能存在的问题。在这一步骤中，需要首先根据业务实际发生情况绘制出业务流程图，然后分析现有流程及其各个环节是否能够对市场和技术变化做出灵活响应，响应方式是否适当，对于这个过程中发现的问题需要做好详细记录。

（2）构建及评估新业务流程改进方案。针对已经识别出的问题，需要充分运用信息技术探讨再造或者优化方案。在这个过程中，可以辅助运用其他管理方法如决策树法等，同时还需要充分征询业务人员的意见。改进后的方案需要进行模拟和调试，对其中存在的问题和潜在风险需要继续改进。

（3）做出详尽的业务流程再造及配套方案。重建和优化后的方案不能束之高阁，如何操作和执行同样重要，因此需要制定执行方案的配套措施。在这个过程中，最为重要的是重建组织架构，这是调配资源的基础。另外，还需要运用信息化技术搭建信息化运作平台，该平台需要细化到新流程的各个环节。

（4）实施再造方案并注重持续改善。服务流程再造不是一蹴而就的，这一方面是由企业外部环境不断变化的客观条件所决定的，另外组织内部也会不断出现新问题。因此，服务流程再造是一个不断持续的过程。事实上，服务流程再造是对企业内部利益的重新调整和分配，如何平衡各方利益也需要不断关注，否则可能由于反对力量的阻挠而归于失败。

10.4 自助服务技术

10.4.1 自助服务技术的发展

服务质量的下降迫使服务型企业思考如何提供更好的服务接触,如何去满足顾客的需求。为此,越来越多的服务型企业把技术整合到服务接触中,积极地推动顾客通过技术界面的互动来获得他们所需的服务。比较典型的技术界面包括自助设备(如 ATM 机、自动售票机)、电话语音系统、互联网(如网络购物、网上银行)等。通过使用这些系统,顾客无须与服务人员接触,就可以与技术进行交互来执行服务。

在服务营销三角形的基础上可以进一步扩展为服务营销金字塔(见图 10-8),突出了"技术"作为服务关系结构方面的新兴要素。此时,服务的主体要素由企业、员工、顾客和技术四者构成。

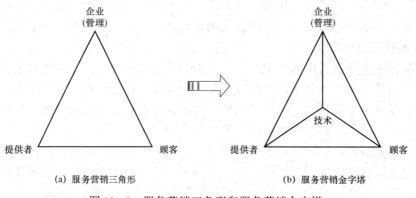

图 10-8 服务营销三角形和服务营销金字塔

学者 Meuter 等人提出了"自助服务技术(self-service technologies,SST)"概念,并定义为"不需要服务人员的介入而由顾客自行生产一个服务的技术界面"。表 10-1 总结了自助服务技术使用的类别和实例。横列表示的是企业提供的可以与顾客互动的技术界面类型;纵列表示的是从顾客视角出发,这些技术界面可以完成的任务。

表 10-1 自助服务技术使用的类别和实例

目的/界面	电话/互动语音应答	在线/互联网	互动式设备	视频/光盘
顾客服务	● 电话银行 ● 航班信息 ● 订单状态	● 包裹追踪 ● 账户信息	● ATM ● 旅馆结账	/
交易	● 电话银行 ● 处方笺	● 零售购买 ● 金融交易	● 油泵付费 ● 旅馆结账 ● 汽车租赁	/
自助	● 电话信息 ● 互联网信息搜索 ● 远程教育	● 血压仪 ● 旅游信息	● 报税软件 ● 电视/光盘教学	/

随着服务型企业对自助服务技术的重视和投入的加大,未来将会有更多形式的自助服务技术不断涌现,而不仅仅是局限于已有的这些类别和实例。值得一提的是,自助服务技术也不会完全取代传统的人际服务接触,它将同传统的人际服务接触一起,共同构成服务型企业实施服务传递的重要方式。自助服务技术改变了服务组织和交互的方式,意味着全新的顾客体验。

10.4.2 自助服务技术的优势

自助服务技术是服务型企业与顾客接触的一个新的重要方式,它能够增加服务传递速度、减少成本、提高生产率、增强竞争优势和市场份额、增加顾客满意和顾客忠诚、通过技术上的声誉形成差异化服务。同时,顾客也享受着自助服务技术带来的诸多利益,如节约了时间和金钱、在服务接触中拥有更多的控制权、减少了等待时间、感知较高的定制化水平、服务位置的便利、享受使用技术带来的乐趣、提高效率等。使用 SST 的主要优点包括以下几个方面。

(1) 更便利,包括节约时间、服务快速、时间便利(如全天 24 小时都可以提供服务)、地点便利(如大量的 ATM)。因为 SST 不受时间和空间的限制,顾客能够从 SST 的使用中感受到乐趣。电脑、智能手机在很多情况下能比银行网点更好地解决顾客问题。如果你急需现金,直接从 ATM 取款,而不用到处找银行,你肯定会更开心。

(2) 更好地控制服务传递过程,获取更多的信息,进而为顾客提供更高水平的定制化感知服务。

(3) 更低的价格和费用。

(4) 顾客满意与忠诚。

Meuter 等人采用关键事件法分析了顾客自助服务技术体验满意和不满意因素的来源,满意因素包括:能解决特定需要、优于其他方式(方便使用、避免接触、节省时间、随时使用和省钱)和能准确完成任务;而不满意因素包括技术失败、服务失败、设计失败和顾客引起的失败。研究结果表明,那些使用自助服务技术的顾客更倾向于将服务接触的结果归因于技术,尤其是那些对服务接触不满意的顾客更觉得是由技术所致。在自助服务技术情境下,对服务接触不满意的顾客抱怨比例要高于在传统环境中的顾客报怨,而不同的服务失败类型则会影响到顾客是否继续使用自助服务技术以及顾客忠诚行为。Beatson 等人探讨了自助服务技术属性与人员服务属性对顾客整体满意和顾客承诺的影响。自助服务技术属性指技术的可靠性、便利性、技术实现的定制化和使用技术的乐趣;人员服务属性指友好的、积极响应的、诚信的、礼貌的和专业的。研究采用深度访谈方法,指出自助服务技术的使用对顾客满意和顾客承诺有积极影响,尤其能够影响顾客—企业之间的长期关系。

此外,需要注意的是,要想设计良好的顾客界面,需要理解目标顾客期望从界面中获得什么。有时,一种设计良好的 SST 能够比人提供更好的服务。一个从自动售货机这种新模式中体会到购买便利性的顾客说:"商店服务员可能出错或者让你不愉快,但是机器不会,我无疑会喜欢机器。"许多 SST 能够使顾客得到更详细的信息,并且其服务比面对面服务或者电话服务更加快捷。在机场、汽车租赁柜台、酒店,有经验的旅行者依靠 SST 来节约时间和体力。

顾客可以从 SST 中获得趣味、愉悦甚至高兴。例如,孩子们会在超市的自动扫描机处玩得不亦乐乎，或者在餐馆中用平板电脑点菜，这些都会给他们带来乐趣。

然而，也有一些例子表明一些顾客在使用 SST 时感到不舒服，会有一些恐惧，或者焦虑和压力。一些顾客将服务接触视为一种社会体验，他们更喜欢与人打交道。即使使用过 SST，也不是所有人都会选择继续使用。首次体验感觉满意至关重要，这会使顾客对未来有效使用 SST 感到自信。一些零售银行业务，如使用"语音"帮助顾客将服务转移到 SST，这不仅帮助顾客解决技术焦虑，确保首次体验成功，而且也能使顾客建立再次使用 SST 的自信。

总之，当 SST 容易使用、比人工服务表现更好且更便宜时，顾客就会喜欢 SST。但要记住，并不是所有顾客都愿意使用 SST。

10.4.3 自助服务技术的困难及应对

1. 顾客接受自助服务技术的困难及障碍

不是所有的顾客都能很好地利用 SST。马修·缪特和他的同事认为："对于许多企业，挑战通常不是管理自助服务技术，而是使顾客试用自助服务技术。"

当 SST 出现失误时，顾客就会讨厌 SST。如遇到机器故障、密码错误、网站无法登录或者快递查询号码无法识别时，顾客肯定会很生气。即使 SST 能够正常工作，但在设计时，不以顾客为中心，用起来非常困难和麻烦时，顾客也会很沮丧。企业所面临的顾客抱怨的一般问题是：在网站上很难找到需要的内容，难以完成网上注册或者无法登录。

等待时间是顾客对于自助服务设备最常见的抱怨之一，并会影响顾客对于自助服务设备的使用意愿。而利用交互技术则可以填充等待时间，从而影响感知等待时间和自助服务的体验效果。

当使用者由于自身原因陷入困境时，他们也会很沮丧，这些错误可能是忘记密码、无法提供网站所需的信息，或者只是一次小小的错误点击。从逻辑上说，使用自助服务时顾客可能会对自己不满意。但是，即使是顾客自己的原因造成的失误，他们也仍然会责备服务提供者，指责服务提供者没有提供更简单的、界面更友好的系统，下一次可能就转而使用传统的人工服务系统了。

SST 一个致命的问题是缺少有效的服务补救系统。在很多服务流程失误的案例中，往往没有简单的方法进行现场补救，通常情况下，顾客不得不使用电话或者亲自拜访公司去解决问题，而这可能正是顾客最不愿意做的事情。

总之，服务公司将 SST 设计得尽可能"简单易用"是一项挑战，企业要尽最大可能，减少顾客经常犯的错误，设计好防呆系统，甚至为顾客设计好服务补救系统，这样顾客可以通过自己的努力来解决自助服务中出现的问题。

2. 评估和提升 SST

比特纳认为管理者在应用 SST 时，应当认真思考以下问题。

（1）SST 可靠吗？企业必须确保 SST 能够如承诺的一样可靠；对顾客而言，用户界面设计应该是友好的。西南航空公司的网络订票服务系统对简洁性和可靠性设定了一套很高的标准。在所有的航空公司中，它以最高的网上售票率而自豪。由此可见，如果 SST 设计得科学合理，顾客是愿意使用的。

（2）SST 比人工服务更好吗？如果它不能节约时间、操作便捷、节约成本或者提供其他便利，顾客将继续使用其所熟悉的人工服务。亚马逊网站的成功标志着公司开创了新的购书模式，它既保留了实体店的个性化特征，又比实体店更高效。电子书的迅速发展加速了这种趋势。北京地铁大力推广自助购票服务，相关数据显示使用自助售票机购票能比人工窗口省时一半。

（3）如果 SST 失误了，是否有现场服务补救系统？拥有一套在出现服务失误时及时补救的系统、构架和补救技术对企业至关重要。许多银行在每台 ATM 旁都设有一部电话，顾客有疑问或者遇到任何问题时可以全天随时致电客服中心。拥有自助结账通道的超市通常安排一名员工去监督这些通道，这样能更有效地协助顾客。在基于电话的服务系统中，设计良好的语音菜单应包括顾客与顾客服务代表通话的选项。北京地铁试点自助购票服务时，自助售票机前均有地铁工作人员和志愿者帮助、指导乘客使用机器自助买票、充值。

 延伸阅读

对不愿接受自助服务的顾客的管理

顾客不愿意放弃熟悉的服务流程，以下六个步骤能使顾客行为改变的道路更加顺畅。

（1）赢得顾客信任。如果顾客对服务流程的变革不信任，引进与生产率相关的新服务提供方式会变得极其困难。因为这些新的服务提供方式首先由那些大企业发起，它们本身就缺少与顾客之间的个性化互动。顾客是否愿意接受新服务方式，在很大程度上取决于对企业的态度。

（2）了解顾客的习惯和期望。顾客通常会养成使用特定服务的习惯，按一定顺序完成特定的步骤，也就是他们心中有自己的服务脚本和服务流程图。因此彻底打破惯例的创新很可能引起顾客抵制，除非向顾客详尽地解释期望发生的变化。

（3）提前检测新程序和新设备。营销研究者可以使用概念、实验室测试和/或现场测试来确定顾客对新程序和新设备的可能反应。如果使用自助设备代替服务人员，创新设计的根本就是让所有顾客都能够发现自动设备的便捷，甚至说明书的措辞都需要仔细考虑。含糊不清、复杂或者专横的说明书措辞可能妨碍那些阅读能力差的顾客使用自助设备。

（4）宣传自助服务能够给顾客带来的利益。引入自助服务设备或程序需要顾客自己进行操作，虽然这可能会给顾客带来一些利益，比如扩大了服务时间的范围、节约时间成本、在某些例子中甚至可以省钱，但这些利益并不是显而易见的，所以需要宣传。有效的策略可能包括使用大众媒体广告、网站海报和招牌、人员沟通等，告知顾客创新的情况，激发他们的兴趣，阐明改变其行为使用新系统顾客所能得到的特定利益。

（5）教育顾客使用创新方法，鼓励他们积极试用。分派服务人员讲解新设备并回答问题，让顾客安心、对顾客进行教育帮助，这是让顾客接受新程序和新技术的关键方法。如果创新在不同地点顺序展开，那么让员工在多个地点轮流进行讲解，能够降低这种教育示范项目的成本。对基于网络的创新，重要的是提供电子邮件和聊天室通道甚至电话帮助。诸如价格折扣、忠诚点累积或者幸运抽奖等促进性激励活动也有助于刺激其首次试用。一旦顾客试用了自助服务(特别是基于电子化的自助服务)，发现了这样做的益处，他们就会在未来更经常使用自助服务。

（6）监督实施情况，寻求持续提升。质量和生产率提升是持续的过程，对 SST 而言更

是如此。如果顾客使用新程序不愉快,他们将恢复到之前的行为,所以监督使用情况、交易失误的频次(和它们的失误点)和顾客抱怨就显得非常重要。服务管理者必须持续提高自助服务技术,以使SST发挥其全部潜能,而不是失去效用甚至成为累赘。

课后思考

1. 什么是服务流程?服务流程有哪些特点?
2. 用户体验地图与服务蓝图的关系是什么?
3. 绘制服务蓝图的步骤有哪些?
4. 为什么服务流程再造是必要的?服务流程再造的四大关键目标是什么?
5. 应用自助服务技术有哪些利与弊?

讨论案例

人工智能重塑政务服务流程

语音识别、图像识别、深度学习和自然语言处理等认知自动化技术、认知预测技术和认知参与技术的进步,赋予人工智能像人一样具有听懂、看懂和思考的能力。人工智能"听懂、看懂和思考"的能力将改变组织的工作方式,对提升组织效率、提高决策质量、拓展服务渠道和完善服务体系有巨大促进作用。根据工作任务的复杂性和自动化程度,人工智能对组织管理有解放(relieve)、分解(split up)、取代(replace)和增强(augment)的功效。其中,"解放"是指由人工智能技术接管数据搜索、记忆等常规化工作,解放人力以专注于更高价值的任务;"分解"是指由人工智能技术分解工作任务或业务流程,并尽量地进行自动处理,让人力完成剩下的任务并监督自动化工作;"取代"是指由人工智能技术完成之前人力独立完成的整套任务,这些任务包括有相同结构的重复性任务、遵循简单规则的决策任务以及有限可能结果的任务等;"增强"是将人工智能技术与人力技能的优势相结合,由人工智能更有效地完成之前人力根本无法完成的任务。

将人工智能技术嵌入政务服务的申请、受理、审批、监督等流程,实现智能营销、智能受理、智能审批和智能监督,可以提升政务服务预见性、增强政务服务能力、改变政务服务时空和延展政务服务链条,形成"AI+政务服务"新形态(详见图10-9)。

(1)智能营销。政务服务申请是指公众以政务服务事项向政府部门发送政务服务需求,启动政务服务流程。目前,政府部门是被动地接收公众申请,依申请提供政务服务。在人工智能条件下,政府部门可利用人工智能技术主动地读懂和理解公众服务需求,主动地、精准地和有温度地向公众营销政务服务,由被动服务转变为智能营销。

(2)智能受理。政务服务受理是政府部门对公众申请政务服务事项的身份、材料等进行形式审查,确定是否将外部公众需求转入到内部管理流程。目前,政府部门以政务服务窗口为载体,面对面地审查公众的申请身份和材料,完成受理工作。在人工智能技术支持下可进行智能审核、智能判读和全时受理,解放、取代人力以实现智能受理。

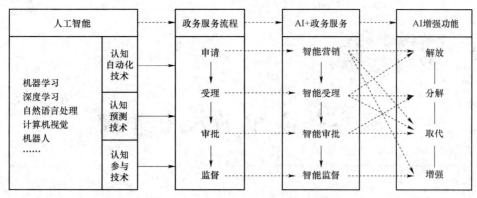

图 10-9 人工智能驱动政务服务流程变革的框架

（3）智能审批。政务服务审批是指政府部门对公众申请政务服务事项的材料进行内容审查，并做出许可决定。人工智能的重要价值在于认知预测。人工智能通过学习专家知识，凭借强大的计算处理能力与分析方法，在解决复杂性问题时能扩展人类的认知。在政务服务审批中，基于政务服务事项的复杂程度，使用人工智能分解、取代或者增强人力，实现机器自主审批或辅助审批。

（4）智能监督。政务服务监督的对象是政务服务许可行为、公众实施许可事项活动、政务服务人员态度，分别采取了行政层级监督、现场检查监督和事后投诉监督等方式。基于机器学习、自然语言处理和计算机视觉的人工智能，可促进政务服务监督转向机器监督、循数监督和全时监督。

案例思考题

1. 人工智能等信息技术从哪些方面促进了服务流程的优化？
2. 你怎么看待包括人工智能在内的新技术对于服务流程设计和优化带来的机遇与挑战？

第 11 章

服务传递中的人员管理

学习目标

1. 服务利润链、服务三角形和服务人员管理的三种循环的概念;
2. 服务业员工的关键作用与一线员工面临的挑战;
3. 在服务组织中建立服务文化的重要性;
4. 服务传递中进行顾客管理的重要性与方法。

开章案例

换工服居然能降低离职率

2018年,顺丰被曝出"奢侈"到为员工定制某名牌工作服,引起了不小的关注度!

这款顺丰工服,含有不少"黑科技"。工服两肩都配置类似3M的反光贴条,以增进送货时工作人员的安全性;还具备为恶劣天气打造的防风、防水、透气以及轻量化等系列功能,非常适合顺丰小哥在日晒雨淋的工作环境中穿行。当然,该款式的工服售价也不便宜,白色款式在官网要卖2 099元。这工服一发下来,在顺丰内部引发了轰动,被员工称为"黑色闪电战衣";而不少网友戏称"王卫这件事做得挺漂亮,帅到又想骗我去送快递……"

为何要更换工服呢?据了解,顺丰速运总裁王卫对之前的员工工服一直不是很满意。因为透气性不足,特别是天气炎热的时候,出了汗的工服会贴在小哥身上,使顾客感觉到比较"邋遢"。据悉,此次顺丰对工服的采购金额超过了1亿元。

不止顺丰,也有其他企业非常重视工服改造,将其设计得更好看、更符合员工工作场景。

阿里巴巴园区的工作人员大多是80后、90后,6 000多人的园区每年出生700-800个孩子,孕妇也很多。阿里巴巴的行政部门为了体现对员工的关怀,决定采购一批孕妇防辐射服。既然是给自己的员工用,总不能采购得太差,所以选择了质量比较好的、价格在300元左右的衣服,员工一人一件不好换洗,所以最后决定一人两件。那么,一个人的成本就是600元,一年下来成本大概是48万元。

还有一家服装制造企业,在管理咨询公司的建议下,开始重新设计工服,CEO全程参与其中。他们把宽大的蓝领衣服,改得更加时尚,并且尺码特别合身。明显比周边工厂的工服好看,过了一段时间,其离职率真的就有所降低了。员工每天上班的心情也有所变化,更重要的还吸引了周边工厂的员工加入，对HR的招聘工作也起到了正向的影响作用。

从上面的例子看，HR管理者若想设计赋能的组织结构及管理政策、提升员工的积极性，更接地气的做法是回归到管理的本质：从员工的工作场景、实际的工作需求开始，去设计人力资源政策与制度，而非完全地以绩效为导向。从这个角度讲，关心员工实际的利益与诉求，真正的赋能团队，管理层与员工必须成为一致的利益共同体。

11.1 服务利润链理论

11.1.1 服务利润链的概念及关键节点

美国哈佛大学詹姆斯·赫斯克特和他的同事于1994年提出服务利润链模型，该模型将营销、运营、人力资源管理和IT较好地整合在一起。其基本观点是：在服务型企业中，员工和顾客是最重要的资源，这也是衡量服务型企业是否成功的重要标志。他们将服务组织盈利能力、顾客满意、顾客忠诚与满意且忠诚的员工为企业创造的价值以及顾客和科技在服务运营中的作用联系起来。他们认为，在新的服务经济背景下，一线员工和顾客是企业需要重点关注的对象。成功的服务管理者聚焦能够给企业带来盈利的要素，在人力资源、支持一线员工的科技方面加大投资，如雇用与企业文化一致的员工，给他们提供有效的培训和良好的薪酬，这些与服务型企业各个层面员工的生产率都存在密切的关系。

服务型企业服务利润链是构建员工、顾客与企业间关系的链条。其逻辑内涵是：服务型企业的利润受顾客忠诚度的影响，顾客忠诚度的大小受顾客满意度的影响，顾客满意度的大小受其所获内在服务质量的影响，顾客所获内在服务质量主要由员工忠诚度决定，员工忠诚度受其满意度影响，员工满意度取决于服务型企业内部是否提供了高质量的内在服务。要使得服务利润链良好运作起来，关键在于如何提升服务型企业内在服务质量。而服务型企业若想提升内在服务质量，必须从员工层面入手，构建员工能力循环，培养一支高素质服务团队，为顾客提供更好的服务。

图11-1服务利润链模型阐释了管理过程与服务型企业成功之间的关联性。

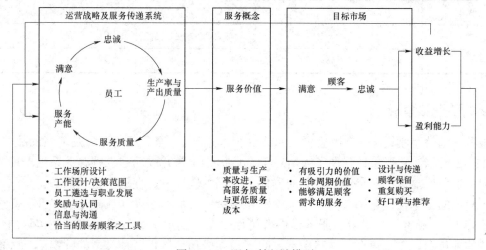

图11-1 服务利润链模型

赫斯克特、萨塞与施莱辛格在1997年正式完善并提出服务利润链理论。其认为顾客及员工的满意度与忠诚度、利润及内在服务质量等要素之间有特殊的联系，其要素中心为顾客价值等式。等式表明：企业为顾客提供的产品或服务的价值，与为顾客创造的服务效用及服务过程、服务质量同等重要，此外，顾客购买服务的价格和购买过程中的其他成本也会影响价值大小。上述各要素之间存在着强烈的相关关系，即内部员工对企业的满意度越高，员工流失率越低，全部员工均积极投入服务的过程，因而服务效率就可显著提升，降低顾客为获得服务所耗成本，提高了顾客满意度。顾客满意度影响顾客忠诚度，进而为企业带来利润。

根据成功的服务型企业构建的服务利润链理论认为，员工满意和顾客满意这些"软"行动要素实际上决定了企业的盈利能力。

表11-1提供了一个实用的总结，突出了服务业领导者为了有效管理组织所需采取的行动。提升企业利润和盈利能力共包括8个环节。环节1和环节2关注顾客，包括强调识别和理解顾客需求、为确保顾客忠诚所进行的投资和承诺、采用新的绩效测量方法，该方法能够追踪诸如顾客与员工满意度和忠诚度等变量。环节3则通过由服务理念为顾客所产生的价值，强调为了持续提升服务质量和服务生产率而进行投资的必要性。环节4到环节7则展示了服务业领导者的行为与员工的关系，这些行为包括：整个组织关注一线、支持为员工提供更广阔空间的职业生涯规划、投资于有前途的经理的个人发展。最后一个环节（环节8）强调服务利润链的成功与否取决于高层管理者。

表11-1 服务利润链中的不同环节

环节	内容
1	顾客忠诚驱动盈利能力和增长
2	顾客满意驱动顾客忠诚
3	价值驱动顾客满意
4	质量和生产率驱动价值
5	员工忠诚驱动服务质量和生产率
6	员工满意驱动员工忠诚
7	内部质量驱动员工满意
8	高层管理者强调服务利润链的成功

11.1.2 服务三角形

服务营销就是承诺——向顾客做出承诺和信守承诺。"服务三角形"是著名的战略框架，如图11-2所示，它形象地强调了人员对于企业信守承诺并成功建立顾客关系这一能力的重要性。该三角形显示了三个相互联系的群体，他们共同开发、促进和传递服务。

三角形的三个顶点分别表示三个关键的参与者：服务型企业（或者是战略业务单位、部门、管理者），顾客，提供者。服务提供者可以是企业的员工、分包商或者是实际向顾客传递服务的外包商。在三角形的这三个点之间，必须成功地进行三种类型的营销活动才能使服务取得成功，即外部营销、互动营销和内部营销。

外部营销位于该三角形的右边，企业进行外部营销要开发顾客期望，并对可交付的服务向顾客做出承诺。在服务传递前，与顾客沟通的任何人员或任何事物，都可以被视为这种外部营销功能的一部分。但是，外部营销只是服务营销者工作的开始，必须还要信守承诺。三角形的底边，是所谓的互动营销或实时营销。在这里，企业员工、分包商、代理人是服务的提供者，他们在传递服务的同时或是信守了向顾客所做出的承诺，或是违背了这一承诺。在这一关键环节，代表本企业的人员是至关重要的。如果没能信守承诺，顾客就会感到不满，最终会选择离开。三角形的左边为理解承诺，表明内部营销所起的关键作用。管理层参与这些活动是为了帮助一线服务人员兑现服务承诺：招聘、培训、激励、薪酬以及提供设备和技术。

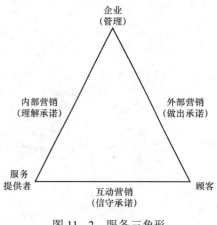

图 11-2　服务三角形

三角形的三边都是整体不可缺少的部分，而且三条边应该对齐。也就是说，通过外部营销所承诺的内容应该与所传递的服务一致，组织内部的活动应该与服务提供者的期望一致。对齐三角形三边的战略，特别是与内部营销有关的战略，是本章的主题。

11.1.3　失败、平庸和成功的三种循环

在讨论了一线员工的重要性及其工作的难度之后，下面进一步探讨：失败的、平庸的、卓越的企业是如何失败地、平庸地或成功地管理一线员工的。糟糕的工作环境经常转化成糟糕的服务，员工们会"以其人之道还治其人之身"，用经理对待他们的方式来对待顾客。高员工流失率的企业经常陷入通常所说的"失败的循环"。那些提供工作安全性但对个人主动性重视不足的企业可能陷入同样糟糕的"平庸的循环"。然而，如果工作环境井然有序，企业人力资源管理就有可能进入良性循环，这里称为"成功的循环"。

1. 失败的循环

很多服务型企业极端追求生产率。它们采用的一种方式是：简化工作程序并雇用尽可能廉价的工人，从事很少需要培训或不需要培训的重复性工作。在百货公司、快餐店和呼叫中心等消费服务行业有大量这样的例子（尽管也有一些值得注意的例外）。失败的循环抓住了这种战略的内涵，如图 11-3 所示，它包含两个相互作用的同心圆：一个是员工失败的循环，另一个是顾客失败的循环。

员工失败的循环始于企业对低技能水平的迁就，也与对规则而不是对服务的重视以及采用技术来控制质量有关。这些企业通常采用低工资策略，与之相伴随的是企业很少甄选员工或培训员工。结果是员工得不到授权，无法解决顾客问题，进而对工作产生厌倦，感到不满意，并逐渐形成消极的服务态度。

对企业而言，后果就是糟糕的服务质量和较高的员工流失率。由于利润水平低下，随着雇用更多廉价劳动力在这种无所得益的氛围下工作，这个循环不断重复。在一些员工士气较低的服务型企业，一线员工变得对顾客有敌意，甚至可能参与"服务破坏"活动。

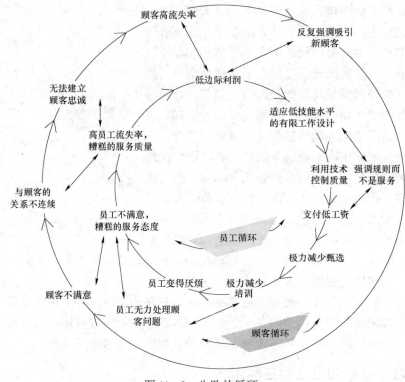

图 11-3　失败的循环

顾客失败的循环始于组织对吸引新顾客的过分强调，这些顾客对员工绩效以及因不断更换员工而缺乏连贯的服务感到不满意，他们难以建立起对企业的忠诚，并同员工一样迅速流失。这种情况需要企业不断地寻找新的顾客来维持销售额。考虑到目前所了解的忠诚顾客可以带来巨额利润的现实，顾客因不满意而流失的情况尤其让人感到不安。

管理者将难以跳出失败的循环的借口和理由主要归结于员工：① 优秀员工招聘不易；② 员工积极性不高；③ 招聘优秀员工的成本很高，而且不能把这些费用转嫁给消费者；④ 一线员工离职率高，培训他们是不值得的；⑤ 高离职率只是生意中不可避免的一部分，你应该学会如何接受它。

很多管理者忽视了低工资/高离职率的人力资源战略所带来的长期财务效应。部分问题在于对所有相关成本的测量都是失败的。特别是企业容易遗漏三类关键的成本：① 不断招聘、雇用和培训的成本（管理者花费的时间成本和财务成本一样多）；② 经验不足的新员工较低的生产率带来的成本；③ 不断吸引新消费者的成本，包括密集的广告和促销折扣。

而且，容易忽视两类收益：① 未来几年持续的收益流，当不满意的顾客不再光顾时这种收益流就会消失；② 潜在顾客因负面口碑而流失，导致潜在收入减少。最后，当工作出现空缺和离职员工带走公司知识（和他带走公司潜在顾客一样）时，还会产生一些难以量化的、导致服务中断的成本。

2. 平庸的循环

平庸的循环是另外一种潜在的、有害的循环（见图 11-4）。你很可能在大型官僚组织中发现它的存在。它在国家垄断工业或者被管制的垄断组织中最为典型。这些组织由于承受的来自竞争者的市场压力很小,所以没有动力改善绩效,而且工会可能阻止管理层采取更具创新性的劳动力实践。

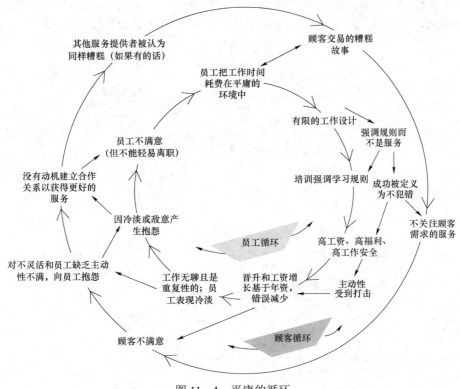

图 11-4 平庸的循环

在这种环境下,提供服务的标准被规定为严格的规则,并以标准化服务、运营效率、杜绝员工欺骗和偏袒特定顾客为导向。工作职责往往被刻板定义,严格地以职责的等级和范围分类,并进一步因工会的工作规定而僵化。工资增长和职务晋升更多基于年资。工作中高绩效的判断标准是没有错误,而非高生产率或出色的服务。培训主要集中在规则学习和工作技能方面,而不是提升与顾客和同事之间的人际互动。由于灵活性和员工主动性对津贴的影响很小,工作实际上是枯燥无味和重复性的。然而,与失败的循环相比,很多职位提供了足够的报酬,通常还提供很好的福利和高水平的工作保障。因此,员工不愿意离开企业。这种低流动性是以牺牲一些市场技能为代价的,而这些技能为其他领域的组织所重视。

顾客发现这样的组织容易消极应对。面对官僚主义、缺乏灵活性以及员工不愿尽力为顾客提供良好服务的情况,顾客容易感到非常不满。有时不满的顾客会对服务业员工表现出敌意。顾客没有动机与组织合作来获得更好的服务。当他们向已经不快乐的员工抱怨时,本来就糟糕的服务态度变得更差。接下来,员工可能通过一些机制来保护自己,例如,消极冷漠、例行公事,或是以无礼对抗无礼。出现这种情况一点也不奇怪。也许你曾被服务员的糟糕服务和恶劣态度激怒过,从而也对服务员表现出敌意。然而,要么是因为这些企业拥有垄断地位,要么是因为其他服务提供者同样糟糕或者更差,顾客经常继续选择这些企业。这些做法的直接后果就是形成一种有害的平庸的循环,在这种循环当中,不满意的顾客不断地向郁闷的员工抱怨糟糕的服务和恶劣的态度(也向其他顾客抱怨),从而造成部分员工更严重的自我防御和漠不关心。

3. 成功的循环

一些企业摒弃了失败的循环或平庸的循环的宿命论。取而代之，它们从更加长远的角度看待财务绩效，并且通过对员工的投资追求成功，从而建立成功的循环（见图11-5）。

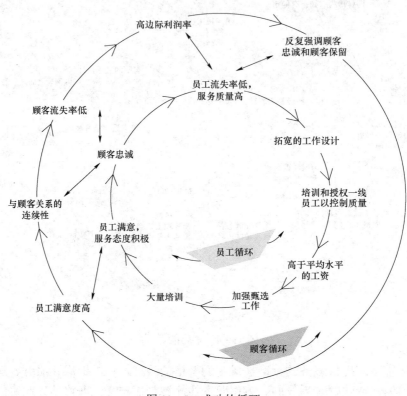

图11-5 成功的循环

与失败或平庸一样，成功包括员工和顾客两个方面。企业利用优厚的薪酬来吸引高素质的员工。拓宽的工作设计伴随着培训和授权的实践，这些实践允许一线员工自主控制质量。由于采取有针对性的招聘、高强度的培训和优厚的工资，员工在工作中更加开心，并愿意提供优质的、令顾客满意的服务。老顾客也体验到因低流动性带来的良好的连续性服务关系，因此更可能保持对企业的忠诚。由于边际利润递增，借助这种顾客保留策略，组织不需要在提高顾客忠诚度上花费大量的营销成本。这种策略与吸引新顾客的策略相比，通常能够带来更高的利润。许多国家的公共服务组织甚至也越来越致力于打造成功的循环，为其顾客提供低成本、高品质的服务。

企业在成功的循环的环境下运转无疑是最理想的。然而，在其他两种循环下运转的企业如果能够提供某些满足顾客期望的因素，它们仍然可以生存。例如，在一个餐厅里，顾客可能对员工提供的服务不满意，但是仍然接受了不满意的服务，这是因为他们钟情餐厅的食物以及餐厅的地理位置，这些因素能够满足顾客的期望，然而，从长远的利益和成功来看，企业理想的做法应当是选择成功的循环。

11.2 服务传递中的员工管理

11.2.1 服务业员工的关键作用

一家服务型企业员工的才能,特别是身处直接面向顾客的职位,在决定市场成功和财务绩效上发挥着重要作用。一线员工是提供卓越服务、赢得竞争优势的关键因素。为了获得服务竞争优势进行有效的员工管理,这一做法带来的市场和财务结果愈发显著。这就是在 7P 营销理论中"人"的元素尤为重要的原因。

服务型企业中要求最高的工作正是所谓的一线工作。与顾客直接打交道的员工跨越了组织内部和组织外部的界限。企业期望员工能够快速高效地执行操作性任务,礼貌地与顾客打交道,还能积极帮助顾客解决问题。

因此,当今绝大多数成功的服务型企业都秉承一个信念:要对人力资源进行有效管理,包括招募、甄选、培训、激励以及保留员工等活动。这些企业深知,投资人力资源是可以带来经济效益的。它们通常还具有独特的企业文化:领导有方,高层管理者以身作则。良好的人力资源战略以及在各个层次的管理人员具有强大的领导力,通常可以赢得持续的竞争优势。与其他公司资源相比,它们的竞争对手很难复制这种高绩效的人力资源。那些能干并且高积极性的员工处于卓越服务和高生产力的核心地位。

1. 服务业员工是顾客忠诚和企业竞争优势的源泉

几乎所有人都能回忆起一段与服务业员工打交道的糟糕经历。当然,也会有人能回忆起某些美好的服务体验。从顾客的角度看,与服务人员的接触可能是服务最重要的方面。从企业的角度看,一线员工所提供的服务方式和呈现出来的服务水平是服务型企业之间相互区别的关键所在,也是服务型企业竞争优势的来源。服务业的一线员工无论对顾客,还是对企业竞争定位都至关重要,这是因为以下几方面的原因。

(1)他们本身就是服务产品的"核心部分"。通常服务业员工是服务中最显而易见的部分,他们提供服务,极大地影响了服务质量。

(2)服务业员工也是服务型企业本身。一线员工代表了服务型企业。顾客对企业的感知是通过一线员工获得的,两者无法分割。

(3)服务业员工是一种品牌。一线员工及其提供的服务通常是一个品牌的核心。品牌承诺能否实现,取决于一线服务员工。

(4)服务业员工影响销售。服务业员工对销售收入、交叉销售以及向上销售至重要。

(5)服务业员工是顾客忠诚度的关键驱动力。一线员工在预测顾客需求、提供定制服务以及与顾客建立个性化关系中发挥着重要作用,这些活动的实际绩效最终导致顾客忠诚度的提高。

(6)他们决定了生产率。一线员工对一线运营的生产率具有重要影响。

高积极性的员工是优质服务的核心。他们对创造、维持企业的竞争地位和竞争优势而言,是一个越来越关键的变量。詹姆斯·赫斯克特和他的同事们已经在其前瞻性研究——服务利润链中,将服务业员工对顾客忠诚的重要影响进行了整合并利用模型加以表述。服务利润链阐释了如下变量之间的关系：① 员工满意度、员工保留和生产率；② 服务价值；③ 顾客满意度和忠诚；④ 企业收入增长与利润。与制造业不同，服务业的"车间工人"（主要指一线员工）经常与顾客接触，而且已有确凿的研究证据表明，员工满意度与顾客满意度高度相关。满意的员工造就满意的顾客（满意的顾客又可增强员工的工作满意度），有研究人员甚至认为，如果服务人员在工作中感受不到快乐，顾客满意就很难实现。

相关研究发现，消费者在服务接触中通过观察员工行为形成对服务组织的刻板印象，并且不易改变。服务人员的行为举止和外貌等特征还会影响消费者的认同感、归属感，进而影响消费者的场所依恋。本杰明·施耐德与大卫·鲍文通过对银行顾客与员工的研究发现，服务氛围和员工福利都与顾客对服务质量的总体看法高度相关。也就是说，员工在组织中的服务氛围和人力资源管理经验都反映在顾客对服务的体验上。类似的研究表明，得到企业公平对待的员工将更好地对待顾客，并带来更高的顾客满意度。图11-1所示的服务利润链解释了员工满意度和忠诚度对顾客满意度和忠诚度的影响，以及最终决定利润增长的潜在逻辑关系。

因此本章主要关注企业如何保留那些高满意度、高忠诚度以及高生产率的服务业员工。

2. 低接触度服务业中的一线工作

许多服务管理的研究都是关于高接触度服务业的。几乎所有类型的服务业都有转向低接触度传递渠道的发展趋势，例如呼叫中心的接触是"声音"到"声音"而不再是面对面的。此外，21世纪初，随着服务营销理论从服务提供者转向消费者视角，以及技术替代员工在实践中的发展，很多传统业务根本不再需要一线员工。因此，许多通过电话或者邮箱与顾客接触的员工不再需要与顾客面对面。从这些发展趋势来看，一线员工真的还那么重要吗？

多数顾客通常不会拨打运营商的服务热线，也不会访问它们的服务中心，信用卡用户每年到信用卡发卡公司可能也就一两次。但毫无疑问，这些不多的接触仍然至关重要——它们是决定顾客对服务型企业印象的关键时刻。而且，这些接触很可能与传统的交易内容无关，而是关乎服务问题和顾客的特殊需求。这些不多的接触决定了顾客的想法究竟是"你们的服务太棒了！当需要帮助时，我可以打电话给你，这是我在你们这里开户的重要原因"，还是"你们的服务糟透了！我不想和你们打交道，我会告诉其他人你们的服务有多差劲"。

即使上述技术已经相对产业化，一线员工所提供的各种形式的服务（面对面、耳对耳或者通过电子邮件、微博以及聊天的服务），对顾客而言都是清晰可见且非常重要的。因此，它是服务型企业营销策略的关键组成部分。

11.2.2　一线员工面临的困难和压力

服务利润链需要高绩效、高满意度的员工来实现优质服务和顾客忠诚。然而，这些面对顾客的员工在服务型企业中从事着相当繁重的工作。你也许在一个或更多这样的岗位上工作过，这样的岗位在医疗保健、酒店管理、零售业以及旅游业当中尤为普遍。有一个流传很广的故事，一名在捷蓝航空公司从事了28年空乘服务的员工突然放弃了工作。据说他受不了一名难相处的乘客，这名乘客因行李有问题责骂了他。然后，这名员工通过飞机内部通话系统公开地斥责了乘客，声称他已经受够了，并打开紧急滑梯离开了飞机。这是个压力影响员工工作的例子。

接下来讨论导致这些工作如此繁重的主要原因（需要注意短期的兼职工作与作为职业的全职工作可能存在差异）。

1. 跨边界角色

组织行为学文献把服务业员工称作"跨界者"。他们将组织内部与外部联系起来，并在企业的内外界线上展开工作，由于他们所处的岗位，"跨界者"通常承担着冲突的角色，特别是接触顾客的员工面临运营和营销的双重目标。这些服务业工作的多重角色经常给员工带来角色冲突和角色压力。

一线工作的角色压力主要来源于三个方面：组织与顾客之间的冲突、一线员工角色的自我冲突、顾客之间的冲突。

（1）组织与顾客之间的冲突。服务人员必须完成运营目标和营销目标。企业期望员工取悦顾客（这自然要花费时间），但又要快速有效地完成工作，甚至有些员工还被要求进行销售、交叉销售以及向上销售。例如，现在为孩子教育开始存钱是个很好的时机，或者每晚只需要多花150元，你就可以升级为总统套房。最后，一线员工有时还得为企业不合理的统一定价等价格策略"担责"，这些规定可能正是导致员工不满意的原因。例如，"我很抱歉本餐厅无法提供冰水，但是我们有更好的矿泉水可供选择"这种冲突也被称为"两个老板的困境"，它导致服务业员工要在执行企业规定和满足顾客需求之间做出痛苦的选择。这个问题在那些不以顾客为导向的企业里尤为严重。

（2）一线员工角色的自我冲突。服务业员工可能会在工作要求与人格、自我认知及信念之间遭遇冲突。例如，有些工作甚至要求员工对无礼的顾客保持微笑和友善。许多一线员工容易使用明显的消极词汇形容顾客——经常使用诸如"吹毛求疵""不合理""拒绝聆听""总是自以为是""想得到所有东西""自大"等词语。提供优质服务要求服务人员具有独立、热情和友善的人格，那些高自尊的人就具备这些特质。然而，很多管理者认为一线员工的工作简单，不需要接受很多教育，从而使得一线员工的工资水平很低，而且看不到前途。如果一个企业不能将一线工作"职业化"，消除这些消极印象，那么这些工作与员工的自我感知就会不一致，继而导致员工角色的自我冲突。

（3）顾客之间的冲突。顾客之间的冲突经常出现（例如，在非吸烟区吸烟、插队、在电影院打电话，或者是在餐厅制造噪声）。比较常见的是服务业员工被某位顾客叫去治止违反规定的顾客。由于很难而且通常不可能满足双方的要求，这是一项压力巨大而且不愉快的任务。在许多服务环境中，其他顾客的不当行为会破坏同属顾客的消费体验、影响同属顾客的满意度，还会使服务人员产生短期情绪困扰或长期心理问题。

简而言之，一线员工的角色是三重的，必须实现三个目标：第一，令顾客满意；第二，提高生产率；第三，给企业创造效益。综合起来，扮演这些角色通常会引发员工的角色冲突和角色压力。尽管员工可能经历上述冲突和压力，但管理者仍然期望他们能够面带微笑并愉悦地对待顾客。这种情况称为情绪劳动，它本身就是压力的重要来源。而服务业区别于以体力劳动为主的传统制造业和以脑力劳动为主的研发技术类行业，具有客我不对等性、迁移性强、员工缺乏保障、易变性与突发性、高情绪密集性、个性化定制等特征，使得情绪劳动成为服务业中不可或缺的重要内容。

2. 情绪劳动

情绪劳动是指"为了报酬，员工管理自己的情绪，并按照组织对面部表情或身体语言的要求来表演"，情绪劳动的方式主要包括表层表演和深层表演，表层表演通过调节面部表情、声调、手势和身体姿态等外显行为满足工作要求，但内心的感受并未改变；深层表演则通过调节内在感受、改变认知，使情绪表达和内心想法都发生改变，以满足对工作角色的需求。当一线员工感觉内心的情绪和管理者要求他们展示给顾客的情绪存在不一致时，情绪劳动就会产生。管理方希望一线员工开心、友好、热情、真诚，甚至谦卑，因为情绪能够通过面部表情、姿势、语调和语言传递给顾客。更严重的是，积极情绪的真实呈现而不是表层的表演（例如假装的情绪）才能影响顾客的满意度。尽管一些服务型企业力求聘用具备上述特质的员工，但工作中难免存在让员工无法感觉到积极情绪的情形，此时他们不得不压抑自己真实的想法以满足顾客的期望。正如潘尼克斯·康斯坦提和保罗·吉布斯指出的："情绪劳动的重点在于赢得管理层和顾客的好感，而一线员工需要做的只有服从，这是对员工的一种潜在盘剥。"

以教师为例，部分教师会面临情绪劳动。教师面临的是一种无法规避的角色冲突，在教学活动中，教师的职业身份让他们不可能随时随地"真实表达"自己，教师需要扮演自己的角色，在情绪感受形成以后，教师和普通人的差异在于，他们必须重新回到自身的角色中去，这是聚焦反应的主要特征，"聚焦特定的角色，回到特定的角色中去，但情绪却又恰恰来自角色"，现代心理学将其称为"囚徒困境"。

企业需要注意员工持续的情绪压力，并采取措施减轻压力，这些措施包括培训员工如何应对情绪压力，以及如何应对来自顾客的压力。一是需要强化情绪劳动的人力资源管理职能体系；二是重视组织支持性员工管理系统构建；三是突出情绪劳动价值的文化体系建设。

海底捞注重员工的情绪劳动管理，始终秉持"把员工当作家人"的理念，采取师傅带徒弟"的培养方式，模范带头与生活关怀相结合，关心员工的情绪和生活。企业尊重与信任员工，充分授权，一线服务员拥有打折和免单的权利。海底捞努力为员工营造和谐的家庭网络关系氛围，为员工履行家庭责任提供帮助和支持。海底捞的企业文化强调"双手改变命运"，注重公平，以工作好坏作为提拔和奖励员工的唯一标准。

3. 质量/生产力的平衡

企业要求一线员工的工作既有效率又有效果，他们既要为顾客提供令人满意的服务，又要经济有效，产出可观。以在HOM（健康维护组织）工作的医生为例，他要为病人提供细致优质、个性化的服务，同时还要在特定的时间内为相当数量的病人提供服务。食品店的收款员要认识他的顾客，还要彬彬有礼，同时还要准确地计算各种食品的价格，以及使排队的人尽量少。这些质量和生产力之间以及最大效益和效率之间的必要权衡，给服务员工带来了压力。目前，很多新技术被用于平衡交易的质量和数量，来提高服务人员的生产力，并且使他们能够有效地为顾客提供高质量服务。

例如，公司规定不论问题解决得如何，服务电话不能超过一定的时间。这就使相应的员工感到沮丧。这让员工们感到，公司的顾客服务是以解决效率为优先的，而不是以解决顾客的问题为优先的。

11.2.3 通过人力资源管理提升服务质量的策略

1. 雇用合适的员工

为有效地传递服务质量，应将相当大的注意力集中在招聘和雇用服务人员上。这种关注有悖于许多服务行业的传统做法。因为在这些行业中，服务人员是企业最底层的人员，而且报酬最少。另外，在专业服务领域，最重要的招聘标准通常是技术培训、资格认证和专业知识。然而，成功的服务机构除了会留意申请人的技术资格之外，还会关注他们的顾客服务价值取向。

（1）获得最好的人员。为获得最好的人员，组织需要识别出谁是最好的人员，并与其他企业竞争以雇用到这些人员。这被称为"人才市场份额的竞争"，也就是企业在获取最佳员工的过程中充当营销者，就像利用其专有的营销技能为顾客竞争一样。把招聘当作营销活动看待，进行市场（员工）细分、产品（岗位）设计，提供工作晋升机会来吸引那些潜在的长期员工。例如有些公司将员工招聘负责人的头衔改为"人才招聘副总裁"，这样做既认识到了该职位的重要性，又有助于将该角色提升到其应有的战略高度。

（2）聘用要兼顾服务能力和服务意愿。一旦识别出潜在员工，组织就需要认真进行面试和挑选，以便从众多候选人中鉴别出最佳人选。服务人员需要具备两种互补的能力：服务能力和服务意愿。

服务能力是指从事工作所必备的技能与知识。在许多情况下，雇员通过获得某一特定学位和证书来证实自己的能力，如获得法律博士学位和通过国家律师资格的相关考试等。医生、飞机驾驶员、大学教授都需要在面试之前通过类似的资格考试。在其他情况下，服务能力也许与学历无关，但需要一些基本的技能或充沛的体力。例如，一位零售店的服务人员必须具备基础的计算能力并会使用收款机。最近的一项研究表明，许多一线员工也需要一定水平的情绪能力，即可察觉、理解、调节顾客情绪的能力，这样他们的工作才能做得更好。

由于服务质量具有多个维度，因此对服务人员的挑选远不仅限于服务能力方面，还要通过服务意愿进行筛选，即他们对从事相关服务工作的兴趣，这反映了他们对服务的态度以及服务顾客或其他同事的意向。调查表明，大多数服务性工作会吸引具有一定程度服务意愿的申请人，而且服务型企业中大多数员工的服务意愿较强。但是有些员工明显比另外一些员工具有更强烈的服务意愿。研究表明，服务效率与服务导向的个性（诸如乐于助人、细心和喜欢交际）相关。顶尖的服务型企业在招聘中更看重积极的态度，而非特殊技能。理想的服务员工选择过程应该既评价服务能力又评价服务意愿，从而雇用到在这两方面水平都高的员工。

海底捞选人的一大原则是：不怕吃苦。海底捞的员工大都是 80 后农民工，他们家境差、学历低，但能做到不怕吃苦、踏实肯干。

除了传统的招聘面试以外，许多企业还采用新颖的方法评价服务意愿和其他一些个性特征以适应组织需要。西南航空公司要寻找富有同情心、懂常识、有幽默感、具有"能够做到态度及主张人人平等"品质的人（他们以"我们"的方式考虑问题，而不是"我"）。该公司评判服务意愿的方法之一，是对潜在的空中服务员进行小组面试，观察他们之间如何互动。对飞行员也要进行小组面试，评估其团队协作的能力。

（3）成为受人欢迎的雇主。吸引最佳人员的一种方法是在某一特定行业或地区成为首选雇主。BAT（百度、腾讯和阿里巴巴）作为互联网行业的龙头企业受到员工的欢迎。《脉脉人才流动报告》显示，2018 年 985/211 高校投身互联网行业的毕业生中，有 2.7%进入百度，其次是美团（2.6%），腾讯（2.4%），阿里巴巴与网易并列第四（1.9%）。

有助于成为受欢迎雇主的其他策略还包括提供广泛的培训、职业和升值机会以及优良的内部支持和有吸引力的激励措施。

腾讯科技一直是广大应届毕业生向往的企业，在 2019 中国雇主最佳百强榜中排名第 52。

腾讯受欢迎的一大原因在于其完善的培训体系和光明的职业发展前景。在 20 周年司庆日上，腾讯宣布正式启动"青年英才计划"，将 20%的晋升机会给予年轻人，在激励年轻员工奋力前进的同时保持公司的年轻态。在此之前，腾讯已为员工搭建了完善的双通道职业晋升体系，为员工提供专业和管理并行的发展通道。

腾讯视员工为公司发展关键，希望通过完善、全面、科学的培训体系助力腾讯人成为一个独立思考、全面发展的人，焕发每个人的活力。腾讯通过双通道员工职业发展体系帮助每一个员工结合自身意愿，制定全面的职业发展路径。当一个员工对长期的技术工作感到倦怠，更期望接触顾客，做市场或营销工作时，他可以通过在公司内部寻求机会和帮助来实现自身目标；如果他愿意成为管理者，双通道职业发展体系也将帮助他向管理岗位转换。能上能下的职业发展机制，使每一个员工都有目标、发展路径及具体的衡量标准。腾讯同时也为员工的每一步发展提供相应的资源、支持与帮助。独一无二的职业发展机会，帮助每个员工找到自身发展路径，最大限度施展自身优势，发挥所长，使员工通过自身成长获得幸福感的同时提升个人及腾讯整体的内生动力。

2. 为提供优质服务开发员工

要维护和发展一支顾客导向、关注服务质量的员工队伍，组织必须为提供优质服务开发员工，一旦招聘到正确的员工，组织必须着手培训这些人员，以确保服务绩效。

（1）员工培训。为提供优质服务，员工需要在必要的技术技能与互动技巧上接受相关培训。技术技能涉及酒店中的会计系统、零售店里的现金出纳程序、保险公司中的承保程序以及企业运营所必需的任何操作规则。大多数服务型企业非常有意识且有效地对员工技术技能进行培训。这些技能可以通过正式的教育获得，比如在海底捞大学，来自全国各地的海底捞经理会在此受训。除此之外，技术技能还经常通过在职培训获得。如电话接听员通过聆听有经验员工的示范进行学习。

除上述培训外，服务人员还需要接受互动能力方面的培训，从而使员工可以提供礼貌的、关心他人的、负责的和热心的服务。研究表明，企业可以通过培训员工如何进行愉快的谈话、恰当的提问或者幽默的交流，从而与顾客搞好关系（互动的一种技能）。除此之外，员工还可以通过对话提示培训帮助他们识别与顾客的共同点。许多公司，甚至通过培训一线员工的即兴演说来增进他们与顾客的交流与倾听技巧，读懂顾客肢体语言，从而迅速与顾客建立起友好关系。

成功的企业对培训不惜重金，并确保培训与业务目标和战略相符。

此外，员工培训也是员工自身的诉求。根据智联招聘发布的《2020 雇佣关系趋势报告（一）——后疫情时代的新雇主经济》，后疫情时代，员工对雇主有了新的期待与需求。职场焦虑加剧背景下，员工希望企业能更好地培训自己，为自己提供更好的成长机会。雇佣双方通过赋予彼此安全感和希望，实现更深刻的共生关系。2020 年 8 月的调研数据显示，有 31.3%的受访者表示希望企业"帮助员工成长"，学习型组织成为员工心中理想的企业组织架构。

（2）授权给员工。要真正做到对顾客需求及时反映，就必须授权给一线员工，使其能对顾客需求做出灵活反应并在出现差错时及时补救。授权意味着赋予员工技能、工具和权力。尽管授权的关键是把决定顾客利益的权力交给员工，但只是权力的赋予还是不够的。员工需要掌握相应的知识和工具才能做出这些决定，而且要有激励措施以鼓励员工做出正确决定。

如果企业单纯告知员工"你现在有权做任何可以使顾客满意的事",那么这种授权就不是成功的。首先,员工通常不相信这些话,尤其是在组织等级森严或有官僚作风的情况下;其次,如果员工没有受过相关的培训和指导,他们通常不清楚做任何可以使顾客满意的事意味着什么;最后,并非所有员工愿意被组织授权。

大量的研究表明授权赋能能够通过多方面因素产生积极的情感反应、提高个体绩效及组织绩效。部分学者对授权赋能与个体主动性的具体表现进行了研究,授权赋能能够有效消除工作消极行为、提高工作满意度、提高其自我效能,被授权赋能的员工在工作中能够感受到更大的自主权和责任感,因此能够自主完成工作并愿意付出更大的努力。

但是这些成功也来之不易,事实上一些专家指出,只有极少数企业真正利用或恰当地执行了成功的授权战略,授权也并不适合所有的企业。

(3) 促进团队合作。很多服务型企业的经验表明,当员工进行团队合作时,顾客满意度就会提高。服务工作经常令人感到沮丧、疲惫和具有挑战性,而团队合作的环境有助于减轻员工压力和紧张感。感到被支持和有团队做后盾的员工能更好地保持热情并提供优质服务。通过促进团队合作,组织能够加强员工传递优质服务的能力,与此同时,员工之间的支持还会增强他们成为优秀服务提供者的意愿。

促进团队合作的方法之一是提倡"人人都为顾客服务"的态度。也就是说,尽管有的员工不直接对最终顾客负责或者与顾客互动,但他们也需要知道在为谁服务,以及他们在整个服务中扮演的是什么角色,这对最终传递优质服务是至关重要的。如果每位员工都能知道自己在为最终顾客传递优质服务的过程中不可或缺,如果每位员工都能知道自己必须支持谁才能实现优质服务,那么团队合作就会加强。服务蓝图就是一个有效工具,向员工展示了他们在为最终顾客提供优质服务的过程中扮演重要角色。

团队的目标和奖励也会促进团队合作。当团队整体被嘉奖,而不是按每个人的成绩和表现进行嘉奖时,团队努力和团队精神才会在组织中得到发扬。

3. 提供必要的支持系统

要使服务员工的工作富有成效,服务工作者需要一个以顾客为中心的、与他们需求相一致的内部支持系统。这一点怎样强调都不过分。实际上没有以顾客为中心的内部支持和顾客导向的系统,无论员工意愿如何强烈,也几乎不可能传递优质服务。举例来说,一位银行柜员要在银行业务中分毫不差,并使顾客满意,需要方便地得到顾客近期的资信资料,有足够人手的分行(这样就不会出现排着长队的不耐烦的顾客),以及愿意支持他以顾客为导向的上司和后勤人员。下文给出了确保顾客导向的内部支持的一些策略。

(1) 评估内部服务质量。鼓励支持性的内部服务系统的方法之一是评估并奖励内部服务。首先,组织中的每个人均为内部顾客,评估内部顾客对服务质量的感知,组织就可以着手建立内部质量文化了。为了给员工提供尽可能好的服务,内部服务审计成为实施内部服务质量文化的一种工具。通过审计,组织可以识别他们的内部顾客,确定他们的需求,评估自身服务情况以及做出改进,这种过程与外部顾客使用的市场调研实践相类似。

评估和关注内部服务质量与内部顾客的一个风险是,人们可能专注于满足内部顾客的需求中,忘了他们是在为最终的外部顾客服务。因此在评估内部服务时,一定要注意时时把内部的服务传递与如何支持外部最终顾客的服务传递联系在一起。

(2) 提供支持性技术和设备。如果员工不具备合适的设备或者设备不能得心应手,他们传递优质服务的愿望就可能受挫。服务员工要进行有效率、有效果的工作，就需要合适的设备与技术。

采用合适的技术和设备，可以扩展到工作场所和工作站设计的策略中。工作场所设计是为了创造一个使员工舒适的环境，从而更好地为顾客服务。

（3）开发服务导向的内部过程。为了更好地支持服务人员在一线传递优质服务，服务型企业应当考虑按顾客价值和顾客满意度来设计内部过程。换言之，内部过程必须支持优质服务的传递。在许多企业，驱动内部过程的更多是官僚规章制度、传统的成本效益或内部员工的需求。因此，提供以服务和顾客为导向的内部流程可能意味着对系统进行全面的重新设计。这种对系统和流程的重新设计被称为"流程再造"。尽管通过流程再造以开发服务导向的内部流程合乎情理，但它可能是一项最难实施的策略之一，尤其是在传统组织中。

4. 留住最好的员工

一个组织不仅要雇用合适的人员，对其进行培训以及培养其传递优质服务的能力，并提供所需的支持，还必须着手留住那些优秀的员工。员工的流失，尤其是最好的服务人员的流失，可能会对顾客满意度、员工士气和整体服务质量造成严重影响。然而，正如一些企业对其顾客所做的那样，它们花了很多时间和精力吸引员工来工作，却把已有员工不当回事，这样导致一些优秀员工寻找机会跳槽。

此处介绍几种特别的策略来留住员工。

（1）将员工纳入企业的愿景与使命之中。为了保持员工的积极性和对组织目标的兴趣，他们需要分享对组织愿景的理解。每天传递服务的人员需要理解他们的工作是如何与组织目标相适应的，员工在某种程度上受工资和其他福利的激励，但是最好的员工如果不致力于组织的愿景，就会被其他的机会所吸引。如果员工不知道企业的愿景是什么，他们就不可能忠于该愿景。这意味着在实践中，组织的愿景要经常传达给员工，并最好由高层经理（通常是CEO）传达。

表11-2列出了部分企业的使命、愿景和价值观。海底捞拥有明确的价值观和使命。其价值观为：一个中心（双手改变命运）和两个基本点（以顾客为中心，以"勤奋者"为本），其使命为：通过精心挑选的产品和创新的服务，创造欢乐火锅时光，向世界各国美食爱好者传递健康火锅饮食文化。海底捞以员工为本，通过对员工价值观的塑造，将员工融入其使命和愿景中。当愿景和方向非常清楚且激励人心时，员工将更有可能与企业共渡难关。

表11-2 部分企业使命、愿景和价值观

企业	海底捞	腾讯	小米
使命	通过精心挑选的产品和创新的服务，创造欢乐火锅时光，向世界各国美食爱好者传递健康火锅饮食文化	通过互联网服务提升人类生活品质	始终坚持做"感动人心、价格厚道"的好产品，让全球每个人都能享受科技带来的美好生活
愿景	创造中国一流餐饮企业，打造中国第一火锅品牌	最受尊敬的互联网企业	和用户交朋友，做用户心中最酷的公司
价值观	一个中心：双手改变命运 两个基本点：以顾客为中心，以"勤奋者"为本	正直＋进取＋合作＋创新	真诚 热爱

（2）将员工当作顾客对待。如果员工感到他们有价值，并且他们的需求得到重视，他们

会更愿意留在组织中。

许多企业采纳了"把员工当作顾客"的观点,它们把基本的营销策略直接应用于员工。组织提供给员工的产品是一份工作(包括各种利益)和高质量的工作环境。为确定员工对岗位和工作生活的需求是否得到满足,组织要定期进行内部市场调研,评估员工的需求和满意度。

(3) 评估和奖励优秀员工。如果企业希望最优秀的服务人员留在组织中就必须奖励和提拔他们。这看似显而易见,但企业内的奖励制度常常不是为了对卓越服务进行奖励。奖励制度可能更看重生产力、销售额或其他一些可能不利于提供卓越服务的工作内容。如果付出的努力没有得到认可和奖励,即使那些有着内在动机去传递优质服务的员工也会最终变得灰心丧气,并开始留意跳槽机会。

奖励机制必须与组织愿景和真正重要的成果挂钩。比如,如果认为顾客满意度和保留顾客是关键的结果,就需要认可和奖励那些能增加顾客满意度和顾客保留率的服务行为。

在开发新系统和结构以强调顾客为中心和顾客满意的过程中,企业已经采用了许多不同类型的奖励。传统的方法像高工资提升和一次性货币奖励或奖金都可能激励服务绩效。许多组织中,鼓励员工亲自为表现优秀的同事颁发"同行奖"来达到相互认可的效果。其他类型的奖励包括为提高顾客满意度或达到顾客保留目标而进行特别的庆祝活动。在大多数服务组织中,推动组织前进的不仅仅是取得重大成果,还包括日常的持之以恒和对细节的关注,因此承认"小胜利"也很重要。

在许多情况下,一位顾客与某一位员工建立关系,这种关系可能比与企业的关系更坚固。如果这位员工离开了企业,不再服务于该顾客,企业与这位顾客的关系也可能就随之消失了。很明显,企业应该努力保留具有如上特点的员工。然而,尽管公司尽了最大努力,但有些优秀员工还是会离开。如果企业不能挽留与顾客有密切关系的员工,该如何减少员工的离职给顾客带来的影响呢?员工可以时常被调换岗位,以保证顾客接触多个员工,并且使顾客有一如既往的优质服务体验。企业也可以组成与顾客互动的员工团队。以上两种做法的主要意图是让顾客与组织内的多位员工接触,这将减少企业在任何一名员工离职时便失去顾客的可能性。同时更有利于在顾客心目中树立起积极的企业形象,并且传达其所有员工都有为顾客提供优质服务的信息。

11.2.4 服务文化与内部营销

1. 服务文化

在介绍员工在服务传递中的角色之前,先关注一下企业。企业中员工的行为要受到企业文化或者个体和群体形成的普遍规范和价值观的影响。企业文化被定义为"给予企业成员共同的价值观和信念模式,并提供企业内的行为规范"。文化还被不太正式地定义为"我们在这里做事的方式"。

从个人的角度理解企业文化,可以试想你曾工作过的企业,如互助会、学校或协会,你的行为和其他人的行为无疑都会受到企业的价值观、标准和文化的影响。参加应聘面试时,你将通过与企业员工交谈,以及观察其行为来感受企业文化。一旦正式上班,正式培训和对员工行为的观察都会帮助你了解企业文化。

一个以顾客、服务为导向的企业,其核心应是一种"服务文化",其定义是:"它推崇优质服务,对内部和外部顾客提供优质服务,企业中的每一个人将提供优质服务的文化视为自然的生活方式和最重要的行为准则。"这是一个含义丰富的定义，对员工行为有许多指导意义。首先，只有推崇优质服务，才能形成服务文化。这并不意味着企业要天天向员工强调服务的重要性，而是以一种"潜移默化"的方式让人们知道优质服务是受到鼓励的。其次，优质服务既面向外部顾客，也面向内部员工，只向最终顾客承诺优质服务是远远不够的，企业中的所有人都应得到相同的服务。最后一点，在服务文化中优质服务是"一种生活方式"，是自然而然产生的，因为它是企业重要的准则。服务文化对建立一个以顾客为核心的企业是至关重要的，也被认为是企业竞争优势的来源之一。

（1）展示服务领导层。强有力的服务文化根植于企业的管理者，成功的服务型企业的管理者具有一致的价值观，如正直、乐观、尊重，并将这些价值观灌输到组织的结构中。领导力并不是从厚厚的规则手册中发出的一套命令，而是定期地、一致地展现自己的价值观。当员工注意到领导层在实践这些价值观后，将会更容易地接受服务文化。因此，与所信奉的价值观相比，能够感知到的价值观将会对员工产生更大的影响。这些感知的价值观是员工观察管理者的实际行动得出的。换言之，文化是由员工认为管理层真正信赖的东西驱动的，员工通过那些在整个组织中担任关键角色的人的日常行为来理解组织中什么是重要的。

内部营销实践会助力打造长期的服务文化。然而，如果一个企业的文化植根于产品、运营或政府监管导向的传统，那么没有一个单一的策略会将其转变为一种服务文化。打造并维持服务文化需要上百种小（但重要）的因素，而并不仅仅是一两个大因素。当一家企业由工程、销售或者运营文化向服务文化转换时，需要多年持续的努力。

（2）服务文化的输送。国际化企业的服务文化输送也是非常具有挑战性的。试图将一个国家的企业文化"输出"到另一个国家，会产生额外的问题。例如，企业的服务文化是否会与各地不同的民族文化发生冲突？如果有冲突，是关于实际价值观本身，还是关于如何实施这些价值观？如果问题是关于实际价值观本身，而这些价值观又是企业的核心竞争优势，那么或许企业在这种环境下不能取得成功；如果问题是如何实施价值观，或许在新的环境下修改某些服务实践即可。

以星巴克在中国的服务文化输送为例。星巴克在坚持"第三空间"定位的基础上，将西式咖啡文化与中国文化相融合。产品开发方面，结合中国元素进行创新，充分利用中国的茶文化，推出了使用绿茶等本土流行的配料制作饮料。还通过中国传统节日（春节、中秋节、端午节等）平台，进行产品创新，如推出中国元素的 12 生肖储蓄罐，推出星巴克特色的中秋月饼，端午节卖粽子等。星巴克的门店设计也进行了本地化。星巴克在北京前门大街开业时，将传统中国文化与现代西方时尚进行了完美结合。在星巴克前门店里面，传递着浓厚的中国文化，如传统古雅的窗格、中式的深色桌椅、古意盎然的马克杯与明信片、星巴克员工身着中式风格工作服，这些都充分体现了中国古老的东方特色文化。

尽管在全球市场上存在着巨大的机会，但对于依赖人与人交互的服务型企业而言，许多法律、文化和语言障碍变得尤为明显。

2. 内部营销

内部营销分为三个互相独立并紧密联系的概念化阶段，即员工激励和员工满意阶段、顾客导向阶段以及战略执行和变革管理阶段。在员工激励和员工满意阶段，内部营销是通过提供满足员工需要的工作产品来吸引、发展、激励和留住高素质的员工，内部营销是把员工当作顾客的哲学，它是设计工作产品来满足员工需要的战略；在顾客导向阶段，如果企业的内部员工市场能被有效影响,就可以通过一个类似营销手段的内部方法以及在内部应用类似营销活动激励员工,使得员工能够具有顾客意识、市场导向和销售意识。在战略执行和变革管理阶段,内部营销是有计划的努力,可以应用类似营销的方法来克服组织内成员对变革、联盟、激励以及执行功能性战略的抵制。

内部营销具有重要作用。内部营销不能直接影响顾客满意,但可以通过员工满意和服务质量间接影响顾客满意;员工满意不但直接影响顾客满意,并通过服务质量间接影响顾客满意;服务质量既直接影响顾客满意,也是内部营销和员工满意发挥作用的中间环节。

11.3 服务传递中的顾客管理

11.3.1 服务传递中顾客的重要性

1. 接受服务的顾客

由于接受服务的顾客参与了服务传递过程,会通过自己适当或不适当的,有效或无效的,活跃或不活跃的行为对差距产生影响。当顾客没有履行其角色时(如顾客忽略了其角色和责任,或者顾客相互间的负面影响),会进一步拉大供应商差距——服务绩效差距。不同服务对于顾客参与水平高低的要求不同,如表 11-3 所示。在一些情况下仅需要低水平的参与,仅要求顾客出现在服务现场,企业员工将完成全部服务工作。在另外一些情况下需要中等水平的参与,即要求顾客投入。顾客投入包括信息、精力或者相关材料。还有一些情况则需要高水平的参与,顾客需要与企业/员工共同生产服务,对于这些服务,顾客的参与影响服务的结果。教育培训就属于高水平的顾客参与。学生想要获取良好的成绩,需要上课认真听讲,与老师积极互动,以及按时完成课后作业。这种类型的顾客参与有助于确保最终结果的成功。顾客在各种水平的参与的有效性将影响企业的生产力,最终影响服务质量和顾客满意度。

表 11-3 不同服务中的顾客参与水平

低水平的参与:服务传递时要求顾客在场	中等水平的参与:完成服务需要顾客投入	高水平的参与:共同生产服务
商品是标准化的	顾客投入(信息、材料)使标准产品定制化,要求顾客购买	积极的顾客参与,指导定制化服务
服务提供时不考虑顾客的购买	顾客投入是必需的,但服务型企业提供服务	离开顾客的购买和积极参与不能完成服务
付款可能是唯一要求的顾客投入		顾客投入是必需的,并由顾客来共同创造结果
最终顾客举例		
航空旅行	理发	婚姻咨询
汽车旅馆	年度体检	个人培训
快餐厅	全面服务的餐厅	减肥计划
B2B 顾客举例		
统一的清洁服务	创造性的广告代理活动	管理咨询
虫害控制	工资代发	行政管理培训
室内草木维修服务	货物运输	计算机网络安装

2. 其他顾客

服务环境中其他顾客的存在会对顾客的满意度和服务体验，以及服务产出产生潜在影响。

在许多服务场景中，顾客的满意程度与行为倾向受其他顾客的影响。在一些情况下，其他顾客会提升顾客的满意度。顾客会通过其他顾客的外貌特征、言谈举止来形成相容性感知，并进一步影响其对服务体验的满意程度，顾客的相似性有利于顾客之间的接纳与良好互动的建立。如果顾客觉得他们在的个人的社群网络中与朋友和熟人或更大的在线社区的成员相处融洽，那么他们对自己的社群网络和社区中的其他人就越信任，他们就会变得更热衷于社交媒体。

在另外一些情况下，其他顾客的存在则可能降低顾客的服务质量感知与满意度。其他顾客所表现出来的行为方式，如破坏性的行为引起延误、过度拥挤等，在餐厅、饭店、飞机上和其他环境里，顾客接受服务时，紧挨在一起哭泣的婴儿、超员同伴以及高声喧哗不守秩序的群体会破坏顾客的服务体验。或者在满足过分要求的顾客（即使顾客要求是合理的）的同时，可能会延误为其他顾客服务。在银行、邮局和零售商的服务柜台经常发生过度拥挤或过度使用，这种服务也会影响顾客的体验。再如景区淡旺季的游览体验，十一假期时一些景区人山人海的环境，会降低游客的出行体验。

同时接受服务中的不和谐顾客会产生消极影响，这种情况在多样化的细分顾客群同时接受服务时就有可能发生，如在餐厅、大学教室、医院和一些服务型企业。如果上课的教室里出现部分学生交头接耳、刷手机和睡觉等行为，一方面会影响教师的授课，另一方面会影响其他学生的听课体验和效率。研究人员发现，当顾客不能遵守明确的或暗含的"行为规则"时，彼此之间会产生消极影响。另外，其他顾客冷淡、粗鲁、不友好甚至恶意也会导致顾客的不满，研究表明顾客的不当行为会传染给其他顾客。公共场所乱扔垃圾的行为会潜在影响其他顾客的心情和环保行为。

部分学者论证了服务场景中其他顾客的行为举止与外貌等特征有助于促进顾客形成场所依恋。一项基于1 094名餐馆顾客的研究数据指出，除了传统的物理服务场景（如环境条件、空间布局、标志符号），其他顾客的存在会影响个人对餐厅的依恋程度。服务场景中其他顾客的身体外形、行为举止、语音语调等会显著影响到顾客的社会支持感和归属感，并最终形成场所依恋和忠诚。有学者基于对星巴克有重复购买行为的消费者的调研，提出其他顾客的外貌、衣着和社会层次等特征会让消费者产生社会认同，而这种社会认同会进一步刺激消费者产生场所依恋。

学者的研究也支持其他顾客影响服务产出的观点。曾经针对健身房所做的一项研究表明，从其他健身者身上获得过帮助的顾客，会更积极地保持健身房清洁、与他人配合、同情他人，并鼓励别人加入健身队伍。一项对旅游场景的研究发现，顾客在排队等待照相、照顾孩子、一起找回丢失物品时，彼此之间的友好对话提高了顾客的满意度，融洽的顾客关系创造了一种可以增强旅游乐趣的娱乐气氛。一位熟知英国铁路旅行者的人类学家通过上千个小时的田野调查发现，顾客之间的互助主要表现在：① 提供服务的相关信息（例如计划、旅游线路上的观光亮点），来减少旅途中的紧张情绪；② 进行愉快的交流，使旅途变得更加轻松；③ 当遭受不幸或服务失败时，充当抱怨的听众。

基于互联网"连接"的特性，顾客之间的互助作用在网络服务场景中表现得更加明显。

比如小米社群、小红书、知乎、微博等。以小米社群为例，这些基于共同兴趣爱好的发烧友，互相分享关于电子产品的相关信息，帮助其他顾客解决产品使用过程中出现的技术难题，一起为产品设计出谋划策。在交互的过程中逐步形成参与感与凝聚力，进一步提升对于服务的满意度和对品牌的忠诚度。

11.3.2 顾客的角色

1. 生产资源

服务中的顾客被看作企业的兼职员工，是增加企业生产能力的人力资源。一些管理专家建议，考虑到顾客作为服务系统的一部分，企业的边界应该扩展。换句话说，如果顾客为服务生产付出努力、时间或其他资源，他们应该被认为是企业的一部分。

顾客投入和由此产生的服务产品的质量和数量，会影响到企业的生产力。顾客的贡献从服务质量和数量两方面提高了企业的生产力。比如家长参与教育与监督孩子学习，提升了学校/教育培训机构的服务产出质量，提升了生产力。

如果顾客真的被看作部分员工，并依据顾客对生产过程的贡献最大化来设计顾客的参与角色，他们可以最有效地提供服务。这种情况的逻辑是，如果顾客学会相关服务活动，或者需要他们更有效地完成服务活动，企业的生产能力就能提高。比如地铁站自助服务技术的引入，如自动售票机、刷卡用的闸机，都能够提高顾客的服务效率，并能空出员工去执行其他任务，还能降低人力成本。通过把顾客作为可替代员工的一种人力资源，企业生产力能够得到提高。

服务主导逻辑认为企业应该与顾客共同创造价值，但其潜在假设是企业有足够的能力管理外部顾客，顾客也愿意并配合企业积极参与共同创造价值。但顾客参与会带来协调复杂性，包括外部复杂性（顾客复杂性）和内部复杂性（组织复杂性）。

如今有太多企业试图把任务转嫁给顾客来提高生产力。尽管企业可以通过把顾客当作合作生产者获得显而易见的生产利润，顾客却不总是喜欢和接受他们的新角色，特别是当他们认识到这样做是为企业尽可能节约成本后。如果顾客从合作生产中不能看到清晰的利益（例如低价格，更快接触，更优秀的质量产出），他们可能会讨厌或者排斥合作生产者的角色，特别是他们意识到这样做只是为企业带来效益时。同样，员工有时会因为顾客的参与而感到自我角色的混乱和沮丧。正如银行业的一项研究所示，顾客参与虽然增强了顾客的体验和价值，但由于打断了员工的正常工作程序，从而给员工带来了压力。

2. 质量、满意度和价值的贡献者

顾客在服务传递中扮演的另一个角色是服务质量感知、满意度及服务价值的贡献者。顾客是价值的创造者和传递者。顾客或许不关心由于他们的参与提高了企业的生产力，但是他们肯定非常关心自己的需要是否得到满足。有效的工作参与会提高满足顾客需要的可能性，而且顾客实际上也得到了他们寻找的利益。特别是保健、教育、个人健康和减肥这样的服务，服务的产出高度依赖顾客的参与。

研究显示，学生的积极参与（相对于被动听讲），极大地提高了学习效率（期望的服务产出）。健康保健也是如此，患者依照开具的处方服用药物，改变个人饮食和其他习惯，这对患者能否重新获得健康（期望的服务产出）很重要。一些金融和医疗服务机构研究表明，相较于服务提供者而言，由顾客带来的有效产出更能提高服务满意度和品牌忠诚度。有效

顾客参与对于 B2B 服务提供者同样重要。例如，运输行业企业发现，许多情况下，由于顾客没有适当地包装物品，导致了破损；或者由于物品需要重新包装而耽搁了时间，从而使顾客对服务产生不满。研究表明，在服务过程中那些有效完成了属于自己那部分任务的顾客更容易对服务感到满意。

某一产业的研究显示，顾客质量感知随着参与水平的增加而提高。比如，更积极地参与俱乐部活动的顾客比参与较少的顾客服务质量的评分更高。

顾客会以多种方式贡献于服务传递中，主要表现在：顾客会提出许多问题，对自己的满意度负责，以及在服务失误时投诉等。不同程度的顾客参与导致服务质量和顾客满意度的不同结果。负责任的顾客与鼓励顾客成为合作伙伴的服务提供者，双方共同实现较高的服务质量。

除了通过提高服务质量来增加顾客满意度外，一些顾客无条件地喜欢参与服务传递。这些顾客发现，参与活动具有内在的吸引力。他们喜欢使用互联网购票，通过自动柜员机和在线网络处理他们所有的银行业务，或在线上淘宝购物。喜欢自助的顾客会接受各种情景下的自助服务。

另一项有趣的发现是，由于顾客参与服务传递，当出现差错时，他们常常责备自己（至少部分责备自己）。如果顾客相信他们要部分地或全部地为服务负责，对服务提供者的不满意可能会减轻一些。一系列研究提出了"自助服务偏差"这种意识存在。也就是说，当实际服务比期望更好时，相对于未参与的顾客，参与的顾客想要因此而获得表扬，对企业的满意度也会降低；然而当产出不如所期望的时候，选择参与服务的顾客也不会对企业产生更多不满，也许这是因为参与顾客产生了自我责备。

3. 竞争者

顾客扮演的最后一个角色是潜在的竞争者。自助服务的顾客被看作企业的资源，或者是"兼职员工"，他们在某些情况下可以部分或全部地为自己提供服务，而不再需要服务提供者。在这种情况下，顾客就可能成为提供该服务的企业的竞争者。是自己为自己提供服务（内部交换），如照顾孩子、打扫卫生、洗车，还是让其他人为自己提供这些服务，对顾客来说是一个普遍的两难选择。类似地，采用内部交换还是外部交换也是企业会遇到的问题。企业常常选择外部服务资源来完成以下工作，诸如工资发放、数据处理、市场研究、会计、维修和设备管理等。企业集中于核心业务，把这些基础的知识服务留给具有更多专业知识的人对企业更有利。但作为一种选择，企业也可以决定停止购买外部服务，而由企业内部完成这些基础服务。

一个家庭或一家企业是选择自己生产服务，还是通过合同从外部获得，依赖于以下多个因素。

（1）专长能力。如果家庭或企业拥有生产能力和知识，内部生产的可能性就会提高。当然，拥有这一专长也不一定意味着内部服务肯定产生，因为其他一些因素（如可得到的资源和时间）也会影响这一决定（对于企业来说，做出从外部获取服务的决定，常常是因为它们意识到，尽管自己拥有这种专业知识，但其他人可以做得更好）。

（2）资源能力。决定内部生产一种服务，家庭或企业必须有所需的资源，包括人、场地、资金和物质材料。如果这些资源不能从内部得到，就可能购买外部服务。

（3）时间能力。在决定内部/外部交换时，时间是一个重要的因素。拥有充足时间的家庭和企业,比那些时间受到限制的家庭和企业更可能采取内部生产服务。

(4)经济回报。经济成本优势/劣势会影响到内部/外部交换的选择。两种选择的实际资金成本是支配这一决定的重要因素。

(5)精神回报。非经济回报对交换决定也具有强烈的潜在影响。精神回报包括自己生产过程中带来的满意、快乐、满足或愉悦。

(6)信任。表示家庭或企业对各种不同的交换选择的信心或肯定程度。

(7)控制。家庭或企业对交换过程和交换结果控制的欲望也会影响内部/外部交换的选择。

这一节需要记住的要点是,在许多服务的情景中,顾客能够选择是部分还是完全自己生产服务。因此,除了认识到顾客可以是生产资源与质量和价值的创造者以外,企业也需要认识到顾客可能是潜在竞争者的角色。

11.3.3 自助服务技术的关键是顾客参与

自助服务技术中服务完全由顾客自行生产,没有任何员工的直接介入或与员工之间的互动。该技术代表了从完全由企业服务到完全由顾客生产服务演化序列中的极端形式。克里斯丁·格罗鲁斯和他的同事把价值创造的这种连续性和多样性,称为价值创造分层。其中在企业侧,由企业生产潜在的价值;在顾客侧,则由顾客独立创造价值,重合部分为二者共创的价值。

1. 自助服务新技术的扩散

亚马逊的黑科技、阿里巴巴的无人零售商店,科技的进步带来自助服务技术的进一步扩散。当企业看到技术带来的潜在的成本优势、效率优势、潜在的销售额的增加和顾客满意度的提高时,这些技术就会扩散。表11-4列出一些适合采用顾客自助服务技术的例子。

表11-4 采用顾客自助服务技术的例子

自助柜员机	网上银行
航空自动检票	在线交通工具登记
自动饭店登记入住、离店结账	在线拍卖
自动汽车出租	在线购买住宅和汽车
自动填写法律索赔	自动投资交易
自动司机驾照检查	在线保险
自动赌博机	包裹跟踪
电子血压仪	网上商店
各种自动售货机	交互声讯电话系统
纳税申报准备软件	远程教育
超市自动扫描设备	

很多时候,企业试图通过将顾客由昂贵的个人服务转移到基于技术的、自动化系统的服务来削减成本。如果这是引入自助服务技术的唯一原因,而不考虑顾客在这一过程中获得的收益,自助服务技术就很可能会失败。如果顾客有其他选择,他们就会对自助服务一掠而过。相反,一些企业则更多考虑了顾客需求,顾客总是希望尽可能多地获得信息、服务、可选择的线上服务。当顾客从一家线上企业找不到他们想要的东西时,他们就会选择竞争者的企业。

2. 顾客使用自助服务技术

一些自助服务技术，如自动柜员机、在线订购、航空自动检票等都是非常成功的。这些自助服务，由于方便、易于理解和使用而被顾客接受。同时，企业也通过成本节约和收益增长获得利益。当然也有其他一些自助服务技术则不能较快地为顾客所接受，如飞机自助售票、自助扫描服务等。

当顾客从新技术中得不到利益，他们没有动力使用它；或是不知道应该怎么做的时候，新技术就会失败。采用新的自助服务技术要求顾客改变其传统行为，而人总是具有惰性的，倾向于保持原状，许多顾客不愿意做出这些改变。研究发现"顾客是否准备就绪"是顾客是否使用一种新自助服务的主要决定因素。顾客准备就绪取决于个人动机（它对我意味着什么）、能力（是否有能力使用自助服务技术）和角色清晰（我是否理解该做些什么）的一个组合。有些时候，与传统的人员服务比较，顾客会认为使用该技术没有价值；或是自助服务技术的设计太差，以至于顾客不喜欢它们。研究表明，当顾客没有别的服务渠道而被迫使用自助服务终端时，他们往往十分消极。此时，让员工提供帮助或支持才会改善顾客的看法。研究认为，人口特征，如年龄、学历，不是自助服务技术使用的好指标，自助服务技术的易用性才是决定性因素，但这一影响因素受到人口特征等要素的调节作用，并且受到刚刚讨论过的那些因素的影响。研究还发现，自动服务技术的接受程度根据自动服务技术的类型和文化背景的不同而不同。

成都双流机场开通高铁、地铁自助值机服务，为乘高铁及地铁到成都机场的出行旅客提供更加方便快捷的乘机环境。自助值机柜台的投用，不仅将极大地方便乘机旅客，提高旅客乘机出行的效率，减少或消除旅客在候机楼值机时需排队等候的现象，同时也将极大地缓解，特别是在旅客集中出行的高峰时段候机楼的压力，将极大地缩短旅客在出港值机大厅的排队时间。

3. 成功的自助服务技术

从战略角度讲，当企业转向自助服务技术这一服务传递方式时，需要回答以下重要问题。

（1）我们的战略是什么？我们希望通过自助服务技术得到什么，如成本节约、收益增长和竞争优势。

（2）自助服务技术为顾客带来的收益是什么？他们知道和理解这些收益吗？

（3）如何激励顾客使用自助服务技术？他们理解自己的角色吗？他们有能力实现该角色吗？

（4）顾客的"技术准备"如何？是否有一些细分顾客群比其他顾客更倾向于使用这种技术？

（5）在服务系统和过程的设计中，如何把顾客包含进来，使他们更愿意接受和使用自助服务技术？

（6）为鼓励顾客使用自助服务技术，需要什么方式的顾客培训？需要其他激励吗？

（7）当自助服务出现不可避免的失败时，如何补救以重新获得顾客信任？

11.3.4 增加顾客参与的战略

1. 定义顾客的角色

定义顾客的角色首先需要确定服务的特征，以及该种服务类型下顾客的参与水平。有的服务所要求的顾客参与水平较低，仅要求服务传递时顾客在场。有的则要求顾客投入到服务的过程中。例如管理咨询和个人培训之类的服务则需要更高的互动水平，企业与顾客共同生产服务。

服务提供者可以选择提高顾客的参与水平，对顾客来说意味着服务的重新定位。在以下情况下，提高顾客参与水平才是有效的：即当服务的生产和供给密不可分时，当通过与顾客的亲密接触可以增加市场收益时（如销售延伸、建立忠诚），当顾客可以补充服务劳力和市场信息时。当然，当顾客渴望参与，并因此可以提高顾客满意度和服务收入时，提高参与水平也是有效的。

一旦明确了参与水平（从顾客和公司的角度），企业就可以更具体地确定顾客应承担的工作是什么，描述可能的角色和任务范围。

（1）帮助自己。在许多情形下，企业会通过顾客的积极参与来提高顾客的服务水平。在这种情况下，顾客成为一种生产资源，完成一些在此之前由员工或其他人完成的服务工作。结果不仅提高了企业的生产力，而且提高了服务价值、服务质量和顾客的满意度。

（2）帮助他人。有时可以邀请顾客帮助正在接受服务的其他人。许多大学特别建立了辅导员项目，让有经验的学生帮助新生进行调整，并适应学习环境。尽管常常是非正式的，但许多会员俱乐部和社群非常依赖现有会员帮助新会员适应，并且使他们感觉到自己是受欢迎的。在一个新环境下，社交工具和在线游戏网站依赖顾客彼此帮助来增强体验。在完成这个角色时，顾客再次为企业实现了生产功能，提高了顾客满意度和保留率。扮演辅导员或促进者对于顾客也有非常积极的影响，并有助于提高他们的忠诚度。

（3）为企业促销。在某些情况下，顾客的工作可能包括销售或促销成分。相比于其他信息来源（如广告），口碑传播更容易得到消费者的认可，也具有更高的转化率。来自朋友、亲戚、同事甚至熟人的积极推荐，可以为积极的服务体验铺平道路。所有企业都要想办法鼓励顾客成为他们的推销员或促销员。在线评论、小红书、抖音短视频，以及其他社交媒体，都是顾客推广服务提供者的常用方式。

在定义顾客的工作时，记住不是每个顾客都想参与。要考虑个体差异性。一些顾客喜欢自助服务，而另一些顾客宁愿让别人为他们提供服务。提供教育和培训服务的企业会指导一些顾客参与到培训设计中来，但有些顾客却希望将整个培训设计和权力都交给咨询公司，自己只投入很少的时间和精力。现在所有的顾客服务和购买选择都能通过互联网得到，然而大量顾客还是更愿意选择有人员提供的人工接触程度高的服务，而不愿意选择自助服务。自助服务技术的成熟程度和自助服务设备的友好程度也会影响顾客的参与意愿，烦琐复杂的自助服务流程会劝退顾客，顾客需要的是傻瓜式的设计。例如，研究表明，对人际交往高需求的顾客很少尝试通过互联网和自动电话系统提供自助服务。部分餐馆早已推出了自助点餐系统，但有些消费者更偏好于点餐时与服务人员聊会儿天。由于这些偏好上的差异性，企业应为不同的顾客提供不同的选择。

2. 吸引、教育和奖励顾客

在完成顾客的角色定义后，企业可以考虑深化这一角色定位。可以通过以下方法促进顾客在服务生产和供给中的行为：① 顾客理解其角色和角色的行为要求；② 顾客能够按照要求完成角色；③ 按照要求完成角色可以得到可观的奖励。通过这些方法，服务提供者可降低由于顾客参与、质量和时机无法预测而产生的内在不确定性。

在某些情况下，顾客可能在参与服务生产中感到不堪忍受，例如长期的负面服务（如治疗慢性疾病）可能就是这种情况。在其他情况下，顾客可能认为他们的角色需要太多的努力，比如一些 DIY 服务。研究表明，突出顾客努力价值，并为他们提供沟通策略，可以弥补负面影响。

（1）吸引合适的顾客。企业在进行顾客教育之前，首先必须吸引合适的顾客担任那些角色。服务型企业应在其广告人员推销和其他企业的信息资料中清楚地描述期望的顾客角色和相应的责任。顾客通过预知他们的角色和在服务过程中对他们的要求，可以选择是否进入/退出这种服务关系。自我选择的结果是提高了顾客对服务质量的感知，为企业降低不确定性。

（2）教育和训练顾客有效地完成其角色。为使顾客能有效地完成他们的角色，需要教育或者社会化顾客。通过这个适应过程，顾客会认同企业的价值观，培养特定情形下完成角色所必需的能力，理解对他们的期望和要求，并获得与员工及其他顾客互动的技巧和知识。顾客教育计划可以采取各种形式，如上门推广活动，提供印刷品，服务环境中的直接提示或标志，向员工或其他顾客学习。

许多服务型企业提供顾客入门推广计划，在接受服务之前，帮助顾客理解其角色，以及他们将从服务互动过程中得到什么。

通过编写写明顾客角色和责任的材料以及顾客手册，可以部分地完成顾客教育。比如大学的学生手册和培养方案。再比如患者手册，描述了患者去医院时应该做什么，在患者到达医院时会发生什么，以及有关探视的时间和付费程序的规定等。手册甚至描述了患者亲属的角色和责任。对于特别复杂的健康治疗情况，如癌症确诊、治疗和康复，患者可能需要"护士导航员"或"协调员"来提供一对一的教育，以指导他们通过系统做出决策。

（3）对顾客的贡献进行奖励。如果顾客因为有效地完成自己的角色而得到回报，他们将更喜欢自己的角色并积极参与。回报顾客的方式，可以是提高顾客对服务传递过程的控制、节约顾客时间、节约金钱和精神回报。例如，超市的自助结账服务可以节约排队的时间。在网上预订机票，乘客也能得到相应的票价折扣或者一部分现金奖励。

需要注意的是，除非服务型企业能给予顾客显而易见的利益，否则顾客可能意识不到有效参与带来的好处或回报。换言之，服务型企业需要明确阐明能够给予顾客的行为回报和可能利益，就如同对员工解释这些利益一样。最常见的回报是金钱方面的激励。西贝就通过会员专享折扣激励忠诚顾客，西贝在周一到周末都会向会员推送不同的半价菜品，定期分享优惠信息。

此外，同样类型的回报不能激励所有的顾客，一些顾客是权力导向，可能重视获得更多的权力和时间节省，一些顾客为价格敏感型，可能重视金钱的回报，还有一些顾客可能追求对服务结果的更大范围的个人控制。

3. 管理顾客组合

在服务的供给和消费过程中，顾客之间常常相互影响，比如电影院的观影效果很大程度上会受到其他顾客的影响，如有人说话、剧透、食用味道重的食物，都将显著降低观影体验。因此服务传递中另一个重要战略目标是对同时接受服务的顾客组合进行有效管理。比如许多教育机构会划分快慢班，根据学生的学习水平进行分班，因材施教。

当然，对这些细分顾客群进行管理，使其互不影响是不可能的。对多样的、有时是冲突性的细分顾客群的管理称为兼容性管理。广义的解释是："兼容性管理，首先是一个吸引同类顾客进入服务环境的过程，其次是对有形环境以及顾客之间的接触进行主动管理，以此来增加令人满意的接触，减少令人不快的接触。"兼容性管理对某些服务型企业（如健康俱乐部、公共交通和医院）非常重要，对另外一些企业的重要性相对弱一些。

企业需要依靠各种战略管理多个细分的（有时是相互冲突的）顾客群。比如酒店，高级旅行者是五星级酒店的主要目标顾客，五星级酒店可以把这些信息传递给市场，顾客自己选择是否入住该酒店。然而即便在这种情况下也存在着潜在冲突，比如酒店同时接待大型商务会议度假者。在这种情况下可能常使用第二种战略：具有一致性特征的顾客被安排在一起，尽可能减少顾客群之间的直接影响，把会议和大型团体使用的区域和度假者使用的区域分开。价格也是一种分离顾客群的手段。飞机的商务舱和经济舱价格相差较大。民航和酒店进行收益管理，根据出行特点将商务乘客与一般出行乘客划分，采取不同的定价策略。提高顾客兼容性的另一个战略为制定顾客的行为规则，诸如抽烟规定和着装规则，显然不同服务型企业对这类行为的规则或许是不同的。提高顾客兼容性的最后一个战略是训练员工观察顾客之间的相互影响，对于潜在冲突具有敏感性。也可以培训员工识别机会，在特定的服务环境下促进积极的顾客接触。

企业往往通过会员体系来达到吸引、教育和奖励顾客的目的。以视频网站为例，爱奇艺等视频平台会员增长的主要原因在于其优质的原创内容。过去几年，爱奇艺先后推出多款火爆的内容产品，包括《盗墓笔记》《老九门》《延禧攻略》《破冰行动》《奇葩说》《中国有嘻哈》《偶像练习生》《中国新说唱》《青春有你》等头部内容。付费会员能够享受优质内容以及无广告、优先观看等特权，爱奇艺通过自有团队制作、外部工作室合作、影视剧定制、参股或投资影视公司、版权采购等多种方式形成了特定的内容供给系统，构建起包括大剧、短剧、分账剧、竖短片、互动剧等在内的剧集类型，以及综艺、电影、少儿、动漫等多元内容矩阵。另外，利用"会员标志""会员加长版""会员独享"等噱头为"会员"的身份象征添砖加瓦，从内容和特权上不断满足付费用户的心理和情绪需求。会员成长体系和会员积分制度也是其常用的激励机制。截至2019年6月22日，爱奇艺会员数量突破1亿。

课后思考

1. 服务文化的定义是什么？服务文化为什么如此重要？制造业企业有服务文化吗？
2. 什么是情绪劳动？它与体力劳动和脑力劳动有什么区别？
3. 服务传递中顾客扮演什么角色？有什么作用？
4. 如何提升顾客参与度？
5. 如何避免失败的循环，进入成功的循环？

讨论案例

海底捞：员工满意成就顾客满意

成立于1994年的四川海底捞火锅店，截止至2020年6月30日，已在全球开设935家直营餐厅，其中868家位于中国大陆的164个城市，员工人数逾万，业务逐步向海外拓展。2020年海底捞全年收入达286亿元人民币，同比增长7.8%，在2020中国餐饮品牌力百强评选中,海底捞登顶榜首。一家以做麻辣烫起家的小火锅店,何以使消费者对之趋之若鹜、在中式餐饮业中独占鳌头?这离不开顾客满意,而顾客满意来自卓越的服务、来自满意的员工。那么,海底捞又是如何打造员工满意、卓越服务的组织能力的呢?

1. 以人为中心的领导风格&温暖如家的企业文化

不同于以生产为中心的领导方式,海底捞创始人兼董事长张勇更关注"人"。"我们的管理很简单,因为我们的员工都是很简单、受教育程度不多、年纪轻、家里穷的农民工。只要我们把他们当人对待就行了。"

在他的带领下,海底捞致力于融合中国"仁"文化与企业"追求公平、人性管理"的文化,打造如"家"一般的文化核心,并实践于员工管理的方方面面,来帮助他们融入城市生活、满足他们希望获得身份等同、他人尊重与工作成就感的期望:从初入职的除业务培训以外的诸如如何看地图、坐地铁、用抽水马桶等日常生活技能的培训,到有专人照看管理员工公寓宿舍、提供免费、可口的一日三餐及夜宵,到员工无论等级,一律以"哥""姐"相称,到要求管理层到员工家里家访了解他们的家庭情况,到给优秀员工父母每月发工资等等。

这种"家"的价值体系扎根于海底捞员工中的"群体意识",使他们形成亲密的情感联系,产生强大的凝聚力,潜移默化地使他们为这个"家"的顾客提供最好的服务,实现了海底捞靠服务取胜的独特优势。

2. 充分、大胆的授权机制

海底捞知道,服务差异化掌握在每一个员工的手里,如果没有对基层员工的大面积授权,不可能抓住一桌桌客人的心。

在海底捞,一线服务人员都有自己适当的打折和免单权,店长有3万元的签字权,小区经理有30万元的签字权等。当然,这也是基于张勇"人性本善"、主体向上的人性假设,相信员工会基于感恩与珍惜而道德自律,以及完善的配套监督机制——特殊的干部选拔机制及举报人保密与奖励制度。

超越流程和制度的差异化服务是海底捞管理的精髓,管理者对一线服务人员给予极大的信任,满足了他们的情感需求,增强了向心力,使他们敢于为每个顾客提供独树一帜的服务。

3. 开放、独特的员工招募、选拔方式

不同于其他企业亲属规避的原则,海底捞倡导"举贤不避亲",欢迎员工推荐老乡、朋友、亲戚甚至是家人加入团体,鼓励分离的夫妻共同为海底捞工作。这样不仅解决了企业招工来源的问题,更使能同亲朋好友一同工作的员工有"家"的感觉,传播快乐工作的情绪,满足人对归属与爱的需要。

海底捞招募员工的标准,是诚实肯干、能用"脑"而不仅是手去服务顾客。"不怕吃苦的好人",不能赌博,要孝顺父母。因为"一个人自私到不管父母,工作起来一定会斤斤计较,也不可能与人为善,面对诱惑,很可能会铤而走险;好赌的人都是喜欢走捷径的人,不可能对餐馆这种又苦又累的工作全情投入。"

有了清晰的选人、用人的标准,便走好了造就勤恳、满意的员工的第一步,便是创造企业核心竞争力的良好开端。

4. 专业、公平的人才发展、晋升通道

在海底捞,除工程总监和财务总监外的所有员工,都必须从一线的服务人员做起,并可以选择适合自己的发展路径。

这种不论学历、工龄，唯看工作表现不拘一格的人才晋升政策给了所有普通员工通过努力就能改变命运的希望，有了希望便有了动力，再苦再累也能坚持。另外，相似的晋升考验化解了不同层级员工之间的心理隔阂，进一步强化了海底捞身份等同的企业文化。员工便因此便能齐心协力、诚于付出，竭尽所能地为顾客提供细致周到的服务，以期获得职业上的发展与认同。

5. 公正的绩效考核&慷慨的薪酬福利

海底捞对店长的考核重在顾客满意度和员工工作积极性两个指标，而非传统的营收和利润；采用关键事件法作为全员考核法，主管将来自顾客、同事、上级的评价作为员工的平时表现，记录下来作为考核的依据。海底捞认为若硬要考核利润，不仅劳民伤财，还会分散管理层的注意力，也就不会有现在这样健康从容的发展步伐。另外，总部对分店的考核中都不考核利润指标，它们认为利润受到太多诸如选址不佳等偶然因素的影响，这对分店的考核是不公的，最重要的信念是"事做好了，利润不可能低"，提升服务品质才是抓住顾客的关键。

在薪酬福利上，海底捞员工的薪资在餐饮行业属于中上水平，而更为突出的是海底捞提供的贴心、周到的福利待遇。海底捞员工的食宿都由单位统一安排。他们给所有员工租住正式小区或公寓中的两三居室，并配套家电、网络完善，且距离店面走路不超过20分钟。

不仅如此，从2003年7月起，海底捞还实行了"员工奖励计划"，给优秀员工配股，以西安东五路作为第一个试点分店，规定一年以上的员工享受3.5%利润的红利。2005年3月，又推出第二期"员工奖励计划"，以郑州三店作为员工奖励计划店给优秀员工配股，并且经公司董事会全体一致同意，从郑州三店开始计算，公司每开办的第三家分店均作为员工奖励计划店。

可以看出，海底捞把员工利益置于首位，为员工树立良好的愿景，在此基础上规划员工和企业的未来，在员工实现价值的同时，成就企业的价值。

海底捞正走在"持之以恒践行自己的理念、兑现对员工和顾客的承诺、做出自己的特色和高度、用品质与服务征服全球消费者"的路上，期待海底捞面对考验交出满意的答卷。

案例思考题

1. 海底捞是如何实现内部营销的？
2. 海底捞如何通过企业服务文化为服务利润链的构建奠定了扎实的基础？
3. 请运用服务利润链理论梳理海底捞是如何创造服务价值的。
4. 试分析海底捞面向一线员工的管理，对员工循环和顾客循环产生了怎样的影响？创造了怎样的循环圈？

第5篇 服务价值传播

第12章

有形展示与服务场景

学习目标

1. 有形展示与服务场景的定义与分类；
2. 罗素的刺激反应模型和情感模型；
3. 服务场景的"刺激—有机体—反应"模型；
4. 服务场景设计的原则和方法。

开章案例

百世家居营造"家"的氛围

百世家居采用独特的"直营商业模式+全面一站式家居+休闲生活体验家"的经营模式，在国内家居卖场中独树一帜。企业使命是"帮助大众实现美好家居生活"，经营宗旨是"为大众创造更高品质生活，提供设计新颖、品类齐全、价格合理的家居用品"。

百世提出"家居超市"的概念，以一站式家居超市满足消费者新需求。随着行业信息通道的打开，物流日益便捷、渠道变革不断深入，传统的家居零售模式已经不能满足人们的需求，品牌家居不断朝着高品质、多渠道等方向探索新型业态。在这种背景下，百世家居提出"家居超市"的概念，采取"直营商业模式+全面一站式家居+休闲生活体验家"的家居超市模式。百世家居所倡导的家居超市内涵是包罗一切能想到的与家有关的东西，满足人们对家的一站式购齐的需求。

百世借鉴了宜家的成功经验，学习宜家为其消费者营造出轻松温馨的"家"的氛围，不管是耄耋老人还是90后，不管是白领精英还是儒人雅士，都能在此找到心仪的家居产品和组合方式。

百世家居在卖场布置、情景展示、娱乐休闲方面也努力突出"家的氛围"。除了统一的管理和服务之外，百世家居倡导体验式消费。在场内设置配饰中心，推出综合配饰套餐服务，根据不同的户型推出不同的全屋软装配饰套餐，如单身公寓、一室一厅、两室一厅等，每个户型都有 3~4 种装修风格可供选择。导购员跟消费者面对面沟通，同时引入诸多的设计元素，如家居陈设空间的打造、设计师活动等。除此之外，为了营造舒适的购物空间，商场设有西式餐饮区、儿童主题游乐园、品茶区、原创作品区等休闲区域，商场各层还设置了多台免费手机充电器、拉卡拉等便利的附加服务。

12.1 有形展示

12.1.1 有形展示的概念与构成要素

有形展示是指存在于服务产品的购买前后及使用过程中，企业为减少消费者购买风险、传播服务信息、提高服务价值，而对环境、设计及社交等要素进行的设计与搭配。有形展示是服务型企业面向目标消费者的、能够传达服务功能及特色的全部有形要素组合，它是服务价值传递的重要载体。由于服务本身是无形的，消费者常常通过有形线索或者有形展示，在消费前、消费过程中以及消费完成后对服务进行评价，有效设计有形展示对缩小服务差距至关重要。

有形展示的一般要素包括组织的所有有形设施（服务场景）和其他有形物，主要要素如下。

1. 环境要素

环境要素是有形展示的基础要素，主要指环境中客观存在的有形和无形的各类要素，如光线和颜色、尺寸和形状、声音、温度、气味等，会对消费者产生感官上的潜在刺激，往往不会立刻引起消费者的注意。但如果忽视环境要素的建设，会导致消费者产生糟糕的第一印象，降低消费者对服务价值的感知和对服务质量的评价。

2. 设计要素

设计要素是指服务型企业在环境要素的基础上，有针对性和计划性地加工和改造具有文化和功能特征的物质要素。具体包括美学要素（建筑及装修风格、色彩搭配等）和功能要素（陈设、标志、辅助设备等），被用来构建和优化服务价值的传递过程或传递场景，使服务场所的功能和效用更加突出，在消费者心中树立良好的企业形象。

3. 社交要素

社交要素是指环境中有关人的要素，包括环境中的其他消费者和服务人员，主要指参与服务过程的所有人员的社会交往、社会地位、个人素质及人文特征等构成的要素，包括服务人员及消费者的个人社会属性及其在服务过程中的外在体现。黑格尔指出，获得认可是人类生存发展最基本的欲望。消费者通常会利用环境中的社交要素来判断自己是否与场所中隐含的社会规范或那些服务型企业所认同的"理想消费者"的社会形象相一致，并由此形成相应的价值判断、服务期望和趋避行为。一项研究指出，个人越来越依赖消费者的评论做出购买决定。74%的消费者在看到正面评价后更加信任企业，85%的消费者相信在线评论和个人推荐。

12.1.2 有形展示的作用

1. 塑造第一印象

有形展示会构建消费者对服务的第一印象。在对服务陌生的情况下，新消费者往往根据可以感知的有形展示做出第一判断。窗明几净的餐厅更容易让人相信它的食品卫生，而脏乱差的小店更容易让人怀疑是否使用地沟油。

2. 形成合理预期

虽然服务的无形性特征造成消费者难以直接从感官因素判断产品质量，但服务的有形展示，如服务场所的设计、企业形象标识、价目表等，可以向消费者提供有关服务理念与服务内容的信息，引导消费者形成合理的服务预期。

3. 营造企业形象

有形展示有助于塑造企业形象。有形展示作为服务价值传递的可靠载体，提升了服务的可感知性，有利于消费者对企业的服务质量与水平进行衡量。高档酒店往往通过敞亮的大堂、身着制服、仪容整洁的服务人员、精致的装饰等建立高档的形象。

4. 建立品牌信任

品牌信任是消费者对某一品牌实现预期目标产出的能力所持有的可靠性态度，指消费者在面临风险情景下对品牌可靠性和品牌意图的自信预期。研究证明品牌信任的两维度，即品牌可靠性、品牌意图，与服务有形展示各维度正相关。有形展示向消费者传递的服务信息减少了服务消费的风险，使消费者对服务质量产生某种程度的认同。如果消费者在购买服务后对服务基本满意，当消费者下次购买服务产品时，为了降低购买风险通常会减少服务品牌转换，即使当服务价格上涨时，消费者也愿意购买。

12.1.3 有形展示的类型

根据服务展示的内容可以将其分为服务条件展示、服务信息展示和服务人文展示三大类。

1. 服务条件展示

服务条件展示主要包括服务型企业或服务场所的内部装饰和陈列设计、设施、建筑物、工具和用品等。

（1）内部装饰和陈列设计。在办公环境中，某些线索，如办公桌的大小和摆放位置，象征着地位，可以用来传达职业形象。对教师办公室设计的研究表明，办公桌的摆放、墙上文凭的摆放以及办公室的整洁程度都会影响学生对办公室主人的看法。

（2）设施。消费者对服务技能的判断反映在服务所用的设施上。服务型企业可以通过服务设施来传达服务能力、服务质量和服务形象。一份对于机场的研究发现，换乘便利设施的服务属性对感知服务场景、情绪反应、消费者满意度、机场形象和行为意向都有一定影响。

（3）建筑物。建筑物的规模、造型、材质都会影响企业在消费者心中的形象。苹果商店通过简约的室内设计，白色的照明、银钢和米色木材，创建了一个明亮、开放和未来派的服务场景，进一步巩固其高端和高品质的服务定位。

（4）工具和用品。工具和用品是指服务型企业向消费者传递服务的媒介、载体或消费者自助工具，如景区的导览手册、餐馆的菜单，都是影响消费者服务感知的因素。如富森美家居为消费者统一配备充电宝、轮椅借用、物品寄存、取款机、餐饮、急救包等常规服务项目，满足了消费者的特殊需求，提升了其满意度。

2. 服务信息展示

服务信息展示主要通过标志与指示、宣传片及服务证明、荣誉证明、服务理念与口号等反映服务内容、品质及效果材料。消费者从有形的信息展示，如服务品牌的符号标识、广告牌及口碑等方面认识企业的服务内容和服务理念，并进一步影响购买意愿。这些信息展示会在购前和购后加深消费者对产品价值的理解，再进一步影响消费者对服务价值的长期评价。

（1）标志与指示。标志与指示作为显性或隐性的信号传递着企业的形象，进而引导消费者，并传达服务信息。此外，随着信息技术的发展，智能标志的应用愈发广泛。关于家庭广告市场的研究已经证实了数字标志会影响消费者对于品牌的态度与购买意愿。消费者对数字标牌的态度以及感知到的与数字标牌的交互作用会影响消费者对数字标牌广告的态度。这反过来又影响了人们对品牌的积极态度和更强的购买意愿。

（2）宣传片及服务证明。多数成熟企业都会制作相应的宣传图片与视频，向消费者宣传其历史积淀、员工素养、服务能力和水平。例如，腾讯通过"我愿成为一条河"主题宣传片向公众展示其文化、愿景、使命与社会责任感。

（3）荣誉证明。服务型企业可以通过成功的服务案例或权威机构评价结果展示其服务质量与水平。此外，员工的能力与职称也是企业实力的展现窗口。教育机构官网往往会宣传其任职教师的资历、职称及各项成就，以此向消费者展示其教学水平。

（4）服务理念与口号。一方面企业的服务理念可以向消费者展现企业的真诚，获取消费者的信任；另一方面也为员工提供行为准则。小米的使命是：始终坚持做"感动人心、价格厚道"的好产品，让每个人都能享受科技带来的美好生活。在其使命指导下，小米推出了众多性价比高的产品，赢得了消费者的信任与喜爱。

3. 服务人文展示

服务行业是高接触度的行业，服务人员与消费者之间，消费者与消费者之间都存在互动关系。购买情境、社会密度、他人情绪、消费者情绪反应和消费者认知反应都会影响服务环境的人文展示。服务人文展示主要包括服务场所的气氛、服务人员的形象和其他消费者的形象。

（1）服务场所的气氛。良好的服务氛围体现了服务的舒适程度、文明程度与亲切程度。消费者友好型服务环境能够拉近消费者与企业的关系，提升消费者的满意度。海底捞认为交流是人与人之间传递信任的刚需，而中国的火锅是天生的社交餐饮。海底捞致力于让更多人在餐桌上敞开心扉，吃得开心，打造全球消费者都喜爱并且能够参与的餐桌社交文化，让更多人"一起嗨，海底捞"。

（2）服务人员的形象。服务人员的语言沟通、举止体态（眼神交流、点头、握手）、辅助语言（音量、语调、停顿）和身体外形（外貌、着装）都会影响消费者对服务型企业的感知，进而影响消费者的满意度、复购、口碑传播等行为。海底捞的员工统一制服，仪容整洁，并且始终保持热情洋溢，从消费者体验出发，为消费者提供愉悦的用餐服务。

（3）其他消费者的形象。消费者会通过其他消费者的外貌特征、言谈举止形成相容性感知。消费者的相容性有利于消费者之间的接纳与良好互动的建立。其他消费者的行为举止与外貌等特征还有助于促进消费者形成场所依恋。

12.2 服务场景

12.2.1 服务场景的概念与类型

1. 服务场景的概念

玛丽·比特纳最早提出了服务场景一词,将其定义为服务场所经过精心设计和控制的各种物理环境要素。后续学者在其基础上对定义进一步完善,将服务场景定义为服务型企业及服务人员向消费者传递服务价值的场所或环境,不仅包括支持和影响服务过程的各种设施设备,还包括影响服务过程及结果的各种无形要素。

2. 服务场景的类型

根据服务场景构成的多重要素,以及其对达成企业服务营销管理目标的重要性的不同,可以从服务场景的复杂程度和服务场景的用途两方面对服务场景进行分类(见表12-1)。

表 12-1 服务场景的类型

服务场景的复杂程度	服务场景的用途	
	复杂的	简单的
自助服务(仅有消费者)	高尔夫球场 自助洗车/加油	ATM 机 车站自动售票机 互联网服务
交互服务(消费者和服务人员同时存在)	饭店 餐厅 保健所 银行 航班 学校	干洗店 烧烤店 美发厅
远程服务(仅有服务人员)	保险公司 公共事业公司 众多的专业服务	自动语音信息服务

在自助服务环境中,环境的空间布局和功能对消费者来说是非常突出的;在自助服务环境中,消费者必须自己完成工作,而不能依赖于员工的帮助。远程服务的服务场景往往只涉及员工,需要关注员工的需求和偏好。

3. 服务场景的维度

在服务场景模型中将服务场景划分为三个维度:① 环境条件:指充斥人们五官的环境特征,如温度、空气质量、噪声、音乐、气味和其他;② 空间/功能:包括布局、设备、家具和其他;③ 符号、标志和人工物品:包括标志、人工物品、装饰式样和其他。

除了物理要素,越来越多的学者提出社会线索也是服务场景不可缺少的一部分。

Tombs 等人针对服务场景中社会要素研究的不足，首次构建了"社会性服务场景"模型，涵盖购买情境、社会密度、他人情绪、消费者情绪反应和消费者认知反应 5 个要素，如图 12-1 所示。

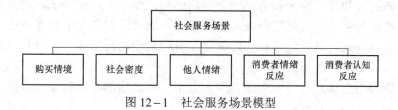

图 12-1　社会服务场景模型

另外，基于互联网的发展，网络服务场景成为新的研究热点。Harris 和 Goode 基于比特纳对服务场景的定义，将互联网服务场景定义为服务交付过程中存在的在线环境因素。将其划分为三个维度：美学吸引力、空间/布局和财务安全。

12.2.2　服务场景的用途

1. 包装功能

有形的产品需要包装，无形的服务同样需要服务场景对其包装。服务场景塑造了消费者对服务接触的第一印象，为消费者购买服务时提供价值参考点。

服务场景的包装功能主要体现在以下几个方面。① 传递企业形象。服务场景的打造有助于树立良好的企业形象，还能进一步建立与消费者的信任关系。② 体现服务的市场定位。例如，华住旗下的花间堂以中国传统家文化之美为核心理念，传承及保护所在地自然人文特色，融入历史传统、人文景观、文化创意、休闲娱乐、旅游特色等资源，打造文化精品度假酒店，向游客传递"人间桃花源"的定位。③ 传达服务的功能信息。服务型企业通过服务场景向消费者展示其功能，引导消费者对服务产品形成合理预期。

2. 辅助功能

服务场景同样可以作为辅助物为消费者提供支持与帮助。服务场景的设计可以促进或阻碍活动的进行与服务价值的传递，使消费者和员工达成目标的难易度降低或者升高。

地铁、机场、高铁站等地的标志标识可以辅助乘客找到正确的路径。此外，部分家居卖场正在积极打造"一站式服务"，在家居卖场设置儿童乐园、餐厅等配套设施，满足消费者的特殊需求，并通过这些附加服务促进最终目标——交易的实现。

3. 交际功能

服务场景的良好设计有助于员工与消费者之间，消费者与消费者之间的交互。回转寿司餐厅的座位安排和食物准备过程非常鼓励陌生人之间的互动，也鼓励消费者和厨师之间的互动。强调团队合作的互联网企业往往采取开放式的办公布局，鼓励员工之间的合作、交流。

同时，服务场景的设计有助于消费者与员工建立角色认知，对消费者和员工的行为进行引导和约束。"禁止吸烟""禁止乱扔垃圾"等标志提醒游客注意公民素质与卫生。对于员工而言，工作环境会对其决策和注意力产生潜在影响。员工的风险倾向与注意力在工作环境与非工作环境下具有显著差别，典型的工作环境会提高工作绩效，并影响决策。与非工作环境相比，工作环境中的参与者在注意力任务中反应时间略快，完成注意力测试更准确，做出的决策风险更大。

4. 区分功能

服务场景的区分功能有助于服务型企业将自己与竞争企业区隔开来，建立差异化竞争优势。例如，韦博、英孚等教育机构在进入中国市场时就通过其高大上的设计将自己与传统的英语补习机构区隔开来，其选址多在交通便捷、窗明几净的写字楼，采取欧美风格设计，外教授课，打造专业与高档的形象。

环境的区别作用也体现在同一个服务组织之中。如酒店的标间与豪华套房，其装潢与配置显著不同，迎合了不同目标消费者的需求。

12.2.3 服务场景对行为影响的理论框架

1. 基本的理论框架

基于环境心理学理论，消费者对服务环境的反应可以借助两个经典模型进行解释。一个是罗素的刺激–反应模型。他认为感觉是人们对许多环境刺激反应的核心，如图12-2所示。另一个是罗素的情感模型，主要研究人们如何更好地理解那些感觉，以及对他们反应行为的暗示。

图12-2 刺激–反应模型

刺激–反应模型认为，有意识或无意识的感知以及对环境的解释影响个体在环境中的感觉。与此同时，个体的感觉也会影响其对环境的反应。感觉是刺激–反应模型的核心要素，正是个体的感觉，而不是观念或想法驱动个体行为。

罗素的情感模型被广泛地用于帮助理解服务环境中的感觉，并且提出在环境中情感反应可以表现为两个维度：愉悦和兴奋。它们共同决定消费者是否认同并愿意在服务环境中花费更多的时间和金钱。

图12-3描述了一个综合的"刺激–有机体–反应"范例，反映了环境对消费者、员工及其交互关系的影响、多类型的内在反应和由此引发的个人和社会的趋避行为。

2. 服务场景中的环境要素

1) 环境条件

环境条件指那些充斥人们五官的环境特征。人们从个别和整体两个方面来感知环境条件，包括光线和颜色，尺寸和形状，声音、温度、气味或味道。服务场景中的各类物理性环境变量（如音乐、照明、温度、气味、噪声、颜色、布局、设计等）对消费者情绪反应和认知评价（如满意度和服务场所印象）以及一系列行为反应（停留时间、购买数量和冲动性购买等）产生影响。

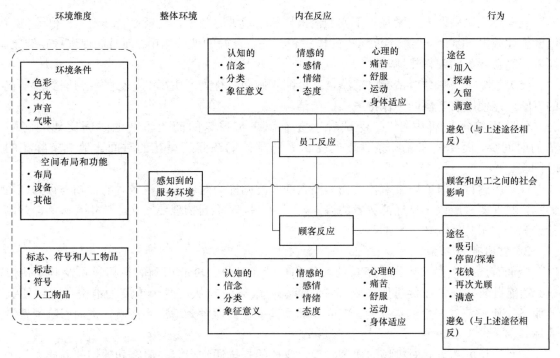

图 12-3 服务型企业中环境–用户关系框架图

（1）色彩。色彩是环境设计的灵魂，环境色彩对室内外设计的空间感度、舒适度、环境气氛、使用效率，以及人的心理和生理均有很大的影响。

在一个固定的环境中最先闯进人们视觉感官的是色彩，最具有感染力的也是色彩。人们从和谐悦目的色彩中产生美的遐想，化境为情。例如，赏心悦目的色调、轻快的美感，给人欢乐、开朗、积极向上的感觉；低沉、灰暗的色调，给人以忧郁、烦闷的消极心理暗示。

（2）灯光。咖啡店、宾馆温馨的灯光，酒吧昏暗的灯光，探照灯的穿透力，台灯的凝聚力都展示了灯光设计的艺术个性。灯光提升了消费者的文化内涵与精神层次的愉悦性。

不同照射方式会产生不同的明暗效果，例如，射灯就有聚集消费者的效果，恰当地运用这种明暗效果可以使服装更具有立体感、材质感，并且能营造一种氛围，使消费者更多地关注商品。

（3）温度。环境温度似乎比触摸的特定物体温度对个体有更持久且广泛的影响，因为我们总是生活在环境中，总是要"触摸"环境的温度。

对于来访者，尤其是患有边缘性人格障碍等难以建立信任关系的求助者，治疗师可以通过创设恰当的室内温度帮助来访者建立信任关系，以增进治疗的效果。

（4）声音。背景音乐的类型和节奏对消费者公民行为具有显著影响。快餐厅通过播放快节奏的音乐促进人们加快进食，提升餐桌周转率；一些西餐厅则习惯播放慢节奏的音乐，一方面营造高雅的氛围，另一方面能够促进酒水的销售。

音乐可以使消费者在心情舒畅的情绪下购买商品，享受购物乐趣，因此可以在一些特别销售活动中利用音乐来吸引人们的目光，把消费者吸引到展示台前。在"响亮"音乐状态下，消费者驻留商店的时间明显缩短，但总销售额不受音乐响度的影响。由于消费者在商店里花的时间较少，每分钟的销售额反而增加了。

音乐还可以减弱人们紧张与不安的消极情绪，使大脑放松，这就是音乐对紧张和不安情绪的弱化效果。因此，音乐不仅对人的情绪和心境有良好的调节作用，而且能促进身心健康，还能提高营业员的销售热情。

（5）气味。气味会对情绪、情感，甚至购买倾向及行为产生影响。比如经常闻到清洁剂的气味，能使用餐者倾向于保持餐桌的清洁。

气味影响评估店内行为。受试者感觉他们在有香味的商店里花的时间比他们实际花的时间少，而那些在无味条件下的受试者感觉他们在商店里花的时间比他们实际花的时间多。

（6）多感官。服务场景中各类物理要素的匹配同样会对员工与消费者的认知与行为产生影响。物理要素应该与目标消费者的偏好相匹配，同时不同物理要素又应该相互协调，共同营造和谐的服务氛围。

2）空间布局/功能

空间布局指平面布置图、家具的大小和形状、柜台和可能用到的机器设备及其安排方式；功能指这些项目在促进服务交易中的能力。服务设施从这两个维度为消费者提供便利的服务，使消费者产生购买行为。空间布局和功能会对服务效率产生影响，进而影响消费者的体验。

比如座位的布置。对机场的研究发现，座位的安排通常会阻碍旅客和他们的同伴之间的舒适交谈。而天花板的高度会影响消费者采用的信息处理策略的类型。研究证明食品的摆放会影响人们的选择。把健康的食品放在人们易看到、易获取的地方会增加他们对健康食品的摄入量，而把不健康的食品放在远离消费者的地方会减少他们对不健康食品的选择。

3）标志、符号和人工物品

标志、符号和人工物品是服务环境中的另一个重要维度。服务环境中的许多事物作为显性或隐性的信号传递着企业的形象，进而引导消费者（例如指示某些服务的柜台、部门或者是出口等）并传达服务信息（例如排队系统）。

（1）标志。标志属于显性信号，标志可以进一步划分为以下 4 个类别。① 标签（如部门名称或柜台的指示牌）。② 方向指示（如服务台、入口、出口、通往电梯或者卫生间的指示等）。③ 传递服务的脚本（如取号排队或者用餐后清理餐盘）。④ 行为准则（如演出时关闭手机或调为静音模式，或吸烟、禁烟区域）。

方向指示是标志最重要的功能之一。在公共交通领域以及商场等人流量大的公共空间，标识的合理设置对寻路和信息指引具有重要作用。部分公共交通空间通过运用标志色彩提升标志的显著性。荷兰阿姆斯特丹的史基浦机场对于标识的设计颇有心得：采用醒目的黄色指示牌代表出发，蓝色指示牌代表候机等候。人眼对黄光的波长区域最为敏感，黄色和黑色的搭配带有警示意义，能无形中促进乘客提高注意力，防止误机；蓝色代表舒缓柔和，能使人的情绪镇定下来，适合让刚进入机场的乘客找到满足除登机外需求的场所。商店、酒吧、书店、候机室的指示牌都是蓝色的，蓝色指示牌的冷静缓和与黄色指示牌的警示突出，无形中助推乘客迅速找到目的地。

快餐店和学校食堂的墙上设置餐盘回收标志，提醒消费者用餐后将餐盘放回此处。地铁站自助设备上的操作指引图片或视频帮助消费者从环境中获取指导他们完成整个服务流程的信息。这都是生活中常见的使用标志作为传递服务脚本的例子。

(2) 符号和人工物品。符号和人工物品属于隐性信号，在传递信息时没有直接使用标志，主要通过隐性的信息向消费者传递关于含义、标准和行为期待等内容。建筑材料、艺术品、墙壁上的证书和照片、地板覆盖物以及环境中展示的个人物品都能传达象征意义，并创造出整体的审美印象。

4）其他消费者

在许多服务场景中，消费者的满意程度与行为倾向受其他消费者的影响。社会认同理论认为"个体在归属于某个群体之后，会出现去个性化的现象，归属感会使其做出社会认可的行为"。消费者会通过其他人的外貌特征、言谈举止来形成相容性感知，这会进一步影响其对服务体验的满意程度，消费者的相容性有利于消费者之间接纳与良好互动的建立。如果消费者觉得在他们的个人网络中，与朋友和熟人或更大的在线社区的成员相处融洽，那么他们对自己的网络和社区中的其他人就越信任，他们会变得更热衷于社交媒体。

服务场景中其他消费者的行为举止与外貌等特征有助于促进消费者形成场所依恋。服务场景中其他消费者的身体外形、行为举止、语音语调等会显著影响消费者的社会支持感和归属感，并最终形成场所依恋和忠诚。

5）服务人员

服务人员会对企业形象产生影响。消费者在服务接触中通过观察员工行为形成对服务型企业的刻板印象，并且不易改变。服务人员的行为举止和外貌等特征还会影响消费者的认同感、归属感，进而影响消费者的场所依恋。服务人员的语言和非语言行为通过影响消费者与服务人员之间的商业友谊而促进消费者产生归属感。消费者对服务场所的归属感，是其依恋并忠诚于该服务场所的重要决定因素。

3. 服务场景引起的内部反应

1）环境与认知

服务场景感知会影响人们的认知。例如，色彩会影响空间感。越浅的颜色显得越轻，所以浅色的天花板会显得空间高，利用视觉上的错觉，把墙壁刷成和天花板反差较小的颜色，对比中会显得空间变高了。服务场景感知还会影响消费者对服务型企业和其产品的信任。消费者基于所呈现的服务场景建立价值认知，良好的服务场景，如干净整洁的物理环境和妥帖的员工仪容举止有助于降低消费者的感知社会心理风险和感知财务风险。

2）环境与情感

服务场景感知还能够唤起情感方面的反应。例如，光照水平会使人们对空间产生不同的心理感受。高照度的空间给人一种膨胀的感觉，低照度的空间会给人以收缩和狭窄的感觉。但过高的照度会使人感觉缺乏私密性；过低的照度会使人感到温暖、安静和放松。此外，传统的物理服务场景（如环境条件、空间布局、标志符号）和社会服务场景（如其他消费者和服务员工）都会影响个人对服务型企业的依恋程度。

3）环境与生理

环境同样会对人们的生理产生影响。比如，环境温度过高或过低都会影响到人体生理系统的各个方面，当人体生理系统处于不稳定状态时，就会影响人体的正常生活和工作。在高温环境下，会引起人体工作效率下降。当环境温度达到32℃以上时，人的注意力和精密工作的效率开始下降，这种环境已不适宜人员有效开展工作。温度过低会引起人的触觉辨别准确率降低、肢体的灵活性和动作精确度下降，另外视反应时间也会延长。当人体体温略有下降时,就会使人萌生睡意,思维速度随之降低。因此,过热或过冷的环境对人体的体力劳动和脑力劳动效率都会产生不良影响。

4. 服务场景产生的行为

人们在环境中产生的认知、情感、生理等反应会进一步影响人们在环境中的行为。在环境心理学中,典型的结果变量有两个:对环境的"接近"或者"回避"。在服务场景中,接近行为包括消费者的满意度、复购率、口碑传播与忠诚度。

例如,商店的背景音乐和芳香气味能够显著影响消费者在商店内停留的时间和满意度;音乐风格和音乐节奏之间的协调搭配能够提高消费者对商店的评价,促进消费者的口碑推荐。

12.3 从整体上设计服务场景

12.3.1 服务场景设计的原则

为了获得理想的服务场景,服务场景设计时应遵循以下原则。

(1)理念与形象统一。服务场景是企业服务理念的体现。服务场景中的环境要素相互协调,共同营造形式统一但重点突出的企业形象。例如,花间堂定位于精品民宿,人间桃花源,其服务场景就不能流于大众化的快捷酒店,应该融合当地民俗,装潢布置别具特色。

(2)服务与场景匹配。服务场景设计的关键参数应该根据服务型企业的核心利益来拟定。服务场景应该能够清晰地向消费者传递其价值主张。例如,迪士尼的卡通人物与城堡就生动地向消费者传递梦想王国这一理念,其所提供的各项服务也都完美地融合进乐园这一场景。

(3)美学与实用平衡。美学能够吸引消费者的注意力,带来感官的享受,提供娱乐价值。但同时要注意美学与实用的有机平衡,避免华而不实,最终食之无味,弃之可惜。

(4)标准与特色兼顾。服务具有异质性,千人千面,不同的消费者有不同的需求。同时,服务场景的特色设计可以为企业带来差异化竞争优势,然而差异化也会带来较高的成本、落实困难和规模的局限性等问题。在设计服务场景时需要坚持标准化处理,保证服务流程的可控与服务质量的稳定。在坚持一定标准的情况下,进行模块化创新,打造有益的差异点。

12.3.2 影响服务场景设计的要素

服务场景设计受到企业内外部环境的影响,不同类型和不同行业的服务型企业,其服务场景差异性显著。总体上来说,影响服务场景设计有以下4个关键因素。

1. 服务性质

服务型企业所提供的服务性质,尤其是核心服务的性质决定服务场景设计的基本构成和关键参数。

2. 组织柔性

组织柔性反映企业在持续变化的市场环境中的动态适应能力。面对市场的变化,服务型企业需要成为能够应对外部环境与消费者需求变化的柔性组织,具备一定的抗风险能力。服务产品及其传递过程对服务需求变化的适应能力很大程度上取决于服务场景设计时所赋予的柔性。

服务场景的设计需要具备一定的前瞻性，考虑到未来的需求变化。需要明确以下几点关键问题：怎样的服务场景设计才能满足当前服务需求和未来服务需求拓展？如何设计服务设施才能使之更好地适用于新的服务？天安门广场的设计是一个成功案例，其在设计时就考虑到了未来可能要容纳的人流量。

3. 交互需求

人是社会人，有交往的诉求。服务场景的设计应该考虑消费者之间，消费者与员工之间的互动需求。需要注意的是，服务场景的形式不同，所需要的交互水平具有差异性。消费者与员工同时存在的交互服务，如饭店、医院等服务场景，需要考虑多方面的交互。自助服务场景下，应该重点考虑人机交互，强调设备的友好性。

4. 外部环境

外部环境主要指影响服务场景设计的政治、经济、社会、科技等因素。物竞天择，适者生存。服务型企业需要在变化的外部环境中积极求变，服务场景也要顺应时代进行调整。

随着消费升级和信息技术的发展，为了应对人们日益个性化的需求，海底捞的门店配置了各种现代化设备，员工通过全自动化触摸屏机器进行订单操作，保证工作简单且可操作性强，员工有更多的精力为消费者服务。海底捞还在北京的三里屯开设了第一家人工智能店。

12.3.3 服务场景设计的方法

服务场景会对消费者的认知和行为产生影响，为了引导消费者的行为，企业在进行服务场景设计时可以使用的工具和方法包括以下几种。

（1）观察法。任正非曾说过，让听见炮火声的人决策。一线员工及管理者、监督员和部门经理对消费者在服务场景中的反应和行为的观察值得借鉴。

（2）倾听一线员工和消费者的声音。使用包括建议箱以及市场调研在内的广泛研究工具收集一线员工和消费者的反馈和意见。

（3）照片审核。这是一种请消费者将服务体验用照片记录下来的方法，这些照片可以作为进一步调查消费者体验的基础。

（4）现场实验。通过行为经济学常采用的实验法对环境中的变量进行控制与调整，对照行为变化。论证哪些维度具有显著影响，会产生怎样的影响。

（5）利用服务蓝图或服务流程图。对服务传递过程进行梳理，梳理各个阶段的服务接触点、服务痛点与用户行为。

课后思考

1. 简述有形展示与服务场景的概念与区别。
2. 服务场景的维度包括哪些？
3. 根据环境行为学相关理论，解释服务场景对消费者行为产生影响的原因。
4. 服务场景设计时应该遵循哪些原则？

讨论案例

北京地铁：修复老壁画　打造"人文型地铁"

2020年年初，北京地铁公司所辖地铁2号线建国门站内的两幅老壁画，经过细心修复，终于恢复了原貌。这两幅创作于20世纪80年代的老壁画，分别以"中国天文史"和"四大发明"为主题，展示古老中国文明的智慧与传承，堪称不可多得的壁画精品。

建国门站的站务人员说："地铁壁画是北京地铁的一张名片，也是展现古都风采的窗口。现在，老壁画的风采又回来了！自从壁画修复完成之后，每天都有许多乘客掏出手机拍照留念。有的老乘客还专程跑过来一趟，就是为了看一眼壁画。"

2020年，北京地铁公司在1号线、2号线、13号线和房山线北延所有车站实现AED设备全覆盖，完成1 500名车站工作人员AED使用资质培训，以提高应急服务能力。梳理站内导流围栏，持续开展导流围栏拆除和客流流线优化工作，以减少乘客排队绕行时间。完成1号线、2号线、首都机场线等站内16座车站卫生间改造，通过对卫生间除味、通风装置进行专项改造，提升卫生间服务质量。在采取超常超强措施期间，首次公布列车时刻表，方便乘客提前规划安排出行时间。同时还优化实施北京西站、清河站等枢纽车站换乘方案，实现安检互认。

在服务乘客的同时，北京地铁公司注重人文关怀，以增强员工获得感。2020年，北京地铁公司专项奖励疫情期间坚守运营生产一线的员工，弘扬奉献担当精神。新建11个职工小家、220个暖心驿站，改善员工休息环境。

2021年是中国共产党成立100周年。北京地铁公司出台和推进实施北京地铁公共文化建设规划和分线文化建设方案，推进1号线地铁博物馆建设，深入宣传党史、新中国史、改革开放史、社会主义发展史，弘扬红色文化和社会主义核心价值观。加快完成东四十条和西直门站站内壁画修缮，把北京地铁打造成"流动的博物馆、文明的暖客厅"。加快地铁站点AED设备配置，实现所有车站全覆盖。同时推进实施车站母婴室改造，为乘客提供人性化服务。解决5号线、八通线等直梯开放存在的问题，实现"应开尽开"，方便乘客出行。

"十四五"时期，北京地铁公司将突出需求导向、改进服务，打造国际最先进水平的"人文型地铁"。按照构建"轨道上的都市生活"，梳理新时代乘客服务新需求，推进乘客出行服务自助化、智能化、无障化、便捷化，增值服务生活化、便利化，满足乘客新时代高品质服务需求。

案例思考题

1. 请列举北京地铁公司在有形展示方面从哪些角度做了改进和创新。
2. 北京地铁公司为什么要修复老壁画？
3. 北京地铁公司为什么要改善员工休息环境？
4. 你如何理解把北京地铁打造成"流动的博物馆、文明的暖客厅"？

第 13 章

服务营销沟通

学习目标

1. 服务营销沟通的重要意义与作用；
2. 服务营销沟通的主要工具；
3. 服务营销沟通中顾客教育的方法；
4. 服务营销沟通的整合；
5. 服务营销沟通整合的基本过程。

开章案例

爱奇艺引领营销新趋势

作为一家以科技创新为驱动的娱乐公司，爱奇艺在营销传播形式和技术上的不断创新和探索，使其成为广告主竞相投放的高回报平台。凭借在视频行业强大的内容制作力与整合营销能力，爱奇艺将优质内容与平台进行融合创新，创造了许多惊人的数字，改变了渠道格局。爱奇艺将广告营销的流量思维转化为用户经营思维，不仅用平台力引爆现象级内容营销，助推广告主内容营销升级。同时，也在不断引领行业风向，赋予整合营销新的内涵。

1. 把握年轻用户娱乐新趋势，与用户、品牌协同爆发

作为最懂年轻人、最会年轻营销的平台，爱奇艺始终坚持为行业和品牌输出年轻圈层价值观。近年来爱奇艺也一直在尝试和顾客共同开发更有趣、更有共鸣的营销案例，助力品牌实现逆生长。百事与爱奇艺携手打造的《热血街舞团》就是依托 IP 激活年轻人的热爱基因，将百事"热爱全开 LOVE IT LIVE IT"的品牌理念具象化诠释，传递"热爱全开，舞所不能"的价值观。通过刺激年轻人对街舞从 LOVE IT 到 LIVE IT 再到 BUY IT，以情感共鸣带动产品销量提升，培养年轻人"热爱，就喝百事"的消费习惯，最终实现百事与年轻人从品牌沟通到品牌认可再到为营销买单的营销闭环。

2. 内容与品牌理念深度融合，达成名利双收之效

作为在线视频行业的领军者，爱奇艺一直坚持通过"优质内容＋科技赋能"释放平台发展潜力，逐步形成独具特色的行业竞争优势。实际上，爱奇艺在近年来的内容营销乃至整个娱乐营销领域，都有着非凡的成就。基于高品质的内容，爱奇艺不断尝试打造更多元化的高品质广告，深挖更多的广告主回馈模式。vivo 联合爱奇艺现象级综艺《中国新说

唱》，通过媒体与品牌内容共创的方式，用内容营销的奢侈品思维，精细打磨出一张彰显 vivo 广角视野的"说唱作品辑"。包括节目中 12 首 rap 广告口播打造的系列音乐故事，联合明星选手满舒克用独白短片诠释品牌精神内核，以及联合冠军候选人 ICE & Lexie 发布品牌定制金曲 *Call my name*，成功引爆社交传唱，输出实质性的时尚内容，并掀起年轻人的相关社交模仿。

3. 线上线下齐发力，开启互动社交新纪元

当下国内消费结构持续更新升级，单一的功能性产品已经无法满足市场需要，只有不断探索、升级多样化用户体验模式，才能真正提升用户品质娱乐生活，满足人们日益增长的娱乐需求。为了让观众不再只是观察者，从被动的"看者"成为主动参与的"玩家"，近些年来，爱奇艺不管是在互动内容、互动广告形式还是线下互动中，都积极探索新玩法。爱奇艺通过与小红书的深度合作，以实时有效的互动为小红书开启互动社交新纪元。其中，《偶像练习生》的核心 Pick 法则深度传递小红书 slogan 中的"标记"理念。其次，小红书以《偶像练习生》泛官方通道的形式在节目热播期呈现品牌形象，有效与用户实现破壁互动。同时，小红书取代微博首次尝试成为爆款综艺的社交核心阵地，与《偶像练习生》联动为观众提供更好的互动和视频体验。

2018"爱奇艺粉丝嘉年华"为年轻用户带来一场线上线下的体娱跨界盛典。作为一个偶像和粉丝强互动的新年轻圈层娱乐体验大型线下活动，2018"爱奇艺粉丝嘉年华"为偶像与粉丝的近距离互动创造、提供了诸多可能，将"认真玩儿"的娱乐态度进行到底，以最直观且充满感染力的现场活动，创造了一个让粉丝通过应援与爱豆激情体育竞技有机结合的娱乐嘉年华，更将爱奇艺深植于年轻群体的娱乐态度尽情释放。

13.1　服务营销沟通组合

服务的无形性和异质性等特点，使消费者在消费服务之前很难确切了解服务水平。对于消费者无法见到有形产品的服务型企业来说，服务人员的一言一行都在向消费者传递信息，影响着企业在消费者心目中的形象。因此，服务型企业往往通过多种服务营销沟通组合（见图 13-1）来建立强有力的服务形象，树立顾客信心。

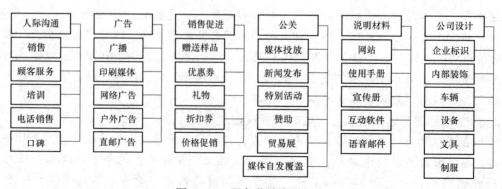

图 13-1　服务营销沟通组合

13.1.1 为何需要服务营销沟通

当顾客面对有形产品时，通常能够很快地了解和掌握产品信息，做出较为确定的评价，因此人们经常会听见某个产品的顾客向其他人推荐该产品，如某个牌子的洗发水、某种口味的糖果、某种口味的饼干、某个品牌的电器或者某个品牌的牙刷等。但当顾客面对的是服务时，即使他已经购买并消费过此种服务，通常也很难对服务做出较有把握的评估。如同样的按摩师，有的顾客赞不绝口，有的顾客却认为手法很差。服务的无形性、异质性等特点导致获知服务的准确信息变得困难，也使服务沟通对服务型企业具有重要的意义。

1. 提供企业服务产品的有关信息

告知顾客企业提供什么服务，产品如何提供以及相关服务产品信息，这是服务沟通的基本作用。如银行会在信用卡传单上向顾客描述该行提供的信用卡种类、适用的消费群体、持卡人可享受的特殊权益、透支额度、年费等，这就是在向顾客传达服务产品信息。传单上可能还会描述顾客办理信用卡需要具备的条件以及办理信用卡的流程，传达服务流程信息。有些传单会附上该信用卡的稳定消费人数，持卡人的使用评价等，以加强顾客的信任感。

2. 获得顾客对服务型企业的忠诚与支持

当服务提供者以一种附带情感的方式与顾客及时分享有意义的信息时，便是在努力与顾客进行有效沟通。有效的服务营销沟通，有助于加强顾客对企业信息的理解、更新，及时消除顾客误解，解决服务争端，使顾客获得高度服务质量感知。企业与顾客之间建立稳固关系的明显特征之一就是简便、持续的沟通。

对于专业性较强的服务型企业来说，服务沟通在维持顾客关系方面的意义尤为重大。如牙医，随着人们对口腔健康的逐渐重视，许多人选择专业的牙科诊所进行定期的口腔检查。顾客不具备牙科的专业知识，而牙医的决策直接关系到其口腔健康，因此牙科医生们就需要让顾客清楚地了解自己的牙齿状况，并帮助他们理解某些治疗的流程和目的。同样是拔出一颗牙，医生如果能在拔牙之前向顾客描述清楚各个步骤以及可能发生的感觉和状况，便能使顾客感到放心不少。有效的沟通不仅需要技巧，也需要考虑情感因素，牙科诊所定期询问顾客的口腔状况，提醒顾客定期检查，并经常给出一些口腔护理的建议，使顾客觉得体贴友好，这样便在交易关系中融入了感情。这种关系能够为顾客提供心理保障，除非服务流程出现重大错误，否则顾客不会轻易放弃已经建立的关系。

3. 吸引新顾客

服务营销沟通能够对服务体验产生深远的影响，将其应用于消费前的选择流程，有助于企业吸引新顾客。顾客不了解服务信息会阻碍他们做出购买决策，因此企业需要通过沟通使顾客了解企业的服务，并刺激顾客产生消费冲动，广告、人员推销等方式都能够向顾客传递计划性信息，建立良好的口碑则更有助于吸引新顾客。

4. 向企业员工及公众传播相关信息

服务型企业在经营流程中，不但要考虑企业及顾客的利益，也要考虑可能受到企业活动影响的公众的利益。公众是指企业对其具有实际或潜在利益，对企业实现其目标的能力产生影响的任何群体，包括：媒体、社区组织、现有及潜在顾客、专业机构、政府与公众利益集团等。公众对企业的评价会影响企业的经营，因此企业需要针对不同的公众制定公关方案，发布信息进行宣传沟通，以保证企业的公众评价。例如，和旅行社与媒体合作发布旅游目的地的游玩内容和攻略，能够间接地影响潜在顾客。

5. 吸引潜在员工加入服务型企业

服务营销沟通不仅在向消费者、社会公众传递着信息，也在向潜在员工传递着信息。只有优秀的员工才能向顾客提供优质的服务，企业需要不断吸纳优秀的服务人才。企业通过沟通建立起潜在员工对企业的期望，如果潜在员工感觉企业是可信任的、负责任的，就会有比较高的积极性加入企业。

6. 保持或提高服务型企业的公众形象

企业在公众心目中的形象不仅会影响企业的声誉和消费者对企业的评价，也会影响企业的人才资源。如果一个企业的公众形象是没有责任感的、不具关怀的，那么它不仅会失去消费者的信任和喜爱，也难以吸引优秀人才来此工作。服务营销沟通的一个重要意义就在于保持甚至提高企业的公众形象，获得公众信任，使企业在社会公众心目中留下正面、积极的印象，吸引优秀人才。

13.1.2 服务营销沟通面临的挑战

服务营销沟通与顾客接受或感知到的服务之间的差异，能极大地影响顾客对服务质量的评价。导致这种服务传播挑战的因素包括：服务无形性、管理服务承诺、管理顾客期望、顾客教育、内部营销传播。

1. 服务无形性

由于服务是一种表现，而不是一种有形产品，因此很难向顾客传达服务的益处，尤其当服务不涉及针对顾客或者其有形产品的具体行为时。无形性对服务营销人员服务产品的特性及益处时带来了四个方面的困难：抽象性、一般性、不可查找性和情感的不可知性。服务营销人员需要创建能向潜在顾客清晰地传达无形服务的特性与益处的沟通信息。应对每个问题需要特定的沟通策略。

（1）抽象性。诸如金融安全、专家建议或者安全运输等抽象的概念，常常找不到有形产品与之一一对应。因此，如何与消费者沟通这些抽象的概念就成为服务营销人员面临的一大挑战。营销人员可以运用图表、数字、事例等有形的线索来解释这种抽象的概念。

（2）一般性。某些由有形产品、人员或事件等要素构成的一组服务，如飞机上的座位、航空乘务人员和舱内服务等，在企业与企业之间区别不大，具有一般性。这些具有一般性的服务产品通常都有有形产品做类比，而且大多数消费者都知道这些服务是什么。但对于那些试图建立独特的价值主张的营销人员来说，其关键任务是如何有效地与消费者沟通并传递其服务产品对比竞争性产品的差异性或优越性。

（3）不可查找性。不可查找性是指服务产品在购买之前无法进行查找或者检查。实体服务产品要素，如健身俱乐部的外观以及所安装设备的类型是可以事先进行检查的，但与健身教练合作产生的健身体验，顾客只有在长期的亲身体验后才能加以判断。事实上，信任是建立在服务体验信心的基础上的。

（4）情感的不可知性。许多服务都非常复杂，具有多个维度或者非常新颖。顾客（尤其是新的潜在顾客）将难以想象服务体验的情形或了解使用服务产品可以获得的益处。

以上4个属性让顾客更关注自己购买时的不确定性。证据表明，顾客在购买服务产品时所认识到的风险越大,越可能积极寻求口碑来指导自己的选择。口碑对消费者来说是非常有说服力的信息来源,但它却不是服务提供者能够控制的。

2. 管理服务承诺

当企业服务营销管理失败时,一个严肃的问题就出现了:销售人员的承诺、广告、个人服务会大打折扣。如果企业内部各组织对承诺缺少必要准确的表达,就会出现这种情况。B2B的销售人员经常在服务产品实际可得之前且并未确定具体上市日期时就开始对服务尤其是新型商业服务进行推销,供需变化使得服务提供的可能性变幻不定,难以预测。许多企业的传统职能结构(通常称为孤岛结构),使得服务承诺和交付的信息难以在企业内部良好沟通。

3. 管理顾客期望

适当而准确地传播服务相关信息是营销和生产运营部门的共同职责。营销部门必须准确反映服务接触中的实际情况,生产运营部门必须提供传播中承诺的服务。例如,当一家管理咨询公司推出一种新业务时,市场和销售部门必须使这种服务看起来比竞争对手的服务更具吸引力。在服务营销过程中,企业的服务期望必须控制在企业可以稳定提供的水平以内。如果广告、个人销售或任何形式的外部传播建立了不切实际的期望,顾客在实际接触中就会感到失望,从而影响服务型企业的服务效果。

4. 顾客教育

服务型企业必须培训他们的顾客。如果顾客不清楚服务型企业如何提供服务、他们在服务传递中的角色是什么以及如何评价他们并不熟悉的服务业务,那么他们就会失望。而顾客失望时,他们往往会归咎于服务型企业而不是自己。服务中的一些错误或问题,即使是由顾客造成的,仍然会导致顾客不满。针对这一现象,服务型企业必须重视顾客教育。

对于信誉资产密集型的服务业(即使顾客接受过专家服务,也很难评估其价值),许多顾客仍然不知道评判服务的标准。对于高参与度的服务业,比如长期的医学治疗或者第一次购置住房,顾客也不可能理解和预期服务过程。首次购买房屋者很难理解购买过程中涉及的一系列复杂的服务(如考察、产权服务)和保险和交易过程(如抵押贷款、讨价还价和担保)。高参与度服务业的专职人员和其他服务提供者经常忘记顾客在服务过程中每一步都必须接受教育。他们认为服务简介或一本说明手册会帮助顾客做好准备。然而只有这些是远远不够的,顾客不满意是因为他们既不理解过程,也不认同从服务中得到的价值。对于需求和供应不能同步的服务,顾客教育是有益的。如果顾客不了解服务需求的波峰和波谷,就会出现服务过载、失败或者服务能力浪费闲置。

5. 内部营销传播

服务型企业中的各个职能部门(如营销部门和运营部门)必须互相配合以达到为消费者提供高质量服务的目的。服务广告利用服务承诺吸引顾客,而运营部门是服务的提供者,因此组织各职能部门间及时而有效的沟通至关重要。如果内部沟通很糟糕,服务质量的感知就会面临风险。如果生产运营部门没有参与开发企业的广告或其他服务承诺,直接与顾客接触的员工就可能无法提供符合生产部门描述的服务。

不是所有的服务提供者都做广告,但是各部门或职能的协调或整合对提供高服务质量是必需的。所有的服务提供者都需要在销售人员和服务员工之间进行内部沟通。人力资源部门和营销部门也必须进行水平沟通。为传递优质的顾客服务,企业必须告知和激励员工,让他们提供满足顾客期望的服务。如果了解顾客期望的销售人员不向实际提供服务的员工传播这些信息，他们就会由于缺少信息影响到所提供的服务质量。

为提供优质服务，内部协调的最终形式是各部门和各分支机构在程序和政策上保持一致。如果一个服务提供者在同一名号下运营许多分支机构，不管是特许经营的还是企业自营的，顾客都期望获得相同的服务。如果分支机构的管理者在政策和程序上有充分的自由决策权，那么顾客很难在不同分支机构获得相同质量的服务体验。

13.1.3 服务营销沟通的作用

1. 服务定位与区分

即使消费者知道服务包括哪些内容，他们可能还是难以区分不同的服务提供者，也不清楚特定的服务提供者的服务水准如何。解决上述问题的方法，包括提供与服务表现相关的有形暗示，突出设备和场所的质量，或者强调员工特征（如员工资历、经验和专业性等）。

某些服务特征比其他特征更容易进行广告宣传。当一家航空公司想宣传其准时的航空服务时，引用政府部门公布的统计数据就能提供有力可信的支持。但是航空公司大多不愿意公开讨论安全问题，因为哪怕只是承认有可能出问题的一丁点信息都会引起乘客紧张不安。因此，航空公司采用间接的方式来向顾客说明航空服务的安全可靠性，如在广告中强调飞行员的专业技术、飞机的新旧程度以及机械师的技术水平和训练有素。

在低接触服务中，企业的专业技能大多无法显示，因此企业可能需要向顾客解释在后台进行的关于设备、流程和员工活动等情况。比如潜在消费者如何才能知道能否从保险服务中得到最大收益呢？一种方法是解释企业如何降低因事故引发的损失或降低成本。

2. 增加服务人员和服务后台运营的作用

在高接触性服务中，一线员工是服务传递的核心。他们的工作增加了服务的有形性，在很多情况下使服务更加人性化。揭示员工工作的广告能够帮助潜在消费者了解服务体验的性质，并向消费者传递企业能够为他们提供人性化服务这一潜在的承诺。

广告、宣传册和网站也能向顾客展示在幕后进行的工作，突出那些顾客可能永远也不会接触到的员工的专业技能和责任心，这可以加强顾客对于服务提供者竞争力和服务质量承诺的信心。

广告人员对服务员工进行描述时必须切合实际，因为广告传递的信息往往能形成顾客对服务产品的期待。如果企业在沟通渠道上展现的员工是微笑而友好的，而现实中大部分企业员工却表现得闷闷不乐、疲惫不堪甚至粗鲁无礼，顾客毫无疑问会非常失望。因此，企业至少要让一线员工对新广告活动或者宣传册的内容有所了解，并且服务行为应尽可能贴近宣传手册的内容。

3. 通过营销沟通内容增加服务价值

信息与咨询服务是增加产品价值的重要方式。潜在的消费者可能需要服务人员给出信息与建议，比如他们可以选择哪些服务产品，在何时何地可以获得这些服务，服务的费用是多少，有哪些特性及功能，服务能带来什么收益，以及服务可能面临的风险，等等。企业通常通过营销沟通，使目标顾客相信与竞争对手的服务产品相比，他们的服务产品提供了能够满足顾客需求的最佳解决方案。

营销沟通不仅能够吸引新顾客，而且能够维系一个服务提供者现有的顾客，并与他们建立顾客关系。顾客关系管理需要企业掌握全面和实时更新顾客数据库，并能灵活、个性地运用相关信息。

维护顾客关系、建立顾客忠诚的信息技术手段，包括直邮、通过电话或其他通信方式联络，如电子邮件、网站或移动电话发送短信息等。医生、牙医或家政维修服务提供者经常向顾客邮寄年度检查的提醒信函，有些企业甚至向重要顾客邮寄生日贺卡与周年纪念贺卡。银行和公共服务机构通常在给顾客的账单明细中附上一则简要的时事通信材料或一些定制性的信息，希望借此来创造销售其他服务的机会。

4. 有助于顾客参与服务产品生产

当顾客积极地参与服务产品的生产过程时，他们需要恰当的培训以便做得更好，就像员工那样。提高生产率通常会涉及服务传递过程的创新。然而，如果消费者抵制新技术系统或拒绝使用自助服务，那些期待的益处便无从实现。

广告专家推荐的顾客培训方法之一就是向顾客展示服务传递的整个过程。电视和影像是很有效的媒体，因为它们能够为观看者播放连贯的、经过录制的或者动画形式的视觉影像。有些牙医在牙科手术之前向消费者播放手术流程的录像。再如皮肤科医师运用3D影像模拟平台，在医学美容手术前先与患者进行良好的沟通，并加快美容手术的咨询过程，提升患者手术的满意度。这种教育技术手段可以帮助患者在手术前就做好心理准备，并让患者知道他们在手术实施的过程中应该扮演怎样的角色，以确保手术成功以及为患者带来满意的医疗体验。

广告和公关活动能让顾客了解服务特性与传递系统的变化。公布价格折扣是鼓励顾客采用自助服务的一种持续有效的办法。例如，自助式加油站与全人工服务加油站之间的价格差别是很大的。其他激励手段包括有奖促销，即提供能够获得奖励的机会。同时在必要的情景下，训练有素的服务人员可以通过提供一对一指导来帮助顾客了解新产品。

5. 刺激或抑制需求，使需求与服务能力相匹配

许多现场服务表演，如剧院周末晚上的演出，其座位具有时间特定性，不能储存起来日后再销售。广告和促销可以改变顾客使用服务的时间，通过协调使顾客需求与企业在特定时间的产能相匹配。

需求管理战略包括降低顾客在高峰期的需求，刺激顾客在非高峰期的消费。非高峰期的低需求给服务行业（如酒店业）带来了高额的固定成本等严重问题。一种战略是推行能提供额外价值的促销策略，如客房升级或提供免费接机，尽量在不降低价格的情况下刺激顾客需求。当需求增长的时候再减少或取消促销活动。

13.2 服务营销沟通工具

在服务领域，营销沟通工具尤为重要，因为通过沟通可以帮助企业建立有力的品牌形象，以及在顾客心中树立服务产品的可靠感、信任感和安全感。无论何种形式的营销沟通，对企业的成功都至关重要。如果缺乏有效沟通，潜在顾客永远都不知道一家服务型企业的存在，更不知道企业能为他们提供什么服务，服务产品的价值主张如何，以及如何使用服务产品才能达到最佳效果。如果顾客很容易被竞争对手和竞争性服务产品吸引,企业就谈不上对自身品牌形象的主动管理和控制。

13.2.1 不同来源的沟通渠道

如图13-2所示,并非所有目标受众得到的信息都来自企业内部,而是来自企业外部,如口碑、媒体报道或评论文章均源于企业外部,不受企业直接控制。

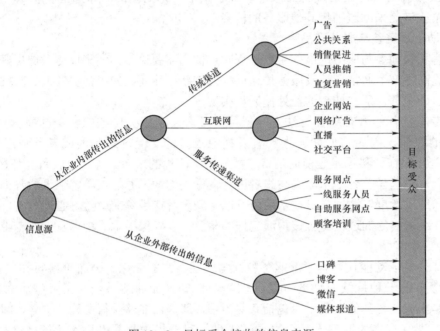

图13-2 目标受众接收的信息来源

13.2.2 通过传统渠道传递信息

1. 广告

广告(这里指狭义广告,即商业广告),是指由可识别的出资人,以付费方式,通过各种媒体为企业服务产品所进行的非个人性说服传播活动。主要的广告传播媒体包括电视、广播、报纸、杂志、户外广告牌和互联网。市场营销部门通过付费的形式控制广告创意诉求、传播媒体和时间。

作为消费者市场最重要的沟通方式,广告通常是服务营销人员与消费者之间的首次接触,能帮助消费者形成对服务产品的感知和认识,并说服和提醒消费者进行购买。广告在给人们提供服务产品信息和帮助顾客了解服务产品特征和性能方面起着重要作用。

广告人员面临的挑战之一是如何让受众关注他们的信息。总的来说,人们已经厌倦了各种形式的广告。有研究表明,消费者对无孔不入的广告的抗拒心理已经达到了前所未有的程度。那么,一家企业的广告如何才能脱颖而出呢?广告时间越长、越热闹、声势越大并不见得越有效。一些广告商运用引人入胜的设计或者别具一格的模式来达到这一目的,其他的企业则运用幽默的广告手法来吸引观众,如某高速互联网服务提供者就试图通过广告展示竞争对手产品速度缓慢来彰显自己的优越性。

尽管广告是消费者市场中最主要的沟通方式，但广告的有效性仍然极具争议。传统观点认为广告播放后销售额会在一段时期内有所提升，但是，当销售额开始下降的时候，重新树立品牌形象的成本会非常高。来自英国克兰菲尔德管理学院的罗伯特·肖教授举办了一个论坛，主要研究大公司试图监测的"广告营销回报率"的问题。根据罗伯特·肖的研究，广告的回报率从来就不曾"非常好"，大概只有不到一半的广告带来了投资回报。

2. 公共关系

公共关系是指通过发布新闻报道、举办媒体发布会、筹办特殊活动，以及赞助有新闻报道价值的第三方活动等方式，来引起人们对企业及其产品的关注。公共关系战略的一项基本要素就是准备和分发关于企业产品或员工的情节资料（包括照片和录像）以进行新闻报道。如果相关资料特别有新闻价值，公关经理会同时筹备新闻发布会或分发媒体资料。公关经理的一项重要任务就是培训高层管理者如何在新闻发布会或广播电视采访中做到言行得体，尤其在企业遭遇危机或面对不友善提问的时候。

其他广泛运用的公关方式还包括认可和奖励项目、得到公众人物的支持、得到社区的参与和支持、募集资金以及通过特殊事件或公益活动为企业创造良好的形象。这些方式可以帮助企业树立自身的声誉和信誉，加强企业同员工、顾客以及社区之间的联系，树立正面的企业形象。

企业还可以通过赞助体育活动或者其他高关注度的活动来获得更高的社会曝光率，企业名称和标志会通过横幅广告、贴花广告以及其他的视觉传达形式得到持续的展示。比如CBA各球队都有多家赞助商，主要赞助商可以获得球队冠名权，在赛季中获得大量的媒体曝光率。获胜的球队为赞助商带来了荣誉，而赞助商也将在比赛以后的各项广告活动中不失时机地利用这一胜利宣传自己。体育赞助的形式使消费者在心理上更容易接受产品，同时热烈的体育活动气氛更能促成消费者的消费偏好和购买欲望。很多企业并不仅借助赞助体育项目树立品牌形象，还有机地与销售结合，将赞助活动开展得更为丰富多彩，更为声势浩大，使企业能在较长一段时间内名利双收。

特殊事件也是宣传企业专业优势的好机会。中国的春节一直是各大品牌主必争的战场，春运也是很好的一次借势营销机会。例如，2018年春节，微信支付在朋友圈展示首支春运回家主题曲MV——《用回家温暖出发》。

3. 销售促进

销售促进是指与顾客激励相结合的一种沟通方式。促销通常在特定的时间段、一定的价格区间内，针对特定的顾客群体而进行（有时三者兼备）。一般来讲，促销的目的是使顾客尽快做出购买决策，激励顾客尽快使用某项服务，每次购买量更大或购买更加频繁。服务型企业的促销方式通常包括样品馈赠、优惠券或折扣、礼品赠送和有奖品的竞赛等形式。企业通过这些促销方式为顾客增加了价值，形成了竞争优势，在需求不足时增加销售量，加快新服务的推出与顾客接受速度，一般来说能促使顾客比在没有任何促销激励的情况下更快地购买。

以酒店行业为例，不少酒店会采取"最后一分钟促销特惠酒店促销"，即当日晚上10点后，商务客房以特价出售或赠一百元左右的礼品。有很多顾客会为礼品或特价房前来。同时，为防止顾客出现期待效应，在不影响客房正常销售的情况下，酒店只针对某些入住率偏低的房型进行促销。截止日期和入住率的标准，由酒店根据实际情况决定。在淡季促销中，提前低价预购也是酒店常采用的促销手段。如要求顾客提前预订的时间相隔较长，提前 2~6 个月预订某房型并即时确认，可享受 5 折优惠等。除此以外，延时促销也是酒店业常见手段。如连续住宿 4 夜，则 1 夜的住宿免费或赠送礼品等。

4. 人员推销

人员推销是指通过人际沟通的方式，教育并说服顾客形成对某一品牌或产品的偏好。很多企业拥有专业的销售队伍或者雇用代理商、分销商来分销产品。对于那些购买频率不高的服务产品，如不动产、保险和殡葬服务，企业的推销人员可以作为专业顾问来帮助顾客选择合适的服务产品。

关系营销战略通常是建立在账户管理基础之上的，即顾客获得指定的顾客经理，后者负责协调顾客与服务提供者之间的沟通。顾客关系管理方式在工业及销售比较复杂的服务产品的专业领域应用十分普遍，因为这些领域的顾客在顾客建议、顾客教育和咨询服务方面具有长期需求。针对个人用户的账户管理的实例在保险、投资管理、医疗服务等领域中也颇多。

然而，面对面地向新顾客销售产品的成本是很高的。一种低成本的替代方案是电话营销，即通过电话与潜在顾客进行沟通。但对于消费者来说，越来越多的顾客反感这种烦人的电话销售，因为它往往选择晚上或者周末进行产品推销。

5. 直复营销

直复营销是指通过信件、电话、传真、电子邮件和其他一些工具与顾客直接交流并得到回应的营销方式。这些渠道为向高度细分的目标市场提供个性化信息创造了可能。当企业拥有包括现有顾客和潜在顾客的详细的顾客信息数据库时，直复营销战略成功的可能性是最大的。

以携程网为例。携程网收购了几家在国内很有名的饭店以及企业，在消费者没有网上预订付款的条件下，比较灵活且与互动式营销完全整合起来的网下业务，被证明是比较有效的，可见携程网在解决消费者在实际购买中的问题上是非常成功的。所以它不仅仅成为国内最大的网上的旅行网站，同时也是最大的全国商务旅行服务公司。最重要的并不是要在网上还是在网下来实施这种互动式营销，而是要针对购买过程中的一个具体阶段，在这个阶段，这种互动式的营销能够最大限度地影响消费者。

13.2.3 通过互联网传递信息

1. 企业网站

企业网站是企业在互联网上进行网络营销和形象宣传的平台，相当于企业的网络名片。企业网站不但是企业形象的良好宣传平台，也可以辅助企业完成产品销售。企业可以利用企业网站来进行产品宣传、产品资讯发布、招聘等。企业网站是企业通向互联网的平台和门户，以及开展网络营销的重要条件。

很多企业都建立起自己的网站，以树立企业形象、展现企业文化、展示企业产品及服务以及加强与顾客联系等。最常见的建立自己企业网站的行业有快递业（顺丰、韵达、中通、申通等)、电信业（中国移动、中国联通、中国电信）、银行（招商银行、建设银行、工商银行等）、航空公司（中国联合航空、中国南方航空、春秋航空等）。以中国联合航空公司网站为例，顾客可以在网站预订机票、购买行李额和餐食、查询打折信息和提前值机选座，并且网站最下方的功能栏还包括意见与反馈、顾客服务热线、就业机会、机组风采展示、政府采购专区等丰富的内容。比起借助第三方订票网站（如携程、飞猪），直接登录中国联合航空公司网站并注册会员，往往可使消费者得到更方便而全面的服务。

2. 网络广告

网络广告指利用网站上的广告横幅、文本链接、多媒体等形式，在互联网上刊登或发布广告，通过网络传递到互联网用户的一种高科技广告运作方式。网络广告是主要的网络营销方法之一，在网络营销方法体系中具有举足轻重的地位，事实上多种网络营销方法也都可以理解为网络广告的具体表现形式，并不仅仅限于放置在网页上的各种规格的横幅广告，如电子邮件广告、搜索引擎关键词广告、搜索固定排名等都可以理解为网络广告的表现形式。

网络广告相比于传统传媒载体的广告，具有非常明显的优势：① 覆盖面广，观众基数大，传播范围广阔；② 不受时间限制，广告效果持久；③ 方式灵活，互动性强；④ 可以分类检索，广告针对性强；⑤ 制作简捷，广告费用低；⑥ 可以准确地统计受众数量。比如经典的网络广告营销案例——凡客诚品的网络病毒式营销。凡客诚品采用广告联盟的方式，将广告遍布大大小小的网站，因为采用试用的策略，广告的点击率也比较高，因为采用了大面积的网络营销，其综合营销成本也相对降低，并且营销效果和规模要远胜于传统媒体。

3. 直播

直播营销是指在现场随着事件的进程同时制作和播出节目的营销方式，该营销活动以直播平台为载体，达到企业获得品牌提升或是销量增长的目的。在2020年新冠肺炎疫情期间"宅经济"消费新习惯的影响下，直播营销得到了集聚式的飞速发展，成为生活服务业商家触网升级、快速将消费需求转化为购买力的有力手段。直播营销是营销形式上的重要创新，非常能体现出互联网视频特色。碎片化的时代里，在去中心化的语境下，人们日常生活中交集越来越少，尤其是情感层面的交流越来越浅。而直播能使消费者深入沟通，情感共鸣。粉丝不仅可以观看，还能一起发弹幕吐槽，喜欢谁就直接献花打赏，直播主能够实现与用户的实时互动，真正识别并抓住具有忠诚度的精准目标人群，营销效果可谓是"四两拨千斤"。

比如深圳的小小寿司店，就是利用抖音短视频跟直播的方式来展示安全外卖，两天里爆单1万多件。网红拍一段抖音视频，展示了一个安全无接触的配套活动以及整体环境。之后又用直播的方式让更多的人知道这个外卖店，获得更多的外卖销售量。再如，壹宝贷抓住网贷监管暂行办法出台的时机发布了新产品，该产品切合了网贷监管办法的精神。于是，此次新品发布会采取了"线上视频直播+线下新闻发布"同步进行的方式。线下，吸引了包括电视、报纸、网络、电台共25家媒体出席参加，自发布会当天就陆续有媒体报道；而在线上，对新品发布会进行全程直播，共有接近10 000人同时观看，取得了高性价比的品牌曝光。

4. 社交平台

随着移动互联网的发展，中国的社交网络开始呈现多元化、复杂化的特点，在不到5年的时间内，除了微博、微信，相继诞生了陌陌、知乎、秒拍、映客直播等社交属性的应用，它们共同构成了移动互联网时代社交媒体的新生态。社交媒体的不断发展使得社会化营销逐渐走向全社交平台营销。国内的社交媒体环境主要包括长文章、短文章、图片、问答、短视频、长视频和直播这几种主要形式。

比如7天优品酒店就曾携手20位达人打造"优享体验之旅",这些达人多为旅游网站的签约旅游家、旅游专栏作者或资深摄影师,除了在自身领域具有一定影响力外,他们在年青一代的旅游消费者中,也担当着"意见领袖"的角色。这些意见领袖通过在携程、去哪儿、马蜂窝、途牛网等OTA平台和社交媒体平台的分享,迅速地直达消费者,让7天优品酒店的良好口碑辐射到更多的入住人群。

延伸阅读

直播经济引领新经济高质量发展

5G、大数据、人工智能、云计算、VR(虚拟现实)、AR(增强现实)等新一代信息技术在新冠肺炎疫情防控与复工复产复商复市期间得到大规模场景应用,推动广大公众适应和习惯云上生产生活。2020年政府工作报告提出,电商网购、在线服务等新业态在抗疫中发挥了重要作用。特别是全天候、零距离、少接触、体验良好、价格优惠的直播带货火遍神州大地,越来越多的领导干部、知名企业家、专家学者、大小明星、网络达人等成为带货主播,一大批城市、企业、商家、个人纷纷涉足,并形成了直播带货引领的电商、商贸、农产品、文旅等多业态的直播经济,成为疫下重振消费的一抹亮色。

过去直播带货主要由网络流量明星、网红带动粉丝线上购物,只是作为淘宝、京东等传统电商平台、网商的市场营销手段。近年来随着宽带网和智能终端的普及,视频直播和真人秀兴起,越来越多的人热衷于摄录、直播、刷看、打赏短视频。疫情造成线下实体店停摆和产品滞销,全民直播带货顺势而起,主播现场在线讲解、试用商品,分享当地风土人情,与观众、粉丝互动交流,相较于传统电商更具有直观性和体验性,一定程度上保证了顾客能买到心仪商品。

各地纷纷搭建农产品直播电商平台,利用政府信用背书、原产地生态绿色质量预期保障、去中间商直销成本优势、拼购团购价格优惠,以及朋友圈、社交圈裂变式倍增传播效应,政府官员、大学生村官、村委会主任、合作社负责人、致富带头人、电台主持人纷纷尝试直播带货。例如,重庆市合川区委书记李应兰2020年5月在新华云直播平台推介当地特色农产品——古楼枇杷。直播中,李应兰走进古楼镇枇杷种植园,与主持人边走边聊,通过直播镜头向网友们介绍古楼枇杷的栽种历史及特点,同时介绍通过培育特色农产品助力乡村振兴和脱贫攻坚的举措。历时37分钟的直播,吸引了超过130万网友在线观看,带动枇杷果、枇杷酒、枇杷膏、枇杷蜂蜜等枇杷产品销售成交额达1 000多万元。

一些地方将直播带货与土特产销售、文旅发展、招商引智、传播地域文化、城市营销结合起来,形成了高流量、高效益的线上新经济。《2020年中国在线直播行业研究报告》显示,2020年中国在线直播行业用户规模有望达到5.26亿人,市场规模将突破9 000亿元。

目前,不少一线城市、经济强市将直播经济作为重要的新经济突破口大力扶持。公开数据显示,2020年1—3月,上海商品类网络购物交易额逆势增长19.1%,其中直播电商平台哔哩哔哩营收增长118%、喜马拉雅增长32%。杏花楼、恒源祥、老庙黄金等上海老字号、知名品牌、新锐创业者也是淘宝直播的重要流量担当，创造了云看时装周、云逛新天地、云看艺术展等直播新业态。上海"五五购物节"在2020年5月4日进行了4小时全球直播，参与这次直播的企业和平台销售额、预售额累计89亿元、观众达2亿人次。

再如，全球电商之都杭州网络主播人数居全球第一，直播带货正成为综合电商、社交电商、跨境电商、专业市场电商、视频电商的"现金牛"场景。2020年4月，杭州未来科技城宣布打造国家级直播电商产业基地，提出利用3年时间，集聚一批电商平台、网红孵化公司、网红经纪公司、供应链公司和网红达人，扶持10家具有示范带动作用的头部直播机构，培育50家有影响力的网红经纪公司、孵化500个网红品牌、培训5 000名带货达人、实现1 000亿元直播带货成交总额。

13.2.4 通过服务传递渠道传递信息

1. 服务网点

服务网点作为企业为顾客提供服务的主要渠道，在传递信息方面起着不可替代的作用，不仅关系到服务型企业的业绩和竞争力，也关系到社会服务功能的完善。例如，银行作为社会经济重要组成机构，履行公共金融服务职能，立足于营业网点为大众直接提供金融产品和相关金融服务。伴随着市场经济快速发展和科技智能深入生活，人们能够快速获取各类信息和群体分享，对事物的新鲜性、差异性、独特性有了更高的要求。银行提供的基础性存、贷款产品已无法满足需求，为此各家银行在营业网点都在尝试设计一系列零售金融产品进行销售，以适应各类型顾客。产品类型的划分标准有收益与风险高低、资产量大小、投资期限长短、资金用途等；精细划分产品销售对象，还有顾客职业、年龄、性别、婚否、育否等指标，更有甚者可以为顾客打造"一对一""量身定制"的个性化产品。除此以外，为了吸引并留住顾客，部分商业银行开始探索新增社会公共服务功能，设立了"咖啡银行"。所谓的"咖啡银行"就是选取位于"写字楼"或CBD附近的银行网点，在厅堂开辟出一个区域，仿造咖啡厅的模式，为顾客提供无偿或低于市场价的咖啡等饮品，营造出休闲洽谈的氛围。

2. 一线服务人员

一线服务人员可能面对面的或者通过电话来服务顾客，因此，一线服务人员会直接影响顾客对企业服务水平的感知。例如，服务行业的典范海底捞，精准到每位顾客都能对贴心服务留下良好的印象。不论是等位区的小零食、美甲、擦鞋等免费服务，还是落座后15分钟更换一次的热毛巾，为顾客准备的发卡、眼镜布，以及大受称赞的生日祝福服务，都体现着海底捞与其他餐饮服务型企业显著的差异性——"服务做在客人提出要求之前"。

当同一家服务提供者提供多种不同商品时，企业会鼓励销售人员进行交叉销售。但是，如果促销战略缺乏规划或执行不力，这一方案就很有可能会失败。例如，银行业的竞争高度激烈，不断发展的新技术迫使银行不断增加新服务以提高自身的盈利能力。在很多银行，过去只负责为顾客提供传统服务的出纳员今天也需要向他们的顾客推销新的银行服务产品。尽管接受了培训，许多员工仍不太适应这一新角色，推销工作无法像专职销售人员那样有效。

3. 自助服务网点

近年来，自助服务网点被越来越多地运用到服务行业中。例如，自助银行网点是银行服务的延伸,可以根据具体情况灵活使用。随着国内金融行业的发展,自助银行服务设备的功能越来越完善。目前,自助银行主要有两种形式,一种是与营业大厅处于一室,并且在其中的一个区域安装自助性电子设备的混合式自助银行,另一种是与营业大厅相互独立的,建立在人口相对密集的地方,方便人们查询以及办理各种业务的隔离式银行。自助银行网点在极大程度上弥补了传统服务网点的不足。同时也给银行营业大厅减轻了不少负担,比如春节前后,办理银行业务的人非常多,这些网点就实现了分流的作用,从而降低了银行的用人成本,同时也满足了人们的需求。

4. 顾客培训

有些公司,尤其是那些提供复杂的 B2B 服务的公司,通常会为顾客提供正规的培训课程,以便顾客熟悉服务产品并了解如何最有效地使用这些产品。有时候,培训顾客的任务也由提供服务的一线员工来完成。

在咨询行业中,很多企业通过为个人用户提供顾客培训来吸引顾客,使他们更多地使用其服务。以北大纵横为例,在咨询项目的进展中,经常会根据顾客的实际情况和需要进行一些典型的知识培训。咨询项目中的培训是为项目服务的,是为解决项目发展中遇到的问题、管理变革中需要统一的思想、概念等服务的,它需要根据顾客的具体情况来进行,主体内容既要包括管理概念本身,还要与企业管理的现状紧密结合起来。当顾客在现场时,在顾客时间有限、交流机会有限的情况下,培训环节就变得越发重要,甚至在某些时候对整个项目起到关键性的作用。

13.2.5 源自企业外部的信息

1. 口碑

消费者通常认为,来自其他消费者的推荐要比企业的促销活动更可靠,更能影响人们的购买决策。实际上,消费者购买某种服务产品时感知的风险越大,他们搜寻口碑的主动性就越强,越依赖口碑来指导他们的购买决策。那些对服务不了解的消费者,比那些具有专业知识的消费者更依赖口碑。口碑的效果在服务接触中也可以展现。当消费者之间相互交流某些服务特征时,这种口碑信息的传递会影响双方的行为和他们对服务的满意度。

由于口碑是如此有力又高度可信的"销售代理",一些销售人员运用各种策略来激发现有顾客对企业发表正面评价,具体内容包括以下 5 个方面。

(1) 引荐其他购买者和专业人士。

(2) 策划激动人心的促销活动,能让人们主动讨论企业提供的优质服务。

(3) 实行推荐奖励计划,如向现有顾客提供免费或折扣服务,作为他们向企业引进新顾客的奖励。

(4) 开展促销活动,鼓励顾客说服他人来共享服务(如"带两个朋友来用餐,那么第三位就可以免费用餐"或者"使用两种手机服务,其他所有家庭成员再次订购服务时就可以免除月租费")。

(5) 提供并公布相关证实信息来促进口碑。广告和小册子,有时可以突出对表现满意的顾客的正面评价。

研究表明,口碑传播的广泛性和内容同消费者的满意度息息相关。观点强烈的消费者比那些持一般意见的消费者更倾向于与他人交流自己的经历;而极度不满的消费者比非常满意的消费者会向更多的人传播消息。利用提高消费者与员工互动质量的衡量标准，可以成为激发消费者正面口碑的一项合理战略。更有趣的是，即使是刚开始不满意的顾客，如果企业采取的服务补救措施得当，顾客也可能最终对企业给出正面的口碑。

2. 博客

网络博客，通常被称为博客。博客包括经常更新的网页，网页上的事件按照时间顺序先列出最近发生的事件，再追溯到从前。博客可以被看作网络期刊、网络日记，或者新闻列表，人们可以张贴他们喜爱的任何内容。博客的创作者通常关注某些话题或事件，其中，不少人已经成为某些领域名副其实的监督者或自我标榜的专家。博客内容无所不及，从体育、教育话题，到娱乐和金融工程等十分广泛。现在与旅游相关的网站数目在不断增长，比如马蜂窝、穷游网、驴妈妈等，这些网站允许用户发表旅行攻略或向更有经验的旅游者咨询问题。

营销人员感兴趣的是，博客现在已经演变成一种新型的网上社交模式，分布广泛而又相互联系的交流网站，几乎涵盖了所有可能的话题，包括顾客的服务体验、他们推荐或者不推荐的服务型企业名称等。这一网上沟通方式的副产品是在网上博客之间互动时产生的一系列超级链接，这些链接使顾客能够与他人分享信息，并影响他人对于某品牌或产品的印象。一些精明的服务型企业甚至开始监督博客，把博客看作一种直接的市场调研和反馈方式。

3. 微信

微信已成为中国人生活里不可或缺的一部分，2019年微信用户已达到11亿，微信几乎涵盖了中国所有的消费者和服务的对象，成为更有效率的线上渠道。从2018年开始，微信团队开发的企业微信加强了与微信互通的能力。推出了直达朋友圈、创建百人群等功能，希望可以帮助运营商给一线营业员和顾客经理赋能，让运营商用优质的服务打动消费者，从而带来营收的增长。众多企业也开始探索微信营销沟通模式。目前主要有以下13种模式。

（1）模式1：服务号+自定义菜单+智能客服，解决流程类客服问题。微信服务号开放了自定义菜单API接口，企业可以自主定制菜单模式。服务号在本质上已经接近SCRM客服系统，目的是为顾客提供更加便捷的服务，改变了以往公众平台群发消息打扰模式，显得更加亲民。以招商银行的服务号为例，招行微信账号几乎取代了90%的招行常规客服功能，大大缓解了招行每年平均增长50%的客服压力。比如查询账单、转账汇款、投资理财产品、积分查询等。

（2）模式2：服务号+自定义菜单+人工客服，解决售后类客服问题。这种模式适合有售后后续服务的产品或者品牌，通过微信平台为消费者提供良好的售后服务，从而增加顾客满意度。

（3）模式3：微信线上活动，加强与粉丝的互动。主要包括：① 公益性活动，如招行的"漂流瓶"活动；② 许可式活动，如星巴克的"自然醒"活动，通过分享心情推送歌曲；③ 益智性活动，如1号店的"你画我猜"；④ 外链式活动，如微信活动直接链向活动官网；⑤ 优惠性活动，如聚美优品专场活动。

（4）模式4：内容营销，用好的内容增强粉丝黏性。内容包括趣味性文字，漫画，视频，音乐。比如"呼呼收音机"公众账号是昆塔微电影盒子总动员的官方账号，主要特点是针对孩子妈妈，为她们提供原创的小儿故事，以音频形式推送，得到妈妈群体的喜爱。

（5）模式5：定制服务，为目标人群提供最大的便利。它主要借助微信提供的关键词自动回复功能，当目标消费者有相关需求并通过微信发送，系统会根据关键词为粉丝推送最恰当的服务。代表性案例是FM93交通之声，这是一个交通电台，目标人群是司机，司机一般希望通过电台来知道路况、违章情况、天气等。这些需求就可以通过微信定制实现。

（6）模式6：智能陪聊，凸显品牌亲民的一面。这种模式有别于人工陪聊，是通过建立起庞大的关键词库，并在每个关键词下设置一组或者多组轻松幽默的句子，来满足粉丝聊天的需求。让粉丝看到品牌亲民的一面。代表性案例是人人网的小黄鸡，当粉丝去"调戏"小黄鸡时，会得到各种拟人的回应。粉丝在围观调戏的同时，加深了对品牌的印象。

（7）模式7：群组俱乐部，培养最忠实的粉丝圈。比如某一品牌通过线上线下的活动，将最喜欢自己品牌的粉丝加入一个群组里，形成俱乐部形式，在群组里，这些粉丝有普通粉丝难以得到的某些特权，比如形象大使。这个群里所有的粉丝会肩负起宣传品牌的责任。

（8）模式8：多屏互动技术，微信成为一屏。以汽车为例，利用多屏互动技术，可以将微信跟PC接通，通过重力感应等技术实现微信操控PC端表现。比如通过微信摇一摇等，可以看汽车内外观或者全景。

（9）模式9：线上活动+App类优惠券+线下优惠券门店消费。这种模式以吉野家、麦当劳这种有门店类的品牌最为适用。通过微信举办线上活动，通过开发App生成优惠券，消费者可以用优惠券到线下门店消费。

（10）模式10：微信会员卡，实现会员营销。传统会员卡有物料成本而且不好发放，而微信可以不用担心这些。深圳海岸城微信促销活动中，顾客扫描商家二维码，便能够得到一张会员卡，会员卡存储在顾客的微信账号当中，在消费时用它便能够得到特定商家的会员折扣服务。商家通过微信获得精准目标人群，推广成本不高，对实现品牌口碑和用户量的长期积累颇有好处。

（11）模式11：位置+优惠券，去最近的门店消费。微信的位置功能是O2O得以实现的利器。以北京某美容连锁机构为例，消费者可以把自己的位置发送给该机构的微信，机构会反馈到离消费者最近的门店，消费者可以在线领取优惠券，去门店消费即可。

（12）模式12：附近的人+二维码。微信可以查看附近的人，商家可以将优惠信息放在介绍里，当消费者看到优惠信息后可以凭扫描商家二维码关注微信方式获得优惠。

（13）模式13：朋友圈电商+分享。微信支付功能的开通，使朋友圈电商成为可能。靠朋友的口碑推荐，在朋友圈也能售卖服务，成功案例是沪江网校。同时鼓励消费者将优惠券等分享到自己的朋友圈里，朋友也可以通过优惠券获得相同的优惠，会加大促销的力度以及宣传层次。

4. 媒体报道

虽然有些关于企业及其服务的媒体报道是企业的公关行为，但是广播和印刷媒体通常会自发性报道。除了关于企业及其服务的新闻报道，还有其他多种形式的社论。调查性的记者可能对企业展开深度报道，特别是当他们认为企业对消费者构成危害、欺骗顾客、刊登虚假广告或者剥削消费者的时候。有些专栏记者还专门帮助那些投诉无门的消费者解决争端。

负责消费者事件的记者通常会对比互相竞争企业所提供的不同服务，指出各自的优势和劣势，为消费者提供"最佳购买"建议。比如创刊于1985年的《中国消费者报》，其办报宗旨是：维护消费者权益，引导消费者合理消费。积极宣传国家的方针政策，经常反映各地执法部门和消费者组织开展保护消费者权益工作的情况，反映广大消费者的意见、呼声和要求，针对消费者普遍关心的热点问题及日常消费需求，进行各种知识宣传，充分报道市场动向和各种商品和服务信息。除此以外，《中国消费者报社·旅游驿站》每周五出版，为旅游单位出谋划策，为游客（旅游消费者）提供出行参考，维护广大游客合法权益，引导游客科学旅游消费。为广大游客、旅行社及旅游景区之间的沟通，架设桥梁。

13.3 顾客教育

如前所述，顾客必须恰当地扮演他们的角色才能使服务更有效。如果顾客忘记自己的角色或者扮演角色不恰当，就可能导致失望。出于这种原因，服务型企业应当积极地通过与顾客交流沟通来进行顾客教育。

13.3.1 让顾客了解服务的过程

企业可以通过提前让顾客了解服务过程的方法，避免顾客在服务中慌乱不堪或是一头雾水。一些较为新颖或流程复杂的服务更需要提供细致的指引。比如，第一次下载的软件如何操作使用；新生入学报到必须办理哪些手续，时间、地点和必需的文件有哪些；对于初次乘飞机出行的旅客，从何处乘坐机场巴士、如何缴纳机场建设费和税金、何时检票、在何处登机、在何处提取行李，等等。

13.3.2 使顾客了解符合标准的服务绩效

很多时候，当服务提供者提供服务时，甚至是提供有明确要求的服务时，都没能向顾客传播关于服务绩效的信息。当他们没能进一步向顾客传播他们通过服务达到顾客需求的绩效信息时，这种情形将阻碍他们获得服务信用。这种情况一般在下列一种或几种条件下产生：顾客没有能力对服务的有效性进行评价；顾客购买的决策人不是使用人；顾客无法观察到服务的过程。

顾客不具备评价服务的有效性的能力，通常是因为他没有经验或服务的技术性太强，这种情况下，服务提供者很难通过向顾客讲解具体的服务行为来帮助他们理解，因为这些内容对于消费者来说太过复杂。在这种情况下，服务提供者可以将具体的服务行为用顾客容易理解的语言或方式表达。一位帮助顾客解决事故相关的医疗和经济问题的人身伤害案律师，需要用顾客可以理解的方式传达服务相关过程信息，以使顾客认识到其尽责完成了相关法律服务。

当服务购买的决策者与使用者不同时，决策者与使用者对服务满意的评判可能存在很大的差异。例如，企业信息技术产品和服务的采购中，决策者（信息技术部经理或类似岗位上的某个人）了解服务承诺并决定采购，但如果使用者没有参与购买过程，他们就可能不了解该项服务的相关承诺，也因此可能会对服务不满。

顾客往往不了解为了提供优质服务，企业在背后都做了哪些努力。多数服务在对顾客产生价值之前，需要很多无形的准备工作以支持服务的完成。例如，医生总是需要通过对检查结果的诊断来排除可能的病因。当检查结果是积极的时候，医生可能就不会向患者提及这项检验的用意和过程。许多美发店都保证在发型、持久性、颜色处理等方面让顾客满意，然而很少有企业会在营销中传播此类信息，原因是他们认为顾客知道这一点。当顾客对服务的质量不能确定时，能够向顾客传播服务质量保证信息的商家更容易成为顾客的选择。使顾客了解服务标准或为改进服务所做的努力可以提高顾客对服务质量的感知。

13.3.3 建议顾客避开高峰选择低谷

在服务场所，长时间的等待会导致顾客烦躁、不满，进而降低对服务水平的评价，甚至传播负面的口碑等。然而服务型企业的供应能力在短期内是一定的，尽管企业可以通过道歉或是赠送小礼品等方式来缓和顾客的不满情绪，但让顾客事先了解企业的需求峰谷、从而自觉避开高峰往往会更有帮助。为此，服务型企业可以向顾客提供一张时间表，注明企业的繁忙时间和空闲时间，给出顾客接受服务的时间建议，并鼓励顾客多在需求低谷期光临企业。

13.3.4 销售后明确期望

销售人员更倾向于在销售服务时提高顾客期望而不是向顾客传递公司实际能提供服务的相关信息，因为这样可以使销售人员从中获取更多的激励和奖赏。解决这一问题的方法就是，在完成服务销售后、提供服务之前，就与顾客沟通并明确真实可行的服务承诺以免在将来使顾客失望。

13.4 服务营销沟通的整合

服务营销沟通有多种工具，因此，根据公司的沟通预算与沟通目标，需要将各种沟通工具进行整合使用。如图13-3所示，服务营销沟通的整合主要分为三个部分，即制定整合服务营销沟通计划、整合服务营销信息设计以及整合服务营销沟通效果评价。

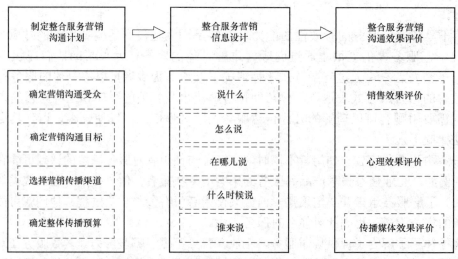

图13-3 整合服务营销沟通的基本过程

13.4.1 服务营销沟通的目标受众

营销宣传人员首先要做到对其目标受众了然于胸。目标受众可以分为三大类：潜在顾客、使用者和员工。其中每一类还可做进一步细分。由于服务营销人员往往事先并不知道谁是潜在顾客，他们通常采取传统的营销沟通组合工具，如媒体广告、公共关系以及使用购买的顾客清单进行直邮或电话促销。相比之下，企业可以运用更加节省成本的渠道同现有顾客进行沟通，包括人员推销、销售点促销以及服务过程中的信息传递等方式。如果企业为顾客提供会员服务，并且顾客数据库中记录了顾客的联系方式，企业就能够通过直邮、电子邮件或者电话等更有针对性地传递信息。这些渠道是对现有渠道的补充、加强或替代。

员工是大众媒体二级受众。精心设计的服务营销沟通活动不仅对顾客有用，对员工（尤其是一线员工）也有激励作用。特别值得一提的是，这些活动对规范员工行为有很大的帮助，因为员工可以从广告中了解企业对于顾客的服务承诺。然而，这样做也有一定的风险，有可能使员工形成玩世不恭的态度，特别是当企业沟通的信息中宣传的服务表现在员工看来是不现实的，甚至是不可能实现的时候，员工的积极性反而会受到伤害。针对员工进行沟通通常是企业内部营销活动的一部分，通过企业的内部渠道进行，因此顾客无法了解。

13.4.2 服务营销沟通的目标

营销人员需要明确服务营销沟通的目的，否则将难以确定沟通目标并选择合适的沟通工具来实现这些目标。在整合服务营销沟通过程中，确定传播目标和定位是整个活动的起点，沟通目标和定位要充分体现服务型企业的发展战略以及营销职能战略思想及方向。

沟通的目标既有战略层面的目标，如建立品牌态度、创造品类需求；也有策略层面的目标，如打造品牌知晓度和影响品牌购买意愿。因此，服务营销沟通的目标往往是综合的、多层次的，既能与服务型企业发展战略及营销战略保持高度一致，又是对市场竞争现状下顾客需求的及时反应。

1. 创造品类需求

一组行业专家统计的新品类消亡的概率数据显示：60%的好莱坞电影无法收回成本，70%的计算机系统升级项目是失败的，80%的风险投资项目是不成功的，90%的高科技创新项目是会消失的。由此可见，创造品类需求对于服务型企业来说，非常重要却也十分困难。需求是一门学问，品类探索者需要具有非常强的洞察力和敏感性。从需求角度来思考现实的问题。由此基于需求创造出来的新产品或解决方案，顾客将无法拒绝，竞争对手无法复制，如海底捞、顺丰、小杨生煎，等等，这些都是基于顾客需求进行的新产品、解决方案创新。

2. 打造品牌知晓度

品牌知晓度是指消费者知晓品牌是否存在的程度。品牌知晓度表达了消费者在他们的大脑记忆里追溯特定品牌属性的能力，表现在辨认品牌的正确性以及回忆品牌的容易度与清晰度上。品牌知晓度越高，消费者在特定产品类别的众多品牌中能优先想起这个品牌的概率就越高，则此特定品牌商品获得消费者青睐的可能性也就越高。尤其在低涉入的消费情境中，过去曾有许多研究证明此时消费者挑选商品和服务的依据，很大程度上是根据品牌知晓度来决定。比如提到快速邮寄，第一个想到的是顺丰；提到社交软件，最先想到的是微信和 QQ；提到购物网站，最先想到的是京东和淘宝。都是因为这些企业通过各种营销手段建立起了品牌与消费者之间的桥梁，具有更强的竞争力。

3. 建立品牌态度

品牌态度是指消费者通过学习和强化习得的以一种喜欢或不喜欢的方式对品牌发生反应的习惯性倾向，是形成消费者的品牌行为（如品牌选择）的基础，表现了消费者对一个品牌的总体评价，是最抽象但又是层次最高的品牌联想。服务型企业需要建立起的品牌态度主要包括认知、情感、行为倾向三种成分。认知成分是消费者对品牌的有关要素（尤其是感知质量）的评价，是消费者的品牌知识、对品牌的信念和印象的总和，是品牌态度的有意识思考的部分。情感成分是情绪以及喜欢与否的感觉，并不总以客观事实为基础。行为成分是消费者行为的准备状态，表现为对品牌的趋避反应，是消费者行为意图，但还不是真正的行为。品牌态度的这三种成分通常是一致的，但有时也会出现矛盾。

（1）理性满足。随着经济的发展，以消费者为核心的买方市场逐渐占据主导，消费者的需求也呈现多样化、多层次形态。为了实现企业盈利增加、持续发展，必须使消费者在购物、体验时实现理性满足。首先要帮助消费者解决问题，比如不少购物中心利用全面覆盖的高速WiFi网络、智能停车系统、手机一键导航导购、电子会员、智能App、微信公众号，解决了消费者线下购物时时间与空间的限制，使消费者得以实现随时随地的互动交流。其次要避免消费者在服务体验中产生问题，影响企业在消费者心目中的形象。比如淘宝曾推出虚拟试衣功能，让消费者在购买衣物、配饰前先进行"虚拟试衣"，避免买到不合适的产品影响购物体验。

（2）感官满足。所谓感官满足是指企业经营者在市场营销中，利用人体感官的视觉、听觉、触觉、味觉与嗅觉，开展以"色"悦人、以"声"动人、以"味"诱人、以"情"感人的体验式情景销售，其诉求目标是创造知觉体验的感觉，让消费者参与其中并有效调动消费者的购买欲望。相比于男性，女性在感官上具有相对优势：触觉上更细腻，味觉上更敏感（女性比男性拥有更多的味蕾数量）；同时，女性的消费心理也偏向于感性，因而感官满足更容易对女性消费者产生诱惑力。比如在女装店里喷洒香水，给奶茶店设置典雅的装修主题与颜色，常常会对销售产生出其不意的效果。

（3）社会认可。随着经济和社会的进步，企业不仅要增加盈利，更要承担相应的社会责任。我国企业目前有7项社会认同标准：明礼诚信、科学发展、可持续发展、保护环境、发展慈善事业、保护职工健康、发展科技。为应对2020年年初的新冠肺炎疫情，碧桂园集团主动担当社会责任，在捐赠1亿元设立首期抗击新冠肺炎疫情基金的基础上，通过国强公益基金会追加捐赠1亿元人民币，设立二期抗击新冠肺炎疫情基金，采购抗疫急需物资运往一线。

（4）自我满足。近年来消费者的消费方式和消费原因发生了显著变化，特别是中国消费者现在更加自信。新生代消费者不再满足于那些大众品牌，而是需要足够独特的、能够让自己显得与众不同的品牌。自我定义的幸福感已经替代传统上对成功的定义（即财富和地位），成为人们新的追求。在此背景下，不少企业开始将实现消费者的自我满足作为营销传播的目标。比如，自由自在跨境商城结合线上线下全渠道为消费者提供愉悦的购物体验。一方面，自由自在实体店根据业态、消费者需求，设置独特的商品陈列和门店装修风格，营造轻松购物环境，让消费者在休闲购物时光里，享受视觉和心灵上的舒适感；另一方面，消费者可以通过自由自在网上O2O购物平台和移动端微商城进行线上下单购买，享受线下配送服务，满足便捷购物需求。

4. 影响品牌购买意愿

购买意愿即消费者愿意采取特定购买行为的概率高低。购买意愿是指消费者购买某产品的可能性,消费者买到适合自己某种需要的商品的心理倾向,是消费心理的表现,是购买行为的前奏。促销是产品营销中提升消费者购买意愿的重要手段,随着服务产业的发展,服务型企业也需要借助促销手段吸引消费者注意。常见的促销方法可分为以下 7 类。

(1) 价格/数量促销。许多餐厅在刚刚开业时,会有折扣优惠政策,"情人节"等节日时会推出特价套餐;购物网站"双 11"时也会推出满减活动来吸引消费者购买。

(2) 优惠券。不是直接提供价格折扣,而是以三种形式让消费者获得折扣券:① 印刷在报纸、杂志或第三方支付平台上;② 提供给最初购买者的同来顾客,比如 "两人同行一人免费";③ 在消费者消费的基础上提供其他服务优惠,比如美容院规定购买套餐一,即可半价购入套餐二。

(3) 签约返利。适用于会员制的服务型企业,如教育机构、健身房、美容院、电影院等,签约费可以减免或者抵扣消费费用。

(4) 未来折扣。通常适用于经常使用某服务型企业的消费者,如酒店、航空公司的顾客。服务型企业用这种方式来刺激消费者保持品牌忠诚度,避免消费者选择竞争品牌。比如航空公司向顾客发放不同等级会员卡,等级越高享受折扣越大。

(5) 样品赠送。为消费者提供了使用服务的机会,比如许多健身机构会为消费者提供一次免费课程。

(6) 礼品赠送。这是促销最为常见的手段,可以为无形服务增加有形要素,促进消费者购买意愿。比如 KEEP 健身 App 用户使用达到某一等级会为会员赠送钥匙扣、公仔玩偶等。

(7) 有奖销售。服务型企业可以规定顾客消费即可抽奖,或是按顾客消费额设定抽奖次数。这种方法提高了消费者的参与度,同时为消费者做出购买决策提供了刺激因素。

13.4.3 设计信息

1. 说什么(信息内容)

服务营销人员必须发掘一种可以满足消费者诉求的主题。

(1) 理性诉求。服务营销信息向顾客表明产品与受众的自身利益相关,将产生预想的好处,例如,表明产品的质量、经济和价值的广告信息。因此,唯品会在它的广告中称自己为"一家专门做特卖的网站",展现了其区别于其他网购品牌的"零库存"的物流管理以及与电子商务的无缝对接模式。

(2) 感性诉求。试图激起能够调动购买的负面或正面情绪。服务营销人员可以使用诸如爱、幽默、自尊心和喜悦等正面情绪吸引力,或者可以使用恐惧、罪恶和羞耻等信息来促使人们做他们应当做的事情(如健康饮食、定期检查身体等),或者阻止人们做不应该做的事情(如吸烟、酗酒、食用肥腻食品等)。比如太平洋保险的广告语,"平时注入一滴水,难时拥有太平洋",引起消费者对"难时"的轻微恐惧,意识到购买保险产品的重要性。

(3) 道德诉求。指向受众的是非感,常用于激发人们支持公益事业,如更加清洁的环境、更好的人际关系、男女平等以及帮助穷人等。比如每年春节期间中央电视台推出的"回家""团圆"相关主题的公益广告,就是满足道德诉求的典型例子。

2. 怎么说(信息结构及格式)

服务营销人员还需要为广告信息建立一个健全的结构和格式。对于报刊广告,服务营销人员必须确定标题文字、说明、插图和色彩。为了吸引注意力,广告人员可以使用新颖独特的设计和强烈的对比；醒目的照片和大标题；特别的格式，信息多寡和位置；以及色彩、形状和情节。如果信息要上广播，服务营销人员必须选择措辞、声调和嗓音。银行业服务的播音员的声调应当与宣传优质家具的声调有所区别。如果信息要上电视或亲自发布，那么所有这些因素外加人体语言都需要明确。主持人有意使用某些面部表情、手势、服饰、姿势以及发型。如果信息要登在有形物品上，传播人员必须选定质地、香味、色彩、尺寸和形状。

3. 在哪儿说

服务型企业必须结合自身特点和所处的特定环境，选择合适的位置进行服务营销沟通策略的优化组合。以近年来大热的服务"快闪店"为例，首当其冲的难题就是"活动选址"：快闪店开在哪几个城市，每个城市开几个点位，开在商场还是写字楼，活动周期要多久？一般而言，好的活动位置就意味着其背后固定可观的人流基数，这是传统营销时代延续至今并且无法被轻易改变的法则之一。要想获得更好的活动效果，更高的投入产出比，位置的选择是至关重要的一个环节。以挑选杭州商圈为例，未来科技城商圈是新兴商圈，以互联网从业人员为主，他们工资高对生活品质要求也高；湖滨商圈人流量最大，但以年轻人和旅游人群为主，不是常住人口。不同商圈客群不同，做服务营销沟通，有面向的目标客群，在商圈层面的选择上应考虑更贴近目标群体，让"从周边商圈为活动引流"事半功倍。常用客群画像包括：性别、年龄、消费能力、品牌偏好等。

4. 什么时候说

俗话说，"机不可失，时不再来"，这句话充分说明了时机的重要性。在进行服务营销的过程中，如果能够抓住时机、利用时机，那么就会取得事半功倍的效果。在这个过程中，一定要注意，时机一定要顺应消费者的需求和市场、社会形势的变化，主要把握以下5种有利时机：① 举行行业交流会、座谈会、招待会、宴会等时，企业可以利用这个时机来进行公关传播沟通；② 出现大型社会事件时，企业可以利用该事件进行事件营销；③ 推出新产品、新服务、新技术时，企业可以利用该时机进行公关传播；④ 当政府或其他行政单位倡议某种社会行为时，企业可以利用该时机进行公关传播，比如说赞助某项活动；⑤ 当出现危机时（危机即危险中的机会），企业可以利用该时机好好公关。

5. 谁来说（信息源）

无论是个人还是非个人，宣传广告信息对目标受众的影响还取决于受众如何看待服务营销人员，通过相当可信的来源传达的信息更有说服力。例如，医药公司要让医生们谈谈它们的产品的益处，因为医生是相当可信的人物。许多食品公司把宣传促销瞄准医生、牙医和其他提供健康保障的人员，从而激发这些职业人士向患者推荐他们公司的产品。服务营销人员还雇用著名的演员、运动员甚至漫画形象来传达他们的营销信息。比如，姚明成为中国人寿首位全球形象代言人。

13.4.4 选择传播渠道

1. 个人传播渠道

通过个人传播渠道，两个或更多的人直接互相交流，他们可以面对面、通过电话甚至通过邮件交流。因为个人传播渠道考虑个人的反馈，所以效果良好。

服务产品的一些个人传播渠道直接由企业控制，另外一些个人传播渠道，可以不受企业直接控制。

个人影响对于那些价格昂贵、风险大的产品来说很有价值。例如，整形服务的购买者经常直接向有整形经验的人讨教，而不会受到大众传播的影响。

企业可以采取措施使个人传播渠道为其服务。例如，它们可以制造舆论向导以优惠的条件向某些人提供这种服务。例如，它们可以与诸如本地有名的播音员、网络红人和当地话语领导者等的有影响力的社区成员进行合作，它们还可以在广告中利用有影响力的人进行传播。

2. 非个人传播渠道

非个人传播渠道是不通过个人联系和反馈来传播信息的渠道。这种渠道包括主要媒体、氛围和活动。主要媒体包括报刊媒体（报纸、杂志和直接邮件）、广播媒体（广播、电视）以及展示媒体（广告牌、招牌和招贴画）。氛围是特别设计的环境，可以建立并增强买主购买某一服务产品的倾向。因此，律师事务所和银行的设计要考虑传达顾客可能看中的信任和其他信息。活动是安排好的事件，向目标受众传达信息。例如，公共关系部门安排记者招待会、首场音乐表演和展览、公共旅行以及其他活动。

个人传播直接地影响消费者决策，大众传媒间接地影响消费者决策。传播首先从电视、杂志和其他大众传媒流向舆论向导，然后再从舆论向导流向其他人。因此，舆论向导站到了大众传媒和观众之间，并且把信息传播到那些较少接触传媒的人。这一点表明，大众传播人员应当直接传播信息给舆论向导，让他们把信息传播给其他人。

13.4.5 制定整体传播预算

制定整体传播预算主要有 4 种常用方法：财力承受法、销售额百分比法、竞争均势法和目标任务法。

1. 财力承受法

有些企业使用财力承受法，这些企业根据其财力所能承受的水平，制定其营销传播预算。小型企业经常使用这种方法，原因是企业不可能花承受不起的费用去做广告。它们首先算出总收入，再减去运作费用和投资，将剩余资金中的一部分用来做广告。尽管财力承受法可能导致广告花销过大，但其结果往往是花费不足。

2. 销售额百分比法

另外，一些企业使用销售额百分比法，即以目前的或预计的销售额的一定百分比制定其营销传播预算。或者，它们按照单位售价的一定百分比制定营销传播预算。销售百分比法有它的优势，它使用起来简单，可以帮助管理层明确促销开支、销售价格和单位产品利润之间的关系。

尽管销售百分比法有上述优势，却很难证明它是正确的，它错误地把营销传播视为销售额的结果，而不是原因。预算根据可使用资金的多少，而不是根据机会做出。这种方法可能不利于增加开支来扭转销售下降的情况。因为预算会随着年度销售额而不断变化，所以很难做出长期计划。最后，这种方法并没有选择具体百分比的标准，只不过是依据过去的经验或者参考竞争对手的做法。

3. 竞争均势法

还有一些公司使用竞争均势法，即根据竞争对手的营销费用水平制定本公司的预算。它们密切注意竞争对手的广告，或者从出版物或行业协会那里获得本行业的营销传播费用估算，然后再根据本行业的平均水平制定其预算。

主要有两个论点支持这一方法：① 竞争者的预算代表本行业的集体智慧；② 与竞争对手花费一样可以防止促销大战。不幸的是，这两个论点没有一个是合理的。公司应当花费多少用于营销传播，各个公司情况大不相同，各自有其自己的营销需要。最后，没有证据可以证明，根据竞争均势做出的预算可以防止促销大战。

4. 目标任务法

最合乎逻辑的预算制定方法是目标任务法，即企业根据它运用营销传播组合所想达到的目标制定其预算。这种预算法包括：① 明确具体的传播目标；② 确定要达到这些目标所需要的任务；③ 估计完成传播任务所需的成本。这些成本之和就是所得到的促销预算。

目标任务法是最难运用的方法，因为常常很难搞清楚哪些具体任务可以达到具体的目标。

13.4.6　评价与反馈

对于整合服务营销沟通而言，评价沟通计划及其实施最终成效的核心标准就是沟通效果。整合服务营销沟通效果的评价涵盖销售效果、心理效果和媒体效果三方面。

1. 销售效果评价

整合服务营销沟通的销售效果评价主要采用计量经济学和时间序列的方法进行，是建立在服务型企业的经营结果与服务营销传播投放之间的时间序列关系，能够明确哪些服务营销传播投放产生了效果，进而对整合服务营销沟通的效果进行评价，并指导服务型企业的后续沟通活动。

关注销售效果评价的学者强调，虽然顾客的态度在传播效果测量中非常重要，但是顾客的态度往往存在于一个"黑箱"里，只有销售状况才是可见的，因而对直接销售效果的测量才是整合服务营销沟通效果评价的核心。此类测量包括长期和短期的效果测量、总体和个体的效果测量。因变量主要有销售收入、市场占有率、品牌选择、广告弹性等，自变量主要有信息展露数量、广告及传播频次、传播费用、总视听率等。

2. 心理效果评价

整合服务营销沟通的心理效果评价是指评价服务型企业在整合服务营销沟通前、沟通中和沟通后顾客对服务及品牌的认知、态度、记忆、行为的变化，从而达到事前、事中和事后控制的目标。沟通心理效果评价与沟通销售效果评价遵循完全不同的逻辑，后者主要关注营销沟通投放和营销结果之间的计量经济关系，前者则是打开计量经济关系中的"黑箱"，了解并评价顾客的认知过程。整合服务营销沟通的心理效果评价主要包括单一广告的心理效果评价和综合心理效果评价两类。

1）单一广告的心理效果评价

单一广告的心理效果评价可以按照顾客处理模型进行操作。服务型企业首先需要考虑如何向顾客曝光信息，然后是如何引起顾客注意、理解、记忆和提取信息。根据顾客处理模型，首先需要测量的是顾客是否注意到整合服务营销沟通过程中的关键信息，然后测量顾客是否理解信息，是否记忆信息，是否在消费场所提取信息并产生行动。典型的问题包括：您是否看过这个广告？您读了广告中的哪些内容？这些内容是否对您的消费带来帮助等。

对单一广告而言，事前、事中和事后的心理效果测试可以从以下 6 个方面进行设计。

（1）注目度。主要测量目标顾客是否注意到服务型企业所传播的信息。

（2）识别度。主要测量目标顾客注意到广告或其他传播方式后能否很好地识别出服务、品牌及其他相关线索。

（3）感染度。主要测量广告及其他传播方式对目标顾客的影响力以及后续的态度变化。

（4）理解度。主要测量目标顾客是否理解传播信息，是否能够在理解的基础上复述或加工传播信息。

（5）记忆度。主要测量目标顾客是否记住了传播信息，是否能够在短时间内提取传播信息的基本内容。

（6）促购度。主要测量顾客对服务产品的购买意愿。

2）综合心理效果评价

综合心理效果评价是指从顾客心理角度综合评价服务营销沟通活动所产生的效果。一般来说，综合心理效果评价需要进行事前和事后的测试，以比较传播前后相关数据的变化，进而评价整合服务营销沟通活动是否产生了相应的效果。由于品牌反映了服务型企业市场运营的综合效果，因而综合心理效果评价大多数是测试整合服务营销沟通所带来的顾客品牌认知、品牌态度和品牌购买意愿在传播前后的变化。

在进行整合服务营销沟通的综合心理效果评价时，主要使用的指标包括以下 4 个。

（1）服务品牌的知晓度。该测量主要通过比较整合服务营销沟通前后的"有提示/无提示品牌提及率"来了解品牌认知的综合变化。

（2）服务品牌知识。通过测量服务品牌的熟悉度来了解顾客服务品牌知识的变化。一般而言，顾客服务品牌知识水平较高时，进一步提升整合服务营销沟通的效果将会有更大难度。

（3）服务品牌认知。一般通过开放式问题的编码方式进行测量，让顾客列出对服务品牌的所有想法，然后在一定编码规则下将这些定性数据转化为定量数据。

（4）服务品牌态度。主要通过"是否喜爱某品牌"等问题来进行评价，服务品牌态度对服务消费意愿和行为有重要影响。

（5）服务品牌信任。主要通过"是否相信广告或其他传播渠道中服务品牌相关信息或承诺"等问题来进行评价。

（6）服务消费意愿。可以作为综合心理测量的重要结果变量，一般运用"是否愿意消费或推荐消费某品牌的服务"等测量问题来进行评价。

除了测量服务品牌认知的变化，服务型企业还可以通过前后测的方式测量整合服务营销沟通对顾客满意和顾客忠诚的影响。研究表明，当服务型企业的知名度和品牌形象提升时，服务品牌形象的改变会影响对服务价值的评价，进而使顾客满意和顾客忠诚发生变化。因此，服务型企业可以通过对顾客满意和顾客忠诚的评估，间接地评测整合服务营销沟通的影响。

3. 媒体效果评价

整合服务营销沟通的媒体效果主要是指在传播过程中信息触达顾客所产生的效果。媒体效果的评价不但需要测试触达的数量和质量，还要评估触达顾客的成本。传统的媒体效果评价的测量指标主要有：触达率、触达频次、总视听率、每千人成本等。在新兴媒体环境下，每点击成本、每行动成本、每人成本、每销售成本逐渐成为媒体效果评价的核心指标。事实上，服务型企业在整合服务营销传播过程中，如果没有任何信息触达目标顾客群体，那么不会产生任何的营销效果。因此，传播信息触达水平是衡量媒体效果的重要指标。相关的测量指标主要有以下4个。

（1）触达率。触达率是指一定周期内传播媒体到达目标受众的百分比。触达率并不计算重复接触信息的次数，也就是说一个受众最多只能够计算一次，它是一种适合所有媒体的效果测度指标。其中，有效触达率是指一定周期内传播媒体到达目标受众3~10次的百分比。

（2）触达频次。触达频次是指一定周期内曝光于特定媒体的重复受众数的总和，它反映每一个接触到信息的受众接触信息的频次。

（3）总视听率。总视听率是指一定周期内曝光于特定媒体的重复受众数的总和。总视听率不仅包含触达人群的比率，也包含触达的频次。例如，一个信息在各类媒体上带来30%的触达率；同时，每一位触达受众看到信息的次数是2次，总视听率即为60%，包含有重复和无重复所有触达次数带来的触达比率。因此，总视听率=触达率×触达频次。

（4）每千人成本。每千人成本是指一个媒体每传递1 000人或家庭所需要付出的成本，是通过传播成本除以触达量，再除以1 000计算所得。

课后思考

1. 服务营销沟通区别于其他营销沟通的本质特点是什么？
2. 营销沟通组合包括哪些要素？
3. 如何进行有效的顾客教育？
4. 如何确定服务营销沟通的目标？
5. 结合实例，谈谈你所熟悉的服务型企业运用的服务营销沟通工具。

讨论案例

快手的整合服务营销沟通

当提到快手的时候，你会想起什么？短视频、网红、老铁、趣味内容……当然，还有作为头部短视频平台的丰盛流量。据快手大数据研究院发布的《2019快手内容报告》显示，快手日活跃用户量在2020年初已突破3亿元，快手App内有近200亿条海量视频；2019年，有2.5亿人在快手平台发布作品，平台累计点赞超过3 500亿次。而这样可观的用户规模和流量，是快手在助力品牌传播营销上的独家资源池。

2019年，快手与成都美食基地"宽窄巷子"合作，开启了一场盛大的"筷味江湖"狂欢节。线上，从充满成都味的沙雕预热视频开始，火锅、烤肉轮番出镜，将"每顿饭都值得用心对待"的概念传达给每位观看者。随着数十位网红的爆款视频的推出，关于"美食"的风暴在慢慢酝酿。伴随着快手在宽窄巷子设置的"巨型火锅"，热度落地到了线下。快手推出的"火锅英雄挑战赛"项目，通过魔法表情等互动游戏，带领游客玩转宽窄巷子，并以快币作为激励机制。线上线下联动，为"宽窄巷子"数十家美食店铺种草和引流，直播、短视频等渠道，为成都本地特色美食街区带来了新风尚。

同样是通过在平台最易传播的红人短视频和趣味短视频预热，快手推出了老铁专属新玩法"寻找中国福娃"。由支付宝品牌官方账号引领，超过70家品牌新快手账号联合，用户参与即有机会被抽取成为中国福娃，获得各大品牌联手送出的超级大奖。数十位快手红人全程助推活动，粉丝覆盖1.8亿人次，而快手开屏页面和信息流的投放，将活动精准推入更广大的快手用户群体中。简单易操作的互动方式吸引了超过520万人次的参与，这些从网红私域以及平台公域引流而来的用户，被品牌账号阵地沉淀留存，成为其宝贵的社交资产。据悉，支付宝官方账号7天粉丝增长超15万人。年货送达当天，湖南经视主播安琪、航拍师隔壁老王、辣妈不踩雷三个快手主播兵分三路实时直播，手机小屏联动电视大屏，将全村的喜悦传达给超过500万网友，获得点赞数超300万人次。

从"筷味江湖"到"寻找中国福娃"，快手平台展现了在资源整合上的强大力量。一方面，将快手网红个人的私域流量和开屏、媒体矩阵投放带来的公域流量打通，完成了声量短时间内的快速叠加和转化；另一方面，内部声量的溢出加上与外部微博等社交平台的合作，让品牌项目在跨平台的网站上有了姓名，吸引站外媒体的主动报道，成功"出圈"。

除了声量叠加，快手长期形成的"老铁文化"也功不可没。"筷味江湖"，出动了@大胃王浪胃仙、@麻辣德子、@吃瓜少女魏淑芬等30位美食领域垂直网红助力，他们本身在美食领域就有深厚的内容积累和用户积淀，在美食领域拥有很高的亲和力和号召力，他们的粉丝群体也正是对美食餐饮最为有兴趣的人群。同时，这些通过网红种草了宽窄巷子美食的快手用户，在前去线下打卡就餐后，也会继续将自己的"美食之旅"短视频分享到平台相关标签下，反过来成为"筷味江湖"IP的内容创作者，这也是对项目的二次甚至多次传播，一起将其辐射到了更广的范围。7天内，快手用户在"筷味江湖"标签内生产了超过50万的优质UGC作品，播放量破1.74亿。

在"寻找中国福娃"项目里，快手老铁们仍然扮演了重要角色。数十位知名快手网红在自己的私域流量池中发布轮番活动信息，覆盖预热、启动、进行、结束的每个环节，带领着粉丝将活动推向高潮。"寻找中国福娃"活动内容——"抽取1名幸运老铁成为首位'中国福娃'，其所在的村/小区将成为'五福村'，全村/小区以户为单位平分6.66吨年货"的设置，从锦鲤升级而来，本身就充满了快手品牌"人情味"的特征，由地域建立起来的人情关系网络在快手的用户群体中认可度极高。尤为特殊的是，此次与"中国福娃"苗族小伙吴扬林共享年货的村庄，正属于湖南未脱贫的19个贫困县之一。借助于"寻找中国福娃"活动契机，快手继续发挥互联网新兴应用精准扶贫的"造血"能力，为当地特色农产品的销售打开了知名度，将参与性、趣味性、普惠性充分结合，送出的是属于快手老铁的独家"温暖"。

继承了长期以来的用户积淀及其独特的传播模式，快手老铁文化已经自成一体。快手作为记录平台，长期坚持降低门槛，为普通人提供记录和分享生活的渠道，平台注意力资源偏向于去中心化、去头部化。由人工智能算法基于相同的兴趣链接而成的用户，彼此之间拥有天然的认同，他们形成了一个个互动氛围良好的"老铁社区"，无数小社区，又汇聚成大的社交圈层。所以，快手网红老铁，相比于其他社交平台，在关注者当中有着更高的黏性和号召力，这正是快手品牌壁垒中独一无二的部分，能够随时为品牌营销的项目提供内容和传播渠道上的加成。可以说，快手网红老铁打破了屏幕内外的壁垒，发酵活动热度的同时，构建了"品牌+平台+网红+用户"的内容生态圈，"人+内容"的网红营销生态正在深度覆盖网红—粉丝—普通用户的全路径。

快手的商业化道路正在加速，通过"筷味江湖"和"寻找中国福娃"品牌营销、IP塑造案例，快手正在不断向外界证明平台的流量能力、互动能力和内容创造能力。而它们的特殊之处在于，这样的模式是可复制的。无论是前期策划开启、中期内容发酵，还是后期的线上线下结合落地，都是依托快手现有的独有的内容生态和分发规则，拥有很强的重复操作性。快手，已经准备好为未来更多的品牌提供营销助力。

案例思考题

1. 运用整合服务营销沟通的相关理论，探讨快手是如何在竞争激烈的短视频市场中成功"出圈"的？
2. 快手的整合服务营销沟通实践，彰显出整合营销服务沟通哪些新特征？
3. 快手的整合服务营销沟通案例，为我国短视频行业优化服务营销沟通效率提供了哪些启示？

第6篇　服务价值维护与提升

第14章

服务失误与服务补救

学习目标

1. 服务承诺的概念及特征；
2. 顾客对服务失误的反应及选择；
3. 顾客投诉的类型及应对措施；
4. 顾客对有效服务补救的反应；
5. 有效服务补救的策略；
6. 顾客反馈的目标、收集以及分析处理的方式。

开章案例

亟待完善的酒店服务补救体系

服务是酒店品质的重要体现，但酒店为消费者提供服务时难免会出现失误。当消费者对酒店服务质量的要求越来越高时，如何得当地补救服务中的失误已经成为衡量酒店管理水平的一项"隐形"标准。

2015年，《中国旅游报》记者任阿龙走访了多家酒店，发现大部分酒店的服务补救体系并不完善，补救措施并不到位，让许多消费者感觉自己的问题无处申诉。某被访者说："由于工作需要我经常出差，偶尔会在酒店里遇到饭菜里有头发或是客房不干净等问题。但我从没投诉过，主要是觉得流程太麻烦了，不知道向谁投诉，而且酒店也不一定能拿出合理的解决方案来，加上我担心投诉以后酒店的服务会更差。所以，我下次不再光顾这家酒店就是了。"

"有一些'问题'，比如游客吃的团餐不够干净，我们的领队和导游一般会安抚游客，基本上不会直接投诉酒店。"某旅行社副总经理说，由于每次带团旅行，时间非常紧凑，就算为了饭菜卫生问题跟酒店理论，多数酒店也不能迅速给出有效的解决措施，太浪费时间。

有业者调查发现，当酒店的服务失误导致顾客不满后，该顾客会向9~16人抱怨这段不好的经历，而这9~16人又会向其他人转述这个消息，"抱怨"一传十、十传百，最终会严重影响酒店的形象。但是如果酒店提出及时、有效的服务补救措施，就可以化干戈为玉帛。

记者任阿龙的受访者说："我在一家五星级酒店消费时，也遇到过饭菜有质量问题的情况。我当时向服务员提出了投诉，服务员迅速给我提供了酒店补偿措施清单，针对菜品质量这一个问题就有好几种补救方式，比如，免10%的服务费、增加或调换菜品等。"

服务补救形成完整的体系后，节省了客人以及酒店特别是一线服务人员的时间。其实，服务失误在所难免，若能快速、合理地处理顾客的投诉，客人的抱怨情绪会很快平复，有时甚至会因为问题被有效处理而提高顾客对酒店的满意度和忠诚度。

14.1 服务承诺与服务失误

14.1.1 服务承诺

服务承诺指顾客与服务提供者之间存在的受法律约束的契约，当服务失败发生之后，服务承诺是服务提供者对顾客进行补偿的有力工具。服务承诺被认为是一种有效的营销手段，可以解释为服务提供者对向顾客提供的服务给予保证以提升消费者信心，降低服务产品的购买风险。因此，服务承诺是企业提供的一种声明，服务承诺反映了消费者能够从企业那里得到的服务的水平以及企业对不同程度服务的反应。

1. 有效承诺的特征

最基本的服务承诺应该包括与服务相关的承诺以及没有实现承诺而应承担的合理赔偿。

（1）有限的限制条件。有效的承诺在合法的文件中不应出现"如果""而且""但是"这些限制性的词语。几个限制条件的服务承诺更容易帮助企业与顾客沟通，相比之下限制条件过多的承诺一般是没有用的，且意味着顾客失去的权利往往与附加条件的数量成正比。

（2）有意义。有效的承诺应该是有意义的。对显而易见的或者是意料中的事物进行承诺，对顾客而言是没有意义的。例如，自来水公司承诺按时供水，否则下次会免费提供一壶水。在自来水行业该承诺是无效的，因为行业中的竞争者都能满足按时供水这个条件。

（3）容易理解。服务承诺应当容易理解，方便员工和顾客进行沟通。承诺过于冗长或限制条件过多不利于双方的理解和沟通，造成顾客甚至员工都不理解承诺内容的结果。西贝餐厅承诺"菜品超过30分钟，免费送"，这让顾客知道在这家餐厅就餐等待时间较短。

（4）容易实行。承诺应当容易实行。西贝餐厅承诺30分钟内上齐所有菜品，为了兑现承诺，顾客只需要确认30分钟内所点菜品是否已经上全，超时菜品不再收费。要求提供详细的服务实物证明是常见的陷阱，这种做法容易降低执行承诺的效率，对顾客而言也变得没有价值，尤其是在服务价值相对较低的情况下。

2. 服务承诺的作用

服务承诺不仅是企业对外实行的营销方法,对内也是企业定义、维护其服务质量的一种方法。一个有效的服务承诺是企业获利的助力,有效的服务承诺能够起到以下6个方面的作用。

(1) 促使企业关注其顾客。一个有意义的服务承诺对企业提出了要求,企业需要了解顾客的期待和价值观。在许多情况下,建立一个令顾客满意的服务承诺的目的是使承诺有效发挥其作用,所以企业必须明白顾客满意的标准是什么。

(2) 有利于组织设立清晰的标准。服务承诺促使企业了解其对员工的期望,帮助双方建立有效沟通。服务承诺帮助企业员工明确以服务为导向的目标,促使员工围绕顾客策略行动。例如,淘宝网部分店铺赠送运费险,它使员工确切地知道顾客退货时应该做什么——也就是承担顾客寄回包裹的运费。

(3) 有利于从顾客处得到快速且相关的反馈。经常主动提出意见的顾客数量较少,而有效的服务承诺帮助顾客了解到他们的权益,如何时抱怨,怎样抱怨,能够在一定程度上激发顾客抱怨的欲望,有利于为企业收集并提供更有代表性的反馈。

(4) 实施服务承诺时有一个快捷的机会补救。如果不满意的顾客不断得到补救,其不满程度可以降低甚至被控制。快速的补救能够在很长时间内令顾客满意,提高顾客忠诚度。

(5) 通过服务承诺产生的信息可以被跟踪,并汇总在持续的改善行动中。服务承诺能够提供某种程度上的机制帮助企业聆听顾客的心声,服务承诺能够强化顾客和服务运作决策之间的反馈联系。

(6) 服务承诺降低了顾客的风险感知且有利于建立对组织的信任。服务是无形的,高度个性化的,具有不确定性,因此顾客希望找到可帮助其降低感知风险的信息和暗示。购买前的服务承诺已被证明可以降低顾客的风险感知,提升顾客对服务的态度的积极性。

3. 服务承诺的可能误区

服务承诺不适用于任意情况,对实施服务承诺的企业及实施条件具有针对性。有许多情境需要在实施服务承诺前充分考虑。在下述6种情况下,服务承诺可能行不通。

(1) 企业现有服务质量低劣。承诺前企业应该解决所有重大质量问题。服务承诺势必会引起顾客对企业的服务质量的关注,所以完成承诺的成本会轻易超过任何收益。这些成本包括,因为出现重大质量问题而赔付给顾客的实际货币以及与改善顾客关系有关的其他成本。

(2) 服务承诺与企业形象不符。如果企业已经因服务质量突出而拥有很好的声誉,并且无形地保证着它的服务,那么一个形式上的承诺就没有太大的必要了。举例来说,如果四季酒店打算提供一项承诺,这可能会使某些顾客不解,因为四季酒店本身是高级连锁酒店,顾客在选择时默认会得到它所保证的高质量服务。研究表明,高级酒店(如四季酒店)与普通酒店相比,因承诺产生的收益会少一些,且不能带来同比收益。

(3) 服务质量确实无法控制。企业在提供服务时可能遇到不可控的情况。比如,在预报近期有雨雪天气时,航班承诺准时出发是不现实的,因为天气是不可控制的。

(4) 顾客欺骗或欺诈行为的潜在存在。企业在进行服务承诺时犹豫不决的原因之一是害怕顾客的机会主义行为,包括顾客欺骗或欺诈行为。研究发现,非经常惠顾的顾客往往会做出欺骗或欺诈行为。当然一般来讲这种行为是相当少的。例如,每年汉普顿酒店因顾客不满意产生的退款,占其客房总收入的0.50%。

（5）服务承诺的成本超过利润。企业要仔细计算相对于预期收益（如提高顾客忠诚、改善服务质量、新顾客开发和口头广告）的期望成本（如对服务失误进行赔偿和进行改善的成本）。

（6）顾客在服务中感知不到风险。如果顾客感知不到风险，服务价格相对较低并且有大量潜在的替代者，并且质量相对来说是不可变的，那么服务承诺可能产生不了什么效果。

14.1.2 服务失误

1. 服务失误的概念

当企业在服务交付流程中出现了失误或者问题，服务水平低于顾客对服务质量的最低要求，使顾客感到不满时，可以认为发生了服务失误。例如，餐厅服务人员不小心把酒水洒到了顾客身上、快递公司弄丢包裹或是洗衣店在清洗时不慎弄坏顾客的衣物等，都是服务失误的现实案例。

服务失误也称为服务失败，是指服务型企业或服务人员所提供的服务未达到顾客可以接受的最低标准，不能满足顾客的要求和期望而导致顾客不满意或失望的负面状况。在传递服务价值的过程中，在任何服务接触点，只要顾客产生不满情绪，无论服务人员是否将服务事故发生的原因归因于自己，服务失误都已发生了。这意味着服务失误是一种基于顾客认知的主观体验，它区别于有形产品的质量缺陷等可以进行客观判断的问题。对服务失误的理解应该注重以下几个方面。

（1）服务失误的发生是无法避免的。由于服务传递过程复杂且特殊，服务失误无法完全杜绝。因此，服务型企业应面对已经发生的服务失误，降低服务失误发生的概率，有效维护企业已经传递的服务价值。

（2）服务失误的诱因和类型是多种多样的。主要可分为三个方面，其一源于服务本身的特点，其二由于服务人员的技能和态度，其三是顾客的原因。服务失误诱因的多样性导致服务失败类型的多样性。

（3）服务失误对服务型企业的影响是双重的。企业或服务人员造成的服务失误可能会导致顾客关系破裂及顾客离开，但也有可能由于有效的服务补救使顾客变得更为忠诚。同时，服务失误还能为企业或服务人员检视服务价值识别、创造和传递过程的科学性、有效性，为提升企业服务营销管理水平建立重要的基础。因此，企业应该用正确的态度思考及应对服务失误的问题。

2. 服务失误在所难免

不论企业在培训服务人员时多么全面，也不论服务人员在提供服务时多么小心，服务失误不可避免，主要是基于以下两大原因。

1）某些不可控因素对服务的影响

某些服务能否交付成功往往受到一些人力所不能控制的因素的影响。比较典型的有交通运输业和物流业。例如，天气情况极端恶劣时飞机会晚点，而天气情况是航空公司不能掌控的。尽管企业可以通过某些手段来降低损害，但企业和顾客都不得不承认，在类似自然灾害这种人力所不能控制的因素发生时，服务失误是难以避免的。

2）服务本质特征决定了服务失误无法完全避免

服务不同于有形产品，具有无形性、异质性、同步性和易逝性，这些独特性都决定了服

务失误的发生在所难免:

(1) 服务的无形性使其难以用统一的标准来衡量。服务不像有形产品,没有实体评判,也很难建立统一的评判标准。服务是否能让顾客满意业取决于企业之外的很多其他因素,如顾客个人特质、文化传统和现场情境等。

(2) 服务的异质性使服务提供者难以保证服务的稳定性。同样的服务在不同的交付流程中可能会表现出不同的服务质量。比如企业可能已经非常全面细致地培训了服务人员,但某位服务人员可能由于心情或者身体不佳而带给顾客不好的服务体验,招致顾客的不满。

(3) 服务的同步性意味着顾客也可能成为服务失误的责任人。有很多服务需要顾客的参与来共同完成。例如,在做发型时,造型师根据其专业水平与经验为顾客提供设计建议,但若顾客不发表任何看法或固执己见,影响了最终效果,那么顾客在服务失误中就有很大的责任。企业在服务中可以起到引导的作用,却无法代替顾客做出决策,这可能成为服务失误的原因。

(4) 服务的易逝性使供需之间难以平衡。服务是不能存储的,在餐厅的用餐高峰,顾客不得不面对长时间枯燥无味的等待和嘈杂的环境。但是尽管餐厅明白这些因素有可能会使顾客不满,却无法使顾客立刻就餐。

虽然服务失误不可避免,但管理人员可以对服务失误发生的类别进行研究,以尽量减少服务失误的发生。

3. 服务失误的分类

服务失误的类型是可以预见的,从服务过程参与各方的角度将服务失误划分为以下 4 种类型。

1) 服务提交的系统失误

服务提交的系统失误是指服务型企业所提供核心服务中的失误,即服务价值创造和传递出现误差。例如,航空公司的航班没有准点起飞、管理咨询公司不能在规定时间内向客户交付高质量的报告等,均属于服务提交的系统失误。

具体而言,服务提交的系统失误包含以下三种类型。

(1) 没有可使用的服务,即一般情况下可用,但是在特殊情况下不可用的服务。例如,早晚高峰导致的网约车延误,用餐高峰时间没有就餐座位等。

(2) 不合理的缓慢服务,是指顾客认为在服务传递过程中由于企业或服务人员的失误导致服务效率急剧下降的一类服务。

(3) 其他核心服务的失误,涵盖除服务有无和服务效率之外的其他核心服务的失误。事实上,除了前两个问题,不同的服务行业都有本行业特有的核心服务失误问题。例如,健康医疗服务中的错误诊断、餐饮中的人身损失等,均属于该行业的核心服务失误范畴。

2) 顾客需求或请求的反应失误

顾客需求或请求的反应失误,主要是指服务人员对个别顾客需求或特别请求的响应速度慢或有效性不足,甚至是缺乏响应。顾客的需求不一定都是明显的。有些隐含的顾客需求需要服务人员主动理解,而不是顾客主动提出。例如,坐轮椅的顾客不方便在高台阶处行动。相反,顾客的请求则是其需求的公开表达。

引起服务人员对顾客需求或请求的反应失误主要来自以下 4 个方面的因素。

(1) 顾客的特殊需求。服务人员对顾客特殊需求的反应,包括响应顾客在心理、身体、语言等方面的困难或要求。例如，如果顾客对某种食物过敏，餐厅需要改变菜品中的配料以满足其"特殊的需求"。

（2）顾客的需求偏好。服务人员对顾客需求偏好的响应需要其根据顾客的需求偏好来修改服务提交系统。例如，饭店中顾客要求把套餐中的可乐换成奶茶。

（3）顾客的失误或过失。服务人员对顾客失误或过失的反应也是服务失误的重要诱因。例如，顾客遗失酒店房卡时，服务人员不恰当的反应会使顾客不满，进而引起服务失误。

（4）其他混乱。服务人员面对其他混乱时，要求服务人员及时有效地解决服务过程中发生的影响服务传递的混乱情况。例如，工作人员要求电影院内的观众不要喧哗打闹。

3）服务人员行为不当导致的失误

根据脚本理论，服务价值传递过程中服务人员好比活跃在舞台上的演员，他们的一言一行、一举一动都会影响顾客对服务的质量感知和满意程度。因此，服务人员自身的不恰当行为引起服务价值的创造和传递偏离既定要求，使顾客不认可服务价值或不满意服务，即服务人员行为不当导致的失误。主要分为主观型和客观型两类。

（1）主观型行为不当。主观型行为不当主要表现为对顾客缺乏应有的尊重和重视，如言辞刻薄、举止粗鲁、态度傲慢等。处于卖方市场或服务意识尚处于卖方市场的服务人员较容易出现此类问题。此外，服务人员在服务价值传递过程中不良的心态和情绪也可能导致主观型行为不当。严重的主观型行为不当导致的服务失误可能会给顾客的合理权益和人格自尊带来伤害，损害品牌形象，企业及服务人员应该尽可能避免此类服务失误。

（2）客观型行为不当。客观型行为不当是指由服务人员的能力、体力或精力不及而导致的行为不当。例如，在用餐高峰期，餐厅服务人员在顾客结账时出现收费误差、迟迟不上菜等状况。在大多数情况下，这类服务失误都能够得到顾客的谅解，只要服务人员真诚表达自身的歉意，并及时进行服务补救。但是，因服务人员能力不足或注意力不足引起的服务失误，例如，教育培训项目因培训师的水平较差而未达到预期效果，这种情况下要获得顾客的谅解则存在一定难度。因此，企业应该通过强化员工的技能培训帮助员工建立服务标准意识和执行力，并对此类服务失误给予充分重视。

4）问题顾客导致的失误

服务型企业或服务人员总会面对一些顾客的不恰当言行，如缺乏有效控制或违反既定规则，从而对服务传递带来负面影响，甚至引发其他顾客的不满意或愤怒情绪。这类失误可称为问题顾客导致的失误。服务失误涉及的问题顾客行为主要包括以下几类。

（1）言行失控。顾客在特定的状态下，如醉酒时丧失对言行的控制，从而对服务人员或其他顾客造成不利影响。

（2）语言与肢体滥用。顾客在服务价值传递过程中出现语言或肢体冲突，导致服务体验受到严重破坏，甚至中断服务价值传递。例如，彼此陌生的顾客因某些问题在用餐过程中争吵，影响了餐厅的服务以及其他顾客的服务体验。

（3）破坏服务政策或规范。顾客破坏服务政策或规范，是指顾客在服务价值传递过程中拒绝遵守和执行既定的政策或规范。例如，顾客不愿遵守接受服务需要排队的政策。

（4）不合作的顾客。指那些粗鲁、不合作或提出不合理要求的顾客。尽管服务人员尽力满足这些顾客，最终这些顾客仍然不满。

延伸阅读

餐饮行业中的服务失误

近10年来，中国餐饮行业实现了爆发式增长。

具体体现在两个方面，一是餐饮企业的数量，二是服务的质量。餐饮行业是高度服务化和竞争化的行业，其服务的综合品质决定着企业能否长久生存。在频繁的顾客接触中，餐饮行业的服务失误不可避免。餐饮企业的服务失误分为硬服务失误和软服务失误两大类。

第一类：硬服务失误。

餐饮业中硬服务失误，是指餐饮企业在为客人提供服务时，在设施设备、食品、酒水等方面出现的服务失误，主要包括以下4个方面。

（1）服务设施和设备方面。餐饮企业设备落后、设施损坏、员工违反操作流程以及设备方面的管理制度不完善等，都可能导致服务失误。

（2）原料或酒水质量方面。餐饮企业提供的菜肴、酒水是否新鲜且品质上乘，能否适应目标人群的习惯和口味等，均是顾客可能提出抱怨的方面。

（3）环境卫生方面。餐饮企业的就餐环境不良的卫生状况，如桌上地毯上有污垢、墙壁泛黑等，都会影响顾客进餐的心情，降低顾客满意度。

（4）其他方面。例如，突然停电、停水，因疫情原因不营业等一些不可控因素。

第二类：软服务失误。

餐饮业中软服务失误，主要是指在服务传递过程中，因环境氛围、服务意识、服务技能与技巧等方面没能达到顾客期望所发生的服务失败。

（1）环境氛围方面。主题餐厅就是因为其独特的环境氛围而受到追捧。环境氛围方面的失误包括餐饮企业设计理念不合理，以及设计氛围不符合企业定位等。

（2）服务意识方面。服务意识是指餐饮企业全体员工在提供服务时所展现的服务态度，有些服务人员在言语、行为方面还缺乏修养，导致服务失败。

（3）服务技能与技巧方面。服务技能与技巧是服务人员必备的职业素养。服务人员不仅要具备娴熟的服务技能，其服务技能要艺术化，即具备服务技巧。生疏的服务技能、缺乏服务技巧很可能引起服务失败。

（4）服务时效方面。餐饮服务业的重要特征之一是服务的时效性，如果顾客长时间的等待后得不到应有的服务，就会抱怨。

资料来源：符国群，俞文皎. 从一线员工角度探讨服务接触中顾客满意与不满的原因[J]. 管理学报，2004（1）：98-102.

14.2 顾客投诉行为

14.2.1 顾客对服务失误的反应选择

当顾客经历服务失误后，首先会进行归因。顾客可能会把原因归咎于自然条件，也有可能归咎于企业本身未能提供高质量的服务。顾客找到原因后,会对企业的服务做出评价。如果顾客归因于企业,那么顾客对企业的评价及满意度会降低。评价之后,顾客会采取两种类型的行动:向供应商抱怨投诉或不投诉。根据顾客的评价结果及企业服务补救的情况,顾客最终会做出两种选择:继续维持与该供应商的关系,或是转向其他服务提供者,如图 14-1 所示。

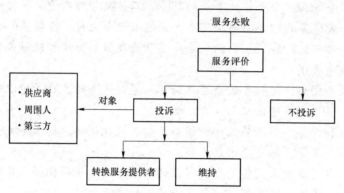

图 14-1 顾客对服务失误的反应选择

14.2.2 了解顾客对服务失误的反应

1. 顾客为什么投诉

一部分经历了服务失败的顾客,往往会产生不满情绪,并通过抱怨的形式表达这种不满。他们抱怨投诉的对象主要有三种,即服务提供者、周围的亲戚朋友以及消费者协会或工商局等单位。那么顾客究竟为什么抱怨呢?原因可概括为以下几个方面。

(1)顾客相信投诉会产生积极的结果。如果顾客认为服务提供者有义务提供满足顾客的要求的服务,他们会通过投诉维护自己的权益,索要服务赔偿,如通过服务索赔获得退款。

(2)顾客出于社会责任感而投诉。有些顾客有较强的社会责任感,认为自己在经历服务失败后有责任帮助企业优化服务流程,让其他顾客及今后的自己不再遭受相似的损失。这类顾客的投诉往往具有参考价值,能在一定程度上推动企业提高自己的业务水平,对此类顾客企业应当表示鼓励欢迎。

(3)顾客基于某些心理学原因而抱怨。从消费者心理学的角度看,顾客抱怨的原因主要分为两点:其一,是为了宣泄不满,抒发情绪;其二,是为了博得他人的同情,获得认同。另外,相比于不抱怨的顾客,抱怨的顾客往往给别人留下更加精明、更有水准、更加有分辨能力的印象。因此,出于这一心理,顾客也可能投诉失败的服务。

2. 不满意的顾客投诉的比例

研究表明,在对服务不满的顾客中,平均有 5%～10%的顾客会真正进行投诉,如图 14-2 所示。有时候,这个比例甚至会更低。一份针对公交车的报告显示,每 100 万人次中只有大约三个人会投诉。然而,有迹象表明,顾客正在变得越来越自信,消息越来越灵通,在为自己的投诉寻求满意结果方面也越来越积极。

图 14-2　不满意的顾客投诉的比例

1%～5%的人向公司管理层投诉
45%的人向一线员工投诉
50%的人遇到问题却不投诉

3. 为什么不满意的顾客不投诉

顾客不投诉的原因是多方面的。① 顾客可能不愿意花费时间和精力投诉，尤其是当他们认为没有必要投诉，不值得做出这样的努力时；② 许多顾客不确定投诉的收效，认为自己的投诉得不到重视和有效的解决；③ 可能顾客根本不了解投诉的渠道；④ 投诉会受心理因素的影响，有些顾客可能不愿意投诉，可能害怕发生冲突，尤其是投诉事由与顾客认识的某个人有关；⑤ 投诉行为也受到角色意识和社会规范的影响。顾客在认为自己处于"弱势"地位的情况下，表达不满情绪的意愿会降低。当问题与专业服务提供者如医生、律师有关时，情况尤其如此。社会规范并不提倡顾客批评这类人，因为他们被认为是专家。

4. 哪些人可能投诉

研究结果一致表明，有较高的社会经济地位的人比社会经济地位较低的人更有可能投诉。前者受过更好的教育，收入更高，社会关系更广泛，这些使他们认为自己有信心说出他们遇到的问题。此外，那些投诉的人对出现问题的服务产品有更好的认识。

5. 顾客向哪里投诉

有关开发与实施客户反馈系统的研究表明，超过 99%的顾客通过面对面或在电话里向客户服务代表反映问题，不到 1%的顾客是通过电子邮件、信函等形式反映问题。一项对航空公司乘客的调查发现，不满飞机膳食的乘客中，只有 3%的人会投诉，而且他们全部都是向空姐抱怨的乘客。当顾客投诉是出于想发泄愤怒和挫败感的目的时，他们会使用非互动式渠道投诉（如电子邮件或信函），但是当他们想真正地解决问题时，则会借助于如电话等有互动性的渠道。实际上，管理者通常无法听到顾客反馈给一线员工的投诉，如果没有正式的反馈系统，能够传到公司总部的投诉很少。

14.2.3　顾客投诉的期望

前文提到，顾客投诉并相信会得到积极的结果，他们期待企业能够给出积极的解决方案。也就是说，企业只有超出顾客投诉的期望，才有可能进行有效的服务补救。现有研究表明，顾客在服务补救中非常在乎公平。具体来说，这种公平可以分为三种类型：流程公平、交互公平及结果公平,如图 14-3 所示。

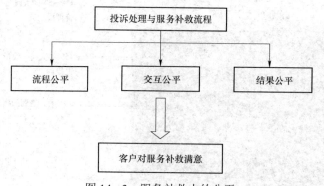

图 14-3　服务补救中的公平

1. 流程公平

顾客还期望在处理服务失败的流程中感受到流程公平,即顾客希望自己的投诉意见能够被快速而有效地处理,且自己的个人感受及具体要求受到关注。当投诉流程简单且易于操作,顾客的问题被充分考虑和快速解决时,顾客对流程公平的感知会提高,认为自己仅仅提供了一些基础信息,企业就表达了歉意并迅速地寄来了新的退换商品。与之相反,如果投诉流程冗长繁杂,接待员工的态度不佳,顾客会认为企业态度冷漠,自己没有得到尊重,遭受了不公平对待。如果顾客感知的流程公平水平较低,可能会认为自己得到了不公平结果,顾客可能会重新定义之前的交易。此外,感知流程不公平还可能会损害顾客的个体自尊,导致服务组织的形象被破坏。

2. 交互公平

交互公平是指顾客在投诉过程中,期望工作人员态度礼貌、关切,解释服务失误的原因并真诚解决问题。如果工作人员态度冷漠敷衍,或忽视顾客,都可能导致顾客认为自己受到不公平对待。值得注意的是,顾客投诉时,通常情绪较为冲动,而如果对接的工作人员没有合理处理赔偿结果的权限,往往会导致工作人员应对时迷茫无措。因此,企业应当对工作人员进行礼仪、沟通方面的培训,并就特殊情况适当授权。

在管理培训中,企业应当尤其强调忠诚顾客的感知公平。因为顾客忠诚度越高,在遭受不公平待遇时,反应也会越强烈。企业在处理忠诚顾客的投诉问题时,应高度尊重这类顾客,并在最大限度上进行服务补救。

3. 结果公平

经历服务失败后,顾客都希望能够获得赔偿,如道歉、退款及更换产品等。但即使得到了赔偿,顾客仍可能感觉得到了不公平的结果,企业需要根据顾客不满的程度进行补偿,并付出相应程度的时间、财力、人力及物力等换取顾客满意的结果。例如,一位顾客在超市购完物回到家,发现超市多收了自己 3 元钱,但家距离超市很远,这时候如果超市要求顾客自己回来取走这 3 元钱,顾客可能因为距离问题不想去,而对超市的解决方式不满。如果超市请他自由选择一件价值不低于 3 元的商品,由超市寄给他作为补偿,那么顾客就会觉得这种方式要体贴得多。实际上,如果企业能够提前为给消费者设置一些选项,而不是直接给出自定的补救方案,那么顾客的态度就会积极很多。

14.2.4 顾客抱怨的类型

根据抱怨的动机及范围，顾客抱怨可以分为不同的类型。消费者心理学研究表明，顾客的抱怨可能是有效的，也可能是无效的。有效抱怨是顾客为了扭转服务失误的不利影响，甚至帮助企业改进服务而进行的抱怨；无效抱怨是顾客不期望抱怨后情况会得到改善，仅仅是表达或宣泄不满甚至愤怒情绪。根据顾客对服务失误的反应程度水平以及进行抱怨的动机，顾客抱怨可以分为以下 4 种基本类型。

1. 消极型顾客抱怨

消极型顾客抱怨是指顾客经常通过私人行动进行抱怨。他们时常怀疑抱怨是否真的有效，并认为抱怨后的收益和抱怨所花费的成本是不成正比的。此外，个人性格和生活态度也是消极型顾客抱怨的成因。

2. 建设型顾客抱怨

建设型顾客抱怨是指为改善服务型企业或服务人员的服务价值传递水平、优化交易双方价值获取而进行的抱怨。集中表现为向企业或服务人员进行抱怨，不会主动传播负面信息或轻易更换服务交易对象。他们认为向第三方或周围亲友抱怨并不能解决问题，自身的利益也不会得到显著改善。这类顾客倾向于认为合适的抱怨有益于企业进步，希望服务型企业或服务人员能够借此改善和提升服务质量水平。

建设型顾客抱怨对企业而言是最有益的，因为此类顾客抱怨不仅不会轻易带来顾客流失，也不会产生额外的公共负面影响，还能够为服务型企业提供弥补服务过失、改进服务活动的机会。

3. 情绪型顾客抱怨

情绪型顾客抱怨是指顾客在进行抱怨时，更多的是进行不满甚至愤怒情绪的宣泄和表达，以此引起服务型企业或服务人员的重视。情绪型顾客更倾向于向亲友、同事传播负面信息，但几乎很少向第三方（如大众媒介）抱怨。

情绪型顾客抱怨容易使顾客更换服务交易对象，造成企业顾客流失；同时，由于负面信息的人际传播，服务型企业的声誉和形象可能受到潜在影响。针对此类顾客，及时处理和情绪安抚是优先事项，以防止由于顾客情绪扩散及行为失控引起不必要的负面影响和损失。

4. 习惯型顾客抱怨

习惯型顾客抱怨反映顾客对服务十分挑剔，而且难以让其完全满足的特殊情况。事实上，有的顾客有抱怨的"习性"，总期望更好的服务，对当前服务更多表现出质疑和批评。习惯型顾客抱怨可能面向服务人员，也可能面向人际圈，还可能面向第三方。此类顾客认为抱怨服务可以体现其个人价值观或服务标准，并对所有抱怨的潜在结果持积极乐观的态度。实际上，这类抱怨大多数情况下是问题顾客带来的，服务型企业很难全方位满足该类顾客的服务需求。

总而言之，顾客抱怨存在不同的类型，应该对抱怨有针对性地进行响应。例如，针对建设型顾客抱怨，服务型企业应该鼓励，并以积极的方式回馈顾客抱怨；针对情绪型顾客抱怨，应该以情绪安抚为主，再辅以利益补偿，从而增强服务补救的效果。

14.2.5 顾客投诉的应对原则与措施

服务型企业必须以一种积极主动的态度应对顾客抱怨,而不是漠视和回避,由于顾客抱怨的类型及产生原因不同,应对方式也存在差异。但是,应对所有顾客抱怨类型,服务型企业或服务人员都应该遵循特定的原则,采取针对性的措施。

1. 顾客抱怨的应对原则

服务型企业应该站在顾客的视角,谨慎地应对服务抱怨。具体来讲,应该掌握以下三个原则。

(1) 迅速处理。迅速处理是顾客抱怨的首要原则。服务型企业或服务人员处理必须迅速,让顾客清楚地了解其诉求和损失被重视。反之,顾客的不满和愤怒情绪会随着时间的推移而持续增加,导致处理顾客抱怨的成本和难度增加。

(2) 以诚相待。企业在应对顾客抱怨时,真诚是化解冲突、缓和矛盾的有效手段。服务型企业或服务人员应该表现出真诚的态度,为顾客的切身利益着想,体会顾客的真实感受。

(3) 寻根溯源。服务型企业要关注顾客遭受的真实损害,理解顾客进行抱怨的真实意图。顾客抱怨是顾客在面对服务失误时发泄不满情绪的手段。因此,企业必须尽快发现造成顾客不满的根本原因,以及由此给顾客带来的损害。同时,服务人员还应该努力发掘顾客抱怨的真正意图,为服务补救做准备。

2. 顾客抱怨的应对措施

针对不可避免的顾客抱怨问题,企业应该有常态化和体系化的应对措施。服务型企业对顾客抱怨的应对,应该强调"疏"而非"堵",因此主要包括以下应对措施。

1) 制定欢迎抱怨的鼓励政策

服务型企业应该认识到服务失误和顾客抱怨无法避免,对服务抱怨持拥抱和欢迎的态度。制定欢迎抱怨的鼓励政策包含两方面内容:一方面,在企业政策及制度方面对一定数量范围内的顾客抱怨给予认可,及时表彰和奖励一线服务人员对顾客抱怨的有效处理,使员工保持对应对工作的热情与积极性;另一方面,对进行建设型顾客抱怨的顾客给予积极的回馈,通过奖励的方式鼓励顾客提出更好的服务改进意见。表14-1总结了服务型企业减少顾客抱怨障碍的若干策略。

表14-1 减少顾客投诉障碍的策略

不满意顾客遇到的投诉障碍	不方便	● 很难发现合适的投诉程序 ● 投诉途径耗费精力
	对收效持怀疑态度	● 不确定公司是否会针对顾客不满意的问题采取措施
	不愉快的感觉	● 害怕受到粗鲁的对待 ● 害怕发生争执 ● 感到尴尬
减少这些障碍的策略	使反馈方便、快捷	● 在客户沟通材料上印客户服务热线号码、电子邮件地址以及邮政地址(信函、传真等)
	使顾客放心,它们的反馈会得到认真地处理,并会带来好处	● 使服务补救程序到位,并将之传递给顾客 ● 专门报道由顾客反馈而获得的服务改进
	使提供反馈成为积极的体验	● 感谢顾客提供反馈 ● 训练一线员工不争论,使顾客感到舒服 ● 允许匿名反馈

2）建立有效沟通的互动机制

有效沟通是应对顾客抱怨的重要举措，服务型企业要建立内外联络、上下通畅的互动机制，确保顾客信息能够在企业内生成、扩散和响应。有效沟通的互动机制主要有两层含义。

（1）顾客与服务型企业或服务人员之间的互动。在面对服务失误时，顾客经常不知道去哪里投诉，为此，服务型企业有必要拓宽顾客沟通渠道，使顾客的抱怨得以顺利实现。

（2）一线服务人员与服务型企业各级管理者之间的互动。畅通的互动机制能使顾客的抱怨准确、顺利地传递到各级主管，进而影响服务营销管理的相关决策。上下级之间的有效沟通，既能给予一线服务人员强力的支持，也能对其工作进行监督和鼓励。

3）形成顾客反馈的响应体系

在应对顾客抱怨过程中，服务型企业要形成从抱怨信息的获取和处理，到处理结果反馈的一体化响应体系。首先，设立专门的人员汇总顾客抱怨的相关信息，并将顾客抱怨分门别类；其次，将相关信息转交直接主管部门或人员；最后，将相关处理意见和结果及时而准确地反馈给顾客，确保顾客抱怨的及时反馈。

需要注意的是，服务型企业形成顾客反馈的响应体系是一个逐步建立和完善的过程，需要在实际工作中进行总结和完善并运用前沿科学技术。例如，运用大数据等技术，对社交媒体中的顾客意见信息进行及时监控、分析和整理，助力企业服务营销管理的改进优化。

延伸阅读

服务技能——处理顾客抱怨的不合理表现

（1）只有抱歉，没有行动。如果处理人员只会对顾客说"对不起"，而无任何实质性行动，顾客可能认为企业不是真的感到内疚并愿意负责。

（2）指责顾客。收到顾客投诉的员工反过来指责顾客，如"一定是你搞错了""你怎么不早点说"此类推脱责任的话语。会使其抱怨更加强烈，甚至通过其他途径来发泄。

（3）言而无信。如果服务型企业答应了却不做，如答应更换床单却迟迟未见行动，顾客会认为其他请求都是多余的。

（4）完全没有反应。如果顾客投诉无人理睬，顾客当然也不会再浪费口舌。

（5）粗暴无礼。员工的不合理言行常常令顾客的人格及自尊受挫，"这我还不太明白，你得到楼下问问前台""我们只是经销商，你有什么意见与制造商直接联系好了"等，都是顾客经常得到的答复。

（6）非言语拒绝。如员工在倾听顾客抱怨时皱起眉头或不停地看表，稍有礼节常识的顾客会不想再给人"添麻烦"了。

（7）询问顾客。来投诉的顾客常常像被审讯一样问来问去，如姓名、家庭住址、购买时间、支付方式等信息，有时还夹杂着诸如"你敢肯定是从三日前购买的吗""你真的没浸泡过它吗"等挑衅性问题。

14.3 服务补救

14.3.1 顾客对有效服务补救的反应

实际上投诉的顾客给了企业纠正问题（包括一些企业可能不知道存在的问题）、修复并维系顾客关系的机会。服务补救是一个保护伞，企业通过努力纠正服务失误后产生的问题，维护与顾客的良好关系。服务补救在实现（或修复）顾客满意度方面发挥着重要的作用。对企业的顾客满意度和服务质量投入程度的真正考验，在于对客户而言出现问题时企业的反应及处理，这就要求对员工进行激励和培训。研究发现，尽管投诉一定程度上会对服务人员的服务态度带来消极影响，但是对自己的工作抱有积极态度的员工更可能将投诉视为改进工作的潜在资源。

有效的服务补救战略对企业而言是至关重要的，因为在以下条件下所产生的哪怕一个问题都会摧毁顾客对企业的信心：① 失败令人十分恼火（例如，服务提供者明目张胆的不诚实）；② 问题或失败形成一种模式，而不是个例；③ 补救措施无效，不能起到纠正问题的作用，并使原来的问题复杂化。

失败的风险很高，特别在市场中存在大量竞争者的情况下。一项关于顾客更换服务提供者行为的研究发现，超过一半的受访者表示由于服务失误他们会更换服务提供者；四分之一的人提出核心服务失误，五分之一的人表示对员工服务不满意，十分之一的受访者表示他们对企业关于服务失误的反应不满意，还有人描述了服务提供者不遵守职业道德的行为。

14.3.2 有效的服务补救对顾客忠诚度的影响

有效的针对顾客投诉解决方案能够提升顾客保持忠诚度的概率。研究发现在顾客对服务不满意却不抱怨的情况下，再次购买的意愿仅为 9%。对于主要的投诉而言，如果企业倾听顾客的投诉但解决方案不能令顾客满意的话，再次购买的意愿增加到 19%。解决方案令顾客满意，再次购买的意愿升至 54%。如果问题迅速得到纠正，特别是在当场就得到纠正的情况下，再次购买的意愿最高可达 82%。

由此可以得出结论：解决投诉应当被视为盈利而非成本中心。企业应当考虑到，当不满意的顾客背叛企业时，企业损失的远超下一笔交易的价值，包括从流失的顾客或由于从不满意的顾客那里听到的负面评论而不会与该企业开展业务的任何人那里获得的长期利润。因此服务补救上的投资能够保护那些长期的利润，能使企业获益颇丰。

14.3.3 服务补救悖论

有时候会出现这样一些顾客：本来他们对服务经历不满意，而经历了高水平的服务补救后满意度提升了，再次购买的意愿也增强了。假设一个酒店的顾客在登记时发现没有他期望的房型，为了补救，酒店经理人表示在原价的基础上为顾客升级到更好的房型。顾客对这次服务经历也相当满意，并表示今后将成为忠诚顾客。这种现象，即一个初始不满意的顾客在经历了有效的服务补救后更加满意甚至忠诚，被称为"服务补救悖论"。

如果服务失误后的有效修复能使顾客更加忠诚,那么企业是否应该表现出服务失误?这种做法是否存在问题?这种做法的问题在哪里?

(1)补救的前提条件是,企业发现问题并能很好地进行补救,但是实际上,绝大部分顾客在经历服务失误之后并不抱怨,不满是最有可能得到的结果。

(2)修复服务的成本太高。

(3)企业应当从第一次就做好,可靠是服务质量最重要的决定因素。

(4)研究结果表明,服务补救能带来的积极结果限于顾客满意度的提升,顾客重复购买的意愿和对企业形象的感知并没有增长。

(5)服务补救悖论不能保证顾客经历了服务补救后满意度一定会上升。

(6)服务补救悖论的效果与具体情况有关。

只有当服务补救的评价非常好时,顾客的满意度和忠诚度才有可能增加。研究表明,服务补救悖论最有可能发生的条件是,顾客认为服务失误并不严重,且这次失误是第一次,顾客认为失误的原因是不稳定的,或者顾客认为企业对于失误原因的控制力不强。当这些条件完备,服务补救悖论才会发生。

总体来看,尽管关于服务补救悖论出现了许多不同意见,长远来看企业要做的是第一次就把服务做好,这才是最安全且最好的策略。

14.3.4 有效服务补救系统

1. 有效服务补救系统的构成要素

图 14-4 展示了有效服务补救系统的构成要素。具体包括:确认服务投诉,有效解决投诉,汲取补救经验。

2. 有效服务补救的原则

管理者需要开发应对不满意的顾客的有效服务补救指导原则。指导原则包括三个方面:便于顾客给出反馈,使有效的服务补救成为可能以及确定适当的赔偿标准,其中,图 14-4 显示了有效服务补救系统的组成部分。

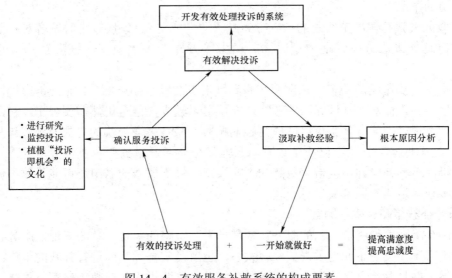

图 14-4 有效服务补救系统的构成要素

1）便于顾客给出反馈

管理者应对顾客不满意但不愿投诉服务失误的情况时，最好的办法是直接分析问题的原因。许多企业完善了收集投诉的程序，如增设免费电话、在分支机构显眼的地方摆设顾客评论卡等。

2）使有效的服务补救成为可能

补救服务失误不仅需要解决问题的决心，还需要明确的规则与指导方针。具体地说，有效的服务补救程序应该具备以下特点。

（1）服务补救应该是积极主动的。服务补救理想的情况是在顾客还没有抱怨之前就进行补救。服务提供者应该对顾客不满的信号很敏感，主动开口询问。顾客的反应回答就是企业进行服务补救的机会。

（2）服务补救程序需要计划性。企业需要针对服务失误，特别是那些不可避免经常发生的服务失误制定应急预案。为了简化一线员工的工作，企业应该确认最常见的服务失误问题，如酒店超额预订，并为员工开发服务失误补救解决方案组合。

（3）必须教授员工补救技巧。顾客在遇到服务失误时可能会立即感到不安，这时就需要服务人员的帮助。但是服务人员是否愿意且能够帮助顾客？有效的培训可以帮助一线员工树立良好的心态、增强工作技能，以有效减弱顾客的不满情绪。

（4）服务补救要求授权给员工。服务补救措施应该富有弹性，给员工授权，让他们发挥自己的能力与顾客沟通。这在不同寻常的服务失误中尤其如此，因为企业可能没有预案。这时员工需要决策的权利，以满足顾客的良好愿望。

3）补偿应该慷慨些

显然，不同的补救策略成本也不同。服务型企业应该在发生服务失误后给出多少补偿？

（1）公司的定位是什么？如果因服务卓越而著称，而且向顾客收取了高额的佣金，那么顾客对服务质量的期望也会上升，因此服务型企业应该做出显而易见的努力，并准备提供给顾客价值可观的补偿。而在规模较小、大众业务市场中，顾客可能认为较小的补偿就足够了，如一份免费的菜品。

（2）服务失误有多严重？总的指导方针是"罪罚相称"。失误较小时顾客对补偿的期望也很少，但是如果服务失误造成了时间、精力等方面的重大损害，顾客对补偿的期望也会升高。

（3）谁是受到影响的顾客？长期顾客和高额消费的顾客期望更多，企业努力挽回与他们的关系是值得的。而对一次性光顾的顾客，补偿可以较少，但是仍然需要公平。初次消费的顾客如果拥有很好的服务体验也可能成为长期顾客。服务失误补偿的总的原则应该是"适度的慷慨"。过于慷慨的补偿不仅成本过高，顾客甚至会怀疑服务型企业业务是否正常，怀疑背后的动机，这种补偿并不会带来更高的再购买率。过于慷慨的名声还可能导致不诚实的劣质客户积极地"造成"服务失误。

3. 服务补救策略：安抚顾客

图14-5清晰地说明了出色的服务补救是一系列策略的集合。总的来说，服务补救策略分为两大类：第一类是企业为了维护顾客关系，也就是安抚顾客而进行补救的策略；第二类是纠正错误，并且避免再次发生，也就是解决问题。这两类服务补救策略都很重要，但是许

多情况下需要优先维护与顾客的关系，即先从安抚顾客开始。

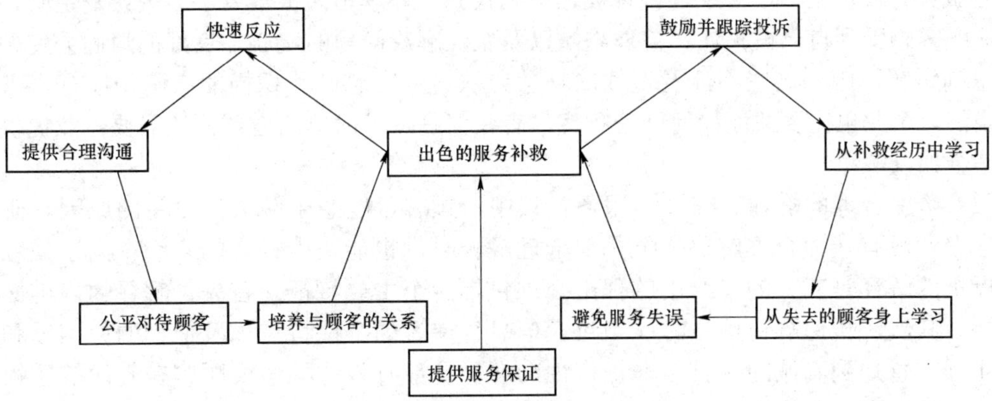

图 14-5 服务补救策略框架

1）快速反应

抱怨的顾客希望得到快速的反应。如表 14-2 所示，对于服务业顾客的研究发现，对于那些问题得到迅速解决或者在 24 小时内解决的，顾客表示"完全满意"。然而很多企业在问题解决之前，要求顾客联系多个员工，而研究发现，如果问题在第一次联系就能得到解决，顾客对于企业反应的满意度达到 35%；而如果联系 3 个以上的人才能得到解决，顾客的满意程度会降到 9%。另外，81%的使用微博的顾客期望当天收到企业回复，而且会通过微博传播。

快速反应的能力也包括员工。员工应该得到相关的培训和认证，给员工授权常可以帮助其做出快速反应，并且及时安抚不满意的顾客。

另一种方法是服务型企业建立一个允许顾客亲自解决服务需要和处理遇到问题的系统，顾客可直接用系统来完成服务，及时解决问题。

表 14-2 顾客对补救行动完全满意的百分比

	对补救行动完全满意的百分比/%
及时解决（13%）	38
24 小时内解决（18%）	33
一周内解决（42%）	28
超过一周解决（27%）	18

2）提供合理沟通

（1）展示理解和责任。在许多服务失败的情况下，顾客不是从企业寻找极端措施，而是想了解发生了什么以及企业是否有责任去作为（或者不作为）。经历一系列问题后，12 种顾客最期待的"补救方法"中，4 种涉及物质补偿，包括"退款、免费得到一个产品或者免费体验一次服务、对顾客的经济补偿（针对时间浪费、不满和受伤）、为顾客维修产品或者改进服务"。另外，8 种不涉及金钱的补救方法指员工和顾客沟通的措施，都不需要花费企业很多成本就能提供，包括①"被有尊严地对待；② 出现失误的企业能换位思考；③ 保证不再发生；④ 为什么发生问题的解释；⑤ 用平常的话语沟通而不是念稿子；⑥ 感谢顾客反馈；

⑦ 一个道歉；⑧ 顾客仅仅是表达愤怒或者诉说自己的经历。

当服务失败发生时，对顾客来说被理解和找到责任承担人很重要。当失误发生时，企业需要让顾客感受到自己被关注、被尊重，以及企业解决问题的决心。良好的沟通会使顾客的情绪得到缓解，因为这些不涉及金钱的补救方法与顾客忠诚和积极的口碑传播有紧密的关系。当然，企业也需要关注如何回应顾客，有些问题除了简单的道歉，还需要企业提供适当的赔偿金加以解决。

（2）给出合理的解释。在许多服务失误中，顾客可能想了解失误发生的原因。研究表明，当企业没有能力合理解决，但是能合理解释时，也能减少顾客的不满。为了使顾客感知到提供的解释是充分的，给出的理由必须包括两个主要特征。首先，解释的内容必须合乎实际。其次，传递解释信息时应当包含信息传递者的个性特点以及他们的信用度和真诚度。让顾客感知到真诚的并且是非操作性的解释是最有效的。假如顾客在餐厅等了很久都没有服务员来询问是否点单，顾客就开始感到没有被尊重和重视。但是，如果有员工过来向顾客致歉并客气地解释令人理解的原因，那么顾客就会更好理解自己的处境并更有耐心地等待。

（3）公平对待顾客。在前文关于"顾客投诉的期望"中提到，顾客投诉并期待企业能够给出积极的反馈及解决方案，企业只有超出顾客投诉的期望，才有可能进行有效的服务补救，且顾客在服务补救中非常在乎公平。

（4）培养与顾客的关系。当企业服务传递失误时，与企业有很坚实的关系的顾客更容易原谅服务失误并接受服务补救。研究表明，顾客和企业之间坚实的关系能够减弱顾客不满带来的消极影响。一项研究证明了顾客和企业良好稳固的关系为服务补救提供了很多益处，包括服务补救后顾客的满意度提升、忠诚度提升，以及消极的口碑传递影响的降低。

14.4 从顾客反馈中学习

14.4.1 有效的顾客反馈系统的关键目标

顾客反馈系统的目标是反映正式和非正式的投诉，并且将反馈分配给指定的团队。顾客反馈系统可以是系统的、形式化的，包含用于在整个组织中转换和传递反馈的标准化流程；也可以是非正式的、非结构化的，可以通过在人际关系中传递的个性化信息来处理反馈意见。此外，顾客反馈系统可以是主动的，也可以是被动的。有效的顾客反馈系统的具体目标通常分为以下五大类。

（1）服务质量和表现的评估与衡量标准。其目标是回答："我们的顾客满意度有多高？"这一目标包括：① 了解企业与业内主要的竞争对手相比业绩如何；② 与上一年度（季度或月度）相比业绩如何；③ 企业的投资就顾客满意度方面而言是否获得回报；④ 接下来企业要走向何处。

（2）顾客驱动式的学习与提高。该目标要回答的问题是："什么使顾客满意或不满意？"以及"我们的优势是什么？我们需要改进哪些地方？怎样改进？"要回答这些问题需要了解和流程、产品有关的更详细的信息、企业的改进措施，以及可能有较高质量投资回报的方面。

（3）创造以顾客为导向的服务文化。该目标将整个组织凝聚在同一种服务质量文化之上。

（4）服务补救的有效保证。前文提到，只有少数顾客会主动向企业抱怨，企业在很多情况下也很难发现服务失误。因此，服务失误的事后识别及进行有效的补救是必要的。如若提供一个主动的顾客反馈机制，并针对顾客抱怨对处理结果进行后续沟通，对服务型企业而言有较为积极的意义。

（5）影响服务员工积极行为。对一线服务员工而言，顾客的行为必定会对一线服务员工的行为产生影响。研究发现，一方面，消极的顾客反馈会影响员工工作的积极性，另一方面，顾客对服务员工的关系建设行为、顾客对服务质量的积极评价行为对服务员工工作的成就感和感知尊重具有显著正向影响，并最终促进服务员的积极行为。

14.4.2 收集顾客反馈

服务型企业需要倾听顾客的声音。常用的顾客反馈收集工具包括"全面市场调研（包括竞争者）、年度调研、交易调研、服务反馈卡、神秘购物、顾客主动反馈（如投诉）、焦点小组讨论、服务评论"。不同的工具各有利弊，管理者应该选择一套混合的顾客反馈收集工具获得所需的信息。

1. 全面市场调研、年度调研和交易调研

全面市场调研和年度调研常用来评测顾客服务流程和对产品的满意度。评测目标是获得整个企业的服务满意度的总体指数。这种调研可以以指数数据（如使用不同的属性评级）和（或）权重数据［如根据核心部分和（或）产品给出权重］为基础。

总体指数说明了顾客满意的程度，但并没有解释顾客感到满意或不满意的原因。对一个流程或产品能提出的问题数量是有限的，通常只能就一个流程提出1~2个问题，而不能更为详细地讨论问题。

相比之下，交易调研通常是在顾客完成具体的某次交易后进行的，顾客可能被深入地询问有关该流程的问题，包括开放式问题，因此这种反馈更具可操作性，可以解释顾客对该流程感到满意或不满意的原因，还能提出关于提高顾客满意度的改进措施。三种调研类型如果设计得当，会具有代表性和可靠性，这要求：① 精确地评估相对于质量目标、企业、流程、分支机构或个人目前所处的位置；② 评估个人、员工、团队、分支机构和（或）流程，特别是在激励计划与之相关的情况下。

2. 服务反馈卡

服务反馈卡是评估顾客对服务问题的看法的强大工具，其成本也不高。在完成每一次主要的服务流程后给顾客一张反馈卡，请他们通过某种途径交回到客户反馈中心。服务反馈卡是衡量流程质量的有效工具，可以得到一些"出色"或"欠佳"方面的具体反馈，但缺点是受访者不具有代表性，对不是很满意或很不满意的顾客的反馈有偏差。

3. 神秘购物

服务业，尤其是银行、零售业、汽车出租公司及酒店业，通常使用"神秘购物"来确定一线员工的行为是否令人满意。例如，许多企业都外包了每月神秘电话调研业务，评估测量与电话销售流程相关的个人技能，诸如准确定位各种产品、向上销售和交叉销售等行为。"神秘购物"具有高度的可操作性，并能产生深刻的见解。但其缺点在于由于神秘电话数量通常很少,单独的调研不具有可靠性或代表性。然而,如果某个员工每个月的表现都一致,那么管理者可以有理由相信该员工的表现出色(或欠佳)。

4. 顾客主动反馈

顾客的投诉、赞美和建议可以成为传递价值的助力。反馈能够使企业了解什么使顾客生气,什么让他们高兴。

顾客主动反馈为改进全面客户满意度提供了思想源泉。如果收集反馈的目标主要是明晰需要提高的方面,而不是为了衡量标准或评估员工,就不需要可靠性和代表性。

详细的顾客投诉信、电话录音以及员工的直接反馈可以作为员工培训的工具,明确顾客所要的是什么,方便所有级别的员工和管理者都理解顾客的心声。这种第一手的学习经验不仅有利于塑造服务人员的思想,还能明确顾客导向,比使用"客观的"数据和报告要强有力得多。

5. 焦点小组讨论和服务评论

焦点小组讨论和服务评论都能就可能的服务改进和方法提出具体建议。通常情况下,焦点小组是根据不同细分市场的讨论,发掘使用者的内在需求。服务评论通常一对一地采访企业最有价值的顾客。企业的高级主管通常与顾客讨论诸如企业上一年度哪些服务需要保留,哪些需要改变等问题。高级主管收到反馈后再与客户经理讨论反馈,并告知客户企业将针对其需求做出什么样的反应,以及今后的改进措施。

服务评论集中精力留住最有价值的顾客,在服务补救上表现优异。如今,随着科学技术的发展,企业纷纷开始借助大数据分析、数据挖掘等技术进一步提取服务评论有效信息。

14.4.3 分析和处理顾客反馈

真正的问题不是在服务反馈系统中对技术的运用,而是要对反馈做出有效反应。为了使员工不断学习提高,汇报系统需要把顾客反馈及分析结果传递给一线员工、流程负责人、分支机构或部门经理以及高层管理者。反馈信息应该立即流向一线,正如许多服务行业每天在晨会上讨论的内容一样,他们对顾客的投诉、赞美和建议进行总结和反思。此外,这里推荐三种服务表现报告,给服务管理层和团队学习提供所必需的信息。

(1)月度服务表现报告。流程负责人及时地提供了顾客评论及运营流程效果的反馈信息,反馈要逐字提供给流程经理。

(2)季度服务表现报告。流程负责人、分支机构以及部门经理提供了流程效果与服务质量的趋势。

(3)年度服务表现报告。高层管理者提供了具有代表性的、与顾客对企业服务满意度有关的状况及对企业长期趋势的评估。

报告应该简洁易懂,关注关键指标,方便读者理解。

 课后思考

1. 什么是服务承诺?服务承诺有哪些特征?
2. 服务失误有哪些类型?顾客面对服务失误有哪些不同的反应?
3. 结合具体的服务事例,谈谈顾客投诉的主要类型及应对措施。

4. 有效的服务补救系统是如何构成的？服务补救策略包含哪些要素？
5. 顾客反馈的收集工具都有哪些？

讨论案例

航班取消，谁之过？

结束了一天的讲座，张教授匆忙赶往机场，准备搭乘19:30的航班飞回北京。

张教授于19:00到达了机场，直接赶到自助值机处办理登机牌，可已经不能自助值机了。他排队到柜台，被告知：19:30的航班取消了，改到了20:30，由于前序航班还未起飞，所以现在不能办理值机。张教授问："请问何时可以办理？"地勤人员头也不抬，甩出一句话："不知道。"

环顾机场大厅，没有座位，去哪里等待？旁边一个人四仰八叉地在围栏旁睡着了，感觉有些不雅，但是环顾四周似乎也没有更好的去处，只能忍耐。

在一而再、再而三的延误通知下，直到21:30，机场广播通知前序航班已经起飞，可以办理登机牌了。张教授迈着酸疼的腿过了安检，找了个西餐厅想吃点东西歇息一下。结果被告知"十点关门，还有十分钟"，只好走出来饿着肚子走到42号登机口候机。这时，机场广播响起："前序航班预计于23:30到达，该航班预计于0:10起飞，1:45到达。"

等在登机口的乘客面无表情各自玩着自己的手机。23:33，航旅纵横的信息显示"前序航班已经到达"。终于到了，张教授把KINDLE收拾起来，去了趟洗手间，准备登机。航旅纵横又显示"航班取消"。这时是凌晨！大家迅速围拢到登机口，工作人员是个女服务员，似乎也是刚刚得到通知。大家七嘴八舌地问为什么取消，女服务员回答："我也不知道，我叫领导过来。"大家开始七嘴八舌地责问着："为什么这么晚才通知？"一个大姐满脸愁容，"我妈身体不好，是去上海看病的，老人家在这里等了5个小时，现在你们说取消！"一个高大的男子，拿着手机让女服务员看，"我这是在上海订的房间，560元。如果你们在十点前通知取消我还能退房，现在人家把钱扣了，我去不了了。"一个中年女人说："我明天八点在上海有肿瘤专家会诊的。"焦急中的时间过得特别慢，十分钟过去了，没得到说法。女服务员四处打电话，"你们过来一个人啊，我一个人在这顶不住啊，旅客意见很大啊。""啊？经理呢？那你们谁来啊？"放下电话女服务员解释，"领导要过来了。""什么时候啊？这么半天了，你们一个领导都没有。"人群中情绪渐渐地高涨了。

半个小时后，来了个比女服务员年纪稍微大一些的男人，估计是主管。"不好意思，各位，航班取消了。""为什么？""上海虹桥机场1:15关闭，所以飞机飞不了。"这句话像是在人群中扔了一枚炸弹，无数的声音高涨了起来。"你们通知的是1:45到达上海，如果虹桥是1:15关闭的话，为什么你们之前要发这样的计划呢？""如果取消为什么不早说呢？""为什么要让我们等了五六个小时之后取消呢？""怎么解决？"

主管说："我们送大家去宾馆休息，明天再飞。"

乘客又炸了锅："你们这个解释我们不接受，如果你们明明知道虹桥机场1:15关闭还发计划说是1:45达到，就说明你们欺骗顾客。如果不是虹桥机场关闭，那你们也是欺骗顾客。""我明天八点钟在上海有个肿瘤专家的会诊，人命关天啊，我去不了怎么办？赶快给我改签。"

主管面无表情地说："抱歉，飞往上海的航班都没有了。"乘客问："那你们为什么不能提前通知？"主管说："很抱歉。"高大男人拿着手机让主管看，"我在上海订了房间，560元。如果你们在十点前通知取消我还能退房，现在人家把钱扣了，我去不了了。你说怎么办？怎么解决？"主管继续说："很抱歉。"中年女人气愤地问："我明天的专家会诊怎么办？"主管继续说："很抱歉。"中年女人开始吼了起来，"你别跟我说很抱歉，你说解决办法。"

忽然，一个胖胖的警察来了，"大家别闹事啊。"声音很高，很有威严。人群再一次炸了。"我们谁闹事了？你告诉我什么叫闹事？"一个瘦瘦的男人站了出来，"任何事情你们必须给我们一个明确的说法，到底是什么原因，飞机已经到了，两边的天气情况良好，为什么不能飞？我们不是去上海玩的，我们要不然9点钟有会，要不然约了客户，还有人命关天的。你们不能一句话就敷衍了事。这个我们不接受！"

主管："很抱歉！"然后又大声说，"谁去宾馆请到这边站！"这时，一个外国人来问主管，主管接过了外国人的手机，十分钟之内主管只管这位外国人，又激起了大家的愤怒。"我们这么一群人你不管，就那一位外国人重要，是吗？"主管不理会大家的吵闹。"跟我来，去宾馆！"人群没人动，"我们不去宾馆，没有任何说法，明天到底什么时候飞？""我也不知道，一般都是明天的6点到12点之间飞。"人群又吵起来了。瘦瘦的男人大声说："第一，对于取消的原因你必须说清楚；第二，必须说清楚解决方案。"主管不说话，大家僵持着。

又过了半个多小时，主管说："明天八点飞。大家跟我去宾馆。"几个人大声喊，去参加专家会诊的中年女人、要去开会的不同意去宾馆。主管说："我送大家先去宾馆，一会我再回来。"说完主管迅速消失，百分之八十的人跟着去宾馆了；剩下的人继续等待，余怒未消。

这时，一个小女孩过来了，"我是来锁门的。"大家不让了，"什么叫锁门啊，那我们怎么办？"小女孩和大家僵持着，一个多小时后，将近两点了。女孩大声问，"谁去宾馆？最后一班！"大家面面相觑，只得去了宾馆。中年女人回家了，因为等她第二天到上海会已经开完了。

第二天五点半宾馆通知，5:50统一去机场，飞机八点起飞。重新改签、过安检，到登机口；7:30通知，起飞时间待定。人群再一次重复了昨晚的喧闹。大家都在叫着："以后再也不坐××航空公司的飞机了。""大家一起发微信、发微博吧。"

一个多小时后，张教授终于可以登机起飞了。

案例思考题

1. 在张教授的这段经历中，航空公司出现了哪些服务失误？
2. 乘客为什么会愤怒？
3. 航空公司是否做了服务补救？为何没能有效安抚乘客？
4. 请为航空公司设计航班取消的有效服务补救策略。

第 15 章

顾客关系管理与建立顾客忠诚

学习目标

1. 关系营销的基本内涵及其实现形式；
2. 顾客关系的演变；
3. 顾客忠诚的内涵与价值；
4. 基于"忠诚之轮"的顾客忠诚构建策略；
5. 减少顾客流失的策略。

开章案例

一汽大众打造客户俱乐部　重塑客户新体验

一汽大众一直以来都坚持以"客户需求"为导向，希望通过客户俱乐部进一步构筑完善的客户体验，做好客户全生命周期服务的愿景。2018年，为进一步完善大众品牌业务生态圈，提升客户体验，一汽大众打通多渠道数据，整合线上线下资源，围绕"让汽车生活更美好"的核心理念，从关爱、尊享、便捷等方面入手，将俱乐部打造成集专业服务与沟通互动于一身的多功能平台。

在客户关爱方面，一汽大众客户俱乐部将更直接地与客户沟通交流，更快速地响应客户诉求，提供更贴近客户情感需求的服务与活动。

在尊享服务方面，一汽大众客户俱乐部将整合内外部资源，为会员开放专享权益，同时，通过多方面的异业合作，拓宽会员权益，满足客户对人、车、车生活等多方面的诉求，为客户提供更完善、更个性、更愉悦的品质服务。

在便捷体验方面，一汽大众客户俱乐部通过官方微信、官网、App等多个渠道服务客户，使客户快速获取品牌信息、享受会员服务。俱乐部与电商平台共同为客户创造更加简单、美好的汽车生活。

此外，一汽大众客户俱乐部采用厂商联动方式，与经销商伙伴共同努力，打造线上线下整合的服务体验，全方位、立体式地满足客户需求。俱乐部还将融合一汽大众移动出行、车联网、新能源等各项业务，围绕客户，构建人、车生活生态圈。

大众品牌客户关系管理部部长表示："未来，在俱乐部中的每名会员不仅仅是我们的客户，更是我们的家人，我们希望更贴近客户，更多地倾听客户声音、快速响应客户诉求、与客户发生更多情感互动，让汽车生活更美好。"

一直以来，一汽大众以高品质的产品和严谨的服务，赢得了良好的口碑。正是由于始终坚持"客户第一"的理念，不断进取、创新，一汽大众才获得了千万车主的认可和信赖。

为表达对车主最真诚的感谢与敬意，在一汽大众客户俱乐部发布会上，特意邀请来自全国各地的车主讲述他们与一汽大众之间的故事以及未来对一汽大众客户俱乐部的期待。为表示感谢，一汽大众现场给车主赠送了商务副总经理和总经理的签名车模。

华东区销售事业部总经理说："高品质的产品成就经典的故事，全情信赖的车主才能成就企业的未来，今后，一汽大众还要为客户提供更多的高品质产品，同时通过俱乐部平台，提供更贴近客户需求的服务。"

面对客户不断升级的新需求，一汽大众客户俱乐部的建立是一汽大众提升客户终端体验的重要一步，代表着一汽大众为实现"重塑客户体验"迈出了坚实的一步。

15.1 关系营销

关系营销是在服务业快速发展和服务活动中顾客需求地位不断提高的背景下产生的，它是服务营销的重要手段。美国学者 Berry 在 1995 年总结关系营销备受关注的四大缘由时指出：服务营销的成熟之所以重要，是因为服务产品的无形性促使服务型企业寄望于关系营销来进行差别化竞争。一些研究表明："关系营销为服务营销提供了维持持续竞争优势的最佳途径。"服务观念的强化是关系营销的内在要求。企业只有通过提供良好的服务才能同顾客建立起亲密无间的伙伴关系，并使顾客接受企业提供的更多的产品或服务，最终实现关系营销的目标。

15.1.1 营销水桶理论

营销领域营销观念已经从以获取交易为中心向以建立和保留关系为中心转变。由于服务型企业向顾客许下长期的承诺，并通过质量、服务和创新保留这些顾客，顾客变成了合作伙伴和联合创建人。关系营销本质上代表了一种典型的营销转变——从以获取交易为中心到以保留关系为中心。关系营销（或者关系管理）是一种经营理念、一种策略指南，它聚焦保留现有顾客而不是获得新顾客。这种理念假设许多消费者在追求价值时更倾向于与一个服务提供者保持关系，而不是不断转换服务提供者。基于这种假设以及保留一位现有顾客的成本比获得一位新顾客的成本低得多的认知，开发有效保留顾客的策略是企业走向成功的路径。

假日饭店市场部执行副总裁詹姆斯·肖尔提出"营销水桶理论"，指出营销可以被看作一只水桶，所有的销售、广告和促销计划都可以看作从桶口往桶里倒水，只要这些方案计划是有效的，水桶就可以盛满水。然而，桶上总会有洞，当企业的生意状况很好并且按照承诺提供服务时，这个洞很小，即只有很少的顾客会流失；当企业运营管理不善，顾客对所获得的服务感到不满，而且顾客关系很弱时，顾客会像水一样从洞中大量流失，并且流出的水比倒进来的还多（图 15-1）。

图 15-1　营销水桶理论

营销水桶理论表明为什么在关系策略中，堵住桶上的洞会有非常重要的意义。营销人员通常会将工作重点放在获取新顾客上，所以向关系策略转变需要从思想上、企业文化上和员工激励系统的转变。比如，许多服务型企业设立的销售激励系统是用于奖励获取新顾客的，只有很少的服务型企业会（或者根本没有）对保留现有顾客进行奖励。因此，即使人们认识到保留现有顾客的必要性，现有的激励系统也不支持这种做法。

15.1.2　顾客关系的演变

企业与顾客之间的关系就如同其他的社会关系一样，顾客流失随着时间而变化。服务提供者与顾客之间的关系往往具有从陌生人发展成朋友或者合作伙伴的潜能，具体内容如下。

1. 顾客作为陌生人

陌生人是指不了解企业、还没有和企业有过业务来往（相互影响）或者还不知道这家企业的人，可能包括竞争者的顾客以及还没有进入市场的顾客。显然，企业在这个时候与顾客没有关系。因此，企业面对这些"陌生人"的首要目标是使他们熟悉公司的服务产品并进行购买尝试。

2. 顾客作为熟人

一旦顾客知道并试用了产品，熟悉度就随之建立了，顾客同企业也就成了熟人，交易关系也就建立了。这个阶段，企业的主要目的是使顾客满意。在熟知的阶段，企业普遍会关注为顾客提供比竞争对手更有价值的产品。对于顾客而言，一旦他们满意并且在交换过程中体验到了公平的价值，熟知关系就很容易产生。随着交往的增多，顾客积累了经验并且对企业的产品有了进一步的了解。这些顾客可以帮助减少交易过程中顾客期望的不确定性，从而提高公司相对于竞争对手的吸引力。反复的交往提高了企业对顾客的认知度，并对营销、销售以及服务努力都起到促进的作用。因此可以说，熟知的关系可以通过降低顾客感知风险与服务提供者的成本从而使交易更加容易实现。

3. 顾客作为朋友

顾客继续购买企业的产品并在交易关系中获得价值，企业则开始设法获取顾客需求的特别信息，并根据此信息来为顾客定制产品。这种独特产品的提供产生了独特的价值，并且将交易关系升华为友谊。这种转变，尤其是在服务交易关系上的改变，是以信任为前提的。在前面的章节已经讨论过，顾客也许在购买或消费前无法判断服务产出，对于那些具有高质量、高信任度的服务，顾客甚至在体验了这种服务之后仍然不能辨别出其服务表现。因此，顾客必须相信服务提供者承诺所做的一切。由于顾客已经成为企业的朋友，他们不仅对企业越来越了解，而且也开始相信企业所提供的服务是物超所值的。

企业在与顾客成为朋友关系阶段，企业首先应该考虑如何保留顾客。企业通过朋友关系建立稳定又有竞争优势的潜力应该比熟知关系阶段更大。因为其所提供的服务更加独特，并且更难被竞争对手模仿，而且顾客也信任这种独特性。

4. 顾客作为合作伙伴

随着顾客同企业的继续交往，顾客对企业的信任度会加深，他们也会得到企业更多定制化的产品并产生更多的交易行为。在朋友关系阶段所培养的信任对于顾客与企业的伙伴关系的培养是必要的，但不是充分条件。也就是说，信任的创建导致承诺的创建，这是顾客延长关系时间的必要条件。信任感的加深与承诺的建立减少了顾客解决"寻找更好的替代者"的难题的需求。因此，为了推进与顾客的关系向合作伙伴关系方向发展，企业就必须利用顾客认知与信息系统来提供个性化、定制化的产品。

在合作伙伴关系阶段，企业关注的是加强其与顾客的关系。如果顾客觉得企业始终能了解他们不断变化的需求，并且感到企业似乎愿意通过在产品和服务组合方面的不断改进和提高为这种关系投资，他们就更有可能保持这个关系。通过加强这些关系，企业希望减少顾客被竞争者吸引过去的可能性，并希望这些顾客有可能从企业购买额外的产品和服务。这些忠诚的顾客不仅为企业提供了坚强的后盾，还可能会给企业带来增长的潜力。当一家企业决定将其75%的生意给某个特定的供应商，而不是将其生意平均分配给三家供应商时，这个供应商就变成企业更好的合作伙伴。事实上，近年来很多企业已经在追求成为某位顾客的某种产品或服务的"独家供应商"。这些合作伙伴关系长期发展下去可以提高企业的市场占有率和利润。

延伸阅读

当银行玩起"粉丝经济"

中信银行信用卡中心在互联网思维下最大的转变，是它从组织机构的角度实现了体制的转变以及思维的转变，即中信银行信用卡中心选择了一个章鱼式的组织进化结构，将能以更适合、更开放、更灵动的组织形式服务于整个生态系统。而从消费者角度，章鱼这种高智商生物象征着信用卡中心向广大消费者提供睿智的服务，章鱼的八只触角伸向与消费支付紧密相关的八大行业——金融、餐饮、旅游、影视、酒店、网络小说、美容、服饰，代表中信银行信用卡中心紧紧抓住客户需求，为消费者提供极致体验，让消费生活充满乐趣，让支付生活更加智慧。

章鱼粉丝团是以开放性关系链及朋友圈的概念打造的基于中信信用卡中心个人及合作伙伴联结、互动的生态圈。雷军把互联网思维总结为"专注、极致、口碑、快"这7个字，如果我们来看"章鱼粉丝团"的诞生，也完全符合这七字诀：专注——以快乐消费、热爱生活为宗旨；极致——中信信用卡中心提供从线上到线下极致的服务体验；口碑——中信信用卡提供的线上线下福利在鱼粉中迅速传播；快——4个月时间，章鱼粉丝团已经快速发展到50万人的规模。

1. 客户关系到粉丝关系的进化

未来的互联网金融领域，谁的客户黏度更高，谁就更有话语权。而黏度最高的一个群体，往往是认同企业文化，"忠贞"于企业或品牌的强大粉丝群。中信银行信用卡中心作为一家传统的金融机构，能敏锐地嗅到"粉丝经济"模式，把客户关系从一个简单的服务、提供产品的关系提升到粉丝的关系，实属不易。凭借百度贴吧强大的社交平台资源，中信信用卡中心开始把以客户为中心逐步转化为以粉丝为中心，是银行大胆迈出固有思维的一次有益尝试。

在培养粉丝关系黏度上，比起积累粉丝流量，中信信用卡中心更看重的是给予粉丝们快乐和持续的用户体验。在过去的四个月里，章鱼粉们通过"众包、众筹、众创"模式一起玩过"章鱼卡吉祥物设计大赛""武汉男神、女神线下评选""敢表白就敢送你去巴厘岛""章鱼卡吧携手VISA微信公众平台送豪礼"等活动。

2. 粉丝福利的多元化应用场景

作为百度贴吧的首家金融合作伙伴，百度贴吧手机端最新的"福袋"功能，在章鱼卡吧首发。通过在对应贴吧内的活跃行为可以获得福袋系统中福利商品的虚拟积分，攒够一定的虚拟积分即可在福袋中免费兑换线下的诸如哈根达斯冰激凌、星巴克咖啡等现实权益。粉丝们就能从线上的虚拟满足体验随时转移到享受线下的真实服务。

章鱼粉丝团除了在线上建立粉丝连接阵地，还成立线下同城会。同城会将通过组织粉丝体验当地合作商户的特惠产品或自主发起的轻型活动，建立社交圈子，逐步增强粉丝黏性和数量。中信信用卡中心未来将在拥有一定粉丝规模的基础上尝试为粉丝提供定制、团购、代购等服务。

中信银行信用卡中心作为第一家试水"粉丝经济"的金融机构，已经开始占领互联网金融的前沿阵地，这一行动将颠覆传统银行信用卡机构"以'贡献消费利润的客户'为中心"的经营模式，成为银行界的风向标。

15.1.3 关系营销及其作用

1. 关系营销的定义

关系营销是识别、建立、维护和巩固企业与顾客及其他利益相关者之间的关系的一系列活动。通过企业的努力，以诚实交换与履行承诺的方式，使双方的利益和目标在关系营销活动中得以实现。服务营销管理对顾客关系的关注是基于连续性的视角，将顾客视为关系合作者，而不是一个偶尔进行服务消费的个体。因此，对关系营销的理解应该强调以下几个方面。

1）关系营销应是一种服务

服务营销管理的理念，是与顾客共同创造服务价值，而不是将已有服务价值简单地传递给顾客的全新的营销管理理念。企业与顾客之间是一种合作并相互独立的关系，而不是冲突和相互依附的关系。所以，关系营销决定了服务型企业或服务人员与顾客的关系本质，也决定了服务型企业如何管理顾客关系。从关系营销的视角看，服务营销管理可以被视为一种顾客关系（与供应商的关系、与分销商的关系、与网络合作者的关系，以及与金融机构和其他利益相关者的关系）的管理过程。

2）关系营销又是一种建立互利互惠关系的服务营销行动

从关系营销视角看,在竞争激烈的服务市场中,完成交易并不是服务营销管理的终极目的,而是要与目标顾客建立长期互动的顾客关系。顾客连续的服务消费行为和企业获得交叉与捆绑销售的机会都是源于对长期顾客关系的有效管理。一旦服务型企业具备关系营销的理念,企业营销活动的焦点将不再是单次或单项服务交易的收益大小,而是所有的服务营销活动和流程是否有利于顾客关系的建立和维持。

3）关系营销还是一种围绕服务价值维持和强化顾客关系的营销管理过程

关系营销建立在关系网络和网络互动的基础上,它存在于服务型企业、顾客及其他利益相关者的广泛网络之中,而服务价值则是这种网络得以维系的核心内容。因此作为服务营销管理过程的关系营销,目的是让服务型企业与顾客、利益相关者建立和维持双赢的互惠关系,让处于关系链条上的各方共同参与服务价值的创造、传递和维护过程。

2. 关系营销与交易营销的区别

关系营销本质上代表服务型企业的营销理念,由以实现交易为中心转变为以保留顾客为中心,逐步强调顾客关系的建立、维护和深化,而非单次交易活动的完成。在以顾客关系为核心的服务营销管理活动中,顾客变成了有价值的伙伴,服务型企业长期致力于通过服务价值的迭代创新来保留和维持顾客。关系营销与交易营销的区别如表15-1所示。

表15-1 关系营销与交易营销的区别

关系营销	交易营销
着眼于顾客的保留	着眼于单笔交易
连贯的顾客联络	不连贯的顾客联络
重视顾客服务	重视产品特性
长期销售	短期销售
对满足顾客预期作高度承诺	对满足顾客预期作有限承诺
质量是所有员工关心的事	质量是生产部门关心的事

（1）二者的理论基础不同。传统的交易营销以4P理论为基础,强调的是以生产者为中心的交易行为;而关系营销主张以系统论为基本的指导思想,以市场反应、顾客关联、顾客关系和利益回报为基础,重视顾客的需求和欲望,并以整合营销传播为手段开展全面的市场营销活动。

（2）交易营销的核心是交易,看重的是在每一笔交易中实现利润最大化,强调企业利益的最大满足。因此,交易营销的理念是以生产者为导向的;而关系营销将与利益相关者建立长期合作关系看作市场营销的核心,通过各方的互动来建立关系营销网络。在这个网络中,企业的市场营销目标不是追求每次交易的利润最大化,而是追求网络成员利益关系的最大化,最后形成网络成员共同发展的局面。

（3）关注的焦点不同。交易营销关心如何生产,注重一次交易,希望获得更多的新顾客,企业管理人员更看重市场占有率;而关系营销强调充分利用现有资源,尽最大努力保留现有顾客,注重与顾客建立长期的合作关系,以使企业获得长期利益,企业管理人员更看重的是顾客的保留率与顾客份额。

（4）着眼点不同。交易营销关注的目标主要是市场，面向的是各种顾客群体；而关系营销的范围包括各个利益相关者，包括顾客、竞争者、供应商、分销商、政府、银行、社会团体及股东、合伙人和内部员工等。

（5）在市场风险方面，由于交易营销只强调交易行为，在市场竞争十分激烈、新产品不断涌现的情况下，顾客很容易转而购买其他竞品，使企业随时有失去顾客的可能，导致产生较大的市场风险；而在关系营销的指导下，企业通过重视顾客需求和以之为起点的市场营销活动，使顾客建立起品牌忠诚，市场的不确定性减小，因而风险也相对变小。

（6）交易营销不太注重为顾客提供服务、承诺和信任，而关系营销则恰恰相反。关系营销高度重视顾客服务及对满足顾客服务的大量投入，维持并发展与顾客的长期关系和承诺是关系营销的重要内容。

3. 关系营销的目的

上述有关顾客关系演变的讨论诠释了企业同顾客的关系是怎样通过顾客在关系连续体中不断地进化而加强的。随着顾客关系价值的提升，企业更愿意追逐这种亲密的关系。因此，企业关系营销的基本目标是建立和维持一个对组织有益的忠诚的顾客基础。可以用图15-2来生动地诠释关系营销的目的。最主要的目的就是将顾客从需要被吸引的陌生人那一端，送到关系阶梯的最高点，他们在这一点成为具有高价值的、与企业关系得到了加强的长期顾客。从顾客解决问题的角度来看，满意度、信任感以及忠诚的形成与顾客是否更愿意在交易过程中扮演熟人、朋友或者合作伙伴相关。当顾客从满意的熟人阶段转变为以信任为基础的合作伙伴再转变为忠诚的合作伙伴，企业获得的价值便会更高。

4. 关系营销的结果（利益）

在关系营销前提下，企业与顾客保持广泛、密切的关系，价格不再是最主要的竞争手段，竞争者很难破坏企业与顾客的关系。关系营销强调顾客忠诚度，保留老顾客比吸引新顾客更重要。关系营销的最终结果，将为企业带来一种独特的资产——市场营销网络。

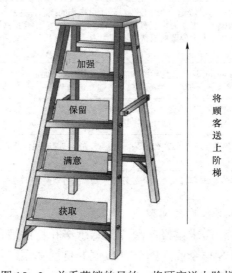

图15-2 关系营销的目的：将顾客送上阶梯

市场营销网络是指企业及与之建立起牢固的互相信赖的商业伙伴关系的其他企业所构成的网络。在市场营销网络中，企业可以找到战略伙伴并与之联合，以获得一个更广泛、更有效的市场占有。这种网络已经超出了纯粹的"市场营销渠道"概念的范畴。借助该网络，企业可在全球各地市场上同时推出新产品，并减少由于产品进入市场的时间滞后而被富有进攻性的模仿者夺走市场的风险，市场营销管理也日益由过去追求单项交易的利润最大化，转变为追求与对方互利关系的最佳化。其经营信条是：建立良好关系，有利可图的交易随之即来。

市场营销网络的重要作用主要有两点：① 构建市场营销网络是企业规模化、现代化经营的需要；② 市场营销网络化有利于加强生产管理和建立维护品牌效应。

15.2 建立顾客忠诚

有研究表明，顾客忠诚度提高5%，利润增长将超过100%，提高顾客忠诚度对于服务型企业来说至关重要。

15.2.1 顾客忠诚

1. 顾客忠诚的内涵

目前在许多文献中出现了不同的对顾客忠诚的概念界定，对顾客忠诚的理解有50多个不同的观点，但迄今为止学术界尚未形成统一的顾客忠诚概念。目前，关于顾客忠诚的研究可以划分为三个学派：行为学派、态度学派和复合忠诚学派，如表15-2所示。

表15-2 顾客忠诚的内涵

行为学派	Tucker将发生连续3次购买行为定义为顾客忠诚
	Dick和Basu认为顾客忠诚被视为个人的相对态度和重复购买行为之间的关系强度。相比潜在的替代品而言，对该产品或服务所持有的正面态度和重复购买产品是顾客忠诚必需的条件
态度学派	Day认为单纯的行为学派忠诚观念仅仅是一个可操作的概念，缺乏科学严谨的概念化定义基础，不能反映顾客忠诚的全部内涵。态度学派可以有效地弥补这一缺陷，它主要从消费者情感和行为意愿等方面研究顾客忠诚，关注顾客忠诚行为中隐藏的消费者心理因素，将顾客忠诚定义为消费者在情感上或心理上对产品或服务的依恋程度
复合忠诚学派	Baldinger和Rubinson认为行为学派和态度学派都不能全面反映顾客忠诚的内涵，应该整合这两个学派的优点，综合考虑行为学派和态度学派的观点，建立更为全面的顾客忠诚定义来体现顾客忠诚的本质
	Brown认为顾客忠诚是指消费者对某一零售商持有积极态度的同时，不断在该零售商处重复购买产品和服务，并且愿意将该零售商作为今后购买同种产品和服务的唯一选择
	Rossiter将顾客忠诚定义为顾客在对某一特定产品或品牌产生依恋并形成偏爱基础上长期重复购买该产品或品牌的消费行为

资料来源：李社球. 全渠道顾客体验与顾客忠诚关系研究[D]. 成都：中南财经政法大学，2018.

根据上述有关顾客忠诚内涵的系列观点，可以总结为，顾客忠诚是指顾客对特定服务型企业或服务产品所持有的持续需求偏好、深度情感承诺和稳定消费行为，体现为顾客购买行为的连续性。顾客忠诚是顾客与企业间的一种长期的良性关系，是一种行为上重复购买与心理上积极态度和情感相结合的行为。顾客忠诚是服务型企业在竞争激烈的服务市场中极力追寻的目标，可以使企业获得更高的长期盈利能力，使企业在竞争中得到更好的保护。

2. 顾客忠诚的价值

顾客忠诚之所以得到服务型企业的广泛重视，是因为它能够为企业带来多重价值，使服务型企业在激烈的市场竞争中获得持续优势。事实上，顾客忠诚不仅能为服务型企业带来可观的财务收益，还能为企业应对市场竞争提供关键的支持。无论是财务角度还是市场角度，顾客忠诚对服务型企业都具有重要价值。

1）财务价值

美国顾客忠诚研究的著名学者弗雷德里克·莱希赫尔德在《忠诚的价值》一书中说："很少有企业关注顾客逐年对企业利润的贡献。"研究发现，在所有行业中，随着年份的增加，顾客对企业的贡献是逐渐增长的。

毫无疑问，顾客忠诚对企业利润的贡献随着时间的推移而不断增加。这正是顾客忠诚对服务型企业的财务价值所在。顾客忠诚能够通过增加服务型企业的收入，并同时降低企业的成本支出为企业带来更大的财务收益。

（1）顾客忠诚增加服务型企业的经营收入。一般来说，顾客忠诚可以通过以下几方面增加服务型企业的经营收入。

① 顾客重复消费。忠诚顾客往往会进行重复消费，而多次消费的顾客对服务较为熟悉且满意，因而具有更大的消费数量或规模以及更高的消费频率，从而能够增加企业的营业收入。

② 增加顾客占有率。服务型企业不仅能够从忠诚顾客的重复购买中增加营业收入，还能够从忠诚顾客的关联消费中增加销售收入。当顾客对某服务型企业或服务品牌感到亲切，或者与其建立了良好的顾客关系时，顾客不仅会增加消费的频次，而且还会在其消费支出中给予更大的比例，使服务型企业实现交叉销售和捆绑销售，这一现象也被称为"钱包份额效应"。

③ 对价格敏感度降低。忠诚的顾客对服务型企业或服务产品和品牌有较深的情感依赖，这降低了其对服务价格的关心，更不会仅仅因为服务促销而进行消费。事实上，忠诚顾客更关心服务消费其他方面的价值，如情感、认同等，而对服务价格并不敏感，并且认为良好的体验足以弥补因较高价格增加的支出成本。

（2）顾客忠诚降低服务型企业的运营成本。顾客忠诚在增加服务型企业营业收入的同时，还能够在其他环节降低企业运营成本。

① 节约获取新顾客的成本。对大多数服务行业来说，由于激烈的竞争、同质化的服务产品等原因，服务型企业吸引顾客的成本是巨大的。在许多服务型企业中，广告、促销、折扣和处理申请等都算作吸引客户的相关运营成本。如果顾客与企业的交易时间较短，或者次数较少甚至仅仅是单次交易，企业便很难有效收回前期付出的成本，而且必须再次支出新成本来吸引新顾客。因此，忠诚顾客的存在可以使服务型企业节约大量的顾客开发及维护成本。

② 节约服务成本。如果服务人员不熟悉顾客，就需要花费时间和精力去了解顾客的服务需求及偏好；同时，如果新顾客不了解企业的服务产品，则要求服务型企业或服务人员提供更多的备选服务产品以满足服务需求。因此，在服务过程中，企业与顾客双方的相互理解和熟悉过程会显著地增加服务型企业的服务成本。但是，对忠诚顾客而言，服务人员对其很了解，熟悉其服务需求及偏好，甚至可以预测其服务需求，使企业更容易为忠诚的顾客提供服务，以至于形成交易的惯例化，从而降低服务成本支出。

③ 节约服务失误成本。没有建立忠诚关系的顾客对于服务失误非常敏感,缺乏对服务失误的同理心和包容度,甚至可能会故意寻找服务产品的缺陷。企业为补救因不熟悉顾客的服务需求及期望而导致的服务失误,需要增加成本支出。但是,对忠诚顾客而言,一方面服务型企业或服务人员熟悉其服务需求,甚至能够预测其需求,因而产生服务失误的可能性较小;另一方面,即使产生服务失误,真正忠诚的顾客也可能愿意在合理的范围内对某些类型的服务失误进行容忍,进而帮助服务型企业节约应对服务失误的成本支出。

④ 节约营销费用。与聚焦吸引新顾客的服务营销活动相比,忠诚顾客的服务营销活动效率会更高。因为服务型企业充分掌握忠诚顾客的特征及服务需求,服务营销活动可以做到有的放矢,而且忠诚顾客更容易做出积极回应,进而提高服务型企业的服务营销活动效率,降低服务营销成本。

总而言之,忠诚顾客对服务型企业在增加收入和降低成本两方面的积极作用,为企业带来更多的财务收益。随着时间的推移,忠诚顾客能够为企业创造更多额外利润;顾客忠诚给企业带来的经济价值有力地诠释了一家企业为什么比另一家企业更赚钱。

2)市场价值

忠诚顾客的财务价值是非常显著的,但它只代表顾客忠诚对服务型企业带来收益的部分。顾客忠诚的市场价值难以通过财务数据等可视化的经营指标来体现,同时具有长期性。如果说顾客忠诚的财务价值主要体现服务型企业的"当期收益",那么顾客忠诚的市场价值则更多地反映服务型企业的"未来收益"。顾客忠诚的市场价值主要表现在以下几点。

(1)口碑效应。忠诚顾客经常作为服务型企业免费的广告传播渠道,他们会对企业的服务产品进行正面的口头宣传,向亲友和同事积极地推荐企业的服务产品,成为服务型企业的"义务营销人员",是服务型企业最宝贵的市场资产。事实上,顾客服务消费行为的过程及特征已经表明,来自亲友或同事的口碑及推荐,比企业自身的商业广告更容易说服顾客,影响顾客的服务消费决策。

(2)形象效应。顾客从服务消费到满意,再从满意到向亲友及同事传播积极口碑,最后形成对服务型企业的绝对忠诚,这个过程中的每一个环节都会为服务型企业带来收益。顾客满意及忠诚带给服务型企业的不仅仅是短期财务绩效的优化,更会因良好的消费经历和服务体验为顾客留下卓越的服务形象,进而形成服务型企业或服务人员在目标顾客群体中的良好品牌形象。

(3)综合效应。对服务型企业而言,顾客忠诚具有两面性:它既是企业面对激烈市场竞争的防守堡垒,又是推出新服务产品、开拓新市场的坚强后盾。当面临竞争对手的市场进攻时,顾客忠诚能够成为企业抵御市场竞争行为的"护城河",确保服务型企业经营绩效的基本稳定。当服务型企业需要推出新服务产品、开发新服务时,顾客忠诚能够成为服务型企业进行服务营销活动的"压舱石",为企业拓展新的市场提供顾客基础和口碑支持。

15.2.2 忠诚之轮

由于顾客忠诚的决定及影响因素众多,因此服务型企业要构建顾客忠诚也并非易事。大量服务营销管理实践显示,很多服务型企业投入资源和金钱,试图培养忠诚顾客,却很难建立真正的顾客忠诚。根据约亨·沃茨和克里斯托弗·洛夫洛克的观点,可以运用"忠诚之轮"来阐述构建顾客忠诚的基本行动框架,如图15-3所示,它包含了三个有序的战略。

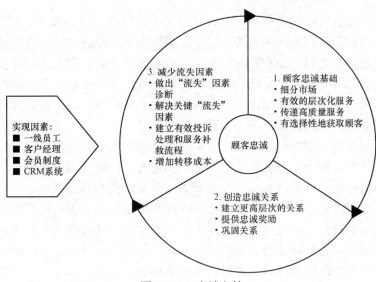

图 15-3　忠诚之轮

（1）公司需要为建立顾客忠诚创造稳固的基础，包括拥有合适的细分顾客组合，吸引合适的顾客，层次化的服务，提供高层次的满意度。

（2）为了建立真正的忠诚，公司需要发展与顾客之间的紧密联系，通过交叉销售和捆绑销售加深与顾客之间的关系，或者通过忠诚奖励和更高级别的联系为顾客增加价值。

（3）公司需要识别并消除导致"流失"的因素——失去老顾客并补充新顾客。在接下来的章节中将讨论忠诚之轮的构成要素。

15.2.3　顾客忠诚的基础

1. 融洽的关系始于顾客需求与企业能力的良好匹配

这一过程起始于识别和锁定合适的顾客。"谁应该是我们服务的对象？"是每个行业都需要定期提出的问题。顾客需求大不相同，他们为公司的贡献价值也不一样。要建立成功的顾客关系，企业就需要有选择性地对待其锁定的细分市场。应选择服务于一系列精心选择的目标细分市场，并努力建立并维护其忠诚。

将顾客与企业的能力进行匹配至关重要。管理者应该仔细思考顾客需求与如速度、质量、服务到位的时间、企业同时服务多个顾客的能力、服务设施的外在特征和外观等运营要素之间的联系。同时还需要考虑企业服务人员能够在何种程度上达到特定类型顾客的期望值，以及企业是否能够赶上或超越针对同类型顾客的竞争服务。

通过将企业的能力和优势与顾客需求相匹配，进而精心锁定顾客群的结果就是：为那些重视企业所提供的服务的顾客提供他们眼中卓越的服务。结果应该是双赢的局面，通过顾客的满意度而不是牺牲顾客利益来获得利润。

2. 寻找价值，而不是销售额

太多的企业仍然关注它们所服务的顾客数量，而没有对每个顾客的价值给予充分的关注。总的来说，更频繁和大量购买服务或产品的大客户比偶尔购买服务或产品的顾客更具有盈利性。比如银行业常常需要对客户关系进行梳理，根据业务种类、业务金额、客户类别等方式进行归类汇总或挑选出优质客户。根据"二八法则",老客户能够创造银行80%的利润,所以客户关系的维护是银行利润的来源。银行会通过以下三个方法来提升顾客忠诚。

（1）量身定做的纪念日祝福和礼物。对于大中型客户,银行可以根据数据库在其生日、办理业务周年纪念日等特殊日子发送为其量身打造的温情祝福和送上真诚而有意义的礼物。

（2）业务温情告知。当银行发行适合该客户的新业务或很有投资理财性质的业务时,可以向客户发送短信进行温情告知,并送上温情问候。

（3）送上专属特权。银行可以举行一些特殊意义的促销活动,如发行一款很火爆的理财产品,只有身份证号尾号为1的客户才能购买,满足客户的特殊需求心理（如尊享）。

寻求购买最低价格服务的顾客从一开始就不是关系营销的目标顾客。他们是交易趋向型的,总是不断地寻求最低价格。企业获得合适的顾客可以为企业带来长期收益；员工在与有价值的顾客打交道的过程中也可以提高其日常工作的质量。吸引错误的顾客最明显的后果是代价颇高的顾客流失、逐渐降低的企业声誉以及失望的员工。事实证明：在较长时间内成长迅速的企业往往是那些高度关注顾客价值且挑剔其顾客的企业,而非那些不限制顾客来源的企业。

"合适的顾客"不总是高消费者。根据服务业务模型,合适的顾客也可能是找不到其他服务提供者为其提供满意服务的人。许多企业制定了成功的战略,专门面向那些容易被其他同行忽略的顾客的细分市场,因为那些企业认为这些市场不是有"价值"的市场。比如三亚有一批"陪游",他们专为游客,特别是户外运动爱好者、驴友们提供信息,并设计特别的旅游路线,全程陪伴游客游览三亚,让游客品味到了另一种味道的三亚。据调查,三亚现在有野绿、蓝典、实域之旅等一些俱乐部经营"陪游"项目,从事该项目的有20多人,而三亚市的整个陪游客源一年大概有3万人。为什么客流量这么大呢？其实三亚旅游市场上陪游设计的产品相对来说比较新颖,价格又比较实惠,这必定会受到年轻游客的青睐。

不同的细分市场为服务企业提供不同的价值。像投资一样,某些类型的顾客在短期可能比其他顾客更加具有可盈利性,但是其他顾客可能具有更大的长期增长潜力。同样,一些顾客的消费习惯在一段时间内是稳定的,而其他顾客可能更具有周期性,在繁荣时期大量消费而在经济衰退时期则消费锐减。服务型企业应将不同的细分市场结合起来的方式,以减少与这种不确定性相关的风险。

3. 通过有效的层次化服务管理顾客基础

构建顾客忠诚的真正含义是维持与顾客长期和互利的关系。因此,服务型企业不能将市场资源平均分配给所有的顾客,而是要通过分层服务来有效地管理顾客群体。将更多的资源配置到高端顾客群体,将有利于提升顾客的盈利水平和销售收入。事实上,不同顾客群体的服务期望和需求是不一样的。对服务型企业而言,根据不同顾客的盈利能力和水平来有效地配置服务资源,是服务型企业成功的关键所在。

服务型企业可以根据行业特性,运用不同的标准对顾客进行分类。既可以根据顾客的盈利能力分类,如航空服务中的头等舱、商务舱和经济舱分类；也可以根据顾客的服务期望进行分类,如对价格的敏感、对速度的要求、对品质的要求等；还可以根据人口统计学特征对顾客进行分类。瓦拉瑞尔·泽丝曼尔等人提出了顾客金字塔模型,认为服务型企业可以将服务顾客分为铂金、黄金、钢铁、重铅四层,如图15-4所示。

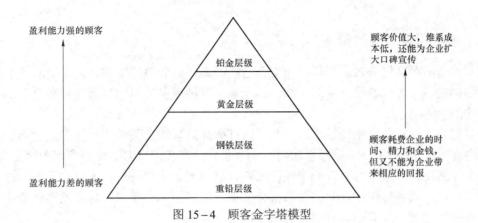

图 15-4　顾客金字塔模型

（1）铂金顾客。铂金顾客指最能使企业盈利的顾客，通常是那些使用量大、价格敏感度低、愿意试用新产品和新服务、对企业忠诚感强的顾客。这一层次的顾客是对企业的利润贡献率最高的一类顾客。他们是本企业产品或服务的最忠实的拥护者、最大量的购买者和使用者。这类顾客对价格不敏感；相反，他们愿意为更优质的产品或服务支付更高的价格。这类顾客乐意尝试本企业新的产品类型或服务项目，因此他们在本企业的购买量和购买额会不断递增。这类顾客愿意与本企业保持和发展长期关系，是本企业真正的忠诚者。

（2）黄金顾客。与铂金层级顾客相比，这类顾客为企业创造的利润较少，他们可能是某类产品或服务的大量使用者，但他们往往希望本企业为他们提供优惠价格，忠诚度也不太高。为了降低购买风险，他们会从多个企业，而不是只从本企业购买产品和服务。这一层次的顾客对企业的利润贡献率较低，原因在于他们对价格的敏感度比铂金层级顾客稍高，例如他们会要求价格折扣，因此降低了企业的边际利润率。这类顾客仍是本企业产品或服务的大量购买者和使用者，但他们为了降低风险而同时与多家同类企业保持长期关系，因此他们对本企业的忠诚程度稍低。

（3）钢铁顾客。这类顾客占服务型企业目标顾客群的比例最大，正是由于该类顾客的存在，企业才能够得到规模经济效益。如果缺少该类顾客，服务型企业可能会存在生产能力浪费的情况，因而钢铁顾客的存在对铂金和黄金顾客起到重要的支撑作用。他们可提供企业必需的经济收益，但他们的消费量、忠诚度、为企业创造的利润数额都不值得本企业为他们提供特殊的服务。

（4）重铅顾客。这类顾客需要企业花费大量的成本费用来与之建立和保持关系。他们在本企业的消费额以及他们能为本企业带来的利润非常有限，但他们对企业的要求却很高。这类顾客有时甚至是所谓的"问题顾客"——他们会向他人抱怨本企业的产品或服务，对本企业声誉造成负面影响。

总之，企业过于重视满足这类顾客的需求，将会造成大量资源浪费。顾客分类通常是基于顾客盈利性及其服务需求。服务型企业不可能向所有的顾客提供相同的服务，要根据不同细分市场顾客的不同服务需求和价值，为顾客提供差异化或定制化服务。例如，对铂金顾客来讲，要提供其他细分市场顾客或其他类型顾客享受不到的服务。铂金顾客和黄金顾客的特性决定了他们是服务型企业服务营销管理活动重点关注的对象，也是主要竞争对手试图争夺的对象。

15.2.4 建立顾客忠诚的策略

拥有合适的顾客细分市场资料，吸引合适的顾客，划分服务层次，提供高服务水平的满意度，是创造顾客忠诚的稳定基础。然而，企业可以做更多的努力拉近与顾客之间的关系。

1. 加深关系

为了将顾客与企业紧密地联系在一起，通过捆绑销售和交叉销售加深它们之间的关系不失为一种有效的策略。例如，银行喜欢向同一个账户持有者或家庭尽可能多地销售金融产品。一旦一个家庭在同一家银行拥有一个经常账户、信用卡、储蓄账户、贵重物品保险箱、汽车贷款、抵押等，顾客与银行之间的关系就会变得非常深厚，改换银行将使顾客耗费相当大的精力，也不太现实，除非顾客对银行的服务极度不满意。

1）奖励型捆绑

在所有具有竞争性的产品类别中，顾客很少会一直购买同一个品牌的产品，因此市场营销的目标就是加强顾客对某个品牌的热爱，使之超过对其他品牌的喜爱，精心设计的忠诚计划可以提高忠诚度和钱包份额。

奖励型捆绑在本质上可以是经济上的，也可以是非经济上的。当忠诚顾客因经济价值的驱动而得到奖励时，如购买折扣、旅客飞行里程这样的忠诚计划，以及由一些信用卡发行银行提供的现金奖励计划等，经济纽带就建立起来了。非经济形式的奖励给顾客提供了不能直接转化为金钱的利益或价值。比如，给予忠诚计划会员在候补名单中和呼叫中心排队系统中的优先权以及提供特别服务等。一些航空公司向忠实的顾客提供更高行李补贴、优先升仓、优先进入候机厅等好处。非正式的忠诚奖励在小企业中也存在，例如定期给常客某些小礼物来感谢他们的惠顾。

奖励关系的目标之一是，促使顾客在一个服务提供者处发生经常性的购买行为，或者至少使之成为最偏爱的服务提供者。层次化的忠诚计划能驱动顾客成为更高级别的会员。然而，奖励性的忠诚计划相对更容易被其他服务提供者复制，很少能够保持持续的竞争优势。而更高级别的关系则更具有可持续性。

2）社会捆绑

社会捆绑通常建立在服务提供者和顾客之间的人际关系基础之上。顾客可能因获得某个组织的会员资格而感到很骄傲和满意。尽管社会捆绑比经济捆绑更难建立，并且需要大量的时间来获得，但也因此更难被其他服务提供者效仿。一个与顾客建立了社会捆绑的企业，从长远看拥有更好的机会来保留顾客。

3）定制化关系

当服务提供者为忠诚的顾客提供定制化服务时，定制化关系就建立起来了。基于大数据，企业可以掌握长期顾客的偏好，并为他们提供相应的定制化服务。一对一的市场营销是一种特殊的定制化，每个顾客被当成一个细分市场来对待。许多大的连锁酒店通过顾客忠诚计划数据库来掌握顾客的喜好，当顾客到达酒店时，发现他们所期望的已经获得满足，从迷你吧中发现他喜爱的酒和零食到他们喜欢的枕头类型，以及他们早上要读的报纸。当顾客习惯于这种特别服务时，他会发现很难适应其他不能提供定制化服务的供应商（至少不能马上适应，因为新的供应商也需要时间来了解顾客需求）。

4）结构捆绑

结构捆绑常见于 B2B 情况下，目的在于通过供应商与顾客之间的结构关系激发忠诚，例如合作投资项目，信息、流程和设备的共享等。结构捆绑也可以在 B2C 的环境中实现。例如，一些航空公司引入了短信服务，可以提示航班到达时间和起飞时间，这样，如果飞机晚点，乘客就不必浪费时间在机场等候。一旦顾客将其行事风格融入公司的流程，结构捆绑就建立起来，并将顾客与公司联系起来，从而使竞争对手更难将之挖走。

2. 通过会员关系和忠诚计划建立顾客关系

在零散的交易行为中，比如公共交通、餐厅、电影院和修鞋店，服务提供者难以获取顾客信息。这种服务给营销人员带来的困难是，与会员类型的组织相比，他们不清楚他们的顾客是谁，以及每个顾客如何利用服务。正式记录顾客的需求、喜好和购买方式对小企业是很有用的，因为这可以帮助员工避免在每次服务中问同样的问题，并使他们为每个顾客提供个性化服务，从而使企业能够预见未来的需要。

3. 将零散交易转换为会员关系

在有相当顾客基础的大公司里，通过实施忠诚计划仍然可以将交易转化为关系，这就要求顾客提出会员卡申请，会员卡可以记录顾客所进行的交易以及与一线员工交流的偏好。对于交易类型的业务，忠诚奖励计划成为必不可少的工具，它使公司得以实施与忠诚之轮相关的策略。

除了航空公司和酒店，已经有越来越多的服务提供者，通过已经拥有或者正在施行类似的奖励计划以应对日益激烈的市场竞争。这些服务提供者覆盖了零售业（如百货公司、超市、书店和加油站）、电信供应商、连锁咖啡厅、快递服务公司和连锁电影院。

15.2.5 顾客关系发展模型

如图 15-5 所示，通常情况下，顾客关系有一个生命周期，即经历关系建立、关系发展、关系维持和关系破裂的过程。

图 15-5 顾客关系生命周期

而顾客关系构建的本质上是一个从顾客获取到关系深化的动态管理过程，是一个顾客从潜在顾客到忠诚顾客的角色变迁过程。服务型企业进行关系型顾客开发，本质是顾客关系的构建过程，是顾客从"潜在顾客"逐步升级为服务型企业"合作伙伴"的阶梯过程。

关系建立阶段，企业要求建立关系的一方在开始时应主动出击，付出前期投入。关系稳固之后，企业才开始获得回报。不过，这个阶段企业最容易懈怠，以为大功告成，而忽视了维持关系的必要性。在关系营销中，现实顾客可能是非周期性的业务顾客或偶发消费的顾客，服务型企业的首要目标是将"现实顾客"转化为"频繁顾客"，实现企业与顾客的周期性或多次业务交易，但此阶段的顾客可能仅仅是因为缺乏更多可替代选择，例如，顾客持续地光顾某电影院，原因可能是该电影院离顾客住所较近，比较方便而已。当"频繁顾客"转变成"支持者"时，顾客愿意与服务型企业或服务人员经常联系，甚至自愿成为企业及服务正向口碑的积极传播者，顾客关系的力量明显加强。服务型企业最希望顾客成为企业的"合作伙伴",这类顾客愿意与服务型企业或服务人员共同进行服务价值的创造和传递,并使双方从合作中获益。

15.3 减少顾客流失

对服务型企业而言,顾客流失实质上是不可避免的,但重要的是企业需要对顾客流失的原因进行及时检测,明确问题所在,进而为顾客关系维持和优化提供关键信息。成功的服务型企业均十分重视顾客流失分析,尽快找到问题的根源,解决服务营销及管理问题。

15.3.1 顾客流失的原因

1. 主观原因

从根本上看,顾客不满意是导致顾客流失的根本原因。这种不满意主要表现在以下几个方面。

(1) 产品因素。诸如服务质量低劣或不稳定、服务单一或不全、服务附加值低、价格缺乏弹性、销售渠道不畅、广告宣传虚假、售后服务滞后、投诉处理效率低、产品缺乏创新等。

(2) 服务因素。诸如服务环境脏、服务秩序乱、服务态度差、服务效率低、服务设施落后、服务流程烦琐、服务时间冗长、服务项目不全、服务渠道不畅,服务缺乏个性化与创新化,收费不尽合理等。

(3) 员工因素。诸如仪表不整、言行不一、缺乏诚意与尊重、缺乏责任心与事业感、知识面窄、能力不强、整体素质差等。目前,有关员工欺客、宰客的官司与日俱增。

(4) 企业形象因素。诸如顾客对产品形象、服务形象、员工形象、企业的生活与生产环境形象、企业标识与标准色、企业精神、企业文化、企业责任、企业信誉等问题产生的不满。

2. 客观原因

(1) 顾客因素。例如顾客往往对产品或服务期望太高,而实际的消费体验比较差,所以心理不平衡,产生了不满情绪。由于不满,顾客自然就要流失掉。当然,由于顾客消费的多样化、多层次化、复杂多变性和非完全理性化,因此,顾客在消费时,并不承诺放弃尝试其他企业的产品或服务。另外,由于购买力的提高,其需求与期望也会发生相应转移,他可以把货币选票投给他认为有价值的产品或服务上。此外,顾客因与其他机构建立了关系,或者因为搬走、死亡等原因而流失。

(2) 竞争者因素。竞争者通过正当手段或不正当手段建立了某种竞争优势,挖走本企业顾客。

(3) 社会因素。诸如社会政治、经济、法律、科技、教育、文化等方面的政策对顾客的购买心理与购买行为的影响。

(4) 政策因素。例如,国家对中国联通的优惠政策,无形中使得中国电信的一部分顾客流失。

(5) 其他因素。诸如战争、季节、时令、自然灾害等因素而使顾客流失。图15-6展示了导致顾客流失的因素以及每种因素所占的比重。

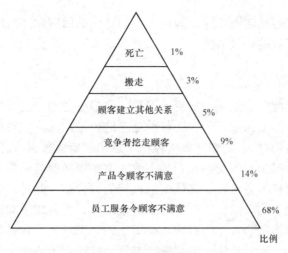

图 15-6　顾客流失原因分析

应当指出的是：顾客流失的原因多为主观因素，是顾客对提供产品或服务的企业的不满意而造成的；顾客流失是客观存在的，是不以人们的意志为转移的，但不能忽视它甚至回避它，切忌"小洞不补，大洞吃亏"。

15.3.2　减少顾客流失的策略

1. 分析顾客流失，监控忠诚下降的顾客

第一步要了解顾客流失的原因，这被称为"流失诊断"，包括分析流失顾客和忠诚下降顾客的数据，进行退出采访（呼叫中心人员经常会提出一小组问题，询问顾客为什么要取消账户，以便更好地了解顾客为什么流失），通过第三方调研机构深度访谈老顾客，这通常使其对流失动因有更详尽的理解。

许多手机服务运营商利用"流失警报系统"来监控个人顾客账户的活动，以预测即将发生的顾客背叛行为。处于危险中的账户被打上红色标记，并激活积极主动的顾客保留措施，如寄送优惠券和（或）让客户服务中心代表给顾客打电话检查顾客关系是否稳健，必要的话，主动采取纠正措施。

2. 重视关键的流失动因

重视某些常见的流失因素，除了常见的动因，也有特定的行业动因。例如，手机用户中断客户关系的常见原因是更换新手机，因为价格补贴很高的新手机往往被捆绑新的资费套餐。为了防止手机用户的流失，现在许多服务提供者主动提供手机置换业务，为现有客户定期提供高折扣的新手机。一些服务提供者甚至给高价值顾客免费提供手机或抵扣忠诚积分激励。

除了这些积极的维护措施，许多企业也采取了反应灵敏的措施，如经过特别培训的员工，即所谓的"救援团"，他们主要负责联系那些想要取消服务的顾客。"救援人员"的主要工作就是倾听顾客需求和问题，通过关注留住顾客的关键点来努力解决这些问题。然而，服务提供者必须谨慎地奖励救援团。

3. 实施有效的投诉处理和服务补救手续

有效的投诉处理和优秀的服务补救措施对防止不满意的顾客更换服务提供者起着关键

性作用,包括使顾客更容易向服务提供者提出他们遇到的问题,然后服务提供者回应这些问题,并迅速对其采取有效的补救措施。这样,顾客就会回到满意状态,降低转换倾向,进而形成顾客忠诚。

4. 增加更换成本

另一种解决流失问题的办法是增加更换障碍。许多服务自身就有更换成本(如顾客需要做许多事情来更换他们原来的银行账户,特别是当这个账户与许多直接借方账目、信用卡和其他相关的银行服务挂钩时),此外许多顾客不愿意了解新服务提供者的产品和服务流程。

通过制定改换服务提供者的契约式罚款,也能增加更换服务提供者的成本,如一些经纪公司向顾客征收将股票和债券转移至其他金融机构的转换费。此外,服务提供者需要警惕不能给人留下将顾客当人质的印象。一个有较高更换壁垒、服务质量却很差的服务提供者,很可能会引起顾客的负面情绪和较差的口碑。在提高顾客服务成本和转换成本方面,硬锁定战略比软锁定战略更直接、见效更快,但从长远来看,软锁定战略能为服务型企业带来更多顾客忠诚。

课后思考

1. 什么是关系营销?它与传统交易营销有何区别?它通过哪些方式实现?
2. 顾客忠诚的基本含义是什么?顾客忠诚受到哪些因素的影响?
3. 请结合实例,谈谈顾客忠诚对服务型企业的价值。
4. 根据"忠诚之轮"行动框架,结合具体实例谈谈服务型企业如何构建顾客忠诚。
5. 结合实例,谈谈服务型企业如何减少顾客流失。

讨论案例

网易云音乐创造顾客忠诚之道

音乐市场一直是刚需,在功能手机时代,音乐播放器的覆盖率本就不低。随着智能手机的普及,音乐播放器就跟着无缝地迁移过来。2013 年的音乐市场已然红海,QQ 音乐、酷我等大佬坐拥海量用户,带领第一梯队遥遥领先,虾米、豆瓣等小众一点的平台因为自己鲜明的特色也有大量拥趸。2013 年网易云音乐横空出世,到 2019 年 2 月为止,短短六年内用户数量就已突破四亿,月活用户超过 7 000 万人,用过网易云音乐的人很多都表示不想再用其他音乐软件了,用户忠诚度极高。在资本和歌曲版权都不占优势的情况下,网易云作为互联网音乐领域的一款现象级产品,通过自身差异化的定位,精准地切入了市场空白,满足了移动互联网时代对音乐新的需求,让网易云音乐成功逆袭,在红海市场杀出血路。

1. 围绕音乐社交的产品体验

网易云音乐不是一款单纯的音乐 App,从创始人丁磊对网易云音乐的定位来看,它更像是一款音乐社交应用。"音乐社交"是以用户社交互动为联结、以用户生产内容为核心、最大化开发用户创造力,并帮助用户最终实现音乐享受与消费的运营理念或策略。

音乐可以传达我们的喜、怒、哀、乐等情绪。当被一首歌打动的时候,我们会选择在微信、微博等社交平台分享该歌曲以表达我们当时的情感。所以,"移动音乐社区"的网易云音乐解决的需求是音乐社交需求和情感需求。

1)网易云音乐以音乐为纽带,来链接社交网络关系

在网易云音乐最新的版本中,用户主要通过两个途径来构建社交关系。一种是通过"添加关注",关注已有的通讯录联系人和新浪微博好友,这部分人群大部分与用户在日常生活中存在一定的人际互动;另一种则是用户通过查看"附近的人",寻找与自己音乐品位、志趣爱好上相投的人。基于人们乐意与现实生活中密切接触的人或是志趣相投的人分享自己的情感,网易云音乐从成立之初就融合了分享、交流的社交属性。

2)以UGC为核心的内容生产

在网易云音乐中,用户可以生产内容,也可以评论、点赞、分享他人的内容,这满足了用户记录心情、分享交流的诉求。网易云音乐在内容生产方面以UGC为核心,与其他音乐平台相比,网易赋予了用户高度的自由,充分发挥了"音乐社交"的优势。

(1)乐评UGC。网易云音乐深知用户在享受音乐时,迫切想要与他人分享交流的心理,除极少数敏感评论外,网易云音乐对用户"乐评"完全是放之任之的态度,从而通过点赞机制形成了共鸣氛围。

(2)歌单UGC。在歌单UGC这一功能中,用户可以自定义和装饰自己的歌单。同时,网易云音乐将对部分优质DIY歌单推荐给其他用户,一定程度上激发了用户创作的心理,同时形成了良好的闭环模式(发布歌单—吸引新用户—新用户也发布歌单—吸引更多新用户)。

3)歌单中所隐藏的心理学

(1)共生效应。即人们相互影响、相互促进。新浪微博、知乎等内容社区在运营推广初期时都十分注重引入大V资源,通过提供优质的内容促进社区活跃,通过大V效应或是相关内容吸引大量目标用户。网易云音乐初期也引入了众多大V和资深音乐人,通过鼓励这些意见领袖推荐优质音乐,并在他们创建的歌单引导下,用户不仅可以选择网易云音乐里已有的优质歌单音乐,也可以根据自己的喜好创建个性化的歌单。在众多用户聚在网易云音乐平台时,相互影响、相互促进的歌单创建与分享的氛围亦逐渐形成。

(2)狄德罗效应。指人们在拥有了一件新物品后,不断配置与其相适应的物品以达到心理上平衡的现象。系统默认新用户拥有一个歌单"我喜欢",为了吸引用户对歌单的注意,在功能设计上亦默认用户喜欢的音乐添加到"我喜欢"这个歌单,有了一个歌单后,会潜移默化地刺激用户养成制作并更新歌单的习惯。

(3)登门槛效应。即人们接受了较低层次的要求后,适当引导,往往会逐步接受更高层次的要求。制作歌单只是个人的兴趣爱好,不是刚需。随着用户下载和收藏歌曲的增多,用户管理歌曲的成本越来越高。于是,网易云音乐置入了"收藏到歌单"的功能,替用户解决了麻烦,还能享受优质歌曲,慢慢地让用户形成了"歌单"意识,进而慢慢地接受更高层次的要求——根据自己的喜欢创建或管理歌单,与优质歌单界面的其他用户互动。

(4)沉没成本。指由于过去的决策已经发生了,不能由现在或将来的任何决策改变的成本,如时间、金钱、精力等。网易云音乐通过歌单引导用户深度参与音乐社区。用户在创建、管理、更新、收藏歌单时都需要投入较多的精力。尽管其他竞品的功能有可能会吸引用户,但同时更换移动音乐产品的代价过高(放弃自己之前收藏的单曲和歌单库,重新调教新的音乐产品),这是用户需要考虑的,网易云音乐借助"歌单"为用户的留存建造了一道防护墙。

2. 从竞品手里获取用户

前面讲到沉没成本：如果收藏的歌曲数量在几十首、上百首，在更换产品迁移列表时要一首首地重新添加，这个成本会让绝大部分用户都望而却步，哪怕一个产品体验再好、内容再独家，用户更换产品的难度也非常大。再考虑到竞品用户沉淀的问题，想要实现用户迁移，是很困难的。但是，网易云音乐还是找到了解决办法。

1）从竞品软肋出发，解决用户迁移已有的收藏音乐列表的困难

迁移列表的确能命中用户的需求痛点，但只要做到用户操作简单即可。下面从竞争对手的软肋和自身产品优势出发，以豆瓣 FM 和虾米音乐为例。

在 2013—2014 年，豆瓣 FM 的用户能累积成百上千首红心音乐，但是有一个很大的问题：由于版权因素，用户不能下载红心音乐，也不能点播某首红心音乐。虾米音乐的用户也会累积很多喜欢的音乐，同样有一个隐患：受限于虾米的版权因素和营收考虑，用户需要付出虾币，才能下载音乐。因此，用户收藏的音乐不能免费下载，是这两款产品共有的软肋。

针对这两款产品的软肋，网易云音乐成立之初，就在歌曲库上提供 320 kbps 的高品质音乐，并且允许用户免费下载，体验非常流畅。这正是网易云音乐的优势所在。因此，网易云音乐在考虑用户迁移已有的收藏音乐列表的时候，会同时将上面这两个因素也考虑进去。从上面分析就可以看出，网易云音乐引导新用户将自己在其他平台上收藏的音乐列表导入进来之后，再免费下载 320 kbps 高品质音乐。用户只需要简单地认证自己的账号，就能一键导入原平台上的收藏音乐列表，在网易云音乐中形成新的歌单。

体验过该功能的用户会在微博、贴吧、知乎、微信朋友圈宣传这个好处，"在其他音乐平台里积累的音乐可以很方便地一键迁移过来，还能免费下载 320 kbps 的高品质音乐，简直不要太棒。"而越是音乐收藏数量多的用户，越有可能是音乐人群中的意见领袖，对周围的人越有辐射影响力，因而传播得就越广。

2）获取还没有形成大量收藏音乐列表的用户

一个人的音乐品位是受周围环境影响的，例如 90 后和 70 后，品位是完全不一样的。90 后可能听不惯父母那时代的音乐；同样，其父母也不理解 90 后。基于品位受环境影响的逻辑，可以确定：没有形成大量收藏音乐列表的用户，是存在的。这些用户主要是大学生、高中生、初中生，他们的音乐品位还没有形成。这些年轻的用户还没有形成固有使用某一产品的习惯。相比那些有固定音乐品位的用户，年轻人对于发现音乐的需求是很强的，有更多可能性、可塑性。网易云音乐主要面向这部分用户，首先不存在迁移已有的收藏音乐列表成本太高的问题，然后利用自己产品的特点，去培养他们更好地发现音乐的习惯。一旦该群体在网易云音乐养成新的习惯，则很难再被其他竞争对手改变。

3）利用个性化定制来吸引眼球

个性化定制主要表现在网易云音乐那些刷屏的案例中，如"你的年度听歌报告""你的荣格心理原型""你的使用说明书"……不管这些内容怎么变化，主角永远只有一个——"你"。网易云音乐通过为用户输出专属的个人名片，完全迎合了当前人人都希望彰显个性、追求差异化的心理诉求。用户所需要做的只是扫描二维码，听几首歌，做一个测试，就能得到一份个人化的测试报告，并能从中获得利益，塑造个人形象和获得谈资。因此，人们都乐于参与并分享，从而形成病毒式传播。

网易云音乐通过"小众不小"的音乐态度和"做音乐是为了灵魂的对话与沟通"的音乐宗旨以及"音乐社交"的独特定位，掳获了大批深度用户。可以说，网易云音乐顺应了应用社交化的趋势，依靠卓越的用户体验和在人际传播中的口碑发酵，通过整合线上与线下营销，在音乐App市场的红海中脱颖而出。

2020年8月，网易云音乐加入阿里巴巴客户忠诚度计划。从8月7日开始，淘宝88VIP会员将可以免费使用网易云音乐的会员服务。淘气值（根据用户的购买历史和个人信用计算得出的得分）大于1 000的阿里巴巴用户可以以88元的折扣价成为88VIP会员；淘气值不超过1 000元的用户支付888元的会员费可成为会员。阿里巴巴希望这两种会员费之间的差额能促使用户花钱并更多地参与和消费生态系统的产品，以提高其忠诚度得分。

案例思考题

1. 网易云音乐采取了哪些措施紧紧抓住用户，从而建立起高度的顾客忠诚的？
2. 请结合网易云音乐顾客关系管理的成功经验，为你喜欢/熟悉的某个服务型企业提出关于加强顾客关系的举措建议。

第 16 章

服务创新

学习目标

1. 服务创新的内涵及类型;
2. 服务创新的关键驱动力;
3. 服务型企业绩效的基本层次;
4. 平衡计分卡在服务型企业绩效评估中的作用;
5. 服务创新绩效的评价指标及方法。

开章案例

"一部手机游云南"打造"互联网+旅游"示范样板

2017 年,云南省委、省政府下定决心重拳整治旅游市场秩序,同时积极探索"互联网+旅游"实践。云南省与腾讯公司合作建设全域旅游智慧平台"一部手机游云南",着力重整旅游资源和产品、重构诚信和投诉体系、重建市场规则和秩序、重塑旅游品牌和形象,全力推动旅游业全面转型升级。

面向游客端的"游云南"客户端主要为游客提供旅游咨询、预订、导览、便捷入园、智慧厕所和智慧停车场、交通出行、投诉和退货等服务。疫情防控常态化背景下,"一部手机游云南"积极落实"预约错峰限量"出游要求,在 2020 年 5 月上线"分时预约"板块,实现团队游客通过行程单快速预约、核销入园,助力云南旅游业复工复产。此外,"游云南"客户端还相继上线 ETC 充值、洗手点等功能,让旅途更方便。

同时,在云南省各州市,"一部手机游云南"成为提升景区智慧化水平、推进文化和旅游服务体系建设的重要平台。如在大理白族自治州,21 个 3A 级及以上景区完成智慧景区建设。云南省昆(明)大(理)丽(江)、昆(明)磨(憨)两条美丽高速公路及怒江美丽公路沿线共 65 个智慧服务区已上线"一部手机游云南"平台,车位、厕所、淋浴间、油价、通知、公告等服务尽在指尖。

为便于各级政府、文化和旅游部门及时发现和处理问题,有效提供公共服务和旅游信息服务,"一部手机管旅游"平台于 2020 年 4 月上线试运行。这是云南旅游市场治理数字化的重要尝试。平台集合了投诉、退货、诚信评价(含餐饮企业、酒店住宿、旅行社、旅游汽车公司、租赁车公司、旅游景区、涉旅商品经营户 7 个业态)、旅行社管理、导游管理、综合考核、景区预约等智慧管理功能。目前，云南省各级涉旅管理部门和涉旅企业通过"一部手机管旅游"为游客服务，做到高效服务游客、高效监管市场。

2021年1月，在"一中心两平台"架构设计基础上，部署上线了面向旅游企业的云南旅游交易平台，实现旅游资源要素数字化和产品管理、交易服务在线化。自此，"游云南"客户端由原来的 OTA 在线旅游自营模式升级为线上旅行 OTP 店铺模式。

"一部手机游云南"形成了集服务政府、企业、游客于一体的产业发展平台，以智慧化方式提升产业效率，推动产业数字化升级，推动文化和旅游产业互联网变革。

16.1 服务创新的界定

服务创新是创新行为及活动在企业服务营销管理领域的具体体现，是创新思想在服务型企业内部的运用，是组织创新活动的重要形式。

16.1.1 创新

经济学家约瑟夫·熊彼特在 1911 年出版的德文版《经济发展理论》一书中首次提出了"创新"这一概念，并将其定义为"将资源以不同的方式进行组合，创造出新的价值"。他认为，创新是将一种未出现过的生产要素的"新组合"引入生产体系中，由此产生创新的 5 种形式：开发新产品、引进新技术、开辟新市场、发掘新的原材料来源、实现新的组织形式和管理模式。约瑟夫·熊彼特认为创新的内涵非常丰富，涉及技术以及非技术变化的组织创新。

后来国内外诸多学者均对创新特别是技术创新进行了一系列探讨。美国经济学家罗伯特·索罗提出技术创新的两个条件包括思想来源和后续阶段的实现。詹姆斯·厄特巴克认为创新是技术的实际采用或首次应用。英国经济学家克利斯·弗里曼指出技术创新是指新产品、新过程、新系统和新服务的首次商业化应用。

16.1.2 服务创新

服务业的可持续发展离不开创新。服务创新是一个相当宽泛的概念，服务创新活动发生的范畴包括服务业、其他产业和部门。服务创新发生的范畴可以划分为服务业、制造业和非营利性公共部门三个层次。因此，可以从广义和狭义两个层面理解服务创新。从广义上讲，服务创新是指一切与服务相关或针对服务的创新行为与活动。从狭义上讲，服务创新是指发生在服务业中的创新行为与活动。

从服务经济与服务业发展的视角看，对服务创新的理解大都从狭义层面展开。例如，欧洲服务业创新系统研究项目认为，服务创新是指在服务中使用新技术推出新产品和服务，或者在服务中以新形式应用现有技术。从服务营销管理理论及实践角度看，服务创新是指服务型企业在服务价值管理过程中，综合运用新理念、新技术、新模式等手段革新服务价值，更好地满足服务市场需求，并为企业维持或创造竞争优势的系列行为和活动。

随着对服务创新研究的进一步深入，学者们开始强调服务创新概念中除了技术维度之外的各种非技术维度。其中最著名的就是 Bilderbeek 提出了一个有关服务创新的"四维度模型",包括:新服务概念、新顾客界面、新服务交付系统和组织及技术选择四个维度。该模型适用性较高,对于服务行业和其他行业而言也成立,这也顺应了服务业和制造业不断融合的现实。

为了窥探服务创新的本质,学者们开始从价值创造的视角对服务创新进行界定。Sundbo提出,服务创新是指服务型企业在服务过程中应用新思想和新技术来改善和变革服务流程及服务产品,提高服务质量和服务效率,为顾客创造新的价值,最终形成服务型企业竞争优势的活动。国内学者鲁若愚则认为广义上的服务创新是指各类组织创造更大旳价值和效用,为顾客提供服务、产品或二者的结合物;狭义上的服务创新则是指服务型企业为获得更大利益,向目标顾客提供更高效、更满意的服务包。

16.1.3 服务创新的类型

1. 服务捆绑创新

常见的服务创新案例往往是品牌名称的同义词(如海底捞、顺丰)。实际上,这些品牌由多个创新捆绑在一起,并以品牌名称、平台或服务捆绑创新组织,成为一个相互联系的活动系统。这些创新捆绑使得服务难以复制,并有助于品牌的差异化。为了无缝地融入企业的整体服务,许多创新组件都是增量式的。因此,这些元素本身并不被认为是创新。

2. 流程创新

精简的概念也与服务创新相联系。精简的核心思想是在最大限度减少浪费的同时最大化客户价值。简单地说,精简意味着用更少的资源为客户创造更多的价值。这个概念又称为流程创新。在医疗保健领域,精简或流程创新非常普遍,其目的就是用更少的钱做更多的事。对于处于竞争行业的企业来说,流程创新通常是一个主要问题。具体来说,流程创新很难维持(也就是说,容易被竞争对手复制)。虽然有形产品的变化通常是专有的,并受到专利的法律保护,但流程型服务创新更容易模仿,保质期并不长。

3. 社会创新

社会创新旨在帮助尽可能多的人。社会创新的例子包括发放小额贷款,使欠发达地区的人有能力创办公司;或创建分配清洁水的系统。社会创新的一个主要挑战是商业模式,通常情况下,其目标是使企业在长期内实现可持续发展,而不只是赚取利润。

4. 体验创新

考虑到服务流程和客户在生产中的角色,服务体验部分或体验创新的作用愈发凸显。外部刺激影响感官,并在顾客的头脑中创造一种体验。例如,顾客闻到新鲜出炉的面包的香味,就会把这个事件与之前的生活经历联系起来。独特的体验是很难复制的,且有助于实体店在网络竞争中生存下来。

5. 商业模式创新

经营模式上的重大转变,就是商业模式的创新。这种转变的关键驱动因素是市场动荡或创造性破坏,这要求服务型企业为顾客解决更多的问题。简单的逻辑是成熟的产品类别给硬件差异化造成困难。创建一个独特的服务交付成为最好的战略,以使企业提供的服务与竞争对手拉开距离。

16.2 影响服务创新的驱动力

服务创新的基本驱动力是形成创新活动的环境因素或条件，是形成服务创新的系统环境。服务创新的基本驱动力主要来自服务型企业的内外部环境因素：内部因素主要包括三个方面，即服务型企业发展战略、关键职能部门以及一线服务人员；外部因素主要涵盖轨道、技术环境、制度环境以及顾客、竞争者、服务提供者和政府等行为者。这些内外部因素共同作用，成为推动服务型企业实现服务创新的核心力量，即服务创新驱动力模型。

16.2.1 内部驱动力

内部驱动力是服务型企业开展服务创新的基础因素与关键内部力量。服务型企业进行内部创新的驱动力主要包括：企业发展战略、关键职能部门和一线服务人员三方面因素。

1. 企业发展战略

企业发展战略是有关服务型企业自身发展的长期规划，创新是企业发展战略的重要组成部分，企业以此支配组织资源配置和能力开发，并将创新作为企业建立良好组织形象的途径，创新是最终获取市场竞争优势的根本手段。事实上，企业发展战略驱动的创新活动是一种系统性的创新活动，目前已经成为服务型企业实现服务创新的主导模式。

2. 关键职能部门

管理学大师彼得·德鲁克认为："企业有且只有两种基本职能——营销与创新。"一方面，营销管理部门是推动服务型企业实现服务创新的主要力量。由于服务创新经常由市场驱动，而营销管理部门与顾客直接接触并拥有足够的市场知识，可以根据市场需求迅速反应，并激发某种形式的服务创新。另一方面，服务项目开发及运营部门负责服务产品线及服务项目的规划、开发和运营，服务项目开发及运营部门可以通过一些"内部交流"意见收集及信息分享活动，在服务型企业内部诱发并收集创新想法，进而推动服务创新的产生。服务项目开发及运营部门是推动服务项目创新、服务技术创新的关键力量。

3. 一线服务人员

一线服务人员是最能真实理解顾客服务感受、最客观了解顾客潜在需求的群体，在服务创新过程中具有独特的作用。首先，一线服务人员与顾客频繁接触，能够直接发现顾客的服务需求，特别是潜在的服务需求，因而能够形成大量有效改进服务传递过程的想法；其次，服务人员还能够根据自身较为丰富的服务经验和专业知识，提供新想法；最后，一线服务人员是服务型企业实现服务创新的首要执行者，是服务创新活动的重要组成部分。

16.2.2 外部驱动力

有效的服务创新离不开外部环境的支持，如市场、技术、制度以及其他关键机构或群体，外部环境为创新活动的展开提供环境资源。

1. 轨道

轨道是在社会系统（如一个国家、一个国际产业网络等）中传播和使用的概念和逻辑，它体现宏观环境对社会行动的个体或单元（如个人或商业组织）的引导和规范力量。轨道与创新活动相互作用。作为重要的创新外部驱动力，轨道会对服务型企业施加更大的作用，并使企业在轨道约束的范围内进行创新。服务型企业开展的服务创新活动主要受以下三种轨道的制约。

（1）专业轨道。专业轨道是指存在于不同服务行业中（如律师、医疗、金融、交通）的一般性知识、基本方法和行为准则。专业轨道是最重要的影响轨道。专业轨道由某一服务行业自身性质决定，服务创新活动必须在专业轨道的约束范围内进行。

（2）管理轨道。管理轨道是指针对服务型企业等组织运行方式和管理模式的一般管理体系或机制，如组织架构、激励机制、服务管理系统等。管理轨道限定了企业开展运营活动的基本方式和规则。需要注意的是，在一些知识密集型的生产性服务业中，专业轨道和管理轨道会出现高度重叠。

（3）社会轨道。社会轨道是指影响服务型企业的服务理念、发展模式等一般性社会规范或意识，如生态及环境保护意识、以人为本的社会规范等。社会轨道限定了服务创新的方式路径，能够为企业的服务创新提供契机和方向。

2. 行为者

服务创新外部驱动力量中的行为者，是指与服务型企业实施创新活动密切相关的个人或组织，即创新相关者，它们是企业进行服务创新的重要参与者或影响者。这些行为者主要包括以下四种。

（1）顾客。顾客是最重要的行为者。顾客不仅是创新思想的关键来源，还能参与服务创新的过程。从某种意义上讲，某些服务创新是顾客与服务型企业"价值共创"的结果。由此可见，顾客是推动企业服务创新的首要外部驱动力。

（2）竞争者。除顾客以外，竞争者对服务创新也非常重要。服务型企业可以通过模仿和改进竞争者的服务形成具有自身特色的创新模式。实际上某些服务型企业会首先在充分借鉴和改进的基础上实现服务创新。这种"模仿+改进"的方式可以降低风险及成本，并提升服务创新的成功率。

（3）供应商。在一些技术型或知识型服务行业，如软件开发、科技信息服务等行业，供应商也是创新思想的重要来源和创新活动的推动者，为企业提供大量创新思想和技术支持，以新知识和新技术革新服务，帮助企业实现服务创新。

（4）政府。以政府为主体的公共部门也对服务型企业的服务创新产生影响。一方面，政府机构的持续改革、商业化转型以及政府购买服务的大规模增长，推动服务型企业进行服务创新，以满足新的公共服务市场需求；另一方面，公共部门还能够为企业服务创新提供资金、政策等方面的支持。

3. 技术环境

技术因素为服务创新带来了可能性。大量的服务技术创新、服务项目创新和服务传递创新的基础是基于新兴技术的发展和商业化运用。以云技术、大数据及人工智能技术为代表的新兴技术发展，为服务型企业传递、传播创新服务价值等过程提供了技术基础。例如，智慧社区和智慧家居概念的提出和逐渐扩散，是以物联网、大数据及人工智能等技术为支撑的重要服务创新。

4. 制度环境

制度环境包括管制制度和规范制度。服务型企业生存于特定制度环境中，制度因素会直接影响企业的创新行为方式及路径。制度环境是企业需要面对的外部管制与规范的总和，它对包括服务创新在内的企业行为具有治理和规范作用。

（1）管制制度。管制制度是指对服务型企业行为具有强制性影响的制度约束条件，如政策法规、行业规划等。例如，在互联网金融服务市场，由《关于促进互联网金融健康发展的指导意见》《互联网保险业务监管办法》等组成的系列法律法规，对互联网金融企业开展服务创新设置了严格的要求。

（2）规范制度。规范制度是指对服务型企业行为产生直接或潜在约束期待的社会责任与行业规范，如行业惯例、消费文化及习惯等。例如，银行、保险等行业会形成一些明文的行业规范或约定俗成的行业管理或规则，对服务型企业的服务创新活动产生影响。

16.2.3 服务创新驱动力模型

图16-1展示了服务创新驱动力模型。

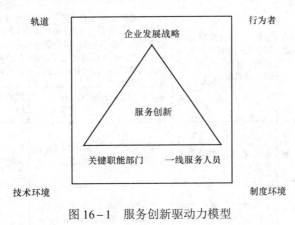

图16-1　服务创新驱动力模型

16.3　服务创新绩效评价

16.3.1 服务型企业绩效评估：平衡计分卡

依据传统的观念及方法，企业几乎完全根据财务指标进行绩效评估。这种短期绩效的评估方法会导致企业轻视其他绩效指标。事实上，仅以财务指标评估服务型企业的绩效具有局限性，这些大都基于营业收入的财务数据不能显示未来的绩效。因此，对服务型企业绩效的评估需要引入兼顾长期与短期绩效的全面评价体系。

平衡计分卡是一种能够获取多方面综合绩效数据的战略评估系统。平衡计分卡可以被视为是一套可以使企业高层管理者迅速全面地洞悉企业的指标体系，它从顾客、组织创新及运营指标的角度对财务指标进行补充，这些指标将是未来财务指标的驱动因素。平衡计分卡将企业战略落实为可操作的衡量指标和目标值，是服务型企业全面、系统评价企业绩效的新型绩效管理体系。

平衡计分卡涉及财务及其他三个方面：顾客、运营及学习，将以往相互分离的因素结合起来，以更加广泛和系统的视角思考服务营销管理问题。近年来，在平衡计分卡思想影响下的软件不断普及，为服务型企业运用平衡计分卡进行绩效评估提供了系统支持。

根据平衡计分卡的分析框架，服务型企业在财务、顾客、运营及组织学习等方面表现出的差异决定其绩效水平。约亨·沃茨和克里斯托弗·洛夫洛克将服务型企业的服务绩效产出分为失败者、平庸者、专家和领导者四个层次，每个层次下企业在服务创新的关键维度上表现也不同，如表16-1所示。

表16-1 服务型企业服务创新绩效的四个层次及表现

层次	服务失败者	服务平庸者	服务专家	服务领导者
营销职能				
营销的作用	只有策略之用；广告和促销缺乏针对性；不介入产品或定价决策	使用简单的销售沟通战略；选择性地进行打折促销；进行简单的顾客满意度调查	有明确的战略定位；利用有焦点且具有吸引力的沟通，来明确顾客期望并教育顾客；以价值为基础定价；检测顾客的使用，实施忠诚度项目；利用多元化的手段研究顾客满意度；与运营协同，以引用新的传递系统	特定细分市场中创新的领头羊，因营销技巧而闻名；在服务产品/流程层面上建立品牌；执行复杂的关联数据库分析，作为一对一市场营销和积极顾客管理的输入；使用有效的研究手段；利用概念测试、甚至领先顾客等手段作为新产品开发的来源；与运营/人力资源关系密切
竞争诉求	顾客不是因为企业的表现才惠顾	顾客既不主动寻找也不避讳此类服务型企业	顾客基于企业良好的信誉保持期望而主动寻求此类公司	公司的名称就是卓越服务的代名词；具备预约顾客的能力以及使顾客期望值达到竞争者无法企及的高度
顾客类别	不是特定的；以最低的成本服务市场	了解一个或多个细分市场的基本需求	公司清晰地了解目标顾客群的需求差异和他们具备的价值	基于其未来对公司的价值选择与保留顾客，包括他们为服务创新提供的创意以及刺激创新的能力
服务质量	较大变动性，通常是令人不满意的；运营优先	满足一些顾客的期望；关注一个或两个关键维度	在多个维度上持续满足甚至超越顾客期望	将顾客期望提升至新水平
运营职能				
运营的作用	被动且是成本导向	作为管理职能的主线，创造并传递产品，标准化是关键，从内部角度定义质量	在竞争战略中扮演战略角色；对生产率和顾客服务质量之间的平衡有所认知；愿意外包；检测竞争性操作来获取思路并了解威胁	因创新和卓越而闻名；运营与营销和人力资源管理平等；具备内部研究能力，有学术关系；不断地实验
服务传递（前台）	不避免的灾难，定位和计划一贯忽视顾客	守旧的企业：“够用就行”，"没坏就不修"；对消费者建立严格的规则；传递过程中的每一步都是彼此割裂的	受顾客满意度而非传统驱动；个性化，增强新的渠道；强调速度、便捷和舒适	围绕顾客组织无缝的传递流程；员工知道自己的服务对象；不断地改进完善
后台运营	与前台脱节；在机制中无足轻重	为前台的传递步骤做出贡献，但组织是分隔的；不熟悉顾客	流程同前台联系在一起；将自身角色视作服务"内部顾客"，反过来服务外部顾客的人	即使地理位置相分离，也与前台传递紧密地整合在一起；理解自身角色如何与服务外部顾客的整体流程联系在一起；不断进行对话

续表

层次	服务失败者	服务平庸者	服务专家	服务领导者
生产率	不明确；管理人员由于超出预算而受到惩罚	基于标准化；通过控制成本在预算内获得好处	专注与重新构建后台流程；避免生产率提升却降低顾客服务体验；为了保证效率持续地改善流程	理解质量回报的概念；积极寻求通过顾客参与提升生产力；不断地尝试新流程的技术
新技术的引入	较晚的应用者，迫于生存才采用新技术	为了节约成本而从众	先于IT技术能够增强顾客服务，以及提供竞争优势的时候，就早早地采用该技术	同技术领先者一起开发新应用，以创造先驱者优势；追求遥遥领先的绩效水平
人力资源职能				
人力资源的作用	提供能够满足最低技能要求的廉价劳动力	招聘、培训能够胜任工作的员工	投资于选择性招聘和持续培训；关切员工，促进向上的流动性；努力提高工作生活的质量	视员工质量为战略性优势；公司因杰出的工作环境而闻名；人力资源帮助培育企业文化
劳动力	消极约束；态度不端，不忠诚	足够的资源，遵循程序，但缺乏创意；离职率通常较高	积极性高，工作努力，在流程选择上有一定的自主权	具有创新力，授权程度高；非常忠诚，认同企业文化；创造流程
一线管理	控制员工	控制流程	倾听顾客；帮助员工	高层管理者新理念的来源；帮助员工的职业发展并提升对企业的价值

1. 服务失败者

服务失败者处于顾客、员工和管理视角的底层，在各方面的管理都不合格。服务失败者还能生存的原因并不是因为其服务绩效表现还可以，而是因为顾客没有其他选择。这类服务型企业的管理者甚至可能将服务传递视为不可避免的灾难，在迫不得已的情况下才会引入新技术；态度不够端正的员工也是制约绩效提升的因素之一。

2. 服务平庸者

相比服务失败者而言，服务平庸者的绩效表现虽然有很多不尽如人意的地方，但是已经摆脱了一些最糟糕的特征。服务平庸者往往被传统的运营思维模式所困，秉承着"够用就行"和"没坏就不修"的理念，服务营销策略单一，人力资源和运营职能可能合二为一。顾客对服务平庸的服务型企业既不主动寻求也不避讳。

在服务运营管理中，服务平庸者的服务型企业管理者把"提升质量"这样的话经常挂在嘴边，却不能制定出明确的方案，因而难以得到下属及一线服务人员的尊重和忠诚。这样的服务型企业在既定的服务市场中难以与其他企业区分开。

3. 服务专家

服务专家类的服务型企业有清晰的服务市场定位，能够建立起独特的品牌形象，因而目标市场中的顾客会主动寻求该类企业。服务专家型企业的服务营销策略与手段也较为多元，例如，运用有针对性的整合服务营销传播手段，运用市场调研来测量顾客满意水平并实现服务改进等。

服务专家可以通过实现服务运营管理与服务营销之间的协同来提升服务价值传递体系的效率水平，在满足服务生产效率的同时保证顾客感知服务质量。服务专家在前台和后台行为之间建立起了更为清晰的关联，并拥有一条更为主动的、投资导向的管理路径。

4. 服务领导者

服务领导者意味着卓越的服务绩效水平,这是整个服务行业的领先者,该类服务型企业在不同的服务行业都是最杰出的代表,它们永远可以使顾客愉悦。在服务行业中,卓越的服务型企业具有以下共同特征。

(1)能够实现营销、运营和人力资源管理的良好协调与积极互动。这种能力来源于相对扁平且高效的组织结构,为顾客构建出无缝的服务流程,进而拥有更高的组织效率、更快的市场反应、更高的顾客忠诚。

(2)强调并注重洞察顾客需求。服务领导者在服务营销管理中大量运用顾客关系管理工具,洞察顾客服务需求,并尽可能为顾客提供具有针对性和吸引力的服务。在其应对先前没有被意识到的服务需求时,会采用概念测试、观察以及同关键顾客进行沟通的方式来进行服务创新。

(3)重视服务价值与新兴技术的完美融合。卓越的服务型企业能够使用科技赋能手段开发创造领先优势的新兴服务技术应用平台,使企业的服务技术在相当长一段时间内达到领先水平。

(4)企业与员工之间形成良性的互动关系。在卓越的服务型企业中,优秀的高层管理者视员工为企业的战略资产,坚持保持一种服务导向的文化,并创造良好的工作环境,吸引并留住优秀的人才。同时,员工也认同企业的文化,并因此而深受鼓舞,为企业新理念、新思想和新方法的产生注入活力。

16.3.2 服务创新绩效评价的指标

由于服务具有无形性的特征,因此其相比于有形产品创新的绩效,服务创新的绩效更加难以评价。

服务创新的绩效是多重的,可以从过程—结果的角度对服务创新绩效进行评价。服务创新绩效评价指标如表16-2所示。

表16-2 服务创新绩效评价指标(一)

标准成本	每一项新服务产品的平均开发成本
有效性	新服务产品占营业额的比例
	每年开发的新服务产品数量
	新服务产品成功的比例
速度	开发新服务产品投入的时间
	开发新服务产品模型的时间
	开发新服务产品模型到投入的时间
	公司采用外部新观念的时间

服务创新绩效可从财务指标、顾客基础指标及内部指标等三部分来评价,且强调内部指标对企业长期生存的影响,而财务指标与顾客基础指标偏向短期效果,如表16-3所示。

表 16-3　服务创新绩效评价指标（二）

财务指标	利润
	销售额
	投资报酬率
	市场占有率
	成本及销售成长
顾客基础指标	顾客满意度
	获取新顾客
	市场回馈
	顾客留住及竞争力
内部指标	未来潜能
	效率
	目标达成
	接触员工的回馈及流程开发

学者 Miles 通过对 IBM 企业的案例分析，发现 IBM 在评价企业服务创新产出时按照服务创新的类型分为服务产品创新、商业模式创新和操作过程创新，如表 16-4 所示。

表 16-4　服务创新绩效评价指标（三）

服务创新类型	具体指标
服务产品创新	顾客满意度
	新服务产品的销售利润
	顾客数量增长率
	新服务产品的销售额
商业模式创新	准时交付率
	员工生产率
	成本缩减程度
	顾客保持率
操作过程创新	销售收入增长率
	利润增长率
	参与者数量
	由合作伙伴引发的利润增长情况

课后思考

1. 什么是服务创新？服务创新有哪些主要类型？请举例说明。
2. 结合具体事例说明服务创新内外部主要驱动因素的影响作用。
3. 运用平衡计分卡对服务型企业绩效的评估与对传统企业绩效的评估有何不同？

讨论案例

苏宁6·18"服务战"升级：999元以下小家电支持免签订退换货

每逢大促，电商巨头之间的竞争永远是道硬菜，消费者则是看得津津乐道。2016年苏宁6·18公布了"J-10%"省钱计划，承诺苏宁要比京东百亿补贴商品到手价至少便宜10%。"价格战"开打，苏宁率先抢占C位。

同时，苏宁易购联合建行、光大、农行、招行、中行、邮储等16家银行推出24期免息服务。在苏宁易购App上购买部分商品，并使用苏宁支付即可享受这项服务。当"J-10%"遇上"24期免息"，价格可期。

苏宁易购集团副总裁顾伟还表示，"这个6·18，是价格战，更是服务战。"

苏宁更新了它们的服务承诺，30天价保、延时赔等服务也在6·18期间为消费者保价护航。

1. 30天价保

自"抢跑6·18"会场上线后，消费者购买家电、电脑、数码等即可享受30天价保服务，即消费者不必再熬夜等18日0点下单，现在买，贵就赔！

2. 延时赔"全覆盖"

为了降低消费者在等快递时的焦虑感，苏宁推出了覆盖全品类的"延时赔"服务，即没有如期送达的订单，系统将自动派送一张5元运费券作为补偿，无须找客服申请。

3. 全程透明化的苏宁安装

明码标价，这是基础。为了打消消费者的顾虑，苏宁在App上对工程师的上门服务进行了收费明细公示，同时进行手持PDA（即掌上电脑，条码扫描器、POS机都可以称作PDA）预算，消费者扫码付款后，会收到告知系统收费金额的短信，将"多收倍赔"将贯彻到底。

4. 代客修升级"一键维修"

"一键维修"可以说是最强福音。"远程检测，排除假性故障；根据故障类型，预估价格和维修时长"，同时，在寄修前准备工作以视频形式展示给用户，自助化的同时保证操作便捷。

5. 高效退换货，省力更省心

苏宁优于三包标准的30天手机换新；免举证让海外商品退货流程简化；999元以下小家电直接退换。

6. 苏宁客服，平台担当

苏宁客服承担平台直接仲裁角色，消费者购买苏宁自营或者第三方商家的商品，出现差价、退货等问题时，苏宁客服将确保维护用户权益。

案例思考题

1. 根据材料分析，苏宁的服务创新主要有哪些类型？
2. 根据苏宁服务创新的案例，谈谈在当前的市场环境下，哪些关键因素驱动电商服务平台的服务创新实践。
3. 苏宁的服务创新案例对我国电商平台企业的服务创新提供了哪些重要启示？

参 考 文 献

[1] 白长虹,范秀成,甘源. 基于顾客感知价值的服务企业品牌管理 [J]. 外国经济与管理,2002(2):7-13.

[2] 陈春花,宋一晓. 组织支持资源对员工幸福感的影响机制:双案例比较研究 [J]. 管理学报,2014,11(11):1639-1645.

[3] 陈国平,王碧云. 服务推断线索对顾客购前感知风险的影响:基于中国餐饮服务业的实验研究 [J]. 重庆大学学报: 社会科学版,2010,16(1):77-87.

[4] 陈建军,陈国亮,黄洁. 新经济地理学视角下的生产性服务业集聚及其影响因素研究:来自中国222个城市的经验证据 [J]. 管理世界,2009(4):83-95.

[5] 陈晔,白长虹. 高接触型服务的顾客价值驱动要素实证研究 [J]. 山西财经大学学报,2009,31(7):51-59.

[6] 陈祝平,郭强,王文怡. 服务营销管理. 2版. 北京:电子工业出版社,2017.

[7] 程大中. 中国生产性服务业的水平、结构及影响:基于投入-产出法的国际比较研究 [J]. 经济研究,2008(1):76-88.

[8] 邓传林. 基于服务质量分析的我国高铁客运市场服务营销策略研究 [D]. 北京:北京交通大学,2016.

[9] 江小涓,李辉. 服务业与中国经济:相关性和加快增长的潜力 [J]. 经济研究,2004(1):4-15.

[10] 靳景,张耀坤,宋昱晓,等. 我国生产性服务业对产业关联与创新传导的影响分析 [J]. 科学学与科学技术管理,2020,41(2):3-18.

[11] 洛夫洛克,沃茨. 服务营销 [M]. 赵伟韬,谢晓燕,译. 北京:中国人民大学出版社,2010.

[12] 李克芳,聂元昆. 服务营销学 [M]. 2版. 北京:机械工业出版社,2016.

[13] 李慢,马钦海,赵晓煜. 服务场景研究回顾与展望 [J]. 外国经济与管理,2013,35(4):62-70,80.

[14] 李巍. 服务营销管理:聚焦服务价值 [M]. 北京:机械工业出版社,2019.

[15] 泰勒,桑斯坦. 助推:如何做出有关健康、财富与幸福的决策 [M]. 刘宁,译. 北京:中信出版社,2018.

[16] 梁新弘. 服务营销 [M]. 北京:中国人民大学出版社,2014.

[17] 吕政,刘勇,王钦. 中国生产性服务业发展的战略选择:基于产业互动的研究视角 [J]. 中国工业经济,2006(8):5-12.

[18] 麻建军. 虚拟排队在民航安检系统中的应用 [J]. 科技与创新,2016(19):34-35.

[19] 马爱红. 服务价值测度与服务科学研究 [D]. 武汉:武汉理工大学,2007.

[20] 施卫东,朱俊彦. 知识密集型服务业在国家创新体系中的创新扩散模式研究:基于网络

分析的视角[J]. 研究与发展管理, 2011, 23 (1): 54-61.

[21] 泽斯尔曼, 比特纳, 格兰姆勒. 服务营销[M]. 张金成, 范秀成, 杨坤, 译. 北京: 机械工业出版社, 2018.

[22] 王永贵. 服务营销[M]. 北京: 清华大学出版社, 2019.

[23] 王玉梅, 丛庆, 阎洪. 内部营销对一线服务员工任务绩效影响的实证研究[J]. 南开管理评论, 2008, 11 (6): 28-36.

[24] 张海青. 胜鉴: 全球优秀企业经典服务案例[M]. 北京: 机械工业出版社, 2005.

[25] 张思思, 张永庆. 生鲜电商O2O发展模式分析: 以盒马鲜生为例[J]. 电子商务, 2019 (5): 29-30, 35.

[26] 张永, 张浩. 中国老字号企业连锁经营模式研究: 以全聚德为例[J]. 管理学报, 2012, 9 (12): 1752-1760, 1825.

[27] 周尔凤. 基于消费者心理的定价策略[D]. 合肥: 中国科学技术大学, 2015.

[28] 周伟. 服务性企业服务利润链模型研究[D]. 柳州: 广西科技大学, 2013.

[29] HARRIS L, GOODE M. Online service scapes, trust, and purchase intentions[J]. Journal of services marketing, 2010, 24 (3): 230-243.

[30] SIMONSON I, WINER R S. The Influence of purchase quantity and display format on consumer preference for variety[J]. Journal of consumer research, 1992, 19 (1): 133-138.

[31] LEE H, CHO C H. An empirical investigation on the antecedents of consumers cognitions of and attitudes towards digital signage advertising [J]. International journal of advertising, 2017, 38 (4): 1-19.

[32] MORO S, RITA P, COELHO J. Stripping customers' feedback on hotels through data mining: the case of Las Vegas strip[J]. Tourism management perspectives, 2017 (23): 41-52.

[33] MORRISON M, GAN S, DUBELAAR C, et al. In-store music and aroma influences on shopper behavior and satisfaction[J]. Journal of business research, 2011, 64 (6): 558-564.

[34] LEE N Y, NOBLE S M, BISWAS D. Hey big spender! A golden (color) atmospheric effect on tipping behavior[J]. Journal of the academy of marketing science, 2018, 46 (2): 317-337.

[35] SUNDARAM D S, CYNTHIA W. The role of nonverbal communication in service encounters[J]. Journal of service marketing, 2000, 14 (5): 378-391.

[36] WATSON IV G F, WORM S, PALMATIER R W, et al. The evolution of marketing channels: trends and research directions[J]. Journal of retailing, 2015, 91 (4): 546-568.

[37] ZHANG Z, JIA L, QIN Y. Optimal number and location planning of evacuation signage in public space[J]. Safety science, 2017 (91): 132-147.

[38] ZUO L, FISHER, G J, YANG, Z. Organizational learning and technological innovation: the distinct dimensions of novelty and meaningfulness that impact firm performance[J]. Journal of the academy of marketing science, 2019, 47 (6): 1166-1183.

[39] WANG F, ZUO L, YANG Z, et al. Mobile searching versus online searching: differential

effects of paid search keywords on direct and indirect sales [J]. Journal of the academy of marketing science, 2019, 47（6）：1151-1165.

[40] WANG D W , ZUO L , XIAO B M. Social influence in first-time and upgrade adoption[J]. Electronic commerce research and applications, 2019, 34（3）：43-50.